Chefsache Gesundheit II

Lizenz zum Wissen.

Sichern Sie sich umfassendes Wirtschaftswissen mit Sofortzugriff auf tausende Fachbücher und Fachzeitschriften aus den Bereichen: Management, Finance & Controlling, Business IT, Marketing, Public Relations, Vertrieb und Banking.

Exklusiv für Leser von Springer-Fachbüchern: Testen Sie Springer für Professionals 30 Tage unverbindlich. Nutzen Sie dazu im Bestellverlauf Ihren persönlichen Aktionscode **C0005407** auf *www.springerprofessional.de/buchkunden/*

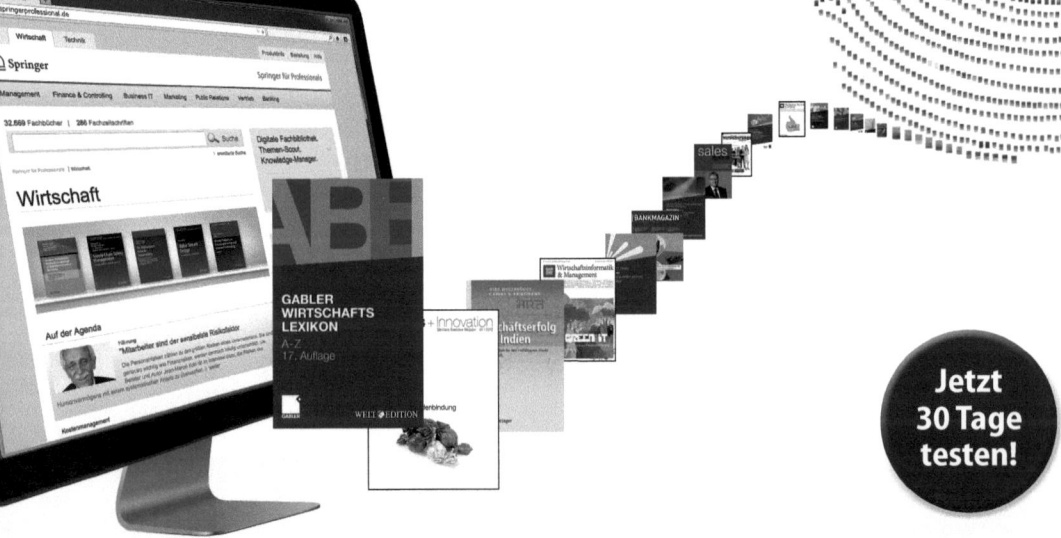

Springer für Professionals.
Digitale Fachbibliothek. Themen-Scout. Knowledge-Manager.

- Zugriff auf tausende von Fachbüchern und Fachzeitschriften
- Selektion, Komprimierung und Verknüpfung relevanter Themen durch Fachredaktionen
- Tools zur persönlichen Wissensorganisation und Vernetzung

www.entschieden-intelligenter.de

Springer für Professionals

Peter Buchenau
Herausgeber

Chefsache Gesundheit II

Der Führungsratgeber fürs 21. Jahrhundert

Herausgeber
Peter Buchenau
Waldbrunn, Deutschland

ISBN 978-3-658-06961-2   ISBN 978-3-658-06962-9 (eBook)
DOI 10.1007/978-3-658-06962-9

Die Deutsche Nationalbibliothek verzeichnet diese Publikation in der Deutschen Nationalbibliografie; detaillierte bibliografische Daten sind im Internet über http://dnb.d-nb.de abrufbar.

Springer Gabler
© Springer Fachmedien Wiesbaden 2016
Das Werk einschließlich aller seiner Teile ist urheberrechtlich geschützt. Jede Verwertung, die nicht ausdrücklich vom Urheberrechtsgesetz zugelassen ist, bedarf der vorherigen Zustimmung des Verlags. Das gilt insbesondere für Vervielfältigungen, Bearbeitungen, Übersetzungen, Mikroverfilmungen und die Einspeicherung und Verarbeitung in elektronischen Systemen.

Die Wiedergabe von Gebrauchsnamen, Handelsnamen, Warenbezeichnungen usw. in diesem Werk berechtigt auch ohne besondere Kennzeichnung nicht zu der Annahme, dass solche Namen im Sinne der Warenzeichen- und Markenschutz-Gesetzgebung als frei zu betrachten wären und daher von jedermann benutzt werden dürften.

Der Verlag, die Autoren und die Herausgeber gehen davon aus, dass die Angaben und Informationen in diesem Werk zum Zeitpunkt der Veröffentlichung vollständig und korrekt sind. Weder der Verlag noch die Autoren oder die Herausgeber übernehmen, ausdrücklich oder implizit, Gewähr für den Inhalt des Werkes, etwaige Fehler oder Äußerungen.

Einbandabbildung: fotolia.de
Lektorat: Claudia Hasenbalg

Gedruckt auf säurefreiem und chlorfrei gebleichtem Papier.

Springer Fachmedien Wiesbaden GmbH ist Teil der Fachverlagsgruppe Springer Science+Business Media
(www.springer.com)

Geleitwort

Solange es uns gut geht, denken wir selten über unsere Gesundheit nach. Wir nehmen sie als gegeben hin und treiben nicht selten Raubbau mit ihr. Erst wenn unsere psychischen und/oder körperlichen Kräfte nachlassen, fangen wir an, deren Wert zu schätzen. Dabei ist Gesundheit nicht nur ein kostbares Gut, sondern auch ein wichtiger wirtschaftlicher Faktor. Durch krankheitsbedingte Ausfälle gehen jährlich riesige Summen verloren. Höchste Zeit also, die Gesundheit zur Chefsache zu erklären.

So ist es auch höchste Zeit zu begreifen, dass gestresste Menschen nicht in der Lage sind, eine gute Arbeitsleistung zu erbringen, weder als Chef noch als Mitarbeiter. Jeder Mensch hat jedoch ein Recht auf ein erfolgreiches und erfülltes Berufsleben. Um dieses Ziel zu erreichen und somit dieses Recht ausleben zu können, sollten Sie sich das notwendige Wissen aneignen. Genau dazu wollen Ihnen die Autoren dieses Buches Hilfestellung leisten.

Dank der Lektüre dieses Buches vollkommen gesund zu bleiben ist natürlich eine Illusion, denn Krankheiten gehören seit Anbeginn der Menschheit zum Leben. Es geht vielmehr darum, sich ein Instrumentarium zuzulegen, wie man sich immer wieder in die innere Balance bringen kann, so dass Krankheiten wenig Chancen haben, sich zu größeren Katastrophen auszuweiten und so Ihre Lebensenergie und Arbeitskraft mehr und mehr zu schwächen.

Nach der Lektüre dieses Buches werden Sie jedoch besser verstehen, wie notwendig es ist, nicht nur körperlich fit, sondern auch seelisch und emotional im Lot zu bleiben. Sie werden mehr über die schädlichen Auswirkungen von Stress wissen – und darüber, wie Sie Stress zukünftig weniger Chancen geben, sein zerstörerisches Werk zu vollenden. Es geht in diesem Buch auch nicht um die medizinischen Folgen von Stress. Diese sind vielfältig und reichen von harmlosen, aber lästigen Erscheinungen wie ständigen Erkältungen bis zum plötzlichen Herztod in jungen Jahren. Es geht vielmehr darum, die negativen Auswirkungen von Stress zu erkennen, ehe diese ärztlicher Behandlung bedürfen. Denn lange bevor Sie wegen stressbedingter Beschwerden einen Arzt aufsuchen müssen, hat der Stress schon erhebliche, negative Auswirkungen auf Ihre Leistungsfähigkeit.

Chefsache Gesundheit bedeutet auch, dass Sie als Chef die Fallen erkennen, mit denen Sie sich selber gefangen halten. Der Stress ist nämlich gerade in der Chefetage ein hausgemachtes Problem. Wer, wenn nicht der Chef, hat die Möglichkeit, seinen Angestellten anstelle eines stressigen und ungesunden Lebensstils einen achtsamen und aufmerksamen Umgang mit den eigenen Kräften und Möglichkeiten vorzuleben? Ein gutes Vorbild im Sinne der Gesundheit ist also nicht der Chef, der als Erster im Betrieb ist und als Letzter nach Hause geht, sondern der Chef, der dafür sorgt, dass er – und seine Mitarbeiter – genügend Pausen einlegen und zu einer vernünftigen Zeit nach Hause gehen, so dass ein normales Familienleben neben der Arbeit stattfinden kann. Ein Chef, der erkennt, wann er seine eigene und die Leistungsfähigkeit seiner Angestellten torpediert. Und der sich selber ernst genug nimmt, nicht nur Zeit in den Aufbau und Erhalt seines Unternehmens zu investieren, sondern auch in den Aufbau und Erhalt seiner Gesundheit.

In diesem Sinne wünsche ich Ihnen nicht nur eine fruchtbare Lektüre, sondern auch die Kraft zur Umsetzung der vielen Tipps. Denn es ist nicht immer leicht, sich für die Gesundheit zu entscheiden und gegen den Strom zu schwimmen. Vielleicht hilft Ihnen ja die Erkenntnis, dass Topperformance nicht nur durch hohen, sondern vor allem durch klugen Einsatz ermöglicht wird.

Zürich, im Juli 2015   Dr. med. Ursula Pfister

Inhaltsverzeichnis

1 **Wissen führt zum Erfolg** 1
  Reinhold Bartha

2 **Menschen und Organisationen reagieren unterschiedlich auf Stress** 25
  Hans-Harry Bittner

3 **Mythos Glück – Warum der Sinn Ihres Lebens täglich
  an die Haustür klopft** 39
  Peter Buchenau

4 **Chefsache Egoismus. Die Dos und Don'ts.** 55
  Ralf Gasche

5 **Entspannt erfolgreich mit System in die Märkte von morgen** 83
  Johannes Glatzle

6 **Die Körpersprache** 101
  Michael Hannig

7 **Selbst-Führung und Gesundheit** 111
  Yvonne Natascha Heum

8 **Führungskräfte sind in einer Sandwich-Position zwischen Unternehmensleitung und Teams** 131
  Gudrun Holtz

9 **Entschlossen und dabei gelassen: Der gesündere Weg zur Zielerreichung** . 149
  Bernhard Kipper

10 **Resilienz und Bewegung** 171
   Bärbel Langer

11	**Veränderungsfreude statt Veränderungsfrust – Die Kunst der „gesunden Veränderung"**	191
	Dieter Lederer	
12	**Warum gesunde Kommunikation Chefsache ist**	215
	Dagmar Möbius	
13	**Mit 7 Leitfragen zur leidenschaftlich authentischen Führungskraft**	239
	Elisabeth Pine	
14	**Die Stufen zur Achtsamkeit im Unternehmen**	259
	Bettina Sabath	
15	**Pflegebedürftigkeit und Beruf mit der Gesundheit vereinbaren – Mitarbeiter mit pflegebedürftigen Angehörigen in häuslichen Pflegesituationen** ..	281
	Birgit Vosseler	

Wissen führt zum Erfolg

Unter Stress entstehen keine Geistesblitze

Reinhold Bartha

Inhaltsverzeichnis

1.1	(Irr)Sinniger Stress?	1
1.2	Die Erkenntnis – Ihr *Recht* auf *Erfolg*	6
1.3	Fazit	23
1.4	Über den Autor	24

Sie haben ein *Recht* auf *Erfolg*, dazu müssen Sie aber auch die Voraussetzungen richtig anwenden.

1.1 (Irr)Sinniger Stress?

Wie passt das zusammen? Wir reden seit zwei Jahrzehnten über Work-Life-Balance und trotzdem steigen die stressbedingten Gesellschaftskrankheiten. Wir versuchen unser Leben zu kontrollieren. Dazu nutzen wir Uhren, Kalender und Reminder. Aber welchen Teil unseres Lebens haben wir wirklich unter Kontrolle? Lernen wir denn nichts daraus?

Dann lassen Sie uns mal genauer schauen woran es liegen könnte. Ich glaube, dass Ihnen die Ursachen sogar ganz bekannt vorkommen.

Zum einen werden die Zeiten schwieriger
Wohin man auch schaut, die Menschen um einen herum wirken oftmals immer in Eile, sie haben kaum Zeit. Sie sind mit den Anforderungen der Gesellschaft oftmals überfordert. Wir wissen alle, dass die Schere zwischen Arm und Reich immer weiter auseinanderklafft. Die Mittelschicht verschwindet immer mehr. Dies bringt es mit sich, dass sich der Bereich

Reinhold Bartha ✉
Töpferstrasse 58, 61273 Wehrheim, Deutschland
e-mail: info@kanzlei-bartha.de

der armen Bevölkerung mit mehr Problemen beschäftigen muss. Unsere Gesellschaft ist nun einmal so aufgebaut, dass für jegliche Leistung, sei es Nahrung, Freizeit oder auch nur eine Wohnung ein entsprechender Beitrag in Geld zu leisten ist. Und dann gibt es noch Annehmlichkeiten und Luxus. Und wenn man nicht zu den oberen Zehntausend gehört, hat man bereits mit den Alltagsherausforderungen ganz schön zu tun.

Im Rahmen meiner anwaltlichen Beratung in meiner Kanzlei habe ich oftmals mit Mandanten zu tun, bei denen es juristisch nicht immer ganz einfach ist, den Gewinner eines Prozesses vorauszusagen. Oftmals geht es gar nicht um die Frage, wer tatsächlich Recht hat, sondern vielmehr darum, wer etwas beweisen kann. Dies bringt es mit sich, dass man oft in einen Fall viel Zeit und Nerven investieren muss – vor allem als Mandant. Teilweise haben diese Fälle gerade einmal einen Streitwert von unter 1000 Euro. Selbstverständlich sind 1000 Euro viel Geld. Wenn ich jedoch meinen Mandanten das Prozesskostenrisiko ausrechne und dazu noch die Zeit und die Nerven hinzuaddiere, so stellt sich oftmals die Frage, ob dieser Prozess wirklich geführt werden soll. Ich frage meine Mandanten dann immer ganz direkt: „Glauben Sie, es macht Sinn viel Energie in die Sache zu stecken?" Als Rückfrage kommt dann in der Regel: „Was schlagen Sie vor? Welche Möglichkeiten habe ich?" Und die regelmäßige Antwort ist – wen würde es wundern – die Suche nach dem goldenen Mittelweg. Ich frage meinen Mandanten dann: „Können Sie sich vorstellen, dass wir auf die Gegenseite zugehen, um einen Vergleich anzustreben? Damit wäre die Angelegenheit relativ schnell erledigt. Und dies ist weit kostengünstiger als das Prozesskostenrisiko im Falle des Unterliegens sein würde."

Was passiert aber in der Realität leider viel zu oft? Der Mandant antwortet mir, dass die Idee des goldenen Mittelwegs zwar wunderbar sei und er sich dies eigentlich auch so wünschen würde. Aber selbst der Vergleichsbetrag übersteige seine Möglichkeiten. Es ist nicht selten, dass ich dann zu hören bekomme: „Entweder wir gewinnen oder ich weiß nicht mehr, was ich tun soll. Ich kann mir ein Verlieren nicht leisten."

Ganz konkret bedeuten solche Sachverhalte, dass sich der Mandant in eine Situation begeben hat, die ihm nur noch die Flucht nach vorne gestattet. Wir kennen das aus dem Tierreich, wenn ein Tier angegriffen wird. Die Reaktion ist entweder Flucht oder Angriff. Ein entspanntes „Mal schauen, was so kommt, und wir reden da einfach mal drüber" gibt es in diesem Fall nicht. Ich brauche Ihnen hier sicherlich nicht näher auszuführen, dass eine solche Situation extrem belastend ist. Und damit sind wir mittendrin in einer Stresssituation. Natürlich gibt es immer mal Ausnahmen, die Mehrheit entspricht jedoch diesem Bild.

Und da die Zeiten schwieriger werden, haben wir das Phänomen, dass die Anforderungen an uns immer größer werden. Die finanziellen und/oder zeitlichen Möglichkeiten hingegen werden aber immer geringer.

Somit muss es niemanden mehr verwundern, wenn sich mehr und mehr Mitmenschen Stress ausgesetzt fühlen.

Zum anderen hilft „Gas geben" oder „eine Schippe drauflegen" nicht mehr
Sie kennen bestimmt die folgende Situation: Jemand hat ein paar Probleme, und wie löst man die? Man strengt sich etwas mehr an. Man „gibt etwas mehr Gas" oder „legt eine Schippe drauf".

Manchmal ist dies auch durchaus die Lösung. Aber was ist, wenn man aus dem Gas geben einfach nicht mehr rauskommt, gezwungen wird dauernd mit Bleifuß durch die Welt zu rasen?

Es ist zu beobachten, dass insbesondere auf dem Arbeitsmarkt ein Wandel vorliegt. Früher waren Arbeitsplätze noch „sicher" und man konnte sich in einem Betrieb bis zur Rente einbringen. Heutzutage ist es keine Seltenheit, dass man innerhalb eines Arbeitslebens mehrmals den Arbeitgeber wechseln muss. Ich gehe sogar noch einen Schritt weiter und behaupte, dass sich der Arbeitsprozess mehr und mehr nicht arbeitgeberspezifisch orientiert, sondern vielmehr projektbezogenen Charakter haben wird.

Dies entspricht gerade dem Übergang weg vom industriellen Zeitalter hin zum Wissenszeitalter. Früher konnte man oftmals noch ausrechnen, dass wenn die Herstellung von zehn Stück „Schrauben" eine Stunde dauerte, man nach zehn Stunden 100 Stück produziert hat. Und durch die Automatisierung der letzten Jahre ist ein Rund-um-die-Uhr-Betrieb auch kein Problem. Alles war kalkulierbar, und das bedeutete Sicherheit. Was ist aber heutzutage, wenn man in der immer komplexer werdenden Arbeitswelt aufgrund der Fülle nicht mehr genau abschätzen kann, wie lange etwas dauert? Dann geraten die Beteiligten recht schnell ins Schlingern und zack – der Stress ist vorprogrammiert.

Die Arbeitsanforderungen und damit auch die Abläufe haben sich in vielen Bereichen grundlegend gewandelt. Deswegen muss man sich umstellen, umlernen und neue Wege gehen. Mit einfach etwas „mehr Gas geben" kommt man da leider nicht weiter.

Seit zwei Jahrzehnten beschäftigt sich die Gesellschaft besonders intensiv mit dem Phänomen Stress. Dabei wird immer über Work-Life-Balance gesprochen. Aber seien wir einmal ehrlich: Hat uns das denn definitiv geholfen und weiter gebracht? Es gibt unzählige Werkzeuge in diesem Bereich, mit denen wir unser Leben angenehmer gestalten sollen, aber haben uns diese nachhaltig geholfen?

Ist es nicht ohnehin viel erfüllender, wenn man sich um die Balance keine Gedanken machen muss?

Dieser Beitrag soll Ihnen grundlagenbezogen aufzeigen, was die Werkzeuge uns eigentlich bringen. Werkzeuge, vor allem gute Werkzeug, sind auf jeden Fall eine Hilfe. Die Frage bleibt aber jedes Mal: Beherrsche ich mein Werkzeug auch und bringt es mir den erhofften Nutzen, um mich meinem Ziel zu nähern?

Zunächst einmal ein wenig Theorie, gepaart mit einer Erfahrung aus dem Leben. Sie denken, Sie wissen, was Stress ist? Ihre Lebenseinstellung ist eine der Folgenden:

- „Das passiert immer nur den anderen!"
- „Mich kann so schnell nichts umhauen!"
- „Da geht noch was!"

- „Nur noch ein bisschen!"
- „Nicht mehr lange, und dann ..."

Na dann seien Sie mal gespannt.

1.1.1 Das wissen alle: Schlechter Stress ist böse!

Stress wird als negativ empfunden, wenn er häufig oder dauerhaft auftritt. In Kombination dazu steht als weiterer Faktor, dass er körperlich und oder seelisch nicht kompensiert werden kann, so dass er als bedrohlich und überfordernd anzusehen ist. Er wird oftmals als negativ empfunden, wenn die betroffene Person keine Möglichkeiten hat, sich darauf vorzubereiten oder die Situation zu bewältigen. Stress ist somit eine übermäßige Beanspruchung des Körpers, woraufhin eine Reaktion und gegebenenfalls Anpassung auf diese Faktoren eintritt.

Schlechten Stress kennt jeder. Viel interessanter ist jedoch die Beschäftigung mit dem eher unbekannten Stress.

1.1.2 Das denken viele: Guter Stress ist OK!

Kennen Sie Situationen, in denen Sie extrem viel zu tun haben, dabei jedoch zu Höchstleistungen auflaufen? Erleben Sie dabei kurzzeitige Glückszustände und emotionale Aufgeregtheit? Spornt Sie solch eine Situation an, indem Sie sich toll fühlen und stolz auf das sind, was Sie gerade leisten?

Das ist genau das, was viele „guten" Stress nennen. Es herrscht das Märchen, dass man sich nur vor schlechtem Stress hüten soll. Guter Stress sei unschädlich und mache dem Körper nicht aus.

Die wunderbare Seite von Stress, und was in Ihrem Körper passiert: Es geht um Rauschgifte! Sie heißen Epinephrin, Norepinephrin und Glucocorticoide. Diese werden unter Stress von Ihrem eigenen Körper erzeugt und sind verantwortlich für die oben beschriebenen Gefühle. Ihre körperlichen und seelischen Schmerzempfindungen werden dabei drastisch gesenkt. Einsamkeit, Hunger, schlechte Erinnerungen oder momentan miese Beziehungen treten in den Hintergrund. Ihre gesamte Umgebung scheint durch Ihre chemisch angestachelte Aufmerksamkeit lebendiger und intensiver zu sein.

Mediziner nennen diesen Zustand Eustress („guter Stress"), da er viele positive Effekte beinhaltet.

1.1.3 Das ahnt kaum jemand: Guter Stress schadet!

Doch auch der gute Stress hat negative Nebenwirkungen. Dies zeigen zahlreiche Untersuchungen aus jüngerer Zeit. Die genannten Stoffe werden unter Stress in Ihrem Körper in die Venen gepumpt. Als Folge können Magengeschwüre, Herzkrankheiten und eine dramatische Schwächung Ihres Immunsystems entstehen. Unter Eustress sinkt Ihr Schlafbedürfnis, damit zwangsläufig aber auch Ihre Aufmerksamkeit. Dies sogar, ohne dass Sie es subjektiv merken. Daraus können schlimme Folgen resultieren, gegebenenfalls sogar Depressionen in Form eines Unglücksgefühl bis hin zu kompletten körperlichen Zusammenbrüchen. In solch einem Fall können Sie sich sicherlich auch die Auswirkungen auf Ihre sozialen Beziehungen vorstellen.

Sie können sich dies wie eine Sucht vorstellen. Der Stress-Abhängige erzeugt unbewusst Situationen, die ihm so das ersehnte Rauschmittel liefern. Biochemisch gesehen bleibt der Stress-Hormonspiegel dauerhaft hoch, so dass eine Entspannung vor der nächsten Aufgabe nicht mehr stattfindet. Dies führt mittel- und langfristig zu physischen und psychischen Folgen. Das ganze wird lange Zeit nicht als besonders negativ erlebt, denn er fühlt sich doch bei der ganzen Anspannung glücklich – und gleichzeitig wird man erfolgreich. Medizinische Anzeichen für eine Schädigung wären aber bereits eindeutig erkennbar.

Warten Sie nicht, bis es zu einem Zusammenbruch kommt, selbst wenn Ihr persönlicher Stress-Level noch nicht bedrohlich wirkt.

1.1.4 Die Stressebenen

Um richtig mit Stress umzugehen ist es wichtig, sich in diesem Bereich Wissen anzueignen. Dazu gehört vor allem den Stress zu erkennen, um dann in der Folge Kompensationsmechanismen aufzubauen. Stress findet immer auf zwei Ebenen statt.

Die erste Ebene sind externe Stressoren. Diese liegen in den äußeren Anforderungen, hervorgerufen durch unser Umfeld. Dies sind beispielsweise anspruchsvolle Kunden, anstrengende Kollegen oder nervige Bekannte. Ebenso eine hohe fachliche Komplexität oder immenser Zeitdruck.

Die zweite Ebene sind persönliche Stressverstärker. Dies ist die eigene persönliche Wahrnehmung und Bewertung der äußeren Anforderungen, welche im limbischen System im Gehirn des Menschen erfolgt.

Die Unterscheidung zwischen Stressoren und persönlichen Stressverstärkern bietet Ihnen eine Möglichkeit, das persönliche Stressempfinden einzuordnen und dann Lösungsansätze auf der jeweiligen oder manchmal auch auf beiden Ebenen zu entwickeln.

Die Empfehlung lautet, sich mit verschiedenen Handwerkszeugen zu wappnen, um den jeweiligen Stress auf der entsprechenden Ebene aktiv anzugehen. Beispielsweise kann man sich bei externen Stressfaktoren mit den Mitteln einer guten Zeitplanung, einer klaren Zielsetzung und eindeutigen Priorisierung von Aufgaben helfen. Zusätzlich ist es notwendig, dort, wo Sie auf externe Stressoren keinen großen Einfluss nehmen können, das Bewusstwerden und die Veränderung Ihrer eigenen inneren Einstellung zu trainieren. Sie können oftmals nicht entscheiden, wie andere Menschen oder Situationen Ihnen begegnen, jedoch haben Sie es immer in der Hand, was Sie wie annehmen und was Sie in der Folge daraus machen. Hier helfen die Handwerkszeuge der Achtsamkeit, Gelassenheit und Geduld.

Es ist also überaus hilfreich, je mehr Werkzeuge Sie kennen. Sie müssen die Art und die Definition kennen lernen, die Art und Weise der Handhabung sowie die Vor- und Nachteile.

Mit fortschreitender Anwendung Ihrer Lieblingswerkzeuge werden sie darüber hinaus auch noch Bereiche und Anwendungsmöglichkeiten entdecken, an die Sie vorher überhaupt nicht gedacht haben. Wichtig ist nur, dass Ihnen das bewusst ist, damit Sie auch effizient damit arbeiten können. Dies führt dann zu der Vernetzung von Gelegenheiten und damit der exponentiellen Steigerung in den Handhabungsmöglichkeiten.

1.1.5 Die Maschine und der Strom

Im nachfolgenden wollen wir uns anhand einiger Beispiele mit solchen Handwerkszeugen beschäftigen. Vorab jedoch dazu noch ein wichtiger Gedanke: Achten Sie bei allem, was Sie tun, auf Ihren individuellen Energiehaushalt und beziehen Sie in Ihre Planungen und Strategien den Faktor Zeit mit ein. Wir Menschen neigen dazu, dass wir in unseren Plänen und Konstrukten versuchen, alle objektiven Kriterien mit einzukalkulieren. Jedoch ändern sich durch fortlaufenden Zeitablauf auch die Rahmenbedingungen.

Stellen Sie sich und Ihren Körper als eine Maschine vor, die von Strom angetrieben wird. Achten Sie stets darauf, mit dem Wissen an Ihre Ziele heranzugehen, dass sich Energiepegel des Stroms auch ändern können. Es ist hinreichend bekannt, dass einem gewisse Dinge beim Älterwerden nicht mehr so leicht fallen wie in jüngerem Alter. Zwar bekommt man Unterstützung durch die Erfahrung, jedoch muss man wissen, dass bei Langzeitprojekten gerade der Faktor Zeit unkalkulierbar ist. Insbesondere auf Ihre Stressfaktoren hat dies erhebliche Auswirkungen. Versuchen Sie immer mit einzukalkulieren, dass Sie irgendwann einmal für die gleiche Maschine weniger Strom zur Verfügung haben.

1.2 Die Erkenntnis – Ihr *Recht* auf *Erfolg*

Nun beschäftigen wir uns mit konkreten Anti-Stress-Tipps bezogen auf verschiedene Lebensbereiche. Mein Slogan „Ihr *Recht* auf *Erfolg*" drückt aus, dass individueller Erfolg für jeden möglich ist und sogar darüber hinaus in den heutigen Zeiten jeder einen Anspruch darauf haben kann.

Es kann jedoch durchaus sein, dass man sich dafür anstrengen muss.

1 Wissen führt zum Erfolg

Wenn Sie denken: Man ist so, wie man ist, dann hoffe ich, dass Sie mit Ihrer Art und Weise hoch erfolgreich sind. Ansonsten reicht „man ist so, wie man ist" nicht aus, und Sie sollten einmal über den Satz „man kann sich ändern" nachdenken.

Stress ist eigentlich nicht das Problem, sondern vielmehr unser Unvermögen, mit ihm umzugehen. Und der erste sowie wichtigste Schritt ist, sich Strategien anzugewöhnen, damit Stress erst überhaupt nicht entsteht. Sie werden es nicht schaffen, ihn ganz zu vermeiden, aber ich denke, Sie werden mir zustimmen, dass es einen erheblichen Unterschied macht, ob Sie pro Woche dreimal oder 30-mal in Stress geraten.

1.2.1 Der Baum des Lebens

Um Stress wirksam entgegenzutreten, muss man zunächst einmal die Spielwiese kennen. Sie müssen wissen, wo und wie Ihnen überall in Ihrem Leben Stress begegnen kann. Die Möglichkeiten sind, was die Lebensbereiche angeht, gar nicht so vielfältig. Im Großen und Ganzen ist es bei jedem gleich. Also lassen Sie uns die Spielwiese kennenlernen.

Kennen Sie die Geschichten vom Baum des Lebens?

Hier die Version im Alten Testament
Gott ließ den Baum des Lebens und den Baum der Erkenntnis von Gut und Böse in der Mitte des Gartens in Eden wachsen. Er verbot den Menschen aber, von den Früchten des Baumes der Erkenntnis zu essen, da dies den Verlust des Lebens bzw. ewigen Lebens zur Folge hätte. Nachdem Adam und Eva von den verbotenen Früchten gegessen hatten, vertrieb Gott den Menschen, so dass dieser nicht die Hand ausstrecken konnte, um auch vom Baum des Lebens zu nehmen und ewig zu leben.

Hier die Version in der Kabbala
Der Baum des Lebens symbolisiert den Pfad der Wandlung und Entwicklung. Nach der Kabbala geht alles Leben auf Erden auf einen immateriellen Schöpfer zurück, der bereits vor der Schöpfung der Materie existierte. Er enthüllte elf Qualitäten, deren Studium die Menschen zum Göttlichen führt. Jeder Kreis im Baum des Lebens symbolisiert eine dieser Qualitäten:

Krone (Anwesenheit Gottes in der Schöpfung),

Ewigkeit,

Weisheit,

Erkenntnis,

Güter (allumfassende Liebe),

Schönheit,

Verstand,

Stärke,

Pracht,

Fundament (Verwandlung von Geist in Materie),

Königreich (göttliche Präsenz in der Welt; Sein).

Hier die Version in der Esoterik
Überall auf der Welt sind Bäume eng mit der geistigen Schulung und Entwicklung des Menschen verknüpft. Der Baum ist ein vollkommenes Symbol für das Leben selbst: Der Lebensbaum. Gleichzeitig stellt er auch die Gesamtheit des Universums dar. Letztendlich ist alles Existierende mit Geist erfüllt. Der Stamm wurzelt im Urgrund, die mächtige Krone trägt die Vielfalt der Erscheinungen der Schöpfung, und in seinen Samen befinden sich alle Pflanzen- und Tierarten. Schlussendlich schenkte der Baum des Lebens Nahrung und Heilmittel für alles Leben, ist unsterblich und gewährt auch den Menschen Unsterblichkeit. Der weitverzweigte Lebensbaum ist die unsichtbare, geistige Struktur des Kosmos.

Sie sehen also, dass der Baum des Lebens seit jeher starke und positive Eigenschaften hat. Nicht ohne Grund gibt es einige Seminare, in denen die Menschen in einen Wald gehen, sich vor einen großen starken Baum stellen und diesen Opa umarmen. Das Ziel ist es, diese geistige starke Kraft zu teilen und ein Stück davon ebenfalls zu erhalten.

Doch irgendetwas scheint mit unserer Gesellschaft in den letzten Jahren passiert zu sein. Wir hetzen von Termin zu Termin und wir vergessen auf diesen Wegen uns selbst. Tief im Inneren besteht zwar oftmals der Wunsch wieder etwas von diesen „alten Werten" und „Tugenden" zu empfinden oder diese gar selbst vorzuleben. Doch oftmals werden wir von dem Hamsterrad der Realität eingeholt. Dies verursacht in erster Linie einen unschönen Umgang mit uns selbst. Eigene Angst und eigener Ärger findet dann allzu leicht seinen Weg zum Gegenüber und sorgt als Folge im Umfeld ebenfalls für Stress anderen gegenüber. Das gefährliche daran ist nur, dass wir Menschen als „Herdentiere" nur allzu leicht mitlaufen, ohne innezuhalten und selbst einmal über den eingeschlagenen Weg nachzudenken. Deswegen ist es überaus wichtig, bereits in der Geschichte der Welt gewonnene Erfahrungen nicht zu vergessen, sondern vielmehr aufzugreifen und auf moderne Gegebenheiten anzuwenden. Diese Transferleistung erfordert zwar etwas Übung, einmal erlernt kann man jedoch das Wissen der Welt anzapfen und daraus Ruhe und Energie gewinnen.

Hier nun aus diesem Grund eine moderne Version von „Ihr Recht auf Erfolg"
Auf Grundlage dieser Geschichten zum Thema Baum stellt sich die Frage, inwiefern man das eigene menschliche Dasein in den heutigen modernen Zeiten damit vergleichen kann. In vielen Seminaren und in der Literatur wird hervorgehoben wie wichtig es ist, starke und stabile Wurzeln zu haben. Oftmals wird bewusst auf den Baum Bezug genommen. Es gibt auch das Bild, dass die Früchte an den Ästen nur bei einem starken und wohl gepflegten Baum wachsen. Deshalb wird oft in Seminaren gepredigt, dass man den Baum pflegen muss, um die Früchte zu ernten.

Weiterhin wissen wir seit tausenden von Jahren, dass wir im Leben mehrere verschiedene Lebensbereiche zu meistern haben. Es ist also keine neue moderne Entdeckung der Coaching-Gurus, die uns die Erkenntnis vermitteln, wir sollten uns auf alle Lebensbereiche konzentrieren. Nur leider scheint doch eine Notwendigkeit zu bestehen, dies den Seminarteilnehmern immer wieder zu sagen, denn es gibt viele Tausende, die nach solchen Motivationswochenenden mit scheinbar geöffneten Augen wieder in die Arbeitswoche starten. Leider hält bei den meisten der Impuls nicht lange an, so dass bald das nächste Seminar her muss.

Bei diesem ganzen System scheint es so, als ob wir Menschen nicht mehr in der Lage sind, die einfachsten und natürlichsten Vorgänge selbstverständlich von selbst, quasi aus einer inneren Logik, oder noch besser aus einer inneren gesunden Emotion, zu erkennen und dementsprechend zu handeln. In der immer weiter verzweigten globalisierten Welt sind wir fremdbestimmt von dem Schneller, Höher und Weiter der anderen. Die Folge ist ein kranker Mensch, vom Stress gebeutelt.

Nun komme ich aber auch gerne zu einem Ansatz einer Lösung und dabei soll gerne der Baum des Lebens unterstützen.

Schauen Sie sich einen gesunden Baum doch einmal in aller Ruhe an. Dieser hat viele starke Äste, um in allen Wetterlagen bestehen zu können. Die meisten Äste überstehen den stärksten Sturm – auf jeden Fall aber die gesunden. Jetzt stellen Sie sich vor, Sie seien dieser Baum und Sie sind stark daran interessiert jedem Sturm zu trotzen. Dann müssen Sie sich um die Pflege Ihrer Äste kümmern. Sie müssen diese schneiden und formen, damit starke Äste insgesamt zu einem starken Baum führen.

Fragen Sie sich: Was soll das Ganze mit Gesundheit und Prävention zu tun haben? Dann gerne einmal ganz deutlich: Wenn Sie sich nicht darum kümmern, dass all Ihre Äste „gesund" sind, dann tut in irgendeinem Bereich etwas „weh" oder es geht „kaputt". Dann bekommen Sie zwangsläufig Stress. Wenn Sie aber alles rechtzeitig „hegen und pflegen", dann haben Sie viel mehr Energie und Kraft zur Verfügung, um überdurchschnittliche Leistung zu erbringen.

Zusätzlich zeigt der Baum deutlich auf, dass dieser ein einziger Organismus ist. Die Probleme eines einzigen Astes schmerzen dem ganzen Baum. Sie können dies nicht regelmäßig und auf Dauer isoliert betrachten, denn das Gesamtsystem gerät aus dem Gleichgewicht. Je mehr Äste in der Folge erkranken, umso mehr steigt die Wahrscheinlichkeit, dass irgendwann einmal der Baum stirbt.

Selbstverständlich muss der Baum auch starke Wurzeln haben, damit er insgesamt stabil im Leben steht. Schließlich sind auch diese Wurzeln ein Teil des Gesamtsystems.

Und was entsteht aus einem gesunden und stabilen Baum? Und noch einem? Und noch einem? Richtig: Ein Wald.

Ein gesunder Wald sieht aus wie ein lückenlos grüner Teppich. Er ist eine Ansammlung von Bäumen, die nebeneinander und miteinander einen gesunden Umgang gefunden haben. Zwar ist jeder einzelne in sich immer anders als der Nachbar, jedoch notwendigerweise gesund und vor allem komplett. Zwar gibt es auch dort die ein oder andere

Ausnahme, jedoch würde ein großer Bestand kranker Bäume unweigerlich dazu führen, dass es sich nicht um einen grünen lückenlosen Teppich handelt.

Bitte übertragen Sie nun dieses Bild – diesen Gedanken – auf unsere Gesellschaft. Viele starke Bäume sind eine starke Gesellschaft, ein gesunder Wald ist eine gesunde Gesellschaft. Aus diesem Grund müssen wir alle zuerst bei uns anfangen, gesund und stabil zu werden und zwar in allen Lebensbereichen.

So weit, so gut. Bisher passt dieses Bild zu den am Markt üblichen bekannten Ratschlägen zur Pflege der verschiedenen Lebensbereiche. Zu Recht fragen Sie vielleicht, was daran nun neu sein soll. Das Problem ist jedoch, dass dies so viele Menschen „eigentlich" wissen, jedoch im Ergebnis die stressbedingten Krankheiten immer weiter zunehmen. Der Grund liegt in der immer komplexer und immer schneller werdenden Welt.

Wir Menschen haben es (noch) nicht geschafft, uns den Anforderungen der Informationsgesellschaft anzupassen. Die Handwerkszeuge, mit denen wir seit 1800 stetig den Erfolg aufgebaut haben, passen einfach nicht mehr so gut.

Jetzt müssen wir daher noch einen Schritt weiter gehen, denn Sie müssen unbedingt auch wissen, *wie* Sie in diesen Zeiten Ihre Äste pflegen. Und genau dazu gibt es eine einfache, aber auch – weil ungewohnt – schwere Grundregel. Es ist quasi ein neues modernes Erfolgsgesetz:

▶ Vernetzen Sie sich im Sein und Handeln.

Das *Sein*: Denken und fühlen Sie vernetzt. Mit anderen Worten – trainieren Sie ein Querdenker zu werden. Oftmals haben wir ein gigantisches Wissen in irgendwelchen Bereichen, kommen bei Problemen jedoch nicht auf die Idee dieses Gesamtwissen anzuzapfen. Sie kennen bestimmt die Äußerung: „Das ist ja eigentlich ganz einfach, daran habe ich nur nicht gedacht." Warum eigentlich nicht? Na, ganz simpel, weil Sie sich bestimmt oftmals einfach selbst im Weg stehen. Üben Sie clever zu sein. Ganz oft kann man sich mit Regeln oder Hilfsmitteln aus anderen Lebensbereichen aushelfen. Sie können sich zum Beispiel in beruflich schwierigen Situationen fragen, wie Sie in einer ähnlichen Situation reagieren würden, wenn diese im privaten Umfeld stattfinden würde. Am besten versuchen Sie zusätzlich einen Perspektivwechsel und fragen sich, wie Sie als Gegenüber in solch einer Situation reagieren würden.

Oftmals ist alles recht simpel, man muss sich nur die Mühe machen, vieles aus anderen Blickwinkeln, bzw. mit den Augen der anderen zu sehen. Oftmals kommt man dabei auf Ideen oder Lösungen, die man sonst nicht erhalten hätte.

Und dies ist auch schon der nächste Tipp: Halten Sie alles so simpel wie nur irgendwie möglich. Dann haben Sie viel mehr freie Kapazitäten, die Ihnen dann Energie für den Zugriff auf weitere Ideen geben. Geistesblitze entstehen nicht unter Stress, sondern vielmehr in einem simplen entspannten Zustand. Als Folge erreichen Sie in weniger Zeit mehr und bessere Ergebnisse.

Das *Handeln*: Agieren Sie vernetzt. Zeigen Sie anderen Ihre Denkweise auch durch die Handlungen nach außen. Seien Sie dabei eher der „Geber" als der „Nehmer". Oftmals entscheidet nicht das, was wir denken und was wir im Innersten sind, sondern das, was wir daraus im Äußeren machen.

Insgesamt entsteht daraus ein Kreislauf: Das Sein nimmt Einfluss auf unser Handeln, worauf das Handeln Einfluss auf unser Sein nimmt. Ihre Möglichkeiten sind jedoch je nach Ihren Wünschen die Ziele und die Ausrichtung.

1.2.2 Das Prinzip der bunten Fäden

Basiswissen

Hierzu gibt es endlos viel Literatur. Aber haben Sie sich auch schon einmal gefragt, warum es denn nicht besser wird, obwohl so viele Menschen endlos viele Lösungen angeboten bekommen?

Einerseits könnte man sagen, dass noch nicht viele die Lösungen kennen.

Andererseits werden die Lösungen nicht richtig angewandt oder das Ergebnis nicht richtig verwertet.

Als Rechtsanwalt habe ich des Öfteren Firmen in der Beratung, bei denen es um Zahlungsschwierigkeiten oder eine drohende Insolvenz geht. Eines der interessantesten Mandate war eine größere Firma, die insgesamt 70.000 Euro an Schulden hatte, gleichzeitig jedoch 55.000 Euro an offenen Forderungen. Mein Auftrag bestand darin, mit den Gläubigern zu verhandeln und gleichzeitig die Schuldner zur Zahlung zu bewegen. Es handelte sich dabei im Schwerpunkt gar nicht um juristische Fallgestaltungen, sondern vielmehr um organisatorische. Hinzu kommt, dass unter den Gläubigern eine Krankenkasse und das Finanzamt waren. Diese Stellen können, je schlimmer die Probleme werden, besonders schnell zu einer Schließung des Betriebes führen. Auf jeden Fall hatte mein Mandant von allen Seiten Druck und wusste sich nicht mehr alleine zu helfen. Im Rahmen des ersten Mandantengesprächs wurden die Ziele und Wünsche des Mandanten erfragt. Als Antwort nannte dieser, dass er gerne das Problem mit seinen Gläubigern gelöst hätte, damit er danach wieder in aller Ruhe arbeiten kann. Er wollte sich um sein Kerngeschäft kümmern, ohne dass ihm andere immer wieder Steine in den Weg legen, so seine Aussage.

Wie sie sich jedoch denken können, wäre allein das Hereinholen der offenen Außenstände nicht die Lösung seines ganzen Problems. Mit dem Mandanten wurde daher grundsätzlich die Organisation sowie die Führung seiner Firma besprochen. Denn schließlich sollte er nach dem Aufräumen der aktuellen misslichen Situation in die Lage versetzt werden, eigenständig dafür zu sorgen, dass sich so etwas nicht nochmals wiederholt. Der Fehler lag bei ihm vielmehr in der mangelhaften Organisationsstruktur seiner Unternehmung. Er kümmerte sich zum falschen Zeitpunkt um die falschen Dinge. Auf die Frage nach ganz normalen Werkzeugen wie Zielsetzung, Zeitmanagement, Controlling und Personalführung antwortete er, dass er diese alle vom Grunde her kenne, jedoch würden diese Werkzeuge ihm nichts bringen.

Anschließend führten wir ein Gespräch, wie er diese Werkzeuge einsetzte, was er sich von ihnen erhoffte und was tatsächlich geschah. Dabei stellte ich fest, dass er die theore-

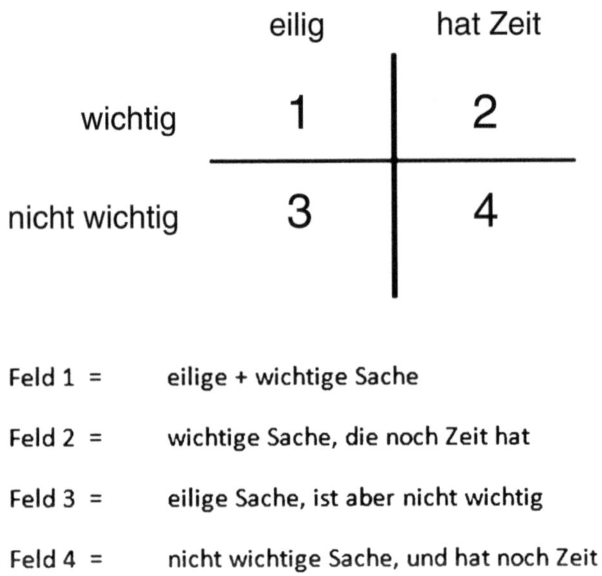

Abb. 1.1 Das Zeitmanagement-System nach Eisenhower

	eilig	hat Zeit
wichtig	1	2
nicht wichtig	3	4

Feld 1 = eilige + wichtige Sache

Feld 2 = wichtige Sache, die noch Zeit hat

Feld 3 = eilige Sache, ist aber nicht wichtig

Feld 4 = nicht wichtige Sache, und hat noch Zeit

tischen Fakten zum Gebrauch der Werkzeuge zwar kannte, jedoch nicht in der Lage war verschiedene Werkzeuge miteinander zu kombinieren. Und noch viel schlimmer war, dass er allein aufgrund der gelieferten Ergebnisse, die ihm die Werkzeuge einbrachten, mit den daraus erworbenen Gewinnen recht fahrlässig umging.

Ganz konkret kannte er beispielsweise das Zeitmanagement-System mit den vier Feldern nach Eisenhower (siehe Abb. 1.1).

Er bemühte sich, alles, was im Feld 4 und somit unwichtig und gleichzeitig nicht eilig war, zu entsorgen. Ebenso gab er sich Mühe, Feld 3 – also alles, was unwichtig war, aber eilte – an seine Mitarbeiter zu delegieren. Mit Feld 1 und 2 hatte er wie die meisten der Menschen noch einige Probleme, weil er seine Energie auf Feld 1 konzentrierte. Erst durch unser Gespräch erfuhr er, dass Feld 2 das weit Wichtigere war. In Feld 2 sind nämlich all die Dinge, die wichtig sind und nicht eilen, wohingegen Feld 1 die Dinge sind, die wichtig sind und eilen, mithin die dringenden Dinge. Ihm wurde erläutert, dass wenn man alle Aufgaben im Feld 2 rechtzeitig erledige, er niemals mehr oder so gut wie keine Aufgaben mehr im Feld 1 haben würde. Als konkretes Beispiel wurde seine Gesundheit genommen: Würde er sich lieber in Feld 2 oder in Feld 1 darum kümmern wollen? Denn in Feld 1 sei es schon viel zu spät.

Dennoch hat ihm diese schon recht fortgeschrittene Anwendung des Zeitmanagements seiner Meinung nach einiges an Zeit eingespart. Problematischerweise hat er jedoch die daraus gewonnene Zeit mit anderen, nicht zielführenden Dingen verschwendet. Und genau das ist heutzutage eine der Hauptfragen, die man sich im Rahmen der Werkzeuge zur persönlichen und organisatorischen Optimierung stellen muss: Was passiert mit dem Gewinn?

1 Wissen führt zum Erfolg

Es bleibt also festzuhalten, dass man einerseits den durch die Werkzeuge erhaltenen Gewinn auch schlau einsetzen muss und gleichzeitig, dass man durch die Kombination verschiedenartiger Werkzeuge noch viel effizienter wird.

Mit Kombination ist beispielsweise gemeint, dass man sich durchaus mit den Kenntnissen eines klassischen Projektmanagements, in Kombination mit Kenntnissen aus dem Bereich Fokussierung und Zielführung sowie an den Prinzipien des Zeitmanagements weit größere Vorteile verschaffen kann, als wenn man diese Werkzeuge in jeweiligen problematischen Situationen einzeln anwenden würde.

Kurzum, es erfordert ein Gesamtkonzept. Interessanterweise steigen bei der Kombination verschiedener Werkzeuge aus verschiedenen Bereichen die Ergebnisse in ihrer Qualität nicht linear, sondern exponentiell. In vielen unserer Lebensbereiche kennen wir exponentielles Wachstum. Wir kennen es aus dem finanziellen Sektor im Bereich des Zinseszinses, wir erkennen es im Bereich der Biologie bei beispielsweise Viren und wir kennen es klassischerweise aus der wunderschönen Geschichte mit dem Schachbrett, bei welchem von Feld zu Feld jeweils die Anzahl der Reiskörner verdoppelt werden soll.

Natürlich lernen wir aus diesen Beispielen auch, dass es endloses exponentielles Wachstum eigentlich nicht geben kann. Wir haben es jüngst und in den letzten hunderten von Jahren in regelmäßigen Zyklen immer wieder und wieder erlebt, dass Wirtschaftssysteme kollabierten. Jedoch ist der Nutzen eines kontrollierten exponentiellen Wachstums, gerade im Hinblick auf die Entwicklung von Unternehmen, extrem wichtig. Und wenn man nun in die vorhergehenden Beispiele noch das Wissen für Unternehmen aus den Theorien der Engpassstudien oder des Flaschenhalses anwendet, so kann man mit der notwendigen Ausdauer und Beharrlichkeit nur erfolgreich werden.

Wir wollen aber nicht den Ursprung dieser Gedanken vergessen, nämlich den rundum gesunden Baum mit seinen gesunden Ästen, die die entsprechenden wichtigen Lebensbereiche vertreten.

So habe ich in diesem Zusammenhang meinen Mandanten, der ursprünglich mit dem Bedarf des Inkasso auf meine Kanzlei zugekommen ist, gefragt, wie lange er denn bereits in solch einer Überlebenssituation steckt? Mein Mandant antwortete mir, dass dies bei ihm bereits seit drei Jahren so gehe. Ich fragte ihn, ob er denn nie wieder in solch eine Situation käme, wenn ich ihm die ganzen Probleme lösen würde? Und ich fragte ihn, weshalb er sich diesen ganzen Stress antue? Mein Mandant schaute mich ziemlich verdutzt an, so dass ich merkte, dass ich ihm noch ein paar weitere Hintergrundinformationen zu meiner Frage geben musste. Ich fragte ihn sodann, welches denn eigentlich seine Lebensziele seien, wozu er die Firma brauche, was er damit bezwecke? Und ich fragte ihn, ob er bei dieser aufopferungsvollen Phase für seine Firma denn auch eine Familie habe, und insbesondere wie er sich um diese gekümmert hatte. Er erzählte mir, dass er so etwas noch nie von einem Rechtsanwalt gefragt wurde und brach in Tränen aus. Er erzählte mir, dass er letztes Jahr phasenweise bis zu vier Wochen im Büro übernachtet hatte, weil er zuhause mit seiner Frau einen Riesenstreit hatte. Es sei sogar so weit gekommen, dass über Scheidung gesprochen wurde und die ganze Situation belaste ihn derart, dass er einfach nicht mehr weiter wisse. Und nochmals sagte er ganz verwundert: Komisch, solche Fragen hat mir ein Rechtsanwalt noch nie gestellt …

Diese beispielhafte Geschichte zeigt Situationen, die mir im Rahmen meiner anwaltlichen Tätigkeit immer wieder über den Weg laufen. Sehr vielen von uns geht es schlecht, obwohl man dies von außen gar nicht so sieht. Viele Menschen scheinen die Notwendigkeit zu sehen, nach außen hin immer eine ideale Welt zu repräsentieren, im Innersten selbst aber toben wilde Kämpfe und es sind hohe innere Belastungen und Spannungen vorhanden. Ein Leben in solch einem stressigen Umfeld kann auf Dauer niemand unbeschadet überstehen. Entweder zerbricht man selbst daran, trägt zumindest unterbewusst Narben davon oder es wirkt sich nicht gerade positiv auf das Umfeld aus, welches einem ja gerade so wichtig ist.

Und diese Bereiche der Spannungen finden sich in allen Feldern unseres Seins. Egal ob es nun Unternehmer, angestellte Manager, Eheleute oder Ehrenamtliche im Verein sind: Viele zeigen die Symptome unserer heutigen stressgeplagte Gesellschaft.

Sie geben wahrhaftig das Bild eines nicht kompletten bzw. eines kranken Baumes ab. Und wenn Sie sich an das Bild eines gesunden Waldes, der wie ein grüner Teppich aussieht erinnern, so stellt unsere Gesellschaft aktuell leider einen gerupften Flickenteppich dar.

Warum habe ich diesen Teil mit der Philosophie des gesunden Baumes so ausufernd dargestellt? Ganz einfach! Es sollte vor allem zeigen, dass die Ursache ausschließlich bei uns zu suchen ist. Wir können nicht andere dafür verantwortlich machen und genauso hilft es nicht weiter, davor wegzulaufen. Es wäre auch zu einfach, alles auf die Politik zu schieben. Denn in unserem Land leben wir alle unter den gleichen politischen Voraussetzungen. Dennoch meistern es einige mehr und andere weniger.

Die Herausforderung besteht also vielmehr darin zu schauen, wie es denn die Erfolgreichen schaffen tatsächlich den Erfolg zu beachten und sich ausschließlich daran zu orientieren. Es gibt einige Dinge, die grundlegend bei allen gleich sind und es gibt einige individuelle Unterschiede zwischen dem Erfolg verschiedener Menschen. Diese Feinheiten gilt es zu sammeln, zu verstehen und in der Anwendung zu üben.

Und lassen Sie sich bitte von niemandem erzählen, dass erst jetzt die Geheimnisse des Erfolges gelüftet seien. Es ist alles kein Geheimnis, denn es ist schon seit mehreren hunderten wenn nicht gar tausenden Jahren bekannt und es wurde oftmals und mehrfach niedergeschrieben. Man muss es nur finden und anwenden.

Der große Unterschied zu früher ist, dass das Wissen heutzutage überall verfügbar ist. Sollten Sie einen anstrengenden und zeitintensiven Alltag haben, so dass Sie selbst keine Zeit haben sich dieses Wissen zu beschaffen, anzueignen und kennen zu lernen, so gibt es doch extrem viele Möglichkeiten dennoch davon zu profitieren. Wer keine Zeit hat sich zu informieren, der kann sich das Wissen von Menschen beschaffen, die sich beruflich informieren, wie beispielsweise Berater oder Trainer. Wer keine Zeit hat Bücher zu lesen, der findet dieses Wissen auf CDs für das Auto oder auf Podcasts für sein Handy. Selbst wenn man dauernd auf Reisen ist, kann man heutzutage überallhin sein Wissen mitnehmen und sich darüber Gedanken machen.

Aber wie schon gesagt, es ist immens wichtig, dass Sie nicht Informationen sammeln um des Sammelns willen, sondern viel wichtiger ist es, dass Sie die Systeme begreifen und miteinander kombinieren lernen.

Somit wird es Ihnen nach einer Weile des Trainings leichter fallen, Ihre Ausdauer wird steigen und Ihr Stresspegel wird sinken.

Suchen und bauen Sie sich Ihr Instrumentarium an Handwerkszeugen für den Weg zu Ihrem persönlichen Erfolg auf. Verschaffen Sie sich einen gut sortierten Werkzeugkasten für Ihr Leben. Und dann üben Sie mit diesen Werkzeugen umzugehen und Sie werden Erfolg haben.

Ebenso ist es wichtig, dass Sie darauf achten, in welcher Rolle Sie sich gerade befinden: Sind Sie Stressempfänger oder Stressverursacher?

Als Stressempfänger haben Sie die Möglichkeit der Einflussnahme auf die äußeren Anforderungen (Stressoren).

Als Stressverursacher haben Sie mittels Ihrer Art des Umgangs mit anderen Menschen die Möglichkeit der aktiven Stressvermeidung bei diesen. Dies setzt jedoch eine gewisse Größe und Persönlichkeit Ihrer selbst voraus. Leider wird nur allzu oft der Ärger über das eigene Unvermögen auf andere übertragen oder abgewälzt.

Beruf
Der Beruf ist bei den meisten Menschen der Lebensbereich, in denen sie die meiste Zeit ihres Lebens verbringen. Ebenso ist es der Lebensbereich, in dem sie in der Regel den größten Kontakt zu vielen anderen Menschen haben. Das kann mitunter sehr stressig sein, es kann aber auch überaus erfüllend sein.

Sollten Sie Selbstständiger oder Unternehmer sein, so steckt in diesem Bereich ein extrem großes Potenzial zur Selbstverwirklichung. Auch als Angestellter können Sie hier viel Glück erfahren, wenngleich sie hier vielmehr Ihre Lebenszeit gegen ein vorher vereinbartes Entgelt tauschen.

Im beruflichen Bereich und dies insbesondere als Unternehmer, müssen Sie sich mit den Bereichen Management, Finanzen und Rechnungswesen, Büroorganisation und Arbeitsorganisation, Präsentation und Vorführung, Mitarbeiterführung und Mitarbeiterpflege, Vertrieb, Verkauf, Marketing, Recht und Steuern auseinandersetzen. Es ist nicht notwendig, dass Sie in jedem dieser Bereiche zum absoluten Experten bzw. Spezialisten werden. Ich erachte es auf dem Weg zum Erfolg jedoch für wichtig, dass Sie in allen diesen Bereichen Grundlagenkenntnisse haben. Auf diese näher einzugehen, würde hier den Rahmen sprengen. Aus diesem Grund möchte ich nur gerne einen Ausblick auf zukünftige Arbeitsmodelle geben.

Die Welt verdoppelt Ihr Wissen alles zwei Jahre. Bereits jetzt kommt es darauf an, die richtigen Informationen im richtigen Augenblick verfügbar zu haben und diese produktiv anzuwenden. Einzelne Führungspersonen können eine solche Vielfalt im Detail gar nicht mehr komplett überblicken. Der Weg geht im Sinne eines Intelligenz-Upgrades viel mehr zu einer Art Schwarmintelligenz, bei der Mitarbeiter den oberen Hierarchien sagen, welche Ressourcen sie brauchen. Delegation funktioniert besser von unten nach oben, Ideen werden direkt an der Basis umgesetzt und eigenverantwortlich im Team verarbeitet.

Zukünftige Modelle fungieren effizienter in Form von Projektteams, die nach Erledigung des Problems mit Ihren hochspezifischen Kenntnissen in andere Bereiche zum Lösen ähnlicher Probleme gehen. Es wird dadurch mehr Bewegung und größere Menschenkontakte geben.

Sie als Führungskraft oder Unternehmer müssen loslassen und vertrauen können. Für Sie ist es wichtig den Rahmen und das große Ganze im Blick zu haben.

Finanzen

Der Bereich der Finanzen ist ein besonders interessanter Lebensbereich. In kaum einem der anderen Lebensbereiche gibt es so viele verschiedene Regeln, jedoch auch so viele Erfolgsmöglichkeiten. Das Besondere an diesem Lebensbereich ist, dass er eine immens starke Ausstrahlung auf die anderen Lebensbereiche hat.

Wer finanziell gut oder sehr gut dasteht, der kann sich für den Bereich Körper die notwendige medizinische Ausstattung, das gute Fitnessstudio oder den energieaufladenden Sporturlaub leisten.

Wer finanziell gut oder sehr gut dasteht, der kann in seiner Beziehung und Partnerschaft mit Geschenken, Urlauben und Besonderheiten punkten.

Wer finanziell gut oder sehr gut dasteht, der kann es sich im Rahmen seiner finanziellen Unabhängigkeit leisten, sich Auszeiten für seinen Geist und seine Seele zu nehmen.

Wer finanziell gut oder sehr gut dasteht, der kann seine Lebensziele schneller durch den Einsatz von Kapital erreichen. Denn die meisten Dinge auf der Welt kosten nun mal Geld.

Selbstverständlich bin auch ich der Meinung, dass das Leben nicht nur aus Geld besteht. Geld kann nicht die anderen Lebensbereiche ersetzen; diese sind nach wie vor immens wichtig. Aber mit Geld ist viel mehr möglich.

Hier möchte ich Ihnen nicht eines von vielen Beispielen im Bereich des Grundlagenwissens vorstellen, und Ihnen dazu Tipps und Tricks geben. Vielmehr ist es mir in diesem Bereich ein Anliegen Ihnen die Vielfalt und Komplexität des Bereiches Finanzen annähernd aufzuzeigen. Es ist ungemein hilfreich wenn sie sich in folgenden Bereichen Grundkenntnisse aneignen:

- Finanzielle Intelligenz, Wissen, Weiterbildung,
- Cashflow,
- Charakterbildung (Glaubenssätze),
- Richtig sparen,
- Richtig investieren,
- Passives Einkommen,
- Geldkultur für Haus, Hof & Alltag,
- Investorenwissen in den Spezialbereichen,
- Geldmarkt, Aktien, Fonds,

- Rohstoffe,
- Immobilien,
- Oldtimer, Kunst, Antiquitäten, alte Wertpapiere,
- Steuern,
- Recht.

Dieses Gebiet ist dermaßen weit verzweigt, so dass es eine besondere Freude ist, sein Wissen zu erweitern und Strategien kennen zu lernen. Insbesondere in diesem Bereich gibt es eine ganze Menge an Fachliteratur, die zu lesen Spaß macht.

Ebenso besonders ist es, dass man gerade hier den Erfolg spürbar an seinem eigenen Vermögensstand messen kann.

Körper

Ein wichtiger Baustein für ein stressfreies Leben ist selbstverständlich auch ein gesunder Umgang mit seinem Körper. Stress lauert überall, er hat immer mehr Menschen fest im Griff. Neuere Studien zeigen allerdings, dass die beste Medizin dagegen in uns selbst steckt. Wir müssen sie nur aktivieren.

Aus diesem Grunde ist es sehr wichtig, dass Sie auch in diesem Bereich ein gewisses Grundlagenwissen aufbauen, damit Sie die Werkzeuge zu einem körperlich gesunden Leben kennen.

Auch hier gibt es wieder viele verschiedene Werkzeuge die, wenn richtig kombiniert, höchst effizient sind. Finden und testen Sie die für Sie wichtigen Werkzeuge. An dieser Stelle ist es nicht möglich hunderte Seiten zu dem Thema Körper zu schreiben, und um als Spezialist in die Tiefe zu gehen, ist ein Rechtsanwalt auch nicht unbedingt der beste Experte. Jedoch reicht für ein gesundes Leben oftmals eine konstante Umsetzung grundlegender einfacher Dinge. Es ist einfach zu akzeptieren, dass Stress der größte Gegner der Selbstheilungskräfte ist.

In diesem Beitrag erlaube ich mir daher auf das Thema Schlaf einzugehen.

Ist das möglich: Ein stressiger Tag und trotzdem gut geschlafen? Wie ist es möglich, abends wirklich abzuschalten – trotz Stress oder Termindruck? Ein gesunder Schlaf kann Infekte abwehren, überflüssige Pfunde schmelzen lassen und unser Gedächtnis auf Hochtouren bringen. Kaum hat der Schlaf begonnen, startet das Gehirn mit seiner Arbeit. Die Hirnareale werden aus dem Netzwerk des Bewusstseins ausgekoppelt, neu strukturiert und aufgeräumt. Während wir schlafen entscheidet sich, wie gut wir tagsüber Gelerntes am nächsten Tag wiedergeben können.. Das gilt sowohl für neu erworbenes Wissen wie auch für ungewohnte Bewegungsabläufe. Ebenso ist mittlerweile wissenschaftlich erwiesen, dass Schlaf unser Gehirn entgiftet. Während wir schlafen, fließt vermehrt Flüssigkeit durch die Räume zwischen den Gehirnzellen und spült tagsüber gebildete Schadstoffe heraus. Diese Schadstoffe sind nachweislich an der Entstehung von Alzheimer und Parkinson beteiligt. Aber nicht nur für das Gehirn, auch für den Körper hat gesunder Schlaf eine äußerst starke Heilwirkung. Bei ausreichender Nachtruhe produziert das Immunsystem vermehrt Antikörper, so dass Infekte bis zu dreimal so oft abgewehrt werden können wie im Vergleich bei Menschen, die schlecht oder zu wenig schlafen.

Wenn Schlafen daher so gesund ist, warum schläft nicht jeder Mensch jede Nacht die als ideal geltenden acht Stunden? Regelmäßig liegt dies am Stress. Entweder Stress im Beruf, in der Familie oder aufgrund der eigenen Gesundheit. Es ist ein regelrechter Teufelskreislauf. Denn gerade diese Menschen, denen in ihrem Beruf oder innerhalb ihrer Lebenssituationen Höchstleistungen abverlangt werden, sollten besonders gut schlafen. Zu wenig Schlaf führt zu Stress, der wiederum zu schlechtem Schlaf führt.

Schlafstörungen sollte man daher sehr ernst nehmen und versuchen zu kurieren. Manche Menschen helfen sich dabei mit Medikamenten, wieder andere versuchen dies mit natürlichen Mitteln. Ich selbst bin immer ein Fan davon, Medikamente zu meiden und so wenig wie möglich mittels externer Mittel in den körpereigenen Haushalt einzugreifen.

Hier ein paar Tipps um gut ein- und durchschlafen zu können:

- Schaffen Sie zwischen Ihrem Alltag und dem Zubettgehen eine Pufferzone. Die zwei Stunden vor dem Zubettgehen sollten der Erholung dienen, weil vor allem das Einschlafen einen freien Kopf braucht.
- Tun Sie im Bett nichts anderes als schlafen. Wer im Bett auch fernsieht oder sogar am Computer arbeitet, programmiert seinen Körper auf Aktivität. Dies ist der größte Feind des Diebstahls. Sex bildet hierbei allerdings eine Ausnahme.
- Sorgen Sie für ein Schlafumfeld, in dem sie sich richtig wohl fühlen. Das Schlafzimmer sollte möglichst dunkel sein und Bett und Matratze sollten bequem und individuell zu Ihnen und Ihren körperlichen Bedürfnissen passend sein. Die Zimmertemperatur sollte 16 bis 18 °C betragen, die Raumfeuchte sollte zwischen 45 und 65 % liegen. Es empfiehlt sich, vor dem Zubettgehen nochmals gut durchzulüften, am nächsten Morgen aufgrund der Feuchtigkeit, die Ihr Körper nachts abgibt, sowieso.
- Gehen Sie zu Bett, wenn sie wirklich müde sind. Es ist besser spät zu schlafen, als ruhelos im Bett zu liegen. So koppeln sie negative Gedanken an die Nachtruhe.
- Trinken Sie drei Stunden vor dem zu Bett gehen kein Alkohol mehr. Er verhilft zwar zu einem leichteren Einschlafen, beeinträchtigt aber die Qualität des Tiefschlafs. Und: Nikotin wirkt sich genauso negativ auf den Tiefschlaf aus wie Koffein und Cola.
- Vermeiden Sie längere körperliche Anstrengung am Abend. Diese treibt das Nervensystem an und versetzt den Körper für die nächsten 5 Stunden in Leistungsbereitschaft. Erholsam schlafen? Unmöglich!

Machen Sie sich schlau, um Erschöpfungsfallen zu erkennen und zu verhindern. Verhinderung von Stressverursachern ist immer noch die beste Vorbeugung. Ein riesengroßer Alltagsstressor unserer Zeit ist die zunehmende Aufsplitterung der Aufmerksamkeit. Durch Multitasking, permanente Erreichbarkeit, Kontrollgänge der sozialen Medien usw. wird die Ablenkung immer größer. Darin liegt ein Prozess der stetigen Entfremdung des Bewusstseins vom Körper. Multitasking trägt dazu bei, die Cortisolwerte des Stresssystems dauerhaft zu erhöhen. Gerade Schlaf hilft immens, den Abbau solcher gefährlichen Werte zu unterstützen.

Geist

Das Leben geht einem viel leichter von der Hand und macht einen riesengroßen Spaß, wenn man sich gut leiden mag. Und hier rede ich von unserem Innersten, dem Bewusstsein, den Geist oder der Seele. Auch hier gibt es einen Grundlagenschatz an Wissen, dessen Kenntnis und Anwendung Ihnen einiges leichter machen kann.

In diesem Beitrag erlaube ich mir daher auf das Thema Gelassenheit einzugehen.

Eine endlose Schlange im Supermarkt, Staus oder unpünktliche Züge rauben uns oft den letzten Nerv. Dabei ist Geduld der Schlüssel zu einem Leben ohne Ängste und Stress. Je gelassener wir mit gewissen Situationen umgehen, umso weniger belasten uns diese.

Daher auch hier ein paar Tipps zur seelischen Gesundheit:

- Denken Sie daran, dass jedes Leid, auch das größte, einmal vorübergeht. Sämtliches Geschehen im Zeitfluss ist unbeständig. Nach dem Regen geht die Sonne auf und auch nach dem bitteren Winter kommt wieder der Frühling.
- Gönnen Sie sich ab und zu eine Auszeit. Stunden, in denen Sie nichts tun oder einfach mal fünf Minuten, in denen Sie nur aus dem Fenster gucken.
- Drosseln Sie Ihren Drang, im Namen anderer zu handeln. Das wird Ihnen den Umgang mit Ihren Mitmenschen erleichtern und macht Sie toleranter.
- Entledigen Sie sich der Alles-oder-Nichts-Mentalität. Sie werden dann entdecken, dass Sie mehr Selbstwertgefühl und Vertrauen in die eigenen Fähigkeiten haben können.
- Dort, wo Sie weder helfen, noch den Lauf der Dinge ändern können, kümmern Sie sich nicht vergeblich um fremde Angelegenheiten.
- Vermeiden Sie die Auseinandersetzung mit Ihren Vorstellungen und Fantasien. Viele erschöpfen sich im Kampf gegen Hindernisse, die nur in Ihrer Fantasie existieren.
- Vertrauen Sie den Menschen und mögen Sie diese. Erwarten Sie von ihnen keine Vollkommenheit, denn auch Sie sind nicht vollkommen. Bemühen Sie sich, deren Individualität zu schätzen. Nur extrem wenige Menschen sind ausgesprochen schlecht. Mit einem Lächeln und einem seelischen Streicheln setzen Sie mehr durch als mit Strenge und Härte.
- Wenn Sie etwas stört und Sie es ändern können, dann ändern Sie es. Wenn Sie es nicht ändern können, dann belasten Sie sich nicht weiter damit. Denken Sie aber daran, dass es nicht an Ihnen ist, andere Menschen zu ändern. Sie können Hilfe anbieten, erfolgreicher werden Sie aber durch die Geduld.
- Ungeduld, Spott, Fanatismus, Fatalismus und Pessimismus zerstören die seelische Harmonie.
- Erkennen Sie sich selbst, lernen Sie sich selbst so zu mögen, wie Sie sind. Seien Sie im Stande, sich selbst zu akzeptieren, lernen Sie Ihrem Körper und Ihrer Seele zuzuhören und die Signale wahrzunehmen. Derjenige, der die anderen kennenlernt, ist klug. Aber derjenige, der sich selbst kennenlernt, ist weise. Es ist leichter, gegen eine ganze Armee als gegen sich selbst zu kämpfen!

Auch hier im Bereich des Geistes und der Seele ist es wichtig, dass Sie einige grundlegende Dinge kennen und beachten. Erinnern Sie sich an das Bild des gesunden Baumes. Dieser Bereich ist wie ein wichtiger stark entwickelter Ast. Wenn Sie hier erkranken oder nicht komplett sind, wird sich dies auf Dauer an Ihnen rechnen.

Und es gibt noch einen schönen weiteren Ansporn in diesem Bereich: Allein durch das Vorleben einer Harmonie mit Ihnen selbst strahlen Sie diese auch nach außen auf Ihre Mitmenschen aus. Wenn Sie mit positivem Beispiel vorangehen, haben Sie den Schlüssel in der Hand, um die Welt ein kleines Stück zu verbessern. Jetzt bitte ich Sie wieder an den Wald zu denken: Je mehr solcher kompletten und nachahmenswerten Menschen existieren, umso gesünder und leistungsfähiger ist die Gesellschaft.

Familie

Die Familie kann Ihnen der größte Segen und die größte Freude im Leben sein, sie kann Ihnen aber auch ein extrem großer Stressfaktor sein.

Auch dieser Bereich ist ein elementarer Lebensbereich, der Sie stärken oder schwächen kann. Besonders kritisch und gefährlich an diesem Bereich ist, dass er permanent auf unser Leben einwirkt. Dadurch entsteht die Gefahr, dass wir diesen Bereich als zu selbstverständlich nehmen. Aber auch hier gibt es einige Grundregeln und Kenntnisse, die einem Glück bescheren. Der entschiedenste Faktor hierbei ist jedoch, dass Sie das meiste selbst steuern und beeinflussen können. Ihr positiver Umgang im Bereich von Beziehung und Familie zieht regelmäßig auch in Ihrem Umfeld Glück und Freude an.

An dieser Stelle möchte ich einen Baustein im Bereich des grundlegenden Wissens ansprechen: Die Gleichgültigkeit.

Gerade aufgrund der alltäglichen Anwesenheit des Bereichs Beziehung und Familie besteht die Gefahr, dass man vieles zu selbstverständlich nimmt, was sehr leicht in eine Gleichgültigkeit ausufern kann.

Im Rahmen meiner anwaltlichen Beratung habe ich auch vereinzelt Bereiche des Familienrechts bearbeitet. Der ärgste Feind einer Partnerschaft ist nicht der Streit, sondern die Gleichgültigkeit in der Beziehung.

Daher möchte ich Ihnen hier ein paar Tipps gegen die Gleichgültigkeit geben:

- Seien Sie aufmerksam durch Gesten. Gewöhnen Sie sich an, Ihrem Partner im Laufe des Tages extra Aufmerksamkeiten zu schenken. Ein schönes Beispiel ist folgendes: Öffnen Sie morgens nach dem Weggehen noch einmal die Haustür und rufen Sie hinterher „Ich freue mich Dich wieder zu sehen heute Abend". Oder der Klassiker besonders wirkungsvoller Gesten ist es, Stellen aufzuräumen, die Ihren Partner regelmäßig nerven. Im Laufe der Zeit werden Ihnen immer mehr verbindende Gesten auch spontan einfallen.
- Pflegen Sie Ihre Partner-(Freund)schaft. Es gibt sicherlich einen guten Grund, weshalb Sie gerade mit dem aktuellen Partner zusammengekommen sind. Gefährlich ist es, wenn Sie dahingehend gleichgültig werden, dass Sie sich das, was Ihnen Ihr Partner nicht geben kann, bei Ihren Freunden holen. Dadurch werden andere Beziehungen

immer wichtiger, Ihre eigene Partnerschaft hingegen verkümmert. Überlegen Sie daher, wie Sie wertvolle Elemente aus Ihren Freundschaften in Ihrer Partnerschaft integrieren können.
- Übernehmen Sie Eigenverantwortung. Es liegt in der Natur der Dinge, dass eine Partnerschaft im Laufe der Zeit den Reiz des Neuen verliert. Die eigene Unzufriedenheit kann wachsen, was bis zur Gleichgültigkeit führen kann. Hier ist es oft hilfreich mit der Spiegeltechnik zu arbeiten. Halten Sie sich selbst einen Spiegel vor und überlegen Sie, was Sie selbst tun können. Verändern Sie Ihr eigenes Verhalten. Es ist viel einfacher an sich selbst zu arbeiten, als seinen Partner die an diesem gewünschte Veränderung spüren zu lassen. Selbstverständlich sollen Sie offen über alles sprechen, jedoch erledigt sich möglicherweise das Problem schon dadurch, dass Sie an sich arbeiten. Als Folge brauchen Sie gar kein Krisengespräch.
- Hören Sie nie auf, Ihren Partner neu kennenzulernen. Wer frisch verliebt ist, der möchte in der Regel alles vom anderen wissen. Im Laufe einer langjährigen Partnerschaft stellt sich dann oft das Gefühl ein, man würde den eigenen Partner in- und auswendig kennen. So gilt es besonders aufzupassen, denn vielleicht hat sich Ihr Partner in manchen Punkten verändert und Sie haben es gar nicht mitbekommen. Stellen Sie sich daher selbst einmal einige Fragen und fragen Sie auch anschließend Ihren Partner. Mögliche Fragen können sein:
  - Wofür hättest du gerne mehr Zeit?
  - Was ist im Urlaub am wichtigsten?
  - Wovor hast du am meisten Angst?
  - Welche drei Menschen sind für dich außerhalb der Familie am wichtigsten?
  - Woran glaubst du?
  - Welche beruflichen Ziele hast du?
  - Welche Wünsche an das Leben hast du? Usw.

Probieren Sie diese gerne direkt bei Ihrem Partner aus. Und das wichtigste ist, dass Sie dabei Spaß haben. Erforschen Sie Ihren Partner, aber achten Sie darauf, dass sie/er sich nicht wie in einem Verhör vorkommt. Und seien Sie immer offen. Sollten Sie gefragt werden, was denn jetzt auf einmal in Sie gefahren sei, so sagen Sie doch ruhig, dass Sie gerne etwas mehr Würze in die Beziehung bringen wollen.

Lebensziele

Jeder Mensch braucht ein Ziel in seinem Leben. Wir Menschen gehen ein wie eine trockene Blume, wenn wir keine Wünsche und Ziele haben, auf die wir hinsteuern können. Wenn hinter Ihren Aktionen keine Ziele stehen, so werden Sie antriebslos und steuern wie ein Schiff ohne Ruder durch den unendlichen Ozean. Solch ein Verhalten verursacht passiven Stress. Der Körper und die Seele merken diese „Schleierfahrt" und reagieren entsprechend belastend.

Ich setze sogar noch einen drauf: Es macht richtig Spaß seine Wünsche und Ziele zu ergründen und daran zu arbeiten, bis diese in Erfüllung gehen.

Aber warum fällt es uns oft so schwer, unsere Wünsche und Träume in die Tat umzusetzen? Auch hier liegt das oftmals an mangelnder Kenntnis im Grundlagenbereich der Fokussierung und Zielsetzung. Ebenso sind wir mittlerweile durch die Gesellschaft konditioniert, dass wir uns noch nicht einmal mehr trauen unlimitiert zu träumen und zu wünschen. An jeder Ecke hört man: „Das schaffst du nicht!" Lassen Sie sich nicht bekehren Ihren eigenen Weg, der Sie glücklich macht, zu finden.

Hier nun aber einige grundlegende Tipps für den Bereich Lebensziele:

- Wünsche können uns unseren Weg zeigen. Wer glücklich und zufrieden sein möchte, braucht Ziele in seinem Leben. Diese sollten jedoch gut gewählt sein. Verfolgen wir Ziele, von denen wir meinen, wir müssten sie erreichen, weil es andere von uns erwarten, schaden wir uns im schlimmsten Fall sogar selbst. Positiv auf unser Wohlbefinden wirken sich nur solche Ziele aus, die eine Bedeutung für uns haben und mit unserem Selbst übereinstimmen. Diese sollen frei von äußerem Druck gewählt werden.
- Die meisten Wünsche gehen nicht in Erfüllung, weil uns die wirklichen Lebensumstände immer wieder davon abhalten. Wir können nicht so wie wir wollen. Wir müssen auf zu viele Dinge Rücksicht nehmen, wir haben zu viele soziale Pflichten und sind zu sehr fremdbestimmt. Oft hindert uns auch der innere Schweinehund daran, Wünsche zu verwirklichen. Aus diesem Grund ist es ganz wichtig den Faktor Zeit sowie die eigene Motivation zu beachten. Um sich Wünsche zu erfüllen, muss man sie in gute Vorsätze, bzw. konkrete Absichten umwandeln. Bleiben Sie dabei motiviert und geben Sie sich die nötige Zeit.
- Es kommt vor, dass wir für uns wertvolle und wichtige Wünsche aus den Augen verlieren und sogar alles hinwerfen. Dabei ist es wichtig, zu wissen, dass es auf den Wunsch ankommt. Der Wunsch muss natürlich zu unseren Talenten passen. Wenn er zu groß oder zu unrealistisch ist, wissen wir von vornherein, dass er unerreichbar ist. Sofern der Wunsch aber realistisch ist und zu unseren Talenten passt, fehlt es oftmals nur an einem Plan bzw. an einer gewissen Systematik. Hier helfen oftmals Werkzeuge aus dem Bereich Projektmanagement. Mit einer richtigen Strategie können Wünsche eine große Energie in uns entfalten. Sie sind dann die Schubkraft für unsere Ziele.
- Nichts beflügelt stärker als das Gefühl, vor einer guten Zukunft zu stehen. Aber wir brauchen noch die nötige Ausdauer dazu. Dies ist durchaus nicht leicht. Studien zeigen, dass wir mindestens zwei Monate Einübung brauchen, um bereits eine relativ kleine Veränderung zu erreichen. Es gibt jedoch einen Trick, der uns mehr Kraft verleiht: Zerlegen Sie den Weg zum Ziel in mehrere Abschnitte. Oft wollen wir unsere Ziele in zu großen Schritten erreichen. Wenn wir aber lernen, dass viele kleine Schritte, darunter auch mal ein Rückschritt, besser sind, als es gar nicht erst zu versuchen oder zu viel auf einmal zu wollen, werden wir auch erfolgreich unsere Ziele erreichen können.
- Ein guter erster Schritt für diesen Bereich wäre es, sich einmal ganz alleine für sich selbst zurückzuziehen. Dann empfehle ich Ihnen, sich Ihr Traumleben gedanklich auszumalen. Überlegen Sie sich Ihren perfekten Tag, Ihre perfekte Woche und Ihren perfekten Monat. Träumen Sie detailliert wie, neben wem und in welchem Haus Sie

aufwachen wollen. Träumen Sie anschließend, wie Sie in den Tag starten wollen, wie viel Zeit Sie haben wollen. Dies schließt auch ein, um wie viel Uhr Sie gerne aufstehen möchten. Und so gehen Sie den Tag gedanklich durch. Als was würden Sie wie am liebsten arbeiten? Entwickeln Sie Ihre Wünsche für Ihren persönlichen Alltag. Das ist für viele die schwerste Hürde. Denn danach ist es meist gar nicht mehr so schwer sich einen Plan zu erstellen, ihn in viele verschiedene Einzelschritte zu zerlegen und anschließend Schritt für Schritt alles anzugehen.

Sollten Sie in diesem Bereich Probleme haben oder es sich nicht alleine zutrauen, so holen Sie sich gerne Hilfe bei Freunden oder noch besser bei Profis, die es schon geschafft haben, hinzu.

1.3 Fazit

Ein Fazit sollte nicht zu lang, sondern knapp und einprägsam sein.

Das Leben gleicht einem Spiel. Alle Menschen spielen mit im Lebensspiel, doch die wenigsten kennen die Spielregeln. Wer die Gesetzmäßigkeiten des Lebens kennt, wird im Spiel des Lebens einfacher und glücklicher zum Zug kommen.

Im immer stärker werdenden Informationszeitalter ist es unumgänglich, sich mit der Beschaffung und Verarbeitung von Wissen zu beschäftigen. Unser kompletter Umgang muss sich von dem bisher Gewohnten an die neuen Begebenheiten anpassen.

Dazu ist es für den persönlichen Erfolg, sowohl privat als auch beruflich, überaus wichtig sich ein starkes und breites Grundlagenwissen anzueignen. Dieses muss die gesamten Lebensbereiche umfassen, damit keine unnötigen Lehrgelder in der uns begrenzten Lebenszeit gezahlt werden. Chaos entsteht durch Unwissenheit. Glück und Freude steigt mit zunehmend richtig angewandtem Wissen.

Sie alle haben ein *Recht* auf *Erfolg*, Sie müssen nur die richtigen Voraussetzungen kennen und diese richtig anwenden. Und einer der wichtigsten Schlüssel ist die Vernetzung bzw. Verbindung Ihrer Wissensbausteine innerhalb der verschiedenen Lebensbereiche. Dadurch erreichen Sie nicht nur Erfolge in einem Bereich, sondern Sie erfahren eine Ausstrahlungswirkung auch auf die anderen Lebensbereiche.

Wie erreichen Sie dies? Ganz einfach: Suchen Sie. Der Markt ist in der heutigen Informationsgesellschaft voll mit Hilfen. Im Rahmen der Selbsthilfe können Autodidakten Selbstcoachings betreiben oder Sie können auf Seminare und Trainings gehen. Das sind nur wenige Beispiele von unzähligen Möglichkeiten im Rahmen der heutigen Fülle.

Schöpfen Sie aus dem Vollen – denn Sie haben ein *Recht* auf *Erfolg*!

1.4 Über den Autor

Reinhold Bartha ist Rechtsanwalt mit eigener Kanzlei, Unternehmer sowie Unternehmensberater. Er bietet Hilfe als Berater, damit Probleme erst gar nicht entstehen, kann aber auch danach rechtssicher rettende Lösungen liefern. Als mehrjähriger Manager für einen Mandanten hat er dessen Büros optimiert und geleitet. Dadurch konnte er viele Erfahrungen in den Bereichen Management, Organisation, Führung und Personal sammeln. Seine Projektpartner waren Vorstände und höheres Management großer Konzerne. Im Ergebnis ver2,5fachte er den Umsatz und die Leistungsfähigkeit innerhalb von zwei Jahren.

Gleichzeitig baute er sich in seinen Unternehmen eigene Strukturen auf, so dass er seit 2014 komplett unabhängig seine Bartha-Gruppe entwickelt:

Mit seiner KANZLEI BARTHA steht er Unternehmen als Beirat oder Berater zur Seite. Zusätzlich zu seinem Wissen als Jurist unterstützt er diese auch durch Unternehmerwissen in den Bereichen Führung, Personal, Organisation, Vertrieb, Verkauf und Marketing. Ferner hat er sich einen Schwerpunkt im Bereich Inkasso aufgebaut.

Ergänzt wird sein Wissen durch sein eigens gegründetes Unternehmernetzwerk FNE – FAIR NETWORKING ENTERPRISES. Hier verhilft er Selbstständigen, Freiberuflern und KMU durch gezielte Marketingmaßnahmen zu mehr Kunden und mehr Umsatz. Gleichzeitig verfügt er hier über ein großes Netzwerk an Experten, die er im Rahmen seiner Beratungen oftmals vertiefend einsetzen kann.

Als Inhaber von IHR RECHT AUF ERFOLG begleitet Reinhold Bartha als Präventiv-Berater und Business Coach Fach- und Führungskräfte und Unternehmer/innen in privaten und beruflichen Entwicklungsprozessen. Auch in Keynote- und Impulsvorträgen gibt Reinhold Bartha sein Wissen und seine Erfahrungen weiter.

Weitere Infos unter: www.kanzlei-bartha.de; www.go-fne.de; www.reinhold-bartha.de

Menschen und Organisationen reagieren unterschiedlich auf Stress

Ist das mit der individuellen Persönlichkeit und der Einzigartigkeit der Unternehmenskultur zu begründen?

Hans-Harry Bittner

Inhaltsverzeichnis

2.1	Welche Symptome nehmen wir wahr?	25
2.2	Gibt es ein universelles Rezept für alle?	26
2.3	Was kostet uns die Ignoranz der Stress-Symptome und deren Auswirkungen?	29
2.4	Manager im globalen Kontext: Dialog mit einem chinesischen Mediziner	30
2.5	Die Balance finden und den Lebensstil bewusst steuern: Tipps vom gesunden Menschenverstand meiner Großmutter Ida Bittner	34
2.6	Über den Autor	36
Literatur		36

2.1 Welche Symptome nehmen wir wahr?

Wenn wir auf den Rolltreppen unserer Kaufhäuser Menschen mit prall gefüllten Einkaufstüten begegnen, sollten wir annehmen, dass wir in glückliche Gesichter schauen.

Beim Betreten von überdurchschnittlich erfolgreichen Unternehmen mit gut bezahlten Mitarbeitern und an tariflich abgesicherten Arbeitsplätzen sollten wir Leistungsbereitschaft und Freude am harmonischen Bewegungsablauf anhand energiegeladener Menschen beobachten können.

Doch wenn meine asiatischen Geschäftspartner das erste Mal nach Deutschland einreisen, beschreiben diese die Gesichter der einheimischen Menschen allerdings oft als unglücklich, verkrampft und negativ, dominiert von zusammengebissenen Kiefern und panischem Blick. Auf den Fluren einiger Unternehmen herrscht ein zwanghafter Verkehr, bluthochdruckgerötete Gesichter treffen auf gräuliche Untote in ihren Larven. Der Kommunikationsstil wird rauer, ein „Du Arschloch" wird schnell zum geflügelten Wort. Besonders in hocheffizienten Kulturen mit Nullfehleranspruch, hohem Termindruck und

---

Hans-Harry Bittner ✉
Großherzog-Leopold-Platz 6, 79359 Riegel am Kaiserstuhl, Deutschland
e-mail: harry.bittner@bittner-i-t.de

schnellen Innovationszyklen, z. B. Automotive oder in der Logistik, beschleunigt sich der schlechte Umgangston in rasantem Tempo.

Warum gibt es trotz dieser Entwicklungen auch in Deutschland noch eine entspannte und zufriedene Gesichtsmimik bei Menschen, die gerade kein Einkaufserlebnis zelebrieren, wie auch bei den Menschen, die in Krisensituationen und unter hohem Druck stehend, eine harmonische und vitale Ausstrahlung besitzen? Warum gibt es Great-Place-to Work-Kulturen, die von Freude, Vertrauen und gemeinsamen Stolz auf die geleistete Teamarbeit zehren und das nach innen wie außen positiv verkörpern?

Ein Grund dafür ist die individuelle Fähigkeit, mit dem in den letzten 15 Jahren um mindestens 30 % erhöhten Arbeitsdruck umzugehen (Kontio 2014). Genau wie die meisten Medikamente durchschnittlich nur für 30 % der Bevölkerung genau die richtige Medikation und Dosierungsempfehlung darstellen (interne Zahlen aus der Pharmaforschung, deren Quellen ich nicht preisgeben werde: in den 1970er-Jahren lag die Trefferquote nur bei 15 %, heute hat sie sich hochgearbeitet und steigt aber kaum noch an. Ich habe 20 Jahre als Berater und Trainer für Projektleiter in der Pharmabranche gearbeitet, wo solche Interna zu hohen ethischen Konflikten geführt hatten: Mitarbeiter, Mediziner und Laboranten wurden mit allen Mitteln zum Schweigen gebracht. Unerwünschte Forschungsergebnisse unterdrückt, hier noch ein Link zum Sinn von Impfungen (Zentrum der Gesundheit 2015), so gehen die Persönlichkeiten sehr verschieden mit Stress-Situationen um.

Eine zweite Begründung für zufriedene Menschen liefern Firmenkulturen, die sich z. B. mit dem Label Great Place to Work, als anerkannter und zertifiziert bester Arbeitsplatz, dem Wohl der Menschen und dem Wohl des Unternehmens gleichermaßen widmen. Damit erzielen sie nachhaltigen Erfolg und entlassen überwiegend emotional, sozial und körperlich gesunde Menschen in Urlaub, Freizeit oder Ruhestand. Dass die gesunde Firmenkultur bessere wirtschaftliche Erfolge erzielt, ist dann nur die logische Folge des Engagements der Mitarbeiter, der moderaten Fehlzeiten, der hohen Loyalität und der hohen Innovationskraft im System.

Der dritte Grund liegt in den Persönlichkeiten des Führungsteams an der Spitze als Vorbilder und Leuchttürme des Unternehmens. Wenn der Geschäftsführer bevorzugt Meetings am Sonntagmorgen oder nach Feierabend anordnet, die Dienstreisezeit nicht zählt und selbst nach zwölfstündigen Flügen noch ein ganzer Bürotag als selbstverständlich erwartet wird, häufen sich Fluktuation, Demotivation und typische Stress-Krankheitsbilder.

2.2 Gibt es ein universelles Rezept für alle?

Nehmen wir einmal die weitverbreitete Empfehlung, mit Meditation und Entspannung auf die Stressbelastung zu reagieren: Welcher Bewegungstyp hat schon einmal völlig verkrampft auf einer Pilates-Matte in einer überfüllten Halle mit schlechter Luft und unter einer Menge von Entspannungstypen richtig Stress abbauen können?

Oder die andere pauschale Empfehlung, mit Laufen oder intensiver Arbeit an Fitnessgeräten seinen Stress zu verarbeiten: welcher Empfindungstyp ist schon gestresster aus diesem Erlebnis hervorgegangen und musste sich erst einmal daheim bei der Arbeit mit Pflanzen wieder erholen?

Bevor ich keine präzisere Einschätzung meiner eigenen Person vorgenommen habe, das bedeutet Reflexion der eigenen Vorlieben und Präferenzen im Umgang mit Stress, sind alle externen Empfehlungen von Fachleuten und Wissenschaftlern allgemeiner Natur und nicht treffsicher genug.

Die Unterteilung in weiblich und männlich, alt und jung, dick und dünn, trainiert und untrainiert, Vorschädigungen, Krankheitsbilder, Genetik, Gewohnheiten und allergische Reaktionen bieten schon eine Hilfestellung an, die häufig von Experten vorgenommen wird. Aus diesen messbaren und beobachtbaren Eigenschaften werden dann die entsprechenden Empfehlungen abgeleitet und bieten eine gute Unterstützung für Resistenz und Resilienz bei Stress[1].

Diese uralte Lehre erklärt Krankheit als Energiemangel. Bei maximalem Energielevel von 100 % sei der Mensch gesund und immun gegen alle negativen Reize von außen. Erst wenn der Energielevel erheblich sinkt, z. B. auf unter 50 %, wird das System anfällig und verletzlich gegenüber Krankheiten, Infektionen und stressigen Situationen. Damit wird der allfällige Schnupfen, die Grippewelle, der Kopfschmerz, die schlechte Laune zu einem guten Indikator des Energielevels von Menschen.

Ebenso kann ich mich an der Typologie der Reformhausakademie orientieren, die von Bewegungs-, Empfindungs- und Entspannungstypen spricht. Der Unterschied besteht darin, dass die Persönlichkeit, persönliche Präferenzen und emotionale Elemente in diese Zuordnung mit einfließen (Linusit 2015).

Eine besonders präzise Einordnung der Menschen in 16 verschiedene Stresstypen bietet der Golden Profiler of Personality, der die Persönlichkeitsdimensionen von C. G. Jung um eine Stressachse erweitert hat und von gemäßigtem oder erhöhtem Stress redet (GPOP 2015).

Reiner Blank von Future Systems Consulting in Hamburg hat zu diesem Thema viel beigetragen und mir persönlich dieses Profil erstellt, das den Kern meiner Reaktionsmuster sehr gut trifft und Prozesse der Erkenntnis zur bewussten Steuerung des Stresses ermöglicht:

Profilbeispiel

Hans-Harry Bittner zeigt nach außen gewöhnlich eine starke Persönlichkeit. Unter Stress tritt seine introvertierte Intuition (sekundär) und das extravertierte analytische Entscheiden besonders hervor.

---

[1] Eine etwas erweiterte Unterteilung, in immerhin drei Persönlichkeitstypen mit einer anderen Klassifizierung in Bezug auf Bewegung, Ernährung und Charaktervorlieben, bieten die ayurvedischen Typen, die Doshas, vgl. Ayurveda AG (2015). Vgl. ergänzend zu Biophotonen, Quantenmedizin und Kohärenz in Zellen: In-Photonic Group (2015). Vgl. in englischer Sprache klar und verständlich die Regeln des 5000 Jahre alten Vedas: American Institute of Vedic Studies (2015). Vgl. Gefühle und energetische Auswirkung im Körper: Focus online (2015). Vgl. Ebenen des Bewusstseins: Von der Kraft, die wir ausstrahlen, David R. Hawkins (2014).

Für ihn gilt *bei kontrolliertem Stress:*

- Wird laut und argumentiert.
- Hält dogmatisch an Positionen fest.
- Versucht, zu kontrollieren und das innere Chaos zu verbergen.
- Verlangt auf alles eine Antwort.
- Delegiert mehr und mehr Verantwortung.
- Verlangt von allen eine höhere Verantwortlichkeit.

Bei unkontrolliertem Stress:

- Hat das Gefühl, dass entscheidende Prinzipien nicht beachtet oder kompromittiert werden.
- Verliert die objektive, lässige Ich-habe-alles-im-Griff-Haltung.
- Fühlt sich beim Entscheiden isoliert und emotionalisiert.
- Kann überreagieren selbst bei kleinsten Nebenbemerkungen von anderen.
- Regt sich über eine subjektiv getroffene „falsche" Entscheidung wahnsinnig auf.
- Hat das Gefühl, die anderen wollen ihm ans Leder.

Hier einige Vorschläge zum richtigen Umgang bei *kontrolliertem* Stress:

- Denken Sie über Hypothesen und Möglichkeiten nach, wie Sie die Auslöser für Ihren Stress überwinden können – spielen Sie mit ihnen.
- Bringen Sie interessante und klare Argumente ins Gespräch. Klären Sie wichtige Grundpositionen.
- Sprechen Sie mit Freunden, die Ihnen eine klare Analyse bieten und objektives Feedback geben können.
- Klären Sie das, was Sie kontrollieren können.

Welche Lernerfahrungen kann ich als *Charakter* im Umgang mit *unkontrolliertem Stress machen?*

- Es wirkt Wunder, wenn Sie Ihre Gefühle Menschen mitteilen, denen Sie vertrauen.
- „Auch ich habe Grenzen und tiefe Gefühle, die mich zu tieferem Verständnis führen können."
- „Enge Beziehungen können sehr produktiv sein und sogar wichtig für meine seelische Gesundheit."
- „Es gibt eine Energiequelle, die ich noch nicht angezapft habe."

Diese bewussten Reaktionen auf stressige Situationen haben mein Verhaltensrepertoire erweitert und bieten mir neben Flucht, Totstellen und Angriffsmodus weitere typgerechte Entwicklungsoptionen.

Wie sieht es nun bei der Firmenkultur aus? Gelten da Kontrollinstrumente wie Bewegungsmelder, Stempelkarten oder Schrittzähler, implementierte Chips zur Messung der Körperfunktionen, Smartphone-Apps zur Messung der HRV-Rate und des aktuellen Stresslevels, Kontrolle von BMI, Sauerstoffkapazität, Kardiobelastung, Hormonlevel, Ernährungsgewohnheiten und Blutwerten als Weisheit letzter Schluss für alle Unternehmen, wenn diese sich an krankenkassengesteuerten Gesundheitstagen beteiligen, die vom arbeitsmedizinischen Dienst, dem Werksarzt, dem Fitness-Anbieter, dem Sozialarbeiter und der psychologischen Beratungsgilde dominiert werden?

Oder gibt es ergänzend dazu und vorbeugend auch noch einen offenen, regelmäßigen, zukunftsbezogenen Dialog zwischen der Führungsriege, den Mitarbeitern und der Unternehmensleitung? Wie leicht ist es, den Einzelnen als Schwachpunkt zu eliminieren, anstatt sich mutig an die Systemfehler heranzuwagen, die oft in geheimen Tabuzonen ihre zerstörerische Wirkung entfalten und erst spät mit teuren Notfallmaßnahmen korrigiert werden müssen?

Dazu empfiehlt sich der Einsatz validierter Werkzeuge, die den Frustrationsgrad, das Burnout-Risiko, die Wertekohärenz, die zukunftsfähige Unternehmenskultur, die Führungsleistung, die Kommunikation zu Kunden und Lieferanten sowie die Work-Life-Balance glaubwürdig für das private wie das berufliche Leben erfassen können. So konnten wir bei Unternehmen feststellen, dass zwischen dem Kalenderalter wie im Ausweis angegeben und dem Vitalitätsalter (bestehend aus über 70 physiologischen, emotionalen und sozialen Faktoren) Differenzen von bis zu 22 Jahren in jede Richtung erfasst werden konnten. Was das für die Human-Capital-Bilanz bedeutet, kann sich jeder Statistiker selber ausmalen: Es werden Mitarbeiter mit 58 (Vitalitätsalter bei 36) in Rente oder Vorruhestand geschickt, die topfit sind und total überforderte Personen im Unternehmen weiterbeschäftigt, die den Anforderungen nicht mehr gerecht werden können, obwohl sie erst 45 sind (Vitalitätsalter liegt bei 67).

2.3 Was kostet uns die Ignoranz der Stress-Symptome und deren Auswirkungen?

Bei dem Wissen um die Einzigartigkeit von Persönlichkeiten, der Kulturen und der unendlichen Möglichkeit von Mischtypen gibt es angesichts über 80 Millionen deutscher Einzelcharaktere, zu geringe Verbreitung und Anwendung von validen und unterstützenden Messungen und Beschreibungen von Firmen-, Gruppen- und Persönlichkeitspräferenzen oder situativen Einflüssen. Es gibt dazu allerdings schon präzise Instrumente im Einsatz, die typologische und systemrelevante Merkmale erfassen und präzise Ergebnisse wie konkrete Handlungsanweisungen bieten. Interventionen individuell für jeden einzelnen Menschen zu erarbeiten wäre möglich und sinnvoll. Doch ist dieser Weg bisher nicht mit den üblichen Finanzierungsansätzen und Budgetierungen finanzierbar und von unserer Gesellschaft nicht leistbar, die für die Prävention nur wenige hundert Euro pro Bundesbürger im Jahr investiert, doch für die Nachbehandlung im Krankheitsfall über 3000 Euro pro Kopf als Reparaturkosten einsetzt.

Doch diese Sichtweise ist kurzsichtig, da die Belastung immer wieder auf uns alle zurückschlägt, wenn wir die Gesundheitskosten erst den Krankenkassen und dem Gesundheitssystem und anschließend möglichst schnell den Rentenkassen aufbürden, damit die Mitarbeiter aus der Firmenstatistik und den Krankenkassentöpfen verschwinden und im große Nirwana der Sozialversicherungssysteme untergehen.

Woran erkennen wir persönlich rechtzeitig unseren Notstand?
Die beste Erkenntnis reift am eigenen Lebensprozess und aus Beispielen von anderen Menschen. Inzwischen hat bestimmt schon jeder aktive und offene Mensch Beispiele für Über- oder Unterforderung in seinem Bekanntenkreis erleben dürfen. Wer einmal in den zweifelhaften Genuss der Diagnose Burnout oder Boreout gekommen ist und nach der Therapie an den ursprünglichen Arbeitsplatz zurückkehrt, tut das als anderer Mensch. Deshalb hier ein paar Beschreibungen aus dem Dialog eines Patienten mit einem wohlwollenden und gut gelaunten Mediziner, der ohne erhobenen Zeigefinger den Patienten zur Selbstverantwortung führt, indem er ihn ernst nimmt, ihm zuhört, die richtigen Fragen stellt , den Antworten genau zuhört und Unterstützung zur Selbstheilung bietet. Das kann als Vorbild für jeden Menschen im Privatleben wie im beruflichen Umfeld ein positives Rollenvorbild sein. Denn Gesundheit ist Chefsache, wenn es um mich als Person geht, ebenso, wie im Falle einer Team- oder Unternehmensleitung.

2.4 Manager im globalen Kontext: Dialog mit einem chinesischen Mediziner

Mein chinesischer Leibarzt, Herr Geling, geht in Deutschland mit andauernder Freude und viel Humor seiner anspruchsvollen Tätigkeit nach, seine geschätzten Patienten vital zu erhalten. Denn nur für gesunde Patienten würde er in China bezahlt werden. Alle Ansätze, dieses sinnvolle und kostengünstige System nur ansatzweise bei uns in Deutschland einzuführen, wurden vom Start weg von den bekannten Lobbyisten aus Pharma, Medizin und Krankenkassen verzögert, behindert oder gar sabotiert. Denn wer aus unserem Krankensystem verdient bei uns schon an einem gesunden Menschen? Dazu sehr präzise der bekannte deutsche Autor Eugen Roth (1895–1976):

Gleichgewicht

Was bringt den Doktor um sein Brot?
a) die Gesundheit, b) der Tod.
Drum hält der Arzt, auf dass er lebe,
Uns zwischen beiden in der Schwebe
(Verband deutscher Heilpraktiker 2015).

Wie beginnt nun der weise chinesische Medizinmann während der Audienz seine Ist-Analyse der Gesundheit seines schutzbefohlenen Patienten? Erfasst und interpretiert er alle fachlichen Informationen aus Blutbild, MRT, EMRT, Hormon- und Speichelanalysen und Fuzzy-Logik-Datenbanken, bevor er das Gespräch startet? Nein, er befragt den Menschen selber nach den wesentlichen Funktionen des Lebens:

Wie haben Sie geschlafen?
Eine gute Frage, die unsere zahlreichen Schlafinstitute und -labore mit Fallzahlen von Schlafstörungen beantworten könnten, die bedenklich für eine generelle Nachterholung scheinen. Da wird Schnarchen zum kleineren Übel, wenn nächtliche Hellhörigkeit, dauerhafte Ausleuchtung der Nacht, sorgenvolles Grübeln, Nachtschichten zur Fertigstellung einer Präsentation, späte Business Meetings, globale Vernetzung mit Partnern in Asien und Amerika, exzessiver Medienmissbrauch, Stress mit der Familie oder Partner, üppige Mahlzeiten oder Kaffeekonsum nach 14:00 Uhr vielen den Schlaf rauben und damit eine denkbar schlechte Basis für eine morgendliche Yoga-Übung bilden, mit der freudig der Tag und das Sonnenlicht begrüßt werden kann.

Falls sich doch einmal eine tiefe Erholung eingestellt haben sollte, würde unser Körper automatisch mit dem ersten Sonnenlicht seine Hormonproduktion ankurbeln und alle Steuerungsleitungen zwischen Gehirn, Herz und Körperzellen mit Energie befeuern, so wie es oft nach einigen Tagen entspannten Jahresurlaubs ganz natürlich passiert, nachdem die angesammelte Erschöpfung durch Ruhe und Schlaf unter normalen Lebensbedingungen neutralisiert worden ist.

Den Erholungsgrad einer Nacht lässt sich sehr gut an den Gesichtern der Gäste im Business Hotel ablesen, wenn sich die Menschen über das morgendliche Speisenangebot hermachen. Das optisch und inhaltlich oft liebevoll präsentierte Buffet trifft auf verknautschte Gesichter, häufig schon von den Schlagzeilen des Frühstücksfernsehens, der Presse und den negativen Social-Media-Nachrichten besorgt oder verstimmt. Die über 800 Wirkstoffe von Koffein ersetzen den natürlichen Erwachungsprozess, falls nicht die erste Zigarette schon den ersten Dopaminausstoß nach dem Aufstehen ankurbeln musste. Dem Mangel am Hormonbaustein Protein wird mit intensivem Ei-Konsum (gemäß Bismarck, der bis zu acht Eier beim Frühstück verzehrt haben soll) der Mangel an Glückshormonen mit synthetischem Fett und raffinierten Zucker beantwortet. Wer es noch professioneller angehen lässt, hat seine Privatarmee von leistungssteigernden Drogen oder Nahrungsergänzungen schon in Tabletten- oder Tropfenform in Position gebracht: Blutverdünnung, Blutdrucksenkung, Blutzuckertabletten, Kokain, Amphetamine, Beruhigungs- und Schlafmittel, Baldrian, Ritalin, Energy Drinks, Mate, Juice Plus, Schmerzmittel, Salben oder andere sozial anerkannte Leistungsunterstützer. Was wäre, wenn wir unseren Lebenswandel etwas mehr an der natürlichen Ressource orientierten: frische und nicht industriell behandelte Getränke und Nahrungsmittel zu uns nehmen, die uns Vitalität nachhaltig schenken und nicht nur kurzfristig einen anregenden oder beruhigenden Effekt auslösen? Mein bekannter Polizist Heinz M. und mein Arbeitsmediziner Kurt K. kommen zu den gleichen Schlüssen: Unsere Probleme im Autoverkehr oder am

Arbeitsplatz sind längst nicht mehr Alkohol oder Marihuana, sondern alle Varianten chemischer Drogen, die Menschen krank, abhängig und manchmal unberechenbar machen. Nicht zuletzt werden vielleicht auch aufgrund der Sättigung mit giftigen Schadstoffen menschliche Leichen bei der Verbrennung im Krematorium als hochgiftiger Sondermüll behandelt.

Die Rezeptur des chinesischen Mediziners besteht dabei aus den weisen Worten: Machen Sie etwas weniger, werden Sie achtsamer und gehen Sie bewusster mit dem um, was Sie Ihrem Körper zuführen. Essen Sie sich nur einmal am Tag richtig satt, bis es in den Ohren dröhnt. Nehmen Sie nur zu sich, was Sie von Aussehen, Geruch und Haptik positiv anspricht. Kauen Sie Ihre Bissen bis zu 20-mal (im Gegensatz zu Mobile Eating oder besser Schlinging) und schlucken Sie es nur dann hinunter, wenn es Ihnen immer noch gut schmeckt. Trauen Sie Ihrem Instinkt und nicht den Marketingaussagen der Lebensmittelexperten und Verbotsfetischisten. Lieber eine Schwarzwälder Kirschtorte mit Hochgenuss verspeisen als mit Knäckebrot wehmütig daran zu denken! Das wäre ein wunderbare Diät und Steigerung der Lebensqualität – denn wer könnte dann noch Chips, Schnaps, Limonaden oder Industrienahrung zu sich nehmen und in sich hineinschütten?

Die zweite Frage meines chinesischen Arztes richtet sich an meine Verdauungsprozesse: Wie war der Stuhlgang?
Derartige Fragen werden offen im Pferdestall diskutiert, wenn es um die Gesundheit der wertvollen Vollblüter im Gestüt geht. Bei uns Menschen bekommt dieser so offensichtliche Indikator für Gesundheit weniger Aufmerksamkeit und wird manchmal, wie im Falle des Durchfalls, als verharmlosende Urlaubsassoziation, freundlich mit Montezumas Rache umschrieben. Brechdurchfall scheint inzwischen schon zum normalen Repertoire unserer Gesellschaft geworden zu sein, keine Ausnahme mehr, mit der der Körper sich von unliebsamen Stoffen oder penetranten Kleinlebewesen trennt. Sondern ein regelmäßig wiederkehrender Vorbote innerer Störungen der Lebensprozesse, der die reduzierte Integration von Nahrung und die mangelhafte Verarbeitung aller unnatürlichen äußeren Einflüsse anzeigt. Sich etwas zu eigen machen, als gestaltbildender Verarbeitungsprozess, wird durch Abstoßen der zugeführten Nahrung ersetzt, was einen Mangelzustand hervorruft und das Immunsystem extrem fordern kann. Wer schon einmal im Zieleinlauf eines Marathons zugegen war, kann häufig den Überlastungszustand des Körpersystems an den feuchten Hosen und den braun verfärbten Beinen ablesen. Der Stammtischfreund meines Vaters, ein Zahnarzt, der jahrelang in russischer Kriegsgefangenschaft interniert war, konnte dort die Aussage bestätigt sehen: „Im Darm sitzt der Tod!". Bevor damals im Lager das Lebensfinale einsetzte, war eine gestörte Verdauung der erste Indikator für den Prozess des Verfalls und Sterbens.

Bei über Zeitzonen, und damit Tag- und Nachtgrenzen, hinweg vielreisenden Managern gilt die epidemische Ausweitung des Reizdarm-Syndroms als eine belastende Randerscheinung: Darmblocker, Ganzkörperwindeln, und Platzbuchung im Flieger, nicht am Gang oder am Fenster, sondern in Toilettennähe, sind übliche Reaktionsmuster und unter Freunden, im Flüsterton verbreitete, hoch gehandelte Geheimtipps. Sogar eine eigene Coaching-Riege kümmert sich schon um dieses Symptom einer zahlungswilligen Zielgruppe: der Reizdarmcoach.

Die Empfehlung meines Arztes zu diesem Thema besteht im Einsatz von Akupunktur, um die Hyperaktivität an einigen Energiezentren des Körpers zu neutralisieren und die Energie an anderen Punkten wieder zu aktivieren. Ebenso empfiehlt er erfolgreich die Zufuhr von Kräuterpillen und -tropfen, die den Yin- oder Yang-Anteil des Systems stärken und unterstützen. Auch gegen den Reizdarm scheinen diese Mittel gut zu helfen, ohne weitere Folgeschäden auszulösen.

Die dritte Frage meines chinesischen Leibarztes richtet sich an meinen männlichen Funktionsanzeiger für Zeugungsbereitschaft:

Wie war die morgendliche Erektion?
Was in Jugendjahren und bei früheren Generationen ganz normal war, wird heute schon seltener zelebriert. An der wachsenden Vermarktung und dem selbstverständlichen Einsatz von erektionssteigenden Mitteln können wir ein wenig erahnen, wie es mit der Fruchtbarkeit der Männer in unserer Gesellschaft bestellt ist. Die starken Mittel sind zu finden: als fester Bestandteil in der medizinischen Reiseapotheke von deutschen Konzernmitarbeitern, damit es Ihnen auf Reisen in exotische Länder nicht an der notwendigen Standfestigkeit fehlt. Ebenso bei Altersheimbewohnern, denen der Urologe neben den üblichen Brettspielen zusätzliches Vergnügen in der Horizontalen gönnt. Auch im Ausland gehört der blaue Riese, z. B. bei chinesischen Hot Pot Parties, dazu: Um nach dem gemeinsamen Verspeisen der Fondueinhalte noch ein inspirierendes Nachtleben zu gewähren, wird die blaue Zauberpille in den gemeinsamen Hot Pot geworfen und entfaltet nach dem Essen die gewünschte Wirkung. Oder auch zu viel davon, wie Notärzte es im Ernstfall behandeln müssen, wenn Männer mit einer betonharten Dauererektion vor Schmerzen schreiend ihrem Bedürfnis nach Blasenentleerung nicht mehr nachkommen können. Da ist manchmal eine leichte Inkontinenz, an die man sich schon gewöhnt hatte und die mit dem Tragen von schwarzen Lederhosen gut kaschiert wurde, eine friedlichere Belastung. Statistisch geht jeder Mann ab 50 Jahre nachts zweimal zum Wasserlassen auf die Toilette, mit zunehmender Tendenz und mit weiterer Störung der Nachtruhe. Auch das ist ein weiterer Hinweis auf nachlassende Kraft der Muskulatur im Unterleibsbereich.

Auf einer Dienstreise nach China wurde ich von einem befreundeten Geschäftspartner gefragt, ob ich eine Familienpackung einer Erektionshilfe mit nach China bringen könnte. Es ging ihm dabei nicht um den Preisvorteil, sondern um die zertifizierte Echtheit und den Ursprung der Pillen aus einer europäischen Fabrikation. Offensichtlich trauen manche Chinesen nicht immer ihrer eigenen Produktkopie. Was Verpackung und Optik des Inhalts versprechen, entspricht offensichtlich nicht immer dem Originalmedikament.

Mit diesem Antrag im Gepäck besuchte ich meinen befreundeten Urologen Detlev W. Hier unser Dialog dazu: „Du Detlev, ich möchte für einen Geschäftsfreund in China eine Großpackung Viagra mitbringen. Kannst Du mir das Mittel bitte verschreiben?" Mit einem süffisanten Lächeln antwortete er: „Für einen Freund in China also ... ? Wir können doch ganz offen sprechen, lieber Harry. Männer in Deinem Alter (ich war zu dem

Zeitpunkt 52 Jahre alt) greifen sehr häufig danach. Doch kann ich Dir das Mittel nicht ohne eine gründliche Untersuchung Deines Körpers verschreiben. Denn Erektionsprobleme haben häufig ihre Ursache in einer Herzinsuffizienz, die dann im schlimmsten Fall beim Geschlechtsakt zu einem Herzversagen führen kann. Und das Risiko möchtest Du doch bestimmt erkennen und vermeiden?" Damit hatte er Recht, doch ich hatte keine Zeit, diese Untersuchung über mich ergehen zu lassen und somit hatte sich der Gefallen für meinen chinesischen Geschäftspartner in der gewünschten Qualität erledigt. Er erfreut sich immer noch bester Gesundheit und speist seine Potenz und die seiner Geschäftspartner nach dem Essen inzwischen aus anderen Quellen.

Die Empfehlung von meinem chinesischen Mediziner lautet: Ab 50 werden Sie nicht mehr von Ihrem Sexualtrieb beherrscht – Sie können ihn jetzt besser steuern. Außerdem brauchen Sie in diesem Alter niemandem mehr etwas zu beweisen. Einmal pro Woche ein lustvoller Verkehr mit einer geliebten Person kann Ihnen Freude bis ins hohe Alter bereiten. Und jeder Geschlechtsakt mit Samenerguss raubt Ihnen männliche Kraft, die Sie als Geschenk Ihrer Partnerin weitergeben sollten. Gemessen an dem Fruchtbarkeitsritual in Führungsetagen, wo vor einigen Jahren noch die Anzahl verführter Sekretärinnen oder die Zahl der Kinder und Ehefrauen als Erfolg kommuniziert wurde und der täglich vollzogene Besuch eines Bordells auf Dienstreisen als Ritterschlag diente – eine wirkliche Entspannung an der Hochleistungsfront.

Hilfreich bei allen Problemen im Unterleibsbereich ist herzliches und kindliches Lachen aus dem tiefen Bauch. Dabei wird die Atmung wieder losgelassen, es muss wieder ausgeatmet und losgelassen werden, Entspannung für den ganzen Körper wie für den Geist des angespannten Besitzers. Die Lachtherapie oder auch das Lachyoga kann von Wunderheilungen berichten und zauberhafte wie peinliche Momente wie der frei gelassene Furz unter der Bettdecke erleichtern alle Beteiligten, wenn sich die Spannung in einem Lachen entlädt. Dabei entsteht Magie, unsere Höflichkeit und Erziehung vergessen wir für einen Moment und gewinnen die wertvolle Freiheit von Konditionierungen, Konventionen und negativen Botschaften unseres inneren Kritikers. Lachen ist Sprechen mit Gott.

2.5 Die Balance finden und den Lebensstil bewusst steuern: Tipps vom gesunden Menschenverstand meiner Großmutter Ida Bittner

Eine schlesische Redewendung lautet: „Zuviel und Zuwing is a Ding" (Zuviel und Zuwenig ist das Gleiche).

Überfluss und Mangel werden in unserer Gesellschaft exzessiv ausgelebt. Es fehlt zunehmend die Balance, die uns vital erhält und regenerieren lässt.

Jeder Hochleistungsturbo hat eine verkürzte Lebensdauer, jeder unterforderte Motor ebenso. Gibt es eventuell zwischen Burnout und Boreout eine gesunde Mitte?

Muss es erst zu den finalen Burnout-Exzessen wie diesen kommen, dass Mitarbeiter eines Telekommunikationsunternehmens sich aus den Fenstern des Firmengebäudes stürzen, um den Freitod als letzte Station zu erfahren? Dass Pharmareferenten beim Arztgespräch den Starfighter-Effekt eines Absturzes erleben, indem sich ihre Wahrnehmung auf einen Punkt in 30 Meter Entfernung fokussiert und der Gesprächspartner am Ende des Tunnelblicks verschwindet? Oder dass ein Vertriebsingenieur sich beim Kundengespräch erlebt, wie sich seine Zunge verknotet und er voller Angst befürchtet, zu ersticken? Wie viele Mitarbeiter müssen noch weinend am Ortsschild ihres Arbeitgebers anhalten, weil Sie nicht mehr die Kraft haben weiterzufahren und den Sinn in ihrer Arbeit nicht mehr erkennen? Wenn das Einführen der Parkkarte beim Einfahren in das Parkhaus zum Kraftakt wird und die Mitarbeiter am Steuer bei laufendem Motor zusammenbrechen?

All das sind reale Situationen, tragische Schicksale aus Firmenkulturen, die nur durch Betrachtung des gesamten Systems geändert und aufgelöst werden können.

Wovon haben wir zu viel? Die einen haben zu viel Geld, die anderen zu viele Schulden, die einen haben zu viel Arbeit, die anderen zu viel Freizeit. Die einen frönen der Völlerei in Gourmettempeln oder in der Slow-Food-Bewegung, die anderen essen zu viel industriell verarbeitete Nahrung und zu viel Fast Food. Die einen bewegen sich zu viel, die anderen sitzen zu viel auf dem Sessel oder auf der Couch. Die einen haben zu viele Geliebte, die anderen sind zu oft einsam.

Beim Umgang mit Mangel und Überfluss wünsche ich Ihnen im Beruf, in Ihrem Umfeld, in Ihren Familien und Ihren Freunden eine glückliche Hand. Die Dosierung erlaubt durchaus Ausreißer in jede Richtung: Fasten und Völlerei, Abstinenz und ein Rausch, jedes zu seiner Zeit bringen dem Körper spezielle Lebensreize, ohne die er früh unterfordert würde, womit er ein u. U. langweiliges und zu früh kontrolliertes und vitalitätsfeindliches Dasein fristen könnte. Wenn die Leber Alkoholkonsum nach zwei Tagen Abstinenz wieder verarbeitet hat, ein Schnaps das Leber-Chi anregt, ebenso wie Boxen übrigens, gibt es noch ungeahnte Kraftquellen zu erschließen. Nur das Gleichmaß tötet frühzeitig, wenn z. B. das tiefe Bauchlachen nicht mehr praktiziert wird, sendet das Zwerchfell über den Nervus Phrenicus an das Herz das Signal, das der Mensch nicht mehr tief atmet, sich nicht mehr anstrengt und keucht. Und siehe da, unser hoch ökonomisches System passt sich der Unterforderung schnell an und reduziert die Herzleistung um eine wesentliche Prozentzahl schon innerhalb eines Jahres.

2.6 Über den Autor

Hans-Harry Bittner Stresscoach und Personal Coach, Vitalitätsexperte, Great Place to Work Senior Trainer

Gründer German Quest Vitality, Rotenburg an der Fulda

Partner und Anwender von ValueProfilePlus, Work Life Evaluation, Valorizer, AVP, MBTI, Golden Profiler of Personality, Gestalttypindikator, Charakterindex von Organisationen, Creatrix Master für Resilienz, Risikobereitschaft, Kreativität und Innvationskraft, Change Acceleration System, Deutsches Feedback Institut, Heartmath Professional, Lachtherapeut,

Referenzen: Dr. Oetker, Deutsche Flugsicherung, Hoffmann-la-Roche, Porsche, Vitaliberty, Premedical Active, Ford Motors, Harmonivc Drive, XS embedded, Berufsgenossenschaft RCI, FH Muttenz, Freudenberg, Schaeffler Technologies, Devil & Crew

Weitere Infos unter www.bittner-i-t.de

Literatur

American Institute of Vedic Studies (2012). *Secrets of the Five Pranas*. http://vedanet.com/2012/06/13/secrets-of-the-five-pranas/. Zugegriffen: 03.08.2015

Ayurveda AG (2015). *Ayurverda Typentest*. http://www.veda.ch/ayurvedashop/ayurveda_test.html. Zugegriffen: 03.08.2015

Focus online (2015). *So sehen Gefühle im Körper aus*. http://www.focus.de/gesundheit/ratgeber/immunsystem/abwehrkraft/apotheke-gemuet-die-heilkraft-der-guten-gefuehle_id_4722498.html?utm_source=facebook&utm_medium=social&utm_campaign=facebook-focus-online&fbc=facebook-focus-online&ts=201506121412. Zugegriffen: 03.08.2015

GPOP (2015). *Golden Profiler of Personality*. http://www.gpop.info/. Zugegriffen: 09.06.2015

Hawkins, D. R. (2014). *Die Ebenen des Bewußtseins: Von der Kraft, die wir ausstrahlen*. Kirchzarten: VAK Verlags GmbH.

In-Photonic Group (2015). *Biophotonen.* http://www.in-photonic.de/wissen/biophotonen/. Zugegriffen: 03.08.2015

Kontio, C. (2014). *Qualmender Kopf und hohe Drehzahl.* http://www.handelsblatt.com/unternehmen/beruf-und-buero/buero-special/arbeitsverdichtung-und-arbeitsdruck-qualmender-kopf-und-hohe-drehzahl/9792946.html. Zugegriffen: 15.06.2015

Linusit (2015). *Natürliche Hilfe für Magen und Darm.* http://www.linusit.de/linusit/service/Lexikon/T/TypgerechteErnaehrung. Zugegriffen: 09.06.2015

Verband deutscher Heilpraktiker (2015). *Humor, Weisheiten und mehr.* http://www.vhd-heilpraktiker.de/humor/humor.html. Zugegriffen: 31.07.2015

Zentrum der Gesundheit (2015). *Impfungen – ein Angriff auf das Immunsystem.* http://www.zentrum-der-gesundheit.de/schaedliche-impfungen-ia.html. Zugegriffen: 06.08.2015

Mythos Glück – Warum der Sinn Ihres Lebens täglich an die Haustür klopft

3

Peter Buchenau

Inhaltsverzeichnis

3.1	Am Rande des Wahnsinns	40
3.2	Mach Dir Freude auf!	41
3.3	Warum wir wie Wasser sein müssen	42
3.4	Warum uns Wahlmöglichkeiten die Wahl nehmen	45
3.5	Ehrlich gelogen	47
3.6	Sinnkiller Ziel	48
3.7	Die Sucht der Suche	50
3.8	Täglich sterben	51
3.9	Über den Autor	53
Literatur		53

Es ist 6:30 Uhr. Der Wecker klingelt. Thomas dreht sich noch einmal zur Seite, wälzt sich. Ein Szenario, das er bereits gut kennt. Draußen regnet es. Es ist kalt. Thomas ist selbstständig. Doch irgendwie fehlt heute die Lust. Wieder einmal. Nachdem er dreimal auf die Snooze-Taste seines Weckers haut, muss er dann doch raus. Mühselig schleppt er sich in die Küche zum Espressovollautomaten, gähnt eine Runde. Anschließend kommt er an seinem Vision Board vorbei. Eine Tafel mit zig verschiedenen Zettelchen voller Ziele, Träume und unterstützenden Glaubenssätzen. Den Tipp dazu erhielt er bei einem Seminar. Überhaupt liebt Thomas Seminare. Auf zahlreichen Workshops war Thomas bereits. Erfolgreich verkaufen. Erfolgreich akquirieren. Erfolgreich seine Zeit planen. Thomas beginnt laut seine Vision zu lesen. Einmal, zweimal, dreimal. Er macht das jeden Morgen. Hat er doch gehört, dass Menschen, die ihre Lebensziele schriftlich manifestieren, erfolgreicher und glücklicher leben. Doch Thomas tut das jetzt nun schon gefühlt eine halbe Ewigkeit. So richtig was gebracht scheint es nicht zu haben.

Peter Buchenau ✉
Waldbrunn, Deutschland
e-mail: anfrage@peterbuchenau.de

© Springer Fachmedien Wiesbaden 2016
P. Buchenau (Hrsg.), *Chefsache Gesundheit II*, DOI 10.1007/978-3-658-06962-9_3

In seinem Büro angekommen, versinkt er zwischen Mails, dem frustrierenden Druck Aufgaben zu erledigen und zwei Tassen Kaffee. In irgendeiner Art und Weise wird sich Thomas an diesem Abend wieder eingestehen müsse, den Tag nicht so gelebt zu haben, wie er es gern getan hat.

Nach vielen Jahren Seminartätigkeit habe ich den Eindruck, Thomas ist nicht allein. Das Entwicklungssystem des Immer-Höher-Schneller hat uns mitten in die Sinnkrise getrieben. Wir sind gut, wir haben verkäuferischen, finanziellen Erfolg, doch wenn wir am Ende des Tages in den Spiegel schauen, ist das was da zurückblickt, nicht immer ein erfülltes Gesicht – trotz aller Ziele, Visionen und Träume. Bleibt die Frage – geht das überhaupt? Können wir erfüllt, glücklich und sinnvoll erfolgreich zugleich sein?

3.1 Am Rande des Wahnsinns

Arbeit kann heilsam und Arbeit kann gefährlich sein. Während manche besonders fleißige Zeitgenossen berichten, spielerisch in ihrer Arbeit aufzugehen, Probleme zu vergessen und hohe körperliche Herausforderungen zu stemmen, geht es Menschen ohne Arbeit oder einer Arbeit, die ihnen zutiefst zuwider ist, alles andere als gut. Ob nun Boreout, Burnout oder Depression, fast immer gehen diese Entwicklungen mit einem hohen Stress-Pegel der Betroffenen einher.

Einer, der sich mit Stress auskennt ist Aaron Antonovsky. Der israelisch-amerikanische Arzt untersuchte besonders heikle „Patienten". Gefangene – genau genommen solche, die in Konzentrationslagern saßen. Da, wo der Stress besonders hoch war, oft bis zur Gefährdung der Existenz reichte (Wikipedia 2015a).

Antonovsky gilt dabei als Erfinder der Salutogenese, der Wissenschaft der Gesundwerdung (Wikipedia 2015b). Dabei fand er heraus, dass es in der Regel drei Dinge dazu bedarf. Zum einen wäre das ein Verständnis der aktuellen Situation, sprich die Antwort auf die Frage, warum und wieso bin ich gerade hier? Dazu kommt der Sinn und letztlich das Wissen über eine bewältigt erscheinende Strategie. Viele von uns besitzen ein Verständnis für ihre derzeitige Lage. Viele von uns halten sich am Wegesrand auch dutzende Strategien bereit, um ihr Leben zu verbessern.

Doch was vielen mittlerweile abgeht, ist der Sinn. Der Sinn unseres Lebens, unserer Arbeit. Nicht die Fragen, die das Was beantworten. Jene Fragen, die das Warum und Wozu klären. Wozu machen Sie genau das, was Sie machen? Wozu stehen Sie wirklich morgens auf? Wozu leben Sie?

Jemand, der auf der anderen Seite Antonovskys Untersuchungen hätte stehen können, wusste die Antwort: Victor Frankl. Frankl war mehrere Jahre im Konzentrationslager gefangen, seine ganze Familie wurde dabei kaltblütig ermordet. Und Frankl? Ihm ging es gut. Zumindest den Umständen entsprechend. Zumindest gab er nicht auf. In seinem wohl bekanntesten Werk „… trotzdem Ja zum Leben" (Frankl 2009) beschreibt Frankl auf eindrucksvolle Art und Weise, wie er die täglichen Qualen überstand. „Es kommt nie und nimmer darauf an, was wir vom Leben zu erwarten haben, vielmehr lediglich darauf: was das Leben von uns erwartet", gab Frankl später zum Protokoll und sollte mit dieser Einstellung dem Verrücktwerden mehrmals von der Kippe gesprungen sein.

Doch wie kann es sein, dass jemand, der jahrelang im Konzentrationslager gequält und menschenverachtend behandelt wird, die Bürde, Motivation und Zuversicht besitzt, den Sinn im Leben zu finden? Und wie kann es sein, dass Menschen von heute, tausende Mitarbeiter, die materiell nicht mehr groß Sorgen haben müssen, in Burnout-Depression und tristen Sinnkrisen versinken?

3.2 Mach Dir Freude auf!

Eines der wohl simpelsten und dennoch am meisten vernachlässigten Geheimnisse unserer Arbeitswelt ist – Überraschung – Freude. Bei allem Verständnis – ich empfinde unsere Beziehung zum Faktor Job als pervers. Allein am Begriff „Job" lässt sich das schon festmachen. Mini-Job, Jobcenter, Jobbörse, Job hier, Job da. Immer mehr wird die Tätigkeit zu einer üblen Mussveranstaltung, um die monatliche Kohle zu generieren. Was heute fehlt, ist der Beruf. Beruf, so ein altes Wort? Genau. Denn Beruf kommt von Ruf. Sich zu etwas be-rufen fühlen. Es erfordert ein achtsames Lauschen, wozu in der heutigen „Alles-Muss-Sein-Szene" keine Zeit mehr ist.

Und genau da beißt sich die Katze in den Schwanz. Wie die Band „Wir sind Helden" schon vor Jahren trällerte „Wir müssen nur wollen", rennen heute zig tausende Menschen einem Lebenslauf nach, welcher im wahrsten Sinne nicht der ureigene ist. „Wir müssen nur Wollen" ist die Devise der Stunde. Die, die Müssen allerdings wollen, sind rar gesät. „Müssen". Ein Begriff, den wir schon aus der Kindheit gut kennen. Liegt in diesen sechs Buchstaben das Übel unserer ständigen Druckmacherei? Ich weiß es nicht. Aber ich vermute, dass es eine Menge damit zu tun hat.

Denn schon früh gab man uns Schachteln in die Hand. Das ist die Schachtel Bankkaufmann. Das ist die Schachtel Bäcker. Das da drüben ist die Schachtel Vorstand. Dotiert mit einigen Zahlen, ergänzt mit sozialen Anerkennungsvariablen wie „vorzeigbar" oder „geht gar nicht". Doch keiner kam auf die Idee, dass wir selbst es sind, die am besten darin sind, unsere Schachteln zu beschriften. Ja, nicht nur das, sondern sie sogar zu bauen, selbst zu schmücken. Schaut man auf die Menschen, die wirklich erfüllt erscheinen, die Bransons, die Buffetts, die Ghandis, dann wundert es mich nicht mehr, dass eine Berufsbezeichnung bei diesen Menschen wohl eher zu Gelächter führen würde. Zumindest wenn man diese Personen direkt fragen würde.

In dieser Frage liegt allerdings der Schlüssel. Welche ist ihre Schachtel, in die nur Sie reinpassen? Und tun Sie bitte nicht so, als wenn Sie das nicht bereits wüssten. Sie merken es ganz genau. Es ist Ihre echte, natürliche Freude. Immer dann, wenn Sie den Sinn Ihres Lebens spüren, freuen Sie sich. Ihr Herz jubelt. Manchmal laut, wild und voller Inbrunst. Manchmal ganz still, ganz zart. Manchmal fühlt es sich im Außen auch gar nicht so an. Steine liegen im Weg, mächtig Gegenwind weht von allen Seiten, doch irgendwie wissen Sie, Sie müssen das jetzt tun.

Praktisches Beispiel gefällig? Vielleicht sind Sie ja Banker und erleben Ekstase, Berührtheit und Genugtuung, wenn Sie in einem Meeting einen Vortrag halten. Fallen aber todmüde vom Stuhl, wenn Sie mal wieder den Deckungsbeitrag xyz berechnen müssen. Die meisten machen dann den Fehler, zu denken, „das gehört aber dazu". Blödsinn! Es ist ihre Pflicht zu spüren, was wirklich Ihr Ding ist und dann dafür zu sorgen, dass Sie es so oft wie möglich bekommen. Ohne Kompromisse.

Viele behaupten, der Sinn des Lebens ist der, den wir ihm geben. Ich glaube das nicht. Ich weiß von mir und der Vielzahl meiner Klienten und Zuhörer, unser innerer Ruf ist schon immer da. Tief im Inneren wartet eine Sehnsucht nach Entfesselung. Und es liegt an uns, ihr zu lauschen und uns dabei täglich ein Stück näher zu kommen. Eine der größten Revolutionen in meinem Leben war zum Beispiel die Stille. Morgens zehn Minuten einfach nur still zu sein. Kein Handy, kein Gespräch, kein Kaffee, nichts. Manche nennen das Meditation, nennen Sie es wie sie wollen, aber versuchen Sie mal einfach nichts zu machen. Außer atmen vielleicht – das bietet sich an. Sie werden spüren, wie Sie wieder mehr in sich ankommen, fokussiert und klarer denken und in einem ganz anderen energetischen Zustand in den Tag gehen. Wenn Sie trainieren, schon gleich früh morgens bei sich zu sein, werden Sie es auch leichter haben, genau diese Glücksmomente einzufangen, in denen Sie Freude empfinden. Diese Momente, von denen Sie mehr haben wollen.

Wie also schaffen wir es, uns wieder freier, echter und wohler zu fühlen, damit wir empfänglich genau für diese Momente sind? Diese Momente, an denen wir morgens aus dem Bett aufstehen, und uns nicht fragen, ob wir das auch wollen. Diese Momente, wenn wir nachts noch im Bett liegen und uns wünschen, dass die Nacht schnell rum ist. Genau deshalb, weil wir in ein paar Stunden ganz genau beantworten können, warum wir wirklich aufstehen. Warum wir leben wollen. Kurzum, was der Sinn unseres Lebens ist.

3.3 Warum wir wie Wasser sein müssen

Wenn wir den Blick dafür bekommen wollen, was uns wirklich Freude macht, hilft uns keiner weiter. Außer wir selbst. Dann müssen wir sein wie Wasser. Doch wir sind nicht wie Wasser, wir sind wie dicke, schwerfällige Lava, die ziemlich oft einfach an den entscheidenden Weggabelungen des Lebens stockt. Wasser ist einfach. Rinnt von der Quelle zur Mündung. Ist entspannt. Werfen sich Steine, Bäume oder tote Fische in den Weg, Sie können sicher sein, Wasser bahnt sich seinen Weg. Es kämpft nicht. Es fließt einfach. Es vertraut auf das, was kommt und das, was da ist. Wir wiederum, wir kämpfen. Oft nicht für etwas, dafür gern gegen alles. Das Für-Etwas-Kämpfen, das überlassen wir lieber den Helden auf der Kinoleinwand. Sie wissen schon: Braveheart, Superman, Gladiator und wie sie sich alle nennen. Wir kämpfen lieber gegen das, was ist. Unsere Umstände, unsere Gedanken und unsere Gefühle. Vor allem letzteres ist ein großes Hindernis auf dem Weg zu emotionaler Gelassenheit im Berufsalltag und körperlicher Gesundheit.

Wussten Sie, was passiert, wenn Sie Emotionen einfach verdrängen? Dazu müssen wir erst einmal klären, was Emotionen überhaupt sind. Das englische Wort E-motion setzt sich aus E, wie Energy und Motion, wie Bewegung, zusammen. Damit bedeutet das Wort Emotion so viel wie Energie in Bewegung. Kleine Kinder beherrschen das in Höchstform. Sind wütend, traurig, verspielt, angstvoll und voller Freude. Und meist das alles noch gleichzeitig. Wenn wir dem Glauben schenken wollen, beherrschen Kinder das Spiel der Bioenergetik perfekt. Bioenergetik, erstmals durch seinen Erfinder Wilhelm Reich ins Leben gerufen, ist ein einfaches Prozedere körperlich natürlicher Prozesse. Die Kernthese Reichs lautet, dass unsere Lebenskraft, unsere Lebensenergie durch Stimulierung unserer Zellen verursacht und natürlich auch begünstigt wird. Dabei tut eine Zelle in der Regel nichts weiter als sich zu öffnen und wieder zu schließen. Kommt ein Impuls durch außen, erzeugt eine Emotion, werden die Reize in unseren Zellen weitergegeben, „leben sich aus" und der Energiekreislauf ist geschlossen (Wilhelm-Reich-Gesellschaft 2015a).

Nun hat man uns dennoch beigebracht, dass es oft nicht erlaubt sei, wütend zu sein, ängstlich, voller Ekstase. Ob nun als sechsjähriges Kind oder in der heutigen Geschäftswelt, wo vor allem bei uns in Deutschland, Österreich und der Schweiz Diplomatie und Bescheidenheit das Wort der Stunde ist. Das jedoch hat verheerende Auswirkung auf unsere Zellen. Denn Reich fand ebenfalls heraus, wenn wir diese Impulse unterdrücken, in dem Fall unsere Emotionen, nimmt die Reaktionsfähigkeit der Zellmembranen stetig ab. Die Folge: Reize im Nervensystem werden nicht mehr natürlich übertragen, wir fühlen uns schlapp, energielos und müde (Wilhelm-Reich-Gesellschaft 2015b).

Ein zweites Prinzip, welches bei der Unterdrückung von Gefühlsregungen eine Rolle spielt, ist das sogenannte Schattenprinzip. Wenn wir davon ausgehen, dass nicht nur Missstände, sondern auch Emotionen energetische Faktoren in einem menschlichen Leben sind, dann müssen diese sich Ventile suchen. Schon seit der Schule wissen wir, Energie kann nicht verloren gehen. Doch was passiert mit Emotionen, die nicht gelebt werden, die keinen Ausdruck finden? Viele Experten und so auch meine Beobachtung lassen darauf schließen, dass diese Emotionen auf eine andere Ebene verdrängt werden – meist die des Körpers. Energien finden immer ihren Ausdruck, die Frage ist nur, wo und natürlich – ist es dort konstruktiv? Nehmen wir das Beispiel Wut. Ich plädiere nicht dafür, jedes Mal in einen Wutausbruch zu verfallen, wenn Ihnen danach ist, wenn ein entsprechendes Gefühl in uns aufsteigt. Doch das Gegenteil ist ebenso nicht zu unserem Wohle.

Die meisten Menschen verzichten heutzutage darauf, Wut zu fühlen. Schlucken Sie runter. Meist nehmen wir das wahr, indem wir uns einem stechendem Gefühl in der Bauchgegend durchaus bewusst sind. Ein ähnliches Gefühl empfinden wir, wenn wir eine überraschende, negative Nachricht erhalten. Wenn uns etwas einen Schrecken einjagt. Dies ist nebenbei bemerkt auch ein guter Beweis dafür, dass Informationen uns körperlich beeinträchtigen – negativ, als auch positiv. Wird die Wut nun unterdrückt, reagiert meist unser Magen sehr schnell. Programmiert auf Verdauung wird Magensäure in die entsprechende Areale gepumpt – doch vergeblich. Denn die Nahrung fehlt. Die Magensäure greift organische Bereiche an. Passiert das ein, zwei Mal, besteht keine Gefahr für das Kompensationswunderfahrzeug, welches uns durch das Leben trägt. Passiert dieser Vorgang allerdings mehrmals, liegt das Risiko an Geschwüren, Gallensteinen und sonstigen Ent-Artungen zu erkranken, deutlich höher als normal. Damit einher geht oft eine

Verbissenheit der betroffenen Personen. Traut man sich im Leben nicht richtig zuzubeißen, sich Konflikten zu stellen, ist es durchaus logisch, diese Konflikte auf den Krieg zwischen Ober-und Unterkiefer abzuwälzen. Nächtliche Zahnschienenträger werden mir zustimmen. Was folgt? Verspannungen, Kieferfehlstellungen, Kopfschmerzen, die unsere tägliche Leistungsfähigkeit stark beeinträchtigen. Die Unterdrückung menschlicher Emotionen ist feinstofflich geworden.

Gefühlsmäßige Unfreiheit kennt damit zwei Extreme. Das eine ist die Unterdrückung, das andere ist die konsequente Auslebung. Auch das macht verständlicherweise keinen Sinn. Schäumend vor Wut auf alles und jeden einzudreschen, ist zumindest keine Form, mit der man sich schnell Freunde macht, einige idiotische kulturelle Strömungen ausgenommen. Was uns also bleibt, ist nichts. Nichts? Genau, nichts. In diesem Fall das nüchterne, bloße Fühlen einer. Sie einzuladen auf ein Getränk, wie eine hübsche Frau, einen hübschen Mann. Mit dem konstruktiven Fühlen ist wie mit einem Flirt. Flirt, nicht One-Night-Stand, bei dem Sie sich sofort auf das Objekt der Begierde stürzen. Eher ein Flirt, dem Sie sich hingeben und doch von oben auf die Geschichte draufblicken. Nüchtern spüren, was es mit Ihnen macht. Die erste gute Grundlage, um bei sich anzukommen. Um Momente wieder zu genießen. Und sie zu entlarven – ob sie Ihnen gut tun, Ihrer Freude näher kommen oder weiter davon entfernen.

Hingebungsvoll
Flirten, was für ein altertümliches Wort in einer Gesellschaft voller Dating-Apps und schnellen Nummern. Das Bedürfnis nach „Sofort" scheint auch so eine Form von Schatten geworden zu sein. Wir suchen Schnelllösungen für alles. Beziehungen, Geld, Jobs und natürlich dem Sinn. Besuchen Seminar nach Seminar, Workshop nach Workshop. Eingeölt mit dutzenden Konzepten kehren wir dann Montagmorgen wieder auf die Arbeitsbühne zurück. Voller Euphorie – zwei Tage lang. Anschließend wird der nächste Kurs geplant. Doch tief im Innern spüren wir, so richtig glücklich macht uns das nicht. Es bringt uns nicht in Balance und schon gar nicht Richtung Lebenssinn. Wir denken, erst muss ich es finden – dieses eine Projekt, diese eine Frau, diesen einen Sinn – dann starte ich richtig durch. Meine Erfahrung hat mir gezeigt, so kann es nicht funktionieren. Es geht genau anders herum. Erst muss ich mich voll einlassen. Alles in diesem Projekt geben, mich voll und ganz meiner Beziehung hingeben – und hingeben bedeutet hier nicht einschlafen – mich jetzt und hier voll committen, dann kommt der Rest (manchmal) von ganz allein.

Einer meiner Freunde bietet täglich Paarberatungen an. Eine Frage, die er oft zu hören bekommt, ist, „Woher weiß ich, ob sie oder er die oder der Richtige ist?" Seine Antwort lautet dann darauf: „Wenn Sie diese Frage noch stellen, dann ist es gerade der richtige Partner für Sie". Unser Geist hat eine bemerkenswerte Eigenschaft – immer dann, wenn uns gerade die Faulheit überkommt, fängt unser Ego an, Fehler zu suchen. Nicht bei uns, bei anderen. Mein Freund machte eine weitere Entdeckung. Immer dann, wenn Paare sich hingeben, sprich Bedürfnisse miteinander teilen, Wünsche äußern, Geheimnisse offenlegen, passierte etwas Magisches. Einige seiner Klienten empfanden den anderen Partner wieder als echtes Geschenk, wussten, dass es der Partner ist, der jetzt genau perfekt ist.

Andere trennten sich. Doch dabei entstand in fast allen Fällen kein Streit oder promiartige Schlammschlacht. Die Beteiligten gingen einfach – ohne Groll, ohne Hader, oder Hass. Sie zweifelten einfach nicht mehr. Sie wussten. Sie wussten, einen wichtigen Abschnitt im Leben gegangen zu sein, doch sie wussten auch, dass es jetzt Zeit ist, alleine weiterzugehen. In der Arbeitswelt nehmen wir dieses Phänomen noch viel seltener wahr als im Beziehungsleben. Was wäre, wenn wir uns voll hingeben würden? Das bedeutet nicht, dass wir nur noch zwölf Stunden täglich schuften sollen. Doch es bedeutet, präsent zu sein. Sich darauf einzulassen, dass das jetzt mein Job ist. Welch eine Entlastung, welch eine Befreiung von Stress. Denken Sie an Viktor Frank., Der wirkliche Stress, das Ding, das Burnout entstehen lässt, entsteht nie durch die Umstände. Allein unsere Bewertung ist das Maß aller Dinge. Immer dann, wenn wir kämpfen, erzeugen wir Stress. Sie sollen um Gottes willen nicht ihre Entscheidungen ruhen lassen, aber lassen Sie diese bitte aus sich heraus kommen. Lassen Sie diese in aller Klarheit eines Morgens aufploppen.

Und das geht nur, wenn Sie still sind. Wenn Sie sich erlauben, alles zu fühlen. Und wenn Sie sich dem, was jetzt und hier ist – und sei es die stickige U-Bahn – voll hingeben.

3.4   Warum uns Wahlmöglichkeiten die Wahl nehmen

Pasta oder Rinderfilet? Die Blondine mit dem charmanten Grinsen oder doch lieber die düster schauende Brünette mit dem doch so knackigen Hintern? Als Selbstständiger um eigene Projekte kämpfen oder doch lieber anstellen lassen? Als Medienfigur die Welt erobern oder doch lieber ganz aussteigen und in Thailand eine Tauschschule gründen?

Wir sind ständig hin- und hergerissen und fällen täglich Entscheidungen – oder auch nicht.

Wir gehen ja immer davon aus, dass es die eine perfekte Entscheidung geben muss. Die gibt es aber nicht. Doch die Kausalfaktoren unseres heutigen Planeten zeichnen ein anderes Bild. Nicht vorhersehbar, nicht sicher genug. Ehrlich gesagt wissen wir doch nie, ob eine Entscheidung richtig ist. Vielleicht machen Sie ja eine Weltreise und gehen dabei in einer kleinen Propellermaschine drauf. Oder Sie verlieben sich in einen Menschen, der Ihnen langfristig nicht gut tut. Heuern bei einer Firma an und werden nach drei Wochen wieder gefeuert. Bei aller Unsicherheit ist eine Sache gewiss – eine Garantie im Leben gibt es nicht. Auch wenn uns die Anbieter verschiedenster Versicherungen für Körper, Haus und Hof immer noch das Gegenteil beweisen wollen.

Perfekte Entscheidungen sind eine Illusion, geboren aus konditionierten Sicherheitsbedenken. Natürlich macht es durchaus Sinn, Dinge mit Verstand und Kalkül zu durchdenken – doch letztendlich haben wir nie vollständige Informationen.

Also, aufgeben und den Kopf in den Sand stecken? Ganz sicher nicht. Vielleicht gibt es da ja eine Sache, die wir tatsächlich tun können, ja vielleicht sogar tun müssen.

Kennen Sie Drew Houston? Ein absoluter Nobody. Weder Harvard, noch Stanford, noch Elite-Uni. Kein rebellisches Genie, welches anschließend aus irgendeiner Uni flog und sein Business in die elterliche Garage verlegte. Drew war bis zum Anschlag

Durchschnitt. Durchschnittliches Aussehen, durchschnittliche Zensuren, durchschnittliche Freunde – ein echter Durchschnittstyp halt. Sexy, oder? Doch eines Tages vergaß Drew seinen USB-Stick im Bus. Unmittelbar danach überkam ihn die Frage, wie man ganz ohne Equipment auf seine Daten zugreifen könnte. Einige Jahre später ist Dropbox eine der erfolgreichsten Internetfirmen weltweit und Houston mit Sicherheit so stinkreich, dass er sämtliche USB-Speichersticks aus der Portokasse bezahlen könnte. Doch das wirklich Besondere an der Geschichte kommt jetzt. Denn der Clou liegt am Start Houstons genialen Einfalls. Statt sich um die Theorie kümmern und sich mit langwierigen Businessplänen auseinanderzusetzen, entschied er sich einfach Dropbox zu gründen. Er produzierte ein Video der fertigen Version des Dienstes im Vorab, lange bevor die Entwicklung überhaupt begonnen hatte. Damit machte er den zweiten Schritt vor dem ersten. Er hatte sich gezwungen abzuliefern. Er war committet. Committet zum Erfolg.

Was bedeutet das nun für Ihr Lebensglück? Entscheiden Sie sich, etwas zu entscheiden. Sonst tut es ein anderer. Und bitte bevor alle Variablen abgewogen sind – was wir ja sowieso nicht können. Wir können uns nur vertrauen, dass die Entscheidung die absolut richtige zum Zeitpunkt der Entscheidung war. Mit allen Konsequenzen. Dann öffnen wir uns dafür, dass jede Entscheidung einen Sinn macht. Und nicht etwa von Fehlern gefolgt wird, sondern von wertvollen Erfahrungen, die in der Nachbetrachtung unser Leben immer bereichern werden. Das macht die Sache heikel – aber auch lebenswert.

Wir haben somit die Freiheit alles zu tun – oder zu lassen. Genau diese Freiheit ist es aber, die uns Verantwortung gibt, etwas aus ihr zu machen. Menschen haben oft die Angewohnheiten zwischen diesen Optionen zu verharren. Geboren aus dem Umstand der Entscheidungsfülle gar nicht erst zu entscheiden – um dann sich möglichst „viele Optionen offen zu halten". Und Sie entscheiden sich dann doch – dafür sich nicht zu entscheiden. Doch letztendlich wird immer entschieden. Es bleibt nur die Frage, entscheiden Sie oder werden Sie entschieden.

Das ist die beste Prävention für Ihre Gesundheit. Beste Prävention, um in Kontakt mit Ihrem Lebenssinn zu kommen. Zumindest die Basis zu bieten, diesen heraus zu kitzeln. Das heißt aber auch, Mitarbeiter müssen wieder mündig werden. Müssen an Entscheidungsfindungen aktiv beteiligt werden. Denn vergessen Sie nicht – jeder Mensch hat Grundbedürfnisse. Wissenschaftler sind sich bei drei Dingen einig: Sicherheit, Stimulanz und Dominanz. Mit letzterem ist die Art gemeint, Sachen zu gestalten, Dinge umzusetzen, das Gefühl zu haben, etwas bewegt zu haben. Bedürfnisse sind um einiges älter als unser rationaler Verstand. Das den Bedürfnissen zugeordnete limbische System greift auf eine tiefere Ebene in uns zu. Summa summarum – Bedürfnisse müssen erfüllt werden, sonst drehen wir durch. Das können Sie als Chef eines Teams natürlich gewährleisten, indem Sie dem Raum für handelsübliche Intrigen, Hinter-dem-Rücken-reden und andere Bürospielchen nicht den Riegel vorschieben. Zu empfehlen wäre das allerdings nicht. Wie wäre es, Bedürfnisse konstruktiv ausleben zu dürfen? Die Mentalität deutscher und insbesondere amerikanischer Firmen verschiebt sich so langsam in diese Richtung. Mitarbeiter werden wieder mehr selbstverantwortlich. Für Ihre Erfolge und auch für das, was sie selbst verbockt haben.

3.5 Ehrlich gelogen

„Was treibt Dich an?", fragte Deutschlands größter genossenschaftlicher Bankenverbund vor einigen Jahren. „In" ist es mittlerweile, massentauglich – die Frage nach dem Sinn zu stellen. Viele verwenden den Begriff Vision. Hören und sehen wir die Storys der Jobs und Bransons, hören und sehen wir zu. Bekommen dieses gewisse Funkeln in den Augen. Oft heißt es dann, „er wurde angetrieben von einer kraftvollen Vision einer besseren Welt und änderte das Schicksal tausender Menschen". Ja, durchaus, solche Menschen inspirieren uns und manchmal bewundern wir sie. Vermeintlich dafür, dass Sie ihre Arbeit in den Dienst anderer gestellt haben und sich selbst eher hinten an.

Wirklich? Scannen Sie doch einmal Ihre letzte Woche durch. Genau nach solchen Fällen. Wo Sie sich als altruistischer Gönner gegeben haben. Stellen Sie sich einige Fragen: Warum haben Sie gearbeitet? – zum Beispiel. Warum genau haben Sie wem geholfen? Warum haben Sie der Person xy die Meinung geigeigt oder abends ferngesehen. Ich sage Ihnen die Antwort – Sie wollten sich besser fühlen. Genau genommen: Ihr Ego wollte das. Seien Sie ehrlich. Wenn Sie anderen Menschen dienen, tun Sie dies ausschließlich um zu helfen? Oder kann es sein, dass Sie es auch tun, um sich selbst ein Stück besser zu fühlen? Sicherlich, das eine schließt das andere nicht aus und ich halte das Arbeiten, das Dienen gegenüber einer anderen Person oder Sache, für die essentielle Grundvoraussetzung um eine sinngerichtete Arbeit zu erfüllen. Doch eins ist auch klar, es gibt immer ein Motiv hinter dem Motiv – und das ist in 99 % aller Fälle unser Ego.

Da wir fast ohne jegliche Ausnahme (zumindest ist mir noch niemand begegnet) dazu erzogen worden sind, uns nicht so zu akzeptieren, wie wir im wahrsten Sinne sind, gieren wir zunehmend nach Aufmerksamkeit. Dazu brauchen wir uns allein einmal im Netz umzuschauen. Auf Facebook wechseln wir Profilfotos und Statusnachrichten häufiger als die Unterhose – und ergötzen uns dann an den „Likes" unserer Fans. Wir posten Urlaubsfotos, statt solche in den Momenten, in denen wir die Welt auch mal nicht umarmen wollen. Wir sind dabei, uns ganz gezielt in der Öffentlichkeit zu positionieren – und manchmal sogar in unserem Freundeskreis. Und wundern uns dann, wenn wir an der Abhängigkeitsnadel der anderen hängen. Wir projizieren das Fremdbild unverändert auf unser Selbstbild und denken dann, so sind wir. Immer darauf bedacht, was für eine Wirkung wir bei anderen hinterlassen.

Für mich ist mittlerweile klar – der Mensch ist ein Ego-Wesen. Wo ein Ich ist, wo Gedanken sind – und vor allem, wo daran gekettete Gefühle sind, da ist ein Ego. Doch das ist gar nicht das Problem. Das Problem besteht nur darin, dass wir das nicht wahr haben wollen! Wir kokettieren unser Gefühl vom fehlenden Selbstwert mit einer völlig fremdbestimmten Fassade, errichtet aus Meinungen anderer und schreiben darunter das Motiv Lebensvision! Das Ganze halten wir dann für die eine Wahrheit und glauben auch noch daran.

Verstehen Sie mich bitte nicht falsch. Ich halte dies nicht für negativ. Auch ich trage die Bürde des Egos oft sehr gerne. Was wären wir bloß ohne unsere Selbstverliebtheit,

Euphorie, Intelligenz, Ärger, Wut, Dummheit und Zweifel? Vermutlich ziemlich viel – nur nicht wirklich menschlich.

Daher ist das menschliche Ego weder gut noch schlecht. Es ist einfach was es ist. Doch genau deshalb bin ich überzeugt, wir können uns das Leben nur dann vereinfachen, wenn wir akzeptieren, dass das Ego in jedem von uns, von Zeit zu Zeit sich mehr oder weniger stark zu Wort meldet. Im Gegensatz dazu steht ein unglaublicher Stress und Energieverlust, wenn wir versuchen unser Denken und Handeln in eine von außen sozial konditionierte und akzeptierte Scheinwirklichkeit zu verwandeln. Natürlich ist dies nicht immer leicht und anderen gegenüber vielleicht auch nicht immer gleich sympathisch. Doch es tut Ihrer Seelenhygiene gut und führt Sie weiter zu sich selbst – zumindest ein Stück weit.

Was Sie akzeptieren, was Sie an-erkennen, können Sie letztendlich auch verändern. Selbstliebe ist dafür die Basis. Die Basis dafür, dass Sie Ihre ganz eigene Vision, Ihre Art zu leben, für sich entdecken. Die Basis, um selbstgeschaffene, mit dem Geist konstruierte Grenzen nach außen zu kappen. Dann schaffen Sie Werte für andere, blühen im sinnvollen Dienen für andere auf, ziehen mit Dankbarkeit und Demut andere Menschen in Ihr Leben. Nur mit dem Unterschied, dass es dann Ihr eigenes ist – und kein durch andere diktiertes.

3.6 Sinnkiller Ziel

Normalerweise gucke ich ungern Fernsehen. Doch als ich vor kurzem mal wieder die Kiste anschmiss, hatte ich Glück gehabt. Beim Durchzappen bin ich auf einmal bei Phoenix hängengeblieben. Götz Werner war zu Gast. Seines Zeichens Vollblutunternehmer, Visionär und erfolgreicher Gründer der dm-Märkte. Werner wird zu seinem Erfolgsgeheimnis befragt. Auch wenn die auf den ersten Blick sehr simpel daherkommenden Weisheiten Werners nicht den gewünschten Explosionsgrad der von den verstaubten SZ-Moderatoren aufgeworfenen Fragen besaß – beeindruckt haben mich seine Worte durchaus. Götz Werner sprach davon, dass der Wachstum seiner Kette lediglich einem Abfallprodukt gleicht, entstanden aus Veränderung und visionärer Neuerfindung, tagtäglich. Nur derjenige, der sich verändert, so heißt es, hat die Chance täglich zu wachsen.

In diesem Moment frage ich mich: Was macht denn Veränderung wirklich aus? Verändert sich nicht jeder ständig und trotzdem gibt es Menschen, die nicht das erreichen, was sie erreichen wollen? Und dann bleibt da natürlich noch die Frage, woher weiß ich denn nun, was ich will?

Nahezu jeder Persönlichkeitstrainer stimmt mittlerweile in den Tenor „Wer den Hafen nicht kennt, in den er segelt, für denjenigen ist jeder Wind der falsche" mit ein. Dazu kommen klassische Planspiele à la „Wo möchte ich in fünf Jahren stehen?" Ehrlich gesagt – ich glaube nicht häufig an die Wirksamkeit dieser Sachen. Eher im Gegenteil – ich halte sie für grundsätzlich kontraproduktiv. Ich halte sie schlichtweg für Verrat – Verrat an unserem Herzen. Ziele stecken einzig und allein im Kopf. Nach mehreren Jahren Coaching kann ich mit Fug und Recht behaupten, jeder von uns hat ein Gefühl davon, was der wahre Impuls unseres Herzens ist. Damit meine ich nicht, den spontanen Willen, der uns manchmal überrennt und Dinge tun lässt, die wir wollen, doch eigentlich gar nicht möchten. Es sind eher die Dinge, die wir im Nachhinein mit „ich musste das jetzt einfach tun" versuchen zu erklären. Und manchmal sind es vielleicht auch die Dinge, die uns richtig Fleiß und Mühe kosten.

Viele von uns haben verlernt, auf dieses innere Gefühl zu hören. Manche fliegen jahrzehntelang um den Globus, um zu meditieren. Andere schaffen es auf Anhieb, manch anderer nie. Und der Preis, auf die eigene Stimme zu lauschen, ist wahrlich hoch. Man wählt nicht immer massenkompatible Worte, wird öfters abgewiesen und enttäuscht Menschen. Manchmal sind es genau die Menschen, die uns damit helfen, zu erkennen, ob wir wirklich hinter einer Sache stehen. Sie helfen uns, klar zu werden. Manche behaupten ja, Klarheit ist das genaue Gegenteil des Zielesetzens. Frei nach dem Motto, wer sich Ziele setzt, hat Angst. Angst davor, das Leben tagtäglich neu zu spüren, zu erfahren, zu gestalten. Pläne auch einmal zu verändern. Auf die innere Stimme zu vertrauen und die Konsequenzen radikal zu ziehen. Wer das Ziel hat, eine Frau auf der Straße nach der Handynummer zu fragen, verdirbt sich vermutlich die Chance, den Menschen im Hier und Jetzt wahrzunehmen. Oft ist er im Hätte- und Könnte-Modus und verpasst die Gelegenheit mit Präsenz zu punkten. Ja, wir haben alle Angst. Angst davor was passiert, wenn wir uns Nichtwissen erlauben. Ohne Ziel, ohne Plan. Aber wir haben auch die Fähigkeit, diese Angst zu überwinden, wenn wir uns in Ruhe mit ihr auseinandersetzen. Das Neurolinguistische Programmieren, kurz NLP, geht davon aus, dass jeder Mensch alle erforderlichen Ressourcen bereits in sich besitzt. Wenn dies der Fall ist, woran zumindest ich tief und fest glaube, dann geht es keinesfalls darum, Fähigkeiten, Überzeugungen zu erwerben, sondern ausschließlich die hinderlichen zu überwinden. Mit Hilfe des Kopfes – und dem Herzen als Partner. Woher ich das weiß? Dazu brauche ich nur einmal ins Kino zu gehen.

Vor einiger Zeit habe ich mir mal wieder die „Herr der Ringe"-Trilogie angesehen. Am Ende zeigt das Bild die Rückkehr vier kleiner Hobbits. In dem Dorf der Hobbits werden Sie von einem mürrischen älteren Artgenossen „begrüßt". Dieser hatte wohl eine angenehme und entspannte Zeit, während die Dorfhelden in blutrünstigen Schlachten die Welt in Mittelerde wieder gerade gerückt haben. Zu diesem Zeitpunkt waren die Augen der Zuschauer im Kino aber schon wieder trocken. Zu sehr ausgeheult hatten sie sich, links und rechts von mir, als kurz zuvor Gimli, Gandalf und Aragon die Schlacht um Mittelerde gewonnen hatten und letzterer in der emotionalsten Zeremonie der Filmgeschichte zum König gekrönt worden war. Ein kalter Schauer stieß in mir hoch. Ich spürte auf einmal, dass wir alle eine Vorstellung davon besitzen, was uns im Leben wirklich anmacht, was uns wirklich berührt. Natürlich müssen wir vorerst in keine Schlacht ziehen. Zumindest nicht gegen Orks und Bergtrolle. Doch ich bin mir sicher – in diesen Momenten bekommen wir eine Ahnung davon, dass auch wir diese Figuren auf der Leinwand sein könnten. Dass wir im Grunde genommen Wölfe, Adler und Löwen sind, welche sich nur nach Generationen angstvoller sozialer Prägung im Schafspelz verkriechen und nach dem Kinobesuch wieder ganz lethargisch in ihre doch so normale Welt zurückziehen. Denn trotz aller Konsumgüter und „Annehmlichkeiten" merken wir, dass diese Welt nur für Löwen gemacht ist. Dann haben wir eine Vorstellung davon, wie es ist, die Angst zu verlieren und nur sich selbst treu zu bleiben.

3.7 Die Sucht der Suche

Ich muss es noch einmal erwähnen – in kaum einem anderen Land als Deutschland, Österreich und Schweiz ist die Seminardichte so hoch wie irgendwo anders auf der Welt. Vor allem, was die Sinnfrage angeht. Doch wonach suchen wir eigentlich? Ganz klar, nach Glück und Erfüllung werden die meisten nun sagen. Wir stecken uns also Ziele. So und so viel Geld im Monat, den Beruf, das Auto, diese Beziehung. Meine ehrliche Meinung dazu – ich finde das vollkommen ok. Ein neues Auto – eine wunderbare Sache. Auch ich fahre gern schnell. Auch ich spiele gerne Golf. Doch wenn ich mich umschaue, lässt mich das Gefühl nicht los, dass uns die Zielerfüllungsmaschinerie, in die viele von uns bereits erfolgreich eingestiegen sind, nicht so wirklich glücklich macht. Und doch hören wir nicht damit auf. Zu Grunde liegt der Gedanke, ich muss das und das tun, um das und das zu sein, um das und das zu haben. Und dann haben wir es. Und nach zwei Wochen ist das neue Auto dann für die Nachbarn auch nicht mehr so interessant, der Körper, der morgens neben uns liegt, auch schon bekannt und für den nächsten Traumurlaub ist der Abreisetag auch schon mit eingeplant. Wirkliche Ekstase, geschweige dann langfristiges Glück - Fehlanzeige. Menschen, bei denen das Betäubungsprogramm aus TV, übermäßige Arbeit und Streitlust versagt, greifen zu härteren Mitteln. Alkohol, Nikotin oder stärkere Substanzen. Die Suche wird schnell zur Sucht. Und wenn wir das Erhoffte nicht finden, müssen halt andere Sachen her. Doch wenn uns all diese Annehmlichkeiten nicht mit Sinn erfüllen, was tut es dann?

Vor einiger Zeit lernte ich einen Schamanen in Südamerika kennen. Ich möchte nicht behaupten, dass er ein besserer Mensch ist. Ich möchte nicht behaupten, dass er keine Probleme hat. Aber eines ist ihm nicht abhandengekommen: der Sinn. Und eine weitere Sache auch nicht – das Vorzeichen-Problem.

Wenn wir nach dem Sinn suchen, haben wir ein Vorzeichen-Problem!

Wir denken ständig, das und jenes macht uns glücklich. Haben dennoch noch nie darauf geachtet, was genau da in uns ausgelöst wird. Was genau in uns ausgelöst wird, wenn wir ein neues Auto kaufen. Begeisterung? Ok, einverstanden. Und was haben wir davon, wenn wir begeistert sind? Zufriedenheit? Einverstanden. Was sichert uns die Zufriedenheit? Sicherheit? OK, auch noch einverstanden. Doch das Gefühl von Sicherheit – ist es nicht schon immer da? Ist das Auto nicht nur Auslöser des Ganzen? Gibt es nicht zig andere, günstigere, natürlichere Sicherheiten, die wir nur mit unseren Gedanken erschaffen können? So verhält es sich mit jedem Zustand, mit jedem Ziel. Wenn Sie sich fragen, was Sie wirklich in der Tiefe von Ihrem Ziel haben, werden Sie auf einen Zustand kommen, der öfters schon da war. Ganz natürlich. Ganz gleich, ob es nun Freude, Liebe oder sonst was ist. Genau dann dreht sich die Spirale des Glücks. Dann können Sie aus einem Zustand heraus agieren. Das ist etwas kolossal Verschiedenes zu dem, etwas haben zu wollen, um diesen Zustand zu erreichen. Sie müssen nur die Vorzeichen umkehren.

Überhaupt, wir verwechseln im Leben oft die Vorzeichen. Nehmen wir doch mal ganz alltägliche Situationen. Irgendwo sterben gerade Menschen, andere werden geboren. Manche praktizieren neudeutsches Chillen am Strand, andere ackern sich den Hintern auf. Manche schlafen, andere malen, pupsen oder singen. Auf der Welt gibt es jede Menge Vögel, manche etwas grauer, manche etwas bunter. So ist das Leben, bunt, mitunter pervers, doch vor allem ist es eins: Es ist, was ist.

Ich möchte Sie nicht mit Philosophie langweilen, doch für mich hat das immer etwas zutiefst Erschreckendes – und doch auch etwas sehr Beruhigendes. Denn die Momente, die nicht nach Plan laufen, die Momente, wenn Ihr Unternehmen auf den Eisberg zusteuert, sind sicherlich nicht immer angenehm. Vom „Aufwachen" ist dann die Rede. Die Selbsthilfe- und Managementbücher werden aus dem Regal geholt oder die Anekdoten aus dem Hollywoodklassiker „Matrix" bemüht um Analogien zwischen Wahrheit und Verderben herzustellen. Durchaus, es ist belebend. Belebend, Schöpfer zu sein. Die Verantwortung zum eigenen Leben in die Hand zu nehmen, die Humana-Opferitis-Krankheit zu verbannen. Doch deswegen unser Schlafen verachten? Ich halte das im übertragenen Sinne gesehene Schlafen für großartig. Ja, Sie haben richtig gelesen – „großartig"! Denn wenn ich im Vorfeld geschrieben habe, wir verdrängen unsere Gefühle, so liegt auch darin eine immense Qualität. Eine Qualität, die uns schützt, die uns überleben lässt und die uns den Fokus ausrichten lässt. Daher sage ich: Wir brauchen immer beides! Wir müssen versuchen nach den Sternen zu greifen. Und auch wenn es dem einen oder anderen Sprachfetischisten nicht gefallen wird, manchmal bleibt auch ein Versuch nur ein Versuch. Und dann gilt es, das Deck zu wechseln und von oben zu schauen. Zu sehen, dass jeder von uns nur eine klitzekleine Amöbe im Mikrokosmos Menschheit ist. Uns zu entspannen, zu vertrauen – und die Vorzeichen zu wechseln. Wollen wir lebend sterben und mit verbissenem Gesicht im doch so coolen Chill-Modus verharren. Offensichtlich lieben und unser Herz trotzdem verschließen. Oder wollen wir trotz negativer Umstände den Gefahren mit ekstatischer Freude in die Augen blicken. Trotz Entspannung unsere ganz persönliche Mission im Leben angehen und mit gelassener Beharrlichkeit erfüllen, das Herz an der rechten Stelle tragen, auch wenn dabei die Gefahr besteht, jemand anderem mit unserer Ehrlichkeit zu verletzen? Was wollen wir wirklich? Um das herauszufinden, müssen wir die Vorzeichen wählen.

3.8 Täglich sterben

Wenn wir vom Sinn unseres Lebens und Schaffens sprechen, stelle ich oft fest, ist der Begriff Sinn kontaminiert. Zu esoterisch, zu abgehoben, zu sehr das, zu sehr dies. Vielleicht liegt es ja daran, dass wir in einer Kultur leben, in der wir uns derzeit nicht die allergrößten Sorgen machen müssen. In einer Kultur, in der die 1. und 2. Generation einer Familie oft noch Krieg erlebt hat und sich viele Werte selbst erarbeiten mussten. In einer

Kultur, in der sich vor allem die dritte Generation um die Sinnfrage streiten darf. Meist bei viel Kaffee, Freizeit und nicht immer selbst produziertem Geld. Ganz klar – Unternehmen werden sich wandeln. Nicht mehr die Politik oder regionale Firmen bestimmen das Geschehen, es sind die wissenschaftlichen Supermächte unserer Zeit – Google, Amazon und Co. Im Nährboden des World Wide Web setzen sie fast wöchentlich neue Maßstäbe und bieten uns Ideen, um hoffentlich auch in Zukunft erfolgreich arbeiten zu können. Doch auch Google und Amazon werden unser Leben nicht erfüllter machen, wenn wir nicht selbst wissen, wohin wir wollen. Bestenfalls schwimmen wir dann teilzeitmäßig in verschiedenen Branchen und Jobs mit, mal mehr, mal weniger glücklich. Wenn wir allerdings radikal glücklich sein möchten, macht es Sinn den Blick doch noch einmal Richtung harte Zeiten zu wenden. Denn wir haben es uns gemütlich gemacht. In einer Schein-Wohlfühl-Kuschel-Oase, die neben vielen Quälereien leider auch viel Lebenslust tötet. Ich glaube, wir wissen nicht mehr, worum es eigentlich geht. Ich glaube, wir haben unseren Tod vergessen. Ein Bekannter von mir war so einer. Ende 50, nächstes Jahr wollte er das erste Mal nach Südamerika. Mit der Aida in See stechen, endlich mal Zeit fürs Wesentliche. Dieses Jahr starb er. Ich mochte ihn sehr. Ich habe ihn geliebt. Doch rückblickend habe ich das Gefühl, gefangen im täglichen Wenn und Aber, hat er nie richtig begonnen zu leben.

Was, wenn es morgen vorbei ist? Was, wenn Putin doch einen Krieg anzettelt und uns morgen die Bomben um die Ohren fliegen? Was, wenn das Finanzsystem, das auf Pump nicht ewig so weiter agieren kann, mal wieder so richtig crasht? Katastrophenfaible? Unrealistisch? Glauben Sie mir, ich kenne gute Experten – und ich habe schon weniger ernst zu nehmende Argumente gehört.

Wann begreifen wir endlich, dass das, was wir jetzt haben, hier, heute, genau jetzt, alles ist, was wir haben? Wann begreifen wir endlich, dass die einzige Chance, unser Leben morgen gut zu leben, ist, heute gut zu leben? Doch dazu müssen wir sterben. Täglich. Dinge tun, vor denen wir Angst haben. Gespräche führen, vor denen wir Angst haben. Ziele angehen, vor denen wir Angst haben. Uns täglich überwinden. Ich glaube, nur so haben wir die Chance, unserem Lebenssinn immer näher zu kommen. Meist gibt es drei Weggabelungen. Die eine ist einfach nur dumm. Die andere ist clever. Doch sie erfordert keinen Charakter. Die dritte ist die mutige Gabelung. Man bemerkt sie, indem einem die Vorstellung von dem, was kommen mag, mulmig erscheinen lässt. Man hat das Gefühl „nee, lieber nicht." Doch weiter tiefer spürt man genau, „eigentlich" müsste man es machen. Genau das ist Ihr bester Weg, den Sie für Ihre Entwicklung benötigen. Die „Eigentlich-müsste-ich-ja"-Wege. Wann immer sie an solchen Gabelungen stehen, treffen Sie die mutigste Wahl. Mit dem Tod auf Ihrer Schulter. Ich mag zwar das Leben manchmal noch nicht wirklich verstehen, doch eins weiß ich, sterben werden wir alle. Und dann zählt nur noch eine Sache. Nicht wie viele Sachen Sie angehäuft haben. Wie viele Ziele Sie erreicht haben. Sondern nur, wie oft Sie sich selbst besiegt haben. Wie oft Sie einen Geschmack bekommen haben, worin der Sinn Ihres Lebens liegt. Wer Sie sind. Wie oft Sie jeden Tag gestorben sind. Denn eines ist mir in den letzten Jahren in all meinen Tätigkeiten, Projekten und Beziehungen bewusst geworden – Glück, Lebenslust und auch gewissermaßen mein Lebenssinn ist eine Kopfprämie. Auf meinen eigenen. Jeden Tag. Überall. Mit aller Kraft.

3.9 Über den Autor

Peter Buchenau gilt als der Chefsache-Ratgeber im deutschsprachigen Raum. Der mehrfach ausgezeichnete Führungsquerdenker ist ein Mann von der Praxis für die Praxis, gibt Tipps vom Profi für Profis. Auf der einen Seite Vollblutunternehmer und Geschäftsführer der eibe AG, einem der Marktführer für Spielplätze und Kindergarteneinrichtungen, auf der anderen Seite Redner, Autor, Kabarettist und Dozent an Hochschulen. Seinen Karriereweg startete er als Führungskraft bei internationalen Konzernen im In- und Ausland, bis er schließlich 2002 sein eigenes Beratungsunternehmen gründete. Sein breites und internationales Erfahrungsspektrum macht ihn zum gefragten Interim Executive, Experten und Redner. In seinen Vorträgen verblüfft er die Teilnehmer mit seinen einfachen und schnell nachvollziehbaren Praxisbeispielen. Er versteht es wie kaum ein anderer, ernste und kritische Führungsthemen so unterhaltsam und kabarettistisch zu präsentieren, dass die emotionalen Highlights und Pointen zum Erlebnis werden.

Weitere Infos unter www.peterbuchenau.de

Literatur

Frankl, V. (2009). *. . . trotzdem Ja zum Leben sagen: Ein Psychologe erlebt das Konzentrationslager*. München: Kösel.

Wikipedia (2015a). *Aaron Antonowsky*. https://de.wikipedia.org/wiki/Aaron_Antonovsky. Zugegriffen: 17.07.2015

Wikipedia (2015b). *Salutogenese*. https://de.wikipedia.org/wiki/Salutogenese. Zugegriffen: 17.07.2015

Wilhelm-Reich-Gesellschaft (2015a). *Lebensenergie*. http://www.wilhelm-reich-gesellschaft.de/content/lebensenergie. Zugegriffen: 17.07.2015

Wilhelm-Reich-Gesellschaft (2015b). *Orgontherapie*. http://www.wilhelm-reich-gesellschaft.de/content/orgontherapie. Zugegriffen: 17.07.2015

Chefsache Egoismus. Die Dos und Don'ts.

Ralf Gasche

4

Inhaltsverzeichnis

4.1	Das Chef-Gefängnis	56
4.2	Drei Thesen zum Chef-Egoismus	57
4.3	Was bedeutet Gesundheit?	59
4.4	Körperliches Wohlbefinden	62
4.5	Geistiges Wohlbefinden	69
4.6	Soziales Wohlbefinden	75
4.7	Über den Autor	80
Literatur		81

Als Chef wird Ihnen im Unternehmen vieles abverlangt: Sie sollen Ihr Unternehmen führen, für Umsatz und Gewinn sorgen und außerdem Ihre Mannschaft anleiten. Sie müssen für alle anderen da sein: für Kunden, Geschäftspartner, Lieferanten, Führungskräfte und Mitarbeiter. Altruismus – das selbstlose Dasein für andere im Dienst einer guten Sache – gehört quasi automatisch zum Job als Chef dazu.

Aber wer ist im Unternehmen eigentlich für Sie da, wenn es mal hart auf hart kommt? Wem können Sie sich anvertrauen, wenn es um Ihre eigenen Probleme geht? Wenn Ihre Antwort „niemand" lautet, dann teilen Sie diese Situation mit den weitaus meisten Führungskräften, Selbstständigen und Firmenlenkern.

Können Sie es sich in der Position als Chef erlauben, egoistisch statt altruistisch zu sein? Ich behaupte Ja. Allerdings sollte „Egoismus" richtig verstanden werden, nicht als Leben auf Kosten anderer oder als Selbstherrlichkeit, mit der man sich über seine Mitmenschen erhebt. Richtig verstandener Egoismus ist nicht nur erlaubt, sondern auch gesund. Denn wer ein Unternehmen und seine Mitarbeiter führt, der muss zuerst an sich selbst denken, bevor er an die anderen denkt.

Ralf Gasche ✉
Haus Dürresbach, 53773 Hennef, Deutschland
e-mail: ralf@gasche.com

In diesem Beitrag zeige ich Ihnen, wie Sie als Chef auf der Basis eines gesunden Egoismus für sich selbst und Ihr eigenes Wohlergehen sorgen. Gesunder Egoismus fördert nicht nur Ihre physische, sondern auch Ihre geistige Gesundheit und das soziale Miteinander im geschäftlichen Umfeld. Es kommt Ihnen wie auch dem gesamten Unternehmen zugute, wenn Sie als Chef auf sich selbst achten und sich selbst an die erste Stelle setzen.

4.1 Das Chef-Gefängnis

Praxisbeispiel

Wenn Geschäftsführer Kai Müller von seinem Freund im Mai auf eine Segeltour am Wochenende eingeladen wird, sagt er regelmäßig ab: „Nein, danke, im Mai habe ich gar keine Zeit. Da kommen immer die meisten Aufträge herein und unsere Organisation arbeitet am Limit." Dasselbe passiert, wenn er im Oktober eingeladen wird: „Da kann ich nicht weg, denn das Weihnachtsgeschäft läuft bereits auf Hochtouren." Selbstverständlich ist er auch an den Wochenenden immer verfügbar, hat ununterbrochen sein Handy eingeschaltet, beantwortet regelmäßig alle E-Mails und kommt immer mit einem Berg Akten unter dem Arm nach Hause. Bei seiner Familie ist Müller nie wirklich, sondern eher auf Abruf zu Hause. Er hat nämlich ständig „Bereitschaftsdienst": Sobald jemand aus der Firma oder von seinen Geschäftspartnern anruft, lässt er alles stehen und liegen, verlässt sofort die Familie und eilt dorthin, wohin er gerufen wird. Wenn seine Frau murrt, dass schon wieder der Sonntagsausflug mit den Kindern geplatzt ist, sagt er meist nur: „Schatz, das verstehst du nicht. Das ist doch wichtig fürs Geschäft."

Kein Zweifel: Kai Müller sitzt dort, wo viele Unternehmenslenker sitzen: im Knast.

Nein, es ist nicht ganz so schlimm wie die Justizvollzugsanstalt, immerhin sind die Türen hinter ihm nicht verschlossen. Müller könnte jederzeit die Räume verlassen, doch er tut es nicht. Den Betrieb leitet er seit 15 Jahren und als Chef kann er es sich einfach nicht erlauben, gelegentlich zu verschwinden und für niemanden erreichbar zu sein. Schließlich gab es immer wichtige Gründe für seine Unentbehrlichkeit: Zuerst musste der Betrieb aufgebaut werden. Als er dann wuchs, musste alles organisiert werden, damit die Organisation und die Mitarbeiter mitkamen. Inzwischen ist die Marktlage schwieriger geworden und als Kapitän hat er jetzt die Aufgabe, das Unternehmensschiff um diverse Klippen heil herum zu manövrieren.

Im Laufe der Jahre hat Kai Müller gar nicht gemerkt, dass er immer mehr zum „Arbeitssträfling" geworden ist – mit dem dunkelgrauen Nadelstreifenanzug als passender „Häftlingsbekleidung". An sein Chef-Gefängnis hat er sich so gewöhnt, dass er die Gitterstäbe die meiste Zeit über nicht mehr wahrnimmt, wenn er mal nach draußen schaut. Nur wenn seine Frau ihn ermahnt, endlich einmal kürzer zu treten und sich mehr um die Familie zu kümmern, seine Freunde sich über seine dauernden Absagen beschweren, oder ihm die Probleme im Betrieb mal wieder Magenschmerzen verursachen, dann ahnt er, dass seine Situation alles andere als ideal ist. „Da haben es ja meine Angestellten besser", denkt er sich, „die haben wenigstens einen geregelten Feierabend." Plötzlich tauchen schemenhaft vor ihm Gitterstäbe auf, doch so ganz genau will Müller da lieber nicht hinschauen, denn er glaubt, ohne ihn ginge es nicht.

> **Berufliches Engagement**
> Berufliches Engagement wird in unserer Gesellschaft sehr hoch bewertet und ist meist der Garant für die weitere Karriere. Es hat mittlerweile den Charakter eines Statussymbols, einen vollgestopften Terminkalender zu haben, reichlich Überstunden zu machen, permanent über Handy erreichbar und überhaupt immer „gefragt" zu sein. Dagegen erscheint es schon fast verdächtig, wenn man Zeit hat, sein Privatleben pflegt und telefonisch wie persönlich nur begrenzt verfügbar ist.
>
> Wer jedoch dauernd Stress hat und unter Hochdruck arbeitet, verwechselt das Hamsterrad mit der Karriereleiter: Man kann sich schneller und schneller darin drehen – und dennoch kommt man nicht vorwärts. Schlimmer noch: Man erreicht seine Ziele nicht, sondern bewegt sich nur im Kreis.

4.2 Drei Thesen zum Chef-Egoismus

Hand aufs Herz: Erkennen Sie sich in der Situation von Kai Müller wieder? Nehmen Sie Gitterstäbe um sich herum wahr, die von einem Chef-Gefängnis zeugen? Bitte schauen Sie ganz genau hin, bevor Sie jetzt vorschnell Nein sagen und weiterblättern zum nächsten Buchbeitrag. Denn die Tretmühle kann noch weit schlimmere Folgen haben, als ich sie oben beschrieben habe.

Davon zeugt beispielsweise der hohe Krankenstand in den Unternehmen, der statistisch belegt ist: Die Anzahl der Fehltage hat sich in den vergangenen Jahren kontinuierlich erhöht, wobei körperliche Krankheiten nur einen Teil ausmachen, der andere, aber schwerer wiegende Teil psychische Erkrankungen sind. So leiden beispielsweise Führungskräfte, die unter permanentem Arbeitsstress leiden, immerzu erreichbar sind und nicht abschalten können, oftmals an Arbeitssucht oder sind nahe daran, zum Workaholic zu werden. Rund 300.000 Menschen haben diese Krankheit, Männer wie Frauen.

Ich weiß, wovon ich schreibe, denn ich litt jahrelang selbst unter Arbeitssucht. Als Beamter im Kriminaldienst hielt ich mich für unersetzlich. Morgens war ich der Erste, der am Schreibtisch saß, abends war ich der Letzte, der ging. Schließlich brauchten mich die Kollegen und ich hatte viel Verantwortung zu tragen. Ich merkte nicht, dass ich in meinem Beruf gefangen war und dass meine Batterien längst schon leer gelaufen waren, weil ich die Gitterstäbe meines Gefängnisses nicht mehr sehen konnte und mit einem „Tunnelblick" durch den Betrieb rannte.

Bis ein winziger Tropfen das Fass zum Überlaufen brachte. In meinem Falle löste eine Tasse an sich harmlosen kalten Eistees Herzrhythmusstörungen aus und setzte eine

Lawine in Gang: Auf die Herzprobleme folgten bald der Burnout und schließlich das Scheitern meiner Ehe. Ich wurde krankgeschrieben und war monatelang völlig arbeitsunfähig – quälende, schmerzhafte Monate, in denen ich eine Therapie absolvierte, in ganz kleinen Schritten aus meinem körperlichen und emotionalen Gefängnis herauskam und schließlich nach zwei Jahren einen beruflichen Neustart wagte. Dieser stand von Anfang unter einem anderen Vorzeichen als mein voriger Job im Kriminaldienst: Mehr Achtsamkeit für mich selbst und das Wahrnehmen meiner Bedürfnisse rangieren für mich heute *vor* beruflichen Verpflichtungen. „Work-Life-Balance" – oder noch besser: „Life-Balance" – ist für mich heute kein leeres Wort mehr, sondern eine Erfüllung, die ich mir gönne. Trotz hoher Anforderungen im Job bin ich darum heute gesünder als in meinem früheren Beruf.

Lassen Sie es nicht so weit kommen wie Kai Müller und wie ich! Mit diesem Beitrag lade ich Sie ein zur Flucht aus dem Job-Gefängnis. Keine Angst, der Ausbruch ist nicht so dramatisch und schwierig wie der von „Papillon", gespielt von Steve Mc Queen, in dem gleichnamigen berühmten Film. Das Job-Gefängnis ist kein Straflager auf einer einsamen Teufelsinsel mitten im Pazifik, der niemand entrinnen kann. Die Türen des Chef-Gefängnisses lassen sich leicht öffnen, auch wenn die Fenster vergittert sind.

Das Problem ist meist, dass wir im Job in die falsche Richtung blicken, nämlich nach draußen durchs vergitterte Fenster. Wenn man in Richtung des Fensters schaut, dann scheint die einzige Fluchtmöglichkeit darin zu bestehen, nachts an den Gitterstäben zu sägen, in der Hoffnung, dass niemand dies bemerkt und man heimlich entkommen kann. Dieses Unterfangen ist mühselig, anstrengend, zeitraubend und setzt außerdem voraus, dass man eine entsprechende Feile hat. Darum wird dieser „Fluchtplan" zwar von den meisten Chefs beim Blick auf die Gitterstäbe hin und wieder erwogen, aber dann doch schnell wieder fallen gelassen.

Die Kunst, das Job-Gefängnis zu verlassen, besteht darin, in die entgegengesetzte Richtung des Fensters zu schauen, nämlich in Richtung der zwar *ge-*schlossenen, aber nicht *ver-*schlossenen Gefängnistür. „Man kann nicht in eine andere Richtung schauen, indem man stärker in die bisherige sieht", bemerkte der Kreativitätsexperte Edward de Bono (1974, S. 23) sehr treffend. Doch es erfordert Übung, den Blick zu wenden und die Tür wirklich ins Auge zu fassen, um die Chance, die sie birgt, nutzen zu können.

Sie können die Gitterstäbe jetzt bereits deutlicher wahrnehmen als noch vor wenigen Minuten? Herzlichen Glückwunsch, das ist der erste Schritt in die Freiheit! Denn die Voraussetzung für den „Ausbruch" ist, dass Sie zunächst einmal wirklich klar wahrnehmen, wo Sie sich befinden, und vor sich selbst zugeben, dass Sie im Knast sind. Der Weg nach draußen aus dem Chef-Gefängnis ist dann eher ein Spaziergang als eine Flucht. „Wenn du es eilig hast, gehe langsam", empfiehlt bekanntlich der Zeitmanagement-Experte Lothar J. Seiwert (2005). Es ist eine gute Vorstellung, sich aufzumachen und dorthin zu reisen, wo nur wenige hinkommen: zu sich selbst.

> **Als Werkzeug auf dem Weg in die Freiheit nutzen wir drei Thesen**
>
> 1. Jede Führungskraft braucht „gesunden Egoismus". Darunter verstehe ich eine Form der Selbstzuwendung, die das Überleben sichert und dafür Sorge trägt, die eigenen Lebenssysteme so am Laufen zu halten, dass man sich die überwiegende Zeit in seiner Haut wie auch in seinem sozialen und beruflichen Umfeld wohl fühlt.
> 2. „51 Prozent für mich". Das bedeutet: Als Führungskraft müssen Sie dafür sorgen, dass mindestens 51 Prozent der Dinge um Sie herum – der Entscheidungen, der Ansprüche und der Anforderungen – bei Ihnen liegen. Es ist wie bei einer Aktienmehrheit: Wer 51 Prozent der Aktien besitzt, hat die Mehrheit und kann das Unternehmen kontrollieren.
> 3. „Nichts ist, was es zu sein scheint." Das bedeutet: Viele Situationen um uns herum, auch viele Menschen, haben eine Fassade, auf die man leicht hereinfallen kann, wenn man unter Zeit- und Arbeitsdruck steht und nicht genau genug hinsieht. Das führt häufig zu Fehlentscheidungen und zu noch mehr Zeit- und Arbeitsdruck.

4.3 Was bedeutet Gesundheit?

Gesundheit hat drei Aspekte:

- einen unternehmensbezogenen,
- einen allgemeinen und
- einen ganz persönlichen für Sie als Chef.

Gesundheit im Unternehmen
Fangen wir mit dem unternehmensbezogenen Aspekt an: Die Wettbewerbsfähigkeit und der wirtschaftliche Erfolg von Unternehmen hängen wesentlich vom Wissen, von den Fähigkeiten und dem Einsatzwillen der Mitarbeiter und Führungskräfte ab. Eine gesunde, qualifizierte und motivierte Mannschaft, die sich mit ihren Aufgaben und dem Unternehmen identifiziert, ist Schlüsselfaktor, um im Wettbewerb zu bestehen.

In den vergangenen Jahren ist das Bewusstsein für die Bedeutung der Gesundheit im Betrieb merklich gewachsen. Dazu tragen nicht zuletzt die steigenden krankheitsbedingten Fehlzeiten in vielen Unternehmen bei, die hohe Kosten verursachen. Die durch Arbeitsunfähigkeit bedingten volkswirtschaftlichen Produktionsausfälle beliefen sich nach einer Berechnung des Statistischen Bundesamtes im Jahre 2012 auf 53 Milliarden Euro (drei Jahre zuvor waren es „nur" 43 Milliarden Euro). Die 53 Milliarden Euro Produktionsausfallkosten entsprechen einer entgangenen Bruttowertschöpfung von annähernd dem doppelten Betrag, nämlich 92 Milliarden Euro. Durchschnittlich entfallen 14,1 Krankheitstage auf jeden Arbeitnehmer, woraus sich volkswirtschaftlich 521 Millionen Arbeitsunfähigkeitstage pro Jahr ergeben (DAK 2013).

Erschreckend hohe Zahlen, die seit einigen Jahren das Betriebliche Gesundheitsmanagement (BGM) auf den Plan gerufen haben, das immerhin inzwischen 58 % der mittelständischen Betriebe auf dem Radar haben. Es beinhaltet die „Steuerung und Integration aller betrieblichen Prozesse mit dem Ziel, die Gesundheit und das Wohlbefinden der Beschäftigten zu erhalten und zu fördern" (FAZ 2013). Zu den gängigsten BGM-Einzelmaßnahmen gehören

- Flexible Arbeitszeiten und Pausenregelung,
- Vorsorgeuntersuchungen und Gesundheitsanalysen,
- Seminare zur Personalführung,
- Gesundheitskurse,
- Bewegungsangebote,
- Suchtprävention,
- Betriebssport (vgl. FAZ 2013).

Organisatorisch ist das BGM zu 81 % bei der Personalabteilung angesiedelt, außerdem beim Betriebsarzt, beim Betriebsrat und ebenso bei externen Dienstleistern (FAZ 2013).

> **Umfrageergebnis**
> Auf die Frage, was die Teilnahmequote der Mitarbeiter an BGM-Maßnahmen steigert, antworteten 68 % der Befragten: „Die Geschäftsführung/der Vorstand lebt die Teilnahme an BGM-Maßnahmen vor" (FAZ 2012). Diese Aussage ist ebenso klar wie folgenschwer: Wenn der Chef nicht hinter der Gesundheit im Unternehmen steht, sind die Mitarbeiter wenig motiviert mitzumachen. Oder einfacher: Ist der Chef krank, neigen auch die Mitarbeiter zu Krankheit bzw. hohen Fehlzeiten – mit entsprechenden Konsequenzen für eine verringerte Produktivität und entgangene Wertschöpfung

Dies belegt eine weitere, von VW durchgeführte Studie, die zu dem Ergebnis kommt: Wenn eine Führungskraft die Abteilung, den Bereich oder den Betrieb wechselt, dann nimmt sie den Krankenstand mit. Eine Führungskraft, die selbst viel krank ist und häufig fehlt, verursacht in dem Bereich, in den sie wechselt, dasselbe Phänomen, selbst wenn zuvor die krankheitsbedingten Fehlzeiten niedrig waren und die Mitarbeiter gar nicht gewechselt haben (Nieder 2000). Kranke Führungskräfte wirken auf ihre Mitarbeiter „ansteckend". Der Chef wirkt also – ob er will oder nicht – in Sachen Gesundheit als positives oder negatives Vorbild für seine Mitarbeiter, und zwar mit allen wirtschaftlichen Konsequenzen.

> **Checkliste: Gesundheit in Ihrem Unternehmen**
> Bitte halten Sie hier einen Moment inne und denken Sie nach:
>
> - Wie stehen Sie grundsätzlich zu gesundheitsförderlichen Maßnahmen im Betrieb (unabhängig davon, ob bei Ihnen BGM installiert ist oder nicht)?
> - Welche der oben genannten oder anderen Einzelmaßnahmen gönnen Sie sich als Chef persönlich (im Betrieb oder privat außerhalb der Firma)?
> - Können Sie von sich guten Gewissens sagen, dass Sie ein Vorbild für Ihre Mitarbeiter sind?
> - Oder ist es eher so, dass Sie als Chef in Sachen Gesundheitsmaßnahmen „enthaltsam" sind? Oder haben Sie zwar im Betrieb BGM installiert, betrachten es aber als Angelegenheit der Personalabteilung, ohne sich selbst daran zu beteiligen?

In Bezug auf unsere erste These heißt das: Chefs, die sich um ihre eigene Gesundheit verstärkt bemühen, sind „gesund egoistisch", weil sie damit im gesamten Betrieb für mehr Gesundheit sorgen und somit zu einer höheren Produktivität und Wertschöpfung beitragen – das heißt: geringere Kosten, höhere Umsätze, mehr Marktchancen, zufriedenere Mitarbeiter. Ein wesentlicher Grund also, warum Chefs sich und ihre eigene Gesundheit an die erste Stelle setzen sollten. Betriebliches Gesundheitsmanagement fängt beim Chef an – aber nur dann, wenn der bei sich selbst anfängt. Als Vorgesetzter können Sie Ihre Gesundheit nicht delegieren an die Personalabteilung oder eine andere Instanz, vielmehr sind Sie selbst dafür verantwortlich (die Eigenverantwortung betrifft natürlich auch die Mitarbeiter, doch um die geht es hier nicht).

Gesundheit allgemein
Gesundheit wird allgemein meist als „die Abwesenheit von Krankheit" definiert. Doch diese Definition ist nicht umfassend genug. Selbst wenn – noch – keine Krankheiten sichtbar sind, können doch bereits versteckt Symptome wirken, die auf eine latente Erkrankung hindeuten. Es ist ja meist erst der berühmte Tropfen, der das Fass zum Überlaufen bringt und den Ausbruch einer Krankheit bewirkt. Daher möchte ich im Folgenden eine umfassendere Definition von Gesundheit zugrunde legen:

▶ „Gesundheit ist der Zustand des vollständigen körperlichen, geistigen und sozialen Wohlbefindens und nicht nur das Fehlen von Krankheit und Gebrechen" (Definition der WHO von 1946).

Diese Definition wurde 1986 in der Ottawa-Charta der WHO weiterentwickelt. Demnach muss der Einzelne, um diesen Zustand zu erreichen, seine jeweiligen Bedürfnisse befriedigen, seine Wünsche und Hoffnungen wahrnehmen und verwirklichen sowie seine Umwelt meistern bzw. verändern können.

Die WHO legt sieben Kriterien für die Gesundheit fest:

- Ein stabiles Selbstwertgefühl.
- Ein positives Verhältnis zum Körper.
- Die Fähigkeit zu Freundschaft und sozialen Bindungen.
- Eine intakte Umwelt.
- Eine sinnvolle Arbeit und gesunde Arbeitsbedingungen.
- Das Wissen über Gesundheit und der Zugang zur Gesundheitsversorgung.
- Eine lebenswerte Gegenwart und eine begründete Hoffnung auf eine lebenswerte Zukunft.

4.3.1 Gesundheit für Sie persönlich

> **Checkliste: Ihre persönliche Gesundheit**
> - Wenn Sie alle bisherigen Informationen zusammennehmen, wie würden Sie dann für sich persönlich Gesundheit definieren?
> - Erfüllen Sie Ihre eigenen Kriterien für Gesundheit?
> - Wo sehen Sie derzeit den größten Mangel oder Engpass (= Blick auf einzelne Gitterstäbe)?
> - Wie stellen Sie sich eine „lebenswerte Gegenwart" als Unternehmenschef vor? Haben Sie den Mut, bei dieser Frage auch Ihr Wunschdenken spielen zu lassen: Wie stellen Sie sich den idealen Arbeitsalltag und Ihre Freizeit vor, unabhängig davon, ob Sie sie derzeit für realistisch halten? (Damit werfen Sie einen ersten Blick auf die noch geschlossene Gefängnistür.)

Im Folgenden lege ich die drei von der WHO definierten zentralen Aspekte des Wohlbefindens zugrunde: Körper, Geist und soziales Miteinander. Den sieben Gesundheitskriterien werden wir dabei wiederbegegnen.

4.4 Körperliches Wohlbefinden

Zoomen wir uns noch näher an das Thema Gesundheit heran, diesmal mit dem Blick auf die körperliche Befindlichkeit. Behalten Sie dabei bitte immer im Blick, dass es nicht nur um Ihren Betrieb oder Ihre Mitarbeiter geht, sondern in erster Linie um Sie selbst.

Zu den belastenden und damit letztlich krank machenden Faktoren im Betrieb gehören in erster Linie:

- Zeit- und Termindruck bei den Arbeitsaufgaben,
- eine unangenehme Arbeitsumgebung, z. B. Lärm oder mangelhafte ergonomische Verhältnisse,
- Defizite in der betrieblichen Organisation, z. B. fehlende Kompetenzregelungen oder strukturelle Veränderungen,
- soziale Spannungen, z. B. Machtspiele, Konflikte mit Kollegen, Mitarbeitern oder Vorgesetzten und
- individuelle Stressfaktoren, z. B. Perfektionismus.

4.4.1 Stressfaktoren

An oberster Stelle rangiert *Stress,* und den machen uns nicht „die anderen", wie es der Volksmund gerne ausdrückt, sondern den machen wir uns selbst. Und zwar vor allem mit einem gnadenlos überhöhten Arbeitspensum. Nach eigener Angabe arbeiten ca. 25 % aller Führungskräfte zwischen 46 und 50 Stunden pro Woche und 38 % sogar 50 bis 60 Stunden pro Woche. Je höher die Position, desto höher die Wochenarbeitszeit: Unter Geschäftsführern und Vorständen arbeitet sogar jeder Zweite mehr als 50 Stunden wöchentlich (ComTeam 2011).

> **Auswirkungen von Stress**
> Auf die körperliche Gesundheit wirkt sich anhaltender Stress besonders negativ aus. Stress entsteht durch überlange Arbeitszeiten, die nicht mehr durch entsprechende Erholungsphasen ausreichend kompensiert werden. Neben dem Arbeits- und Erfolgsdruck wirken auch fehlende Anerkennung und persönliche Sorgen als Stressoren.

Was die Arbeitsbelastung angeht, so sind die Führungskräfte der obersten Ebene deutlich blauäugiger als diejenigen des mittleren Managements. Die Differenz zwischen der Wichtigkeit von „Balance und Ausgleich" einerseits und der persönlichen Kompetenz andererseits, diese leben zu können, ist im Topmanagement am ausgeprägtesten (ComTeam 2011, S. 15).

Trotz der überlangen Arbeitszeiten melden sich Führungskräfte deutlich seltener krank als Mitarbeiter, nämlich Männer nur 3,7 Tage und Frauen 5,7 Tage pro Jahr. Demgegenüber sind „durchschnittliche" Arbeitnehmer 14,8 Tage pro Jahr krank (Friedrich 2012).

Dieses als „Präsentismus" bekannte Phänomen – also Zeiten, in denen jemand am Arbeitsplatz erscheint, obwohl er krank ist – ist bei Führungskräften besonders ausgeprägt.[1]

Bei vielen Chefs herrscht der Glaube vor, alles alleine machen zu müssen oder zu können. Der „gestandene Chef" ist der Auffassung, er müsse sein Tun nicht hinterfragen und dürfe keine Schwächen zeigen, erst recht keine körperlichen. Doch hierin liegen die allergrößten Gefahren.

Fehlt es an Zeiten zur Regeneration, so bleibt das Stressniveau anhaltend hoch und der Körper läuft ständig auf Hochtouren. Der permanent hohe Adrenalinspiegel sorgt dafür, dass auch das Immunsystem geschwächt wird, was wiederum ein Einfallstor für diverse Krankheiten ist. Körperliche Symptome wie Verspannungen, Kopfschmerzen, Schlafstörungen und Erschöpfung sind die Folge, wenn man nicht mehr abschalten kann, außerdem Magen-Darm- und Herz-Kreislauferkrankungen. Ganz zu schweigen von der nachlassenden Leistungsfähigkeit, die zur Folge hat, dass man trotz immer höherer Arbeitszeiten immer weniger Produktives zustande bekommt.

„Nichts ist, wie es zu sein scheint", so lautet unsere dritte These. In Bezug auf die körperliche Gesundheit bedeutet das: Führungskräfte überschätzen massiv ihre Leistungsfähigkeit und ihre Gesundheit. Trotz ihres angeblich niedrigen Krankenstandes findet sich bei gesundheitlichen Check-ups bei ihnen eine Reihe typischer Symptome: an der Spitze Stoffwechselstörungen, gefolgt von Ohr- und Schilddrüsenerkrankungen, Sehstörungen, Bluthochdruck und Übergewicht (Friedrich 2012).

Die Übergänge zwischen momentaner Überarbeitung und Krankheit sind fließend und für viele Führungskräfte nicht auf Anhieb erkennbar und fühlbar, weil sie die Alarmsignale ihres Körpers nicht deutlich genug wahrnehmen. Denn sonst würden sie nicht permanent über ihre Leistungsgrenzen hinausgehen und abwarten, bis sie krank, ja womöglich vollkommen arbeitsunfähig werden. Denn irgendwann droht der Burnout. Doch dann wurden bereits Dutzende roter Ampeln überfahren.

Bei überdosiertem und lang andauerndem Stress verändern sich die Verhaltensweisen und Empfindungen. Anhand der folgenden Checkliste können Sie überprüfen, ob Sie Reaktionen von Überforderung zeigen und damit akut gefährdet sind.

Checkliste
Leiden Sie an mehreren der beschriebenen Reaktionen, die auf Überforderung hindeuten und Signale sind, dass Sie Ihre Leistungsgrenzen überschritten haben?

Emotionale Überforderung
- Aggressionsbereitschaft
- Angstgefühle

---

[1] Präsentismus ist das Gegenteil von Absentismus, also „Krankfeiern" und vom Arbeitsplatz fernbleiben, auch wenn man gesund ist.

- Unsicherheit
- Unzufriedenheit
- Unausgeglichenheit
- Nervosität
- Gereiztheit
- Depressionen

Kognitive Überforderung
- Konzentrationsstörungen
- Tagträume
- Grübeleien
- Rückzugsgedanken
- Gedächtnisstörungen
- Rigidität
- Realitätsflucht
- Wahrnehmungsverschiebungen
- Alpträume

Muskuläre Überforderung
- Allgemeine Verspanntheit
- Leichte Ermüdbarkeit
- Neigung zu Krämpfen
- Unfähigkeit sich zu entspannen
- Rückenschmerzen
- Kopfschmerzen

Vegetativ-hormonelle Überforderung
- Herz-Kreislauf-Beschwerden
- Herzrasen, Herzstolpern
- Hoher Blutdruck
- Erhöhung des Infarktrisikos
- Darm- und Magengeschwüre
- Verdauungsbeschwerden
- Chronische Müdigkeit
- Anfälligkeit für Infektionen
- Zyklusstörungen bei der Frau
- Sexuelle Funktionsstörungen
- Hautveränderungen
- Übermäßiges Schwitzen
- Schwindelanfälle
- Atembeschwerden
- Migräne

Wussten Sie übrigens, dass es Burnout nicht nur bei Individuen, sondern auch auf der Ebene des gesamten Unternehmens gibt? Der „organisationale Burnout" (OBO), das Ausbrennen einer Organisation, tritt dann auf, wenn sie sich in einem so erschöpften und paralysierten Zustand befindet, dass sie sich nicht mehr mit Hilfe eigener Ressourcen daraus befreien kann (Greve 2012). Auch der organisationale Burnout beginnt entweder mit dem Burnout einzelner Führungskräfte oder damit, dass sie ihre gesamte Mannschaft mit betrieblichen Maßnahmen wie z. B. Umstrukturierungen komplett überfordern.

4.4.2 Das Achtsamkeits-Modell

Wie Sie gesehen haben, ist es im Hinblick auf die körperliche Gesundheit besonders wichtig, dass Sie die Grenzen Ihrer Belastungsfähigkeit kennen lernen, um rechtzeitig handeln zu können, bevor sich körperliche Symptome oder Krankheiten einstellen. Ich stelle Ihnen im Folgenden das von mir entwickelte Achtsamkeitsmodell vor, das Ihnen hilft, Ihre Grenzen kennenzulernen (vgl. Abb. 4.1).

> **Praxisbeispiel**
> Als ich vor einiger Zeit den Vertriebsvorstand eines internationalen Unternehmens coachte, führte er mich durch den Betrieb. Aus dem geplanten Rundgang wurde eine Art Dauerlauf. Im Eiltempo durchschritt er Hallen und Büros, grüßte links und rechts und rannte weiter. Gleichzeitig fütterte er mich mit Informationen, dass ich kaum mitkam. Als wir schließlich wieder in seinem Büro saßen, klagte er mir sein Hauptproblem: „Die Leute reden nicht mit mir, ich erfahre nicht, was läuft." Dass dies an seinem eigenen Verhalten lag, war ihm nicht bewusst. Der „Überflieger-Modus", mit dem durch den Betrieb eilte, signalisierte den Mitarbeitern natürlich, dass er kein Interesse für sie mitbrachte, da er ja ganz offensichtlich „keine Zeit" zum Zuhören oder

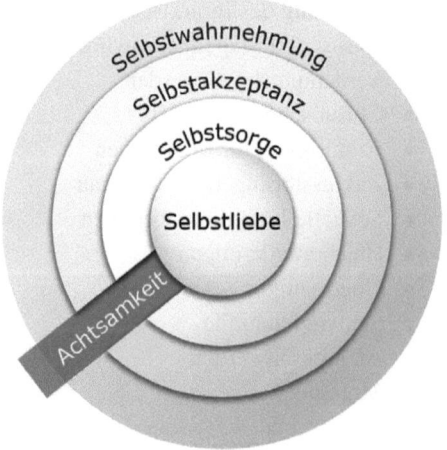

Abb. 4.1 Das Achtsamkeitsmodell

Reden hatte. Sein Stress beruhte vordergründig darauf, dass er eine intensive Phase der Umstrukturierung erlebte, nachdem er seinen Arbeitsbereich vom Vorgänger in einem desolaten Zustand übernommen hatte.

Dem Vertriebschef war auf seinem Durchmarsch entgangen, dass durchaus einige Mitarbeiter gesprächsbereit waren, doch bevor sie etwas sagen konnten, war er bereits verschwunden. „Achtsamkeit" heißt zunächst: wahrnehmen, was ist, bei sich selbst wie bei anderen. Das bedeutet, auf seine Gefühle zu achten. Das ist nicht selbstverständlich, denn viele nehmen Gefühle nur als eine Art angenehmes oder unangenehmes „Hintergrundrauschen" wahr, während ihre eigentliche Aufmerksamkeit der rationalen Ebene gilt: Zahlen, Daten und Fakten im Unternehmen. Was sie nicht wahrnehmen, ist, ob Mitarbeiter oder sie selbst überfordert, verärgert oder gesundheitlich angeschlagen sind.

Die Selbstwahrnehmung ist eng mit der Selbstbeobachtung verbunden. Sie hilft uns, einen Puffer zwischen einem äußeren Reiz und unserer Reaktion einzubauen. Anstatt „reflexartig" und oft auf dieselbe Weise in ähnlichen Situationen zu reagieren, antworten wir maßvoll und in Einklang mit unserer momentanen Gefühlslage. Das bewahrt beispielsweise vor Überreaktionen, die aus Wut erwachsen können, aber auch vor falschen oder einseitigen Entscheidungen.

Bei der Achtsamkeit geht es nicht darum, sich in der eigenen Befindlichkeit zu suhlen, sondern darum, Verantwortung für sich und die momentane Situation zu übernehmen und dementsprechend zu handeln. Es geht darum anzunehmen, was ist.

Wenn es mal an einem Tag nicht so gut läuft und man sich weniger gut fühlt, sollte man nachsichtig mit sich selbst umgehen, anstatt sich zu überfordern. Hilfreich ist die Maxime: „Ich nehme mir vor, an jedem Tag der Beste zu sein, der ich an diesem Tag sein kann." Wenn man sein Bestmögliches gibt, ohne sich zu über- oder zu unterfordern, hat man später keinen Grund, mit sich selbst zu hadern. Mehr ging zur fraglichen Zeit nicht, sonst hätte man es getan. Das verleiht Gelassenheit, Souveränität und Sicherheit, die auch auf die Mitarbeiter ausstrahlt. Wer als Führungskraft so handelt, ist nicht länger der Getriebene der Umstände, sondern der Herr über die Situation.

> **Achtsamer Umgang mit sich selbst**
> Durch den achtsamen Umgang mit sich selbst übernehmen Sie die Verantwortung für sich selbst. Sie beobachten sich selbst und nehmen die Situation, Ihre Umgebung und Ihre Gefühle wahr. Sie handeln in Einklang mit Ihrer momentanen Gefühlslage, ohne dabei „reflexartig und automatisch" zu reagieren und ohne sich zu überfordern und auszupowern. Wenn Sie sich vornehmen, an jedem Tag das Beste zu geben, was an diesem Tag geht, und nicht mehr, muten Sie sich nur so viel zu, wie Sie können. So bleiben Sie in jeder Situation souverän und gelassen.

4.4.3 Wirkungsvolle Maßnahmen für Ihr körperliches Wohlbefinden – Dos und Don'ts

Was bedeutet das nun konkret für Ihr körperliches Wohlbefinden? Hier ein paar Vorschläge, die die Tür des Job-Gefängnisses zu öffnen helfen:

- Schleppen Sie sich nicht zur Arbeit, wenn Sie krank sind, und leben Sie nicht dauernd im „Bereitschaftsdienst". Überlegen Sie, welche Arbeiten Sie an wen delegieren können, damit nicht der Betrieb zusammenbricht, wenn Sie ein paar Tage nicht da sind. Haben Sie beispielsweise eine Assistentin oder einen Assistenten, der Aufgaben übernehmen kann?
- Planen Sie Ihre eigene Entbehrlichkeit ein und delegieren Sie an mehrere geeignete Kollegen oder Führungskräfte bestimmte Arbeitspakete.
- Versuchen Sie, nicht überall dabei zu sein, sondern entziehen Sie sich bzw. machen Sie sich gezielt rar. Als Chef brauchen Sie beispielsweise nicht bei jeder Betriebsfeier anwesend zu sein. Gesunder Egoismus kann bedeuten, dass Sie früher gehen als die Mitarbeiter.
- Als Chefs werden Sie zu vielen Events eingeladen: Kundenveranstaltungen, Rotary-Club, Golf-Club, Wohltätigkeitsbälle usw. Überall möchte man Sie als „VIP" gerne dabei haben. Doch überlegen Sie in Ihrem eigenen Interesse, wo Sie wirklich anwesend sein müssen und wo Sie absagen oder einen Stellvertreter schicken können. Viele Chefs sehen solche Veranstaltungen nicht als Arbeitszeit an, doch sie sind es – und sie sind große Zeitfresser. Wählen Sie Ihre Teilnahme an Veranstaltungen generell nicht nur unter beruflichem oder unternehmerischem Aspekt aus, sondern auch aus der Perspektive von Freizeit, Erholung und Entspannung.
- Begrenzen Sie Ihre Arbeitszeit. Gehen Sie abends nicht als Letzter und kommen Sie morgens nicht als Erster. Als Chef können Sie es sich erlauben, morgens auch später zu kommen, und zwar ohne schlechtes Gewissen.
- Sorgen Sie für einen Ausgleich zu Ihrem anstrengenden Berufsleben. Pflegen Sie private Kontakte und Freundschaften – nicht nur einmal im Jahr. Legen Sie sich ein Hobby zu. Nehmen Sie sich Zeit für Ihre Familie. Schlafen Sie genug. All das trägt zur Work-Life-Balance bei.
- Gesunde Bewegung ist förderlich. Leider mache ich oft die Beobachtung, dass es viele Führungskräfte mit dem Sport in der Freizeit übertreiben, nämlich dann, wenn sie aus der sportlichen Betätigung gleich wieder einen Wettkampf machen, den sie unbedingt gewinnen wollen. Da trainiert dann ein ungeübter Sportler monatelang angestrengt für den nächsten Marathon oder Triathlon, was sich auf einen schon angeschlagenen oder ausgepowerten Körper eher schädlich als förderlich auswirkt. Verabschieden Sie sich von dem Gedanken, auch in Ihrer Freizeit unbedingt als Erster durchs Ziel gehen zu wollen. Wenn Sie nicht gerade ein ausgesprochen sportlicher Typ sind, der bereits jahrelange Erfahrung und etliche Medaillen in einer Sportart mitbringt, dann empfehle ich

Ihnen maßvolle Bewegung, und zwar ohne Wettkampf-Ehrgeiz, dafür aber mit umso mehr Spaß.
- Nehmen Sie regelmäßig gesundheitliche Vorsorgeuntersuchungen und Checks wahr, um Krankheitssymptome frühzeitig zu erkennen. Stecken Sie körperliche Warnsignale nicht einfach weg, weil sie keine Schwächen zugeben wollen (ein Problem, das eher Männer als Frauen haben, die meist mehr auf ihren Körper und seine Befindlichkeit achten).

Von folgenden Verhaltensweisen rate ich Ihnen ab, weil sie die Stressfaktoren eher erhöhen als herabsetzen:

- Gar nichts tun und abwarten, bis der Stress von alleine vorbeigeht (= die Gitterstäbe des Job-Gefängnisses bleiben). Der Stress verschwindet nicht von allein, wenn Sie nichts unternehmen – im Gegenteil. Meist hat er die Tendenz, weiter zuzunehmen, weil über einen längeren Zeitraum gesehen eher berufliche Verpflichtungen hinzukommen, als dass welche wegfallen.
- Sich entspannen, indem Sie mehr essen oder Alkohol trinken (= es kommen noch weitere Gitterstäbe hinzu). Alkohol entspannt nicht, sondern ist ein zusätzlicher Risikofaktor für die Gesundheit, was natürlich auch für Zigaretten und alle anderen Suchtstoffe gilt. „Sucht" kommt von „Suchen" – fragen Sie sich, was Sie wirklich im Leben suchen und gönnen Sie sich genau das, anstatt auf Surrogate auszuweichen.

Checkliste: Ihre körperliche Gesundheit

- Woran zeigen sich bei Ihnen Grenzen der Belastbarkeit?
- Wie oft nehmen Sie die Grenzen wahr?
- Wie oft überschreiten Sie sie?
- Welche Maßnahmen werden Sie innerhalb der nächsten 72 Stunden ergreifen, um sich bereits erste Entlastungen zu holen?
- Was wollen Sie an Ihrem beruflichen Leben in den nächsten Monaten ändern, um in Zukunft nicht mehr in die Überforderungsfalle zu geraten?

4.5 Geistiges Wohlbefinden

4.5.1 Zeit- und Entscheidungsprobleme

Wenn Stress aufgrund eines zu hohen Arbeitspensums das Wohlbefinden von Führungskräften am meisten beeinträchtigt, so scheint dahinter ein Zeitproblem zu stehen: Stünde mehr Zeit zur Verfügung, so könnten alle anfallenden Aufgaben erledigt werden. Die logische Konsequenz daraus ist: Viele Führungskräfte besuchen Zeitmanagement-Seminare, um ihre Zeit besser „in den Griff" zu bekommen, also besser zu „organisieren". Das bedeutet aber letztlich nur, in das vorhandene Zeitfenster *noch mehr* Aufgaben und Arbeit hineinzupressen, was, wie wir bereits gesehen haben, letztlich den Stressfaktor noch weiter erhöht und somit dazu führt, dass man im Hamsterrad noch schneller läuft. Das kann im Sinne eines körperlichen wie geistigen Wohlbefindens aber nicht funktionieren.

Die eingesetzte Arbeitszeit steht in keinem linearen Verhältnis zum Arbeitsergebnis. Ein und dieselbe Arbeit kann unterschiedlich lange dauern, je nachdem wie gut man „drauf" ist. Fühlt man sich ausgepowert, so leistet man unter Umständen in fünf Stunden Arbeit weniger als in zwei Stunden, in denen man sich wohl fühlt. Sie kennen den Effekt aus eigener Erfahrung: Kommen Sie gut gelaunt und frisch aufgetankt aus dem Urlaub, so gelingt Ihnen mit großem Schwung in zwei Tagen ein riesiges Arbeitspensum, während Sie umgekehrt kurz vor dem Urlaub trotz großen Zeiteinsatzes mit der Arbeit nur noch schleppend vorangekommen und kaum fertig geworden sind.

> **Der Kernpunkt ist**
> Nicht jede Arbeit, die Sie tun könnten, müssen oder sollten Sie auch tun. Es geht nicht darum, dass Sie alles, was Sie sich selbst oder andere auf Ihren Schreibtisch packen, auch tatsächlich „abarbeiten". Vielmehr geht es darum, gezielt zu entscheiden, was Sie überhaupt tun möchten, was es Wert ist getan zu werden. Hinter dem, was sich als „Zeit(management)problem" tarnt, steckt in Wahrheit ein *Entscheidungsproblem*.

Orientieren wir uns an dem bekannten Pareto-Prinzip, so werden mit 20 % des Einsatzes bereits 80 % der Ergebnisse erzielt. Das heißt, 80 % der Arbeitszeit sind so gut wie verschwendet, weil sie nur kümmerliche 20 % der Ergebnisse hervorbringen.

Wie finden Sie nun heraus, bei welchen Aufgaben Sie mit relativ geringem Aufwand am meisten erreichen? Die Antwort lautet: indem Sie sich an dem orientieren, was Ihnen in Ihrem Leben wirklich wichtig ist – was für Sie einen Wert darstellt, für den Sie sich einsetzen und engagieren wollen. Genau das bildet die Basis für klare Entscheidungen: Sie haben in jedem Augenblick und bei jeder Aufgabe eine klare Richtschnur, was wichtig, was unwichtig und was delegierbar ist.

Wer keine klaren Entscheidungen trifft, ist wie ein Fähnchen im Wind, das sich von anderen „leben lässt", anstatt selbst zu leben. Ich mache die Erfahrung, dass viele Führungskräfte sich zum Spielball anderer machen und sich im Alltag nur noch durchlavieren. Das kostet viel Kraft und Energie und zerrt an den Nerven. Zudem stellt sich ein Gefühl ein, sich „arrangiert" zu haben, ohne wirklich zufrieden zu sein.

4.5.2 Zu allen Lebensbereichen klare Entscheidungen treffen

> **Praxisbeispiel**
> Der Chef eines regionalen mittelständischen Unternehmens traf keine klaren Entscheidungen, was von ihm und was von seinen Mitarbeitern zu tun war. In seiner Passivität suchte er sich schließlich nur noch die Arbeitsaufgaben heraus, die er gerne machte, während alles Übrige liegen blieb. Mehr und mehr übersah er die wichtigen Dinge, weil er im Glauben war, es regele sich alles schon von allein. Seine Mitarbeiter waren führerlos, so dass sie ihre individuellen Bedürfnisse immer mehr auslebten. Manche rissen die Macht an sich und trafen eigenmächtig Entscheidungen, die eigentlich der Chef hätte treffen müssen. Das führte zu Konflikten und Anfeindungen. Die Organisation trieb wie ein führerloses Schiff auf den Wellen des Ozeans hin und her, weil der Chef seine Führungsrolle wie auch seine Ziele aus den Augen verloren hatte.

Der Firmenchef gab sich dem hin, was ich das „gemütliche Elend" nenne. Er saß in seiner Komfortzone fest und wollte sie nicht mehr verlassen. Die Knastzelle im Chef-Gefängnis vermittelt genau dieses gemütliche Elend: Sie ist nicht komfortabel, sondern klein und eng, aber als Führungskraft kennt man sie, weil sie einem so vertraut ist, während die große, weite Welt jenseits des Gefängnisses einem desto bedrohlicher vorkommt, je länger man schon im Knast sitzt.

Jeden Morgen schiebt der Zellenwärter das Essen durch die Tür, und jeden Abend malt der Chef einen weiteren Strich an die Wand, während er sich im Stillen fragt: „Wie lange noch bis zu meiner Entlassung?" Oder, in einer zeitgemäßeren Formulierung: „Wann kann ich mir endlich all das gönnen, wozu ich in den letzten Jahren keine Zeit hatte?"

Die Antwort auf diese Frage lautet: *Jetzt*, und zwar dann, wenn Sie sich darüber im Klaren sind, was Sie wirklich antreibt im Leben und wofür sich *aus Ihrer Perspektive* der Einsatz lohnt. Jawohl, es geht hier um Ihre ganz persönlichen Lebensziele und nicht um die Ziele Ihres Unternehmens oder die Ihrer Mitarbeiter. Diese folgen erst an zweiter Stelle. Mindestens 51 % für Sie – das ist der gesunde Egoismus, der Sie aus dem Gefängnis befreit. Die folgende Checkliste hilft Ihnen dabei, sich über die Ziele und Werte in den wichtigsten Lebensbereichen klar zu werden.

> **Checkliste: Wofür wollen Sie sich in Ihrem Leben einsetzen?**
>
> - Mögen Sie Ihren Beruf?
> - Was bedeutet Ihnen die Familie?
> - Was macht Ihnen am meisten Freude?
> - Wovor haben Sie am meisten Angst?
> - Wovon träumten Sie als Kind?
> - Was ist heute Ihr größter Traum?
> - Was bedeutet Glück für Sie? Sind Sie glücklich?
> - Was würden Sie in Ihrem Leben gerne verändern?

- Was würden Sie tun, wenn Sie keine Angst hätten?
- Was bedeutet Liebe für Sie? Lieben Sie sich selbst? Geben Sie genug Liebe und bekommen Sie genug?
- Fühlen Sie sich frei? Worauf könnten Sie in Ihrem Leben verzichten?
- Was möchten Sie endlich einmal tun, nachdem Sie es jahrelang aufgeschoben haben?
- Was bedeutet Geld für Sie?
- Was ist für Sie der Sinn des Lebens?

(vgl. Arthus-Bertrand 2013)

Wenn man einmal klare Entscheidungen für alle seine Lebensbereiche getroffen hat und seine Ziele und Visionen kennt, dann hört die mental-emotionale Verwirrung und Unsicherheit auf, die oft mit der Entscheidungsfindung einhergeht. Führungskräfte, die zu ihren Entscheidungen stehen, wirken souverän, gelassen und selbstsicher. Sie haben einen festen Stand – nicht nur vom fachlichen Können her, sondern auch mental. Und sie gewinnen an Profil, was die Mitarbeiter deutlich spüren.

Mir hat es sehr geholfen, dass ich für jeden meiner Lebensbereiche klare Entscheidungen getroffen und auch meine Werte und Prinzipien für mich definiert habe. Das erleichtert mir den Arbeitsalltag. So bekam ich vor kurzem die Gelegenheit, im Rahmen eines Projektes mit einem Manager zusammenzuarbeiten. Grundsätzlich sind mir solche Projekte wichtig und machen mir großen Spaß. Insoweit war das Ja für mich selbstverständlich. Doch beim Vorgespräch mit dem Betreffenden stellte ich durch achtsame Beobachtung fest, dass er gewisse Verhaltenszüge aufwies, die auf ein Alkoholproblem und mangelnde Offenheit hindeuteten.

Einige meiner wichtigsten Werte sind Transparenz, Ehrlichkeit und Offenheit. Nachdem ich eine Nacht darüber geschlafen hatte, lehnte ich die Zusammenarbeit und damit auch das Projekt insgesamt ab, so sehr ich das Ganze um des spannenden Projektes willen bedauerte. Mir war die Gefahr bewusst, dass das gesamte Vorhaben hätte kippen können, da Manipulationen des Betreffenden gegenüber meiner Person oder Dritten nicht auszuschließen waren. Wichtig ist es, in solchen Situationen konsequent zu sein und zu sich zu stehen, selbst wenn es zunächst schmerzhaft ist, weil man etwas aufgeben muss. Das ist das Wesen der „Ent-scheidung", nämlich die Trennung der Spreu vom Weizen.

> **Tipp**
> Treffen Sie Entscheidungen bewusst und lassen Sie sich nicht zu übereilten Entscheidungen hinreißen. Meist ist genügend Zeit zum Abwägen da – ein Atemzug lang, eine Minute, eine Nacht oder eine Woche lang. Das Abwägen ist wichtig, um entschlossen aufzutreten und sich selbst treu zu bleiben. Vermeiden Sie ein „weichgespültes" Ja oder Nein, denn sonst versucht die Person, die von Ihnen eine

> Entscheidung verlangt, Sie nach einer Weile dennoch weichzukriegen. Dann kommt die nicht klar getroffene Entscheidung wie ein Bumerang erneut zu Ihnen zurück.

4.5.3 Sich über belastende Motive klar werden

Wenn Sie Ihre Ziele für die verschiedenen Lebensbereiche, die Werte und Prinzipien festgelegt haben und dennoch nicht aus dem Hamsterrad der Zeitfresser und Stressfaktoren herauskommen, so können Sie davon ausgehen, dass „im Untergrund" bei Ihnen versteckte Motive wirken, die Ihnen nicht bewusst sind und Sie blockieren.

Insbesondere Männer tragen im Beruf oft unbewusst einen Konflikt mit Ihrem Vater aus. Wenn sie die Erfahrung gemacht haben, dass sie Liebe und Wertschätzung von ihm nur dann bekommen haben, wenn sie etwas leisteten, sind sie wie innerlich Getriebene, die permanent unter Leistungsdruck stehen – selbst dann, wenn der Vater schon längst das Zeitliche gesegnet hat. Solche Manager sind geradezu prädestiniert zur Arbeitssucht und wirken oft auch narzisstisch gestört, solange sie den Grund für ihr Verhalten nicht erkannt haben.

Emotionale Belastungen entstehen außerdem durch innere Antreiber. Darunter versteht man Botschaften mit Absolutheitscharakter, die Eltern ihren Kindern vermittelt haben, mit der Drohung: „Wenn du dich nicht daran hältst, wirst du nicht mehr geliebt." Diese Befehle wirken auch im Erwachsenendasein weiter: Man versucht, ihre Forderung zu erfüllen, als ob man unter einem geheimen Zwang stünde. Stark ausgeprägte Antreiber entwickeln eine Eigendynamik und können die innere Einstellung und das Verhalten sehr stark dominieren und kontrollieren.

Typische innere Antreiber sind:

- „Sei perfekt."
- „Mach schnell."
- „Streng dich an."
- „Mach es allen recht."
- „Sei stark (zeige keine Schwächen)."

Oft ist es nicht einfach, solch belastende Motive selbst zu erkennen, aufzudecken und abzulegen. In solchen Fällen ist es hilfreich, sich von einem professionellen Coach beraten und begleiten zu lassen.

4.5.4 Wirkungsvolle Maßnahmen für Ihr geistiges Wohlbefinden – Dos und Don'ts

Nachfolgend ein paar konkrete Vorschläge, um Ihr geistiges Wohlbefinden zu erhöhen und die Tür des Job-Gefängnisses weiter zu öffnen:

- Oberstes Schutzprinzip: Definieren Sie Ihre eigenen Werte und Prinzipien und bleiben Sie sich treu darin, indem sie sie bei allen Entscheidungen anwenden. Das ist gesunder Egoismus und garantiert die 51 % für Sie.
- „Ent-scheiden" kann auch heißen: sich von einer Sache oder einer Person trennen zu müssen, wenn es erforderlich ist. Hat eine Situation, aus welchen Gründen auch immer, einen gravierenden Nachteil, ist der mögliche Vorteil daran meist nicht zu retten. „Wenn dein Pferd tot ist, steig ab", sagt eine indianische Weisheit.
- Wenden Sie das Win-Win-Win-Konzept bei Entscheidungen an, das heißt: Beide Parteien sollten einen Gewinn aus der Entscheidung ziehen, so dass auch Dritte, die von der Entscheidung betroffen sind, davon profitieren.
- Vermeiden Sie spontane oder reflexhafte Entscheidungen, indem Sie das Prinzip der Achtsamkeit anwenden: Nehmen Sie Ihre Gefühle wahr und lassen Sie sich ausreichend Zeit, um eine Entscheidung zu treffen, ohne sich unnötig drängen zu lassen.

Nichts ist, was es zu sein scheint. Gerade im Hinblick auf Entscheidungen können wir typischen Wahrnehmungsverzerrungen unterliegen, die zu Täuschungen und Fehlschlüssen führen:

- Der Halo-Effekt: Eine Person, Situation oder Organisation wies in der Vergangenheit ausgesprochen positive Merkmale auf. „Automatisch" und ohne Prüfung geht man davon aus, dass es auch in der gegenwärtigen und zukünftigen Situation der Fall ist.
- Bestätigungsfehler oder Vorurteile: Wir neigen dazu, Informationen über Menschen oder Sachverhalte so auszuwählen, dass sie unsere Erwartungen oder bisherigen Erfahrungen stets bestätigen. So sahen z. B. die Mitarbeiter in einer Firma in ihrem 45-jährigen Geschäftsführer noch immer den Azubi, als der er vor fast 30 Jahren angefangen hatte. Dementsprechend war auch ihr Verhalten ihm gegenüber.
- Kontrasteffekt: Eine Person oder eine Sache wird entsprechend dem Kontext beurteilt, in dem sie auftritt. Ein guter Mitarbeiter, der in einer schlechten und unmotiviert arbeitenden Abteilung mitwirkt, wird vom Vorgesetzten ebenfalls als unmotiviert beurteilt, obwohl er es gar nicht ist.
- Selektive Wahrnehmung: Wir nehmen nur bestimmte Aspekte oder Muster einer Situation wahr und blenden aus, was dem nicht entspricht.
- Weitere Wahrnehmungsfehler finden Sie z. B. unter Wikipedia (2015).

4 Chefsache Egoismus. Die Dos und Don'ts.

Checkliste: Ihre geistige Gesundheit

- In welchen Arbeits- und Lebensbereichen nehmen Sie bei sich Entscheidungsprobleme wahr?
- Worin sehen Sie Ihre größte Hürde beim Treffen von Entscheidungen?
- Legen Sie Ihre Ziele, Werte und Prinzipien fest, die in Zukunft Ihre Entscheidungen tragen sollen.
- Welche belastenden Motive können Sie bei sich wahrnehmen?
- Welchen Wahrnehmungsfehlern unterliegen Sie häufig?
- Wie wollen Sie in Zukunft Entscheidungen treffen?
- Was können Sie in den nächsten 72 Stunden unternehmen, um Ihre größten Zeitfresser zu beseitigen?

4.6 Soziales Wohlbefinden

4.6.1 Der Chef ist Vorbild

„Soziales Wohlbefinden" – diese Wortkombination, die aus der WHO-Definition von Gesundheit stammt, mag Ihnen als Führungskraft befremdlich erscheinen. Geht es denn im Betrieb darum, dass sich alle wohlfühlen, soll denn ab jetzt nur noch der „Kuschelkurs" gefahren werden? Nein, so ist das nicht zu verstehen.

Nehmen wir noch einmal das Achtsamkeitsmodell zur Hand: Achtsamkeit umfasst die Bereiche Selbstwahrnehmung, Selbstakzeptanz und Selbstliebe. Nur wenn der Chef dies selbst lebt, dann nimmt er auch die Mitarbeiter wahr, akzeptiert und schätzt sie wert. *Wer andere führen will, muss zuerst einmal sich selbst führen.* Gelingt dies, so stellt sich automatisch ein positives Arbeitsklima ein, das für soziales Wohlbefinden sorgt. Konflikte und Auseinandersetzungen werden in einem solchen Klima nicht um jeden Preis vermieden, aber sie werden auch nicht unnötig geschürt.

Sie haben bereits im Kapitel Gesundheit (vgl. Abschn. 4.3) erfahren, dass Führungskräfte immer als Vorbild für ihre Mitarbeiter wirken, gleich ob sie wollen oder nicht und gleich ob sie als gutes oder als schlechtes Vorbild wirken. Chefs werden von ihren Mitarbeitern nachgeahmt, was zuweilen kuriose Züge annimmt.

Praxisbeispiel

Ein Mitarbeiter versteckte sich abends nach Dienstschluss stets auf dem Parkplatz, um es so einzurichten, dass er jedes Mal vom Chef gesehen wurde, sobald dieser das Firmengebäude verließ und auf sein Auto zuging. Auf diese Weise wollte er seinem Chef suggerieren, dass er angeblich ebenso „engagiert" war und ebenso viele Überstunden machte wie sein Vorgesetzter. Er rechnete sich damit natürlich Karrierechancen aus.

„Wie der Herr, so's Gescherr", sagt ein altes deutsches Sprichwort treffend, das zwar sprachlich etwas aus der Mode gekommen ist, aber seinen Wahrheitsgehalt deshalb nicht eingebüßt hat.

Eine unzureichende Führung der Mitarbeiter wirkt sich nicht nur negativ auf das Klima, sondern auch auf deren Gesundheit aus. Wissenschaftlich ist der Zusammenhang zwischen Defiziten im Führungsverhalten und akuten Herz-Kreislauf-Erkrankungen bis hin zum Herzinfarkt von Mitarbeitern nachgewiesen (Stressreport 2012). Besonders krankheitsfördernd ist der Mangel an Anerkennung und sozialer Unterstützung wie das Bereitstellen von Informationen und das Klären von Arbeitszielen. Das Krankheitsrisiko steigt, je länger der Mangelzustand anhält. Sitzt der Chef selbst im Job-Gefängnis, so sperrt er automatisch auch seine Mitarbeiter darin ein.

Studienergebnis
Nach einer Studie der Akademie für Führungskräfte (vgl. 2004) wünschen sich Mitarbeiter einen Chef mit folgenden Eigenschaften:

- Wahrhaftigkeit und Authentizität (94,6 %)
- Souveräner Umgang mit Konflikten (87,2 %)
- Begeisterungsfähigkeit (85,2 %)
- Belastbarkeit (72,6 %)
- Durchsetzungsfähigkeit (72,6 %)
- Einfühlungsvermögen (61,7 %)
- Fachkompetenz (59,3 %)

4.6.2 Die „Todsünden" in der Mitarbeiterführung

Vorgesetzte beklagen sich oft über die mangelnde Motivation ihrer Mitarbeiter und fragen sich, wie sie sie zu mehr Engagement bewegen können. Doch das ist der falsche Ansatz: Mitarbeiter bringen von Natur aus Motivation mit, doch geht diese durch ungeeignetes Führungsverhalten verloren – nämlich dann, wenn sich der Chef als Gefängniswärter aufführt.

Es gibt fünf „Todsünden" in der Führung von Mitarbeitern, die Sie unbedingt vermeiden sollten:

- Die Autonomie der Mitarbeiter untergraben.
- Die Arbeit der Mitarbeiter als ihre eigene ausgeben.

4 Chefsache Egoismus. Die Dos und Don'ts.

- Den Mitarbeitern das Gefühl geben, dass sie nicht kompetent bzw. unfähig sind.
- Die Mitarbeiter ungerecht behandeln.
- Unzuverlässig und unberechenbar sein.

Die Autonomie der Mitarbeiter untergraben Vorgesetzte halten sich häufig für die „besseren Sachbearbeiter" und nehmen ihren Mitarbeitern die Arbeit ab. Damit bringen sie sich nicht nur selbst in Zeitnot, sondern bewirken auch, dass das Vertrauen sinkt. Häufig, aber nicht immer, stecken verborgene Motive wie Perfektionismus oder Minderwertigkeit dahinter, die sich in Arroganz ausdrückt. Der Chef lässt die Mitarbeiter fühlen, dass er „der Größte" ist, alles besser kann und weiß. Das ist eine Form von „krankem Egoismus" bzw. Egomanie. Der Chef macht sich die Stärken der Mitarbeiter nicht bewusst und nimmt sie in ihrem Wert nicht wahr. Auch ein ausgeprägter Kontrollwahn untergräbt die Autonomie, weil er bevormundend wirkt.

Die Arbeit der Mitarbeiter als die eigene ausgeben Manche Vorgesetzte haben es nötig, die Leistungen der Mitarbeiter auf ihr eigenes Konto zu schreiben, möglicherweise weil es ihnen an eigenen Ideen fehlt oder sie selbst sich wiederum bei ihrem Vorgesetzten beliebt machen wollen. Es handelt sich dabei um eine Form des Machtmissbrauchs, um andere klein zu halten.

Den Mitarbeitern das Gefühl geben, dass sie nicht kompetent sind Das geschieht beispielsweise, wenn Mitarbeiter eigene Ideen einbringen, der Chef sie aber nicht würdigt, sondern gleich als unzureichend kritisiert. Dies ist eine weitere Szene in dem Theaterstück, in dem der Chef die Hauptrolle spielt und die Mitarbeiter zu bloßen Statisten werden.

Die Mitarbeiter ungerecht behandeln Ungerechtigkeiten ergeben sich, wenn der Chef bei den Leistungen der Mitarbeiter nicht genau hinsieht und sich vom Schein trügen oder sogar manipulieren lässt. So werden manche Mitarbeiter zu „Lieblingen" des Chefs und erhalten Vergünstigungen, während andere leer ausgehen. Wer sich deutlicher sichtbar nach vorne drängelt, bekommt häufig mehr Gratifikationen, während diejenigen, die ohne viel Aufhebens ihre Arbeit tun, nicht wahrgenommen werden. Auch materielle Ungerechtigkeiten gehören dazu.

Praxisbeispiel
In einer sehr erfolgreichen Firma, die geradezu sensationelle Zuwächse erlebte, gönnte sich der Chef einen Lamborghini und kürzte gleichzeitig die Gehälter der Mitarbeiter. Deren Frust, dass der Chef „auf ihre Kosten" lebte, war so groß, dass die Firma nach einer Reihe von Konflikten schließlich zerbrach und Insolvenz anmelden musste.

Unzuverlässig und unberechenbar sein Chefs, die heute so und morgen anders entscheiden, werden leicht als unberechenbar eingestuft. Das gilt auch, wenn sie launisch sind, wenn sie mal schlecht drauf und dann wieder kumpelhaft freundlich sind. Mangelnde Zuverlässigkeit entsteht, wenn Vorgesetzte etwas versprechen, das sie nicht halten. Sehr beliebt ist es zum Beispiel, Leistungszulagen beim Erreichen bestimmter Ziele zu versprechen, diese dann aber nicht auszuzahlen.

> **Checkliste: Defizite im Führungsverhalten**
>
> Welchen der nachfolgenden Aussagen können Sie zustimmen?
>
> - Ich kritisiere Mitarbeiter in Anwesenheit anderer.
> - Ich erkundige mich nicht nach der Arbeit der Mitarbeiter.
> - Ich fühle mich übergangen, wenn Mitarbeiter eigene Entscheidungen treffen.
> - Ich höre meinen Mitarbeitern nur selten zu.
> - Mein Umgangston ist wechselhaft und oft nicht optimal.
> - Ich achte verstärkt auf Fehler der Mitarbeiter.
> - Ich behandele Mitarbeiter unterschiedlich und achte nicht auf Gerechtigkeit.
> - Ich achte nicht darauf, mit welchen Gefühlen meine Mitarbeiter auf mein Verhalten reagieren.
> - Ich verändere Arbeitsaufgaben der Mitarbeiter, ohne dies mit ihnen abgesprochen zu haben.

4.6.3 Führung kann so einfach sein

Mitarbeiter richtig zu führen, kann so einfach sein. In erster Linie kommt es, wie Sie inzwischen wissen, darauf an, dass Sie sich selbst führen können, also achtsam mit sich und Ihren Bedürfnissen umgehen. Je besser Ihnen dies gelingt, desto leichter fällt Ihnen auch der Umgang mit Ihren Mitarbeitern. Die bekannte Redensart „Was du nicht willst, das man dir tu, das füg auch keinem anderen zu" drückt dies in einfachen und klaren Worten aus.

Wenn Sie sich selbst für Ihre Arbeit wertschätzen und anerkennen, dann werden Sie auch die Leistungen Ihrer Mitarbeiter zu schätzen wissen und dies zum Ausdruck bringen. Diese Wertschätzung ist eine der wichtigsten Triebfedern für die Motivation und das Vertrauen der Mitarbeiter und kann auch den einen oder anderen Fauxpas in Ihrem Verhalten aufwiegen.

> **Es gibt drei Formen der Anerkennung**
>
> - Dank für den Einsatz
> - Lob für die Leistung
> - Wertschätzung für die Person
>
> Eine davon geht immer. Selbst einem leistungsschwachen Mitarbeiter können Sie für seinen Einsatz danken und Wertschätzung für seine Person ausdrücken (nach Matyssek 2010).

Darüber hinaus reduzieren Sie die Belastung Ihrer Mitarbeiter, indem Sie sie sozial unterstützen:

- materiell mit Ressourcen und benötigten Arbeitsmitteln,
- durch helfendes Verhalten,
- emotional durch Zuneigung, Vertrauen und Anteilnahme,
- durch Feedback,
- durch Informationen und Orientierungshilfen (Erklärungen, Rat usw.),
- durch positive gesellige Aktivitäten, die dem Spaß und der Erholung dienen,
- durch Zugehörigkeit zu einem Netzwerk.

Soziale Unterstützung ist ein primäres menschliches Bedürfnis. Jeder hat schon die Erfahrung gemacht, dass er erst durch die Hilfe von anderen eine Arbeitsaufgabe lösen konnte, weil man Schwierigkeiten am besten gemeinsam bewältigt.

> **Checkliste: Gesundheitsförderliches Führungsverhalten**
> Welchen der nachfolgenden Aussagen können Sie zustimmen?
>
> - In Gesprächen mit Mitarbeitern schaffe ich eine entspannte Atmosphäre.
> - Ich habe Vertrauen in meine Mitarbeiter.
> - Ich fördere die Eigenverantwortung der Mitarbeiter und ihre Selbstständigkeit.
> - Ich bin meistens ein gutes Vorbild.
> - Ich kann meine Mitarbeiter begeistern.
> - Ich höre zu und bin auch an informellen Gesprächen und Begegnungen mit meinen Mitarbeitern interessiert.
> - Ich unterstütze die Mitarbeiter, ihre Ziele zu erreichen.

> **Praxisbeispiel**
>
> Geschäftsführer Kai Müller hat inzwischen eingesehen, dass er in einem Job-Gefängnis saß. Um sich zu entlasten und seinen permanenten „Bereitschaftsdienst" aufzugeben, traf er eine Reihe von Entscheidungen darüber, was ihm wirklich wichtig im Beruf und in seinem Leben war. Daraufhin delegierte er etliche Aufgaben, die er bisher selbst wahrgenommen hatte, an mehrere seiner Führungskräfte der mittleren Ebene. Obwohl er selbst zunächst glaubte, dass sie über die zusätzlichen Aufgaben murren würden, war das Gegenteil der Fall. Sie freuten sich über das in sie gesetzte Vertrauen, dass der Chef ihnen die Wahrnehmung so wichtiger Arbeiten übertrug. Müller hat jetzt nicht nur mehr Zeit für seine Familie, sondern kann auch öfter mal ausspannen und damit für sich und seine Gesundheit sorgen. Er ist zum gesunden Egoisten geworden.

Übrigens: Die Strafkolonie auf der Teufelsinsel in Französisch-Guyana wurde aufgelöst. „Papillon", der Schmetterling, folgte seinem unbeugsamen Freiheitsdrang und verließ die Insel, der angeblich niemand entrinnen konnte. Und wann machen Sie es ihm nach?

4.7 Über den Autor

Ralf Gasche ist Führungsexperte sowie Inhaber der Firmen Ralf Gasche Coaching und Ralf Gasche Akademie. Der Diplom-Verwaltungswirt (Schwerpunkte: Kriminalistik, Kriminologie, Psychologie) blickt auf fast 40 Jahre Führungserfahrung zurück: 23 Jahre Führungs- und Einsatzerfahrung als Terrorismusfahnder in Bundespolizei (u. a. Bundeskanzleramt), BKA und BMI sowie 15 Jahre Unternehmer, Business-Coach, Berater, Fachautor und Speaker. Parallel zu seinen eigenen Unternehmen leitete er eine Coach-Agentur und bildet Business-Coaches aus.

Heute berät Ralf Gasche Unternehmen und ihre Führungskräfte. Seine hohe Professionalität basiert auf tausenden Coaching-Stunden, hunderten Vorträgen und zehntausenden

Seminarstunden für Unternehmen – immer zu den Themen: „Wie funktioniert Führung? Wie funktionieren Menschen?" Er begeistert und inspiriert mit seinen „Excellent Leadership" Vorträgen auf Firmenveranstaltungen und großen Bühnen und ist Lehrbeauftragter an verschiedenen Hochschulen. Zu seinen Kunden zählen viele DAX- und börsennotierte Unternehmen, erfolgreiche Mittelständler und Bundesministerien.

Mehr unter www.ralfgasche.com und www.gasche.com.

Literatur

Arthus-Bertrand, Y. (2013). *Einer unter 7 Milliarden*. München: Knesebeck.

ComTeam Academy & Consulting (Hg.). ComTeam Studie 2011. Führung im Mittelmanagement. http://de.comteamgroup.com/sites/default/files/ctstudie2011.pdf. Zugegriffen: 30.06.2015

DAK (2013). *Gesundheitsreport 2012*. http://www.dak.de/dak/download/Gesundheitsreport_2012-1117042.pdf. Zugegriffen: 30.06.2015

de Bono, E. (1974). *Das spielerische Denken*. Reinbek: Rowohlt.

F.A.Z.-Institut für Management (2013). *Themenkompass 2012. Gesundheit im Unternehmen. Frankfurt am Main*. www.faz-institut.de

Friedrich, T. (2012). *Wie gesund sind Deutschlands Führungskräfte?* Königswinter: Skolamed. www.health-on-top.de

Greve, G. (2012). *Organizational Burnout. Das versteckte Phänomen ausgebrannter Organisationen. Wiesbaden* (2. Aufl.). Gabler: Springer.

Matyssek, A.-K. (2010). *Gesund führen. Das Handbuch für schwierige Situationen*. Norderstedt.

Nieder, P. (2000). *VW-Studie*. Hamburg: Helmut Schmidt Universität, Institut für Personalmanagement.

Schimmel, S.-P. (2014). *Ich bin der Beste: Diese elf Fehler machen Chefs am häufigsten*. http://www.gasche.com/referenzen/presse/pressartikel-focus-online-02092014.html. Zugegriffen: 30.06.2015

Seiwert, L. (2005). *Wenn du es eilig hast, gehe langsam: Mehr Zeit in einer beschleunigten Welt*. Frankfurt.

Wikipedia (2015). *Kognitive Verzerrung*. http://de.wikipedia.org/wiki/Kognitive_Verzerrung. Zugegriffen: 3.08.2015

Entspannt erfolgreich mit System in die Märkte von morgen

Warum es sich lohnt, das Thema Gesundheit zur Chefsache zu machen

Johannes Glatzle

Inhaltsverzeichnis

5.1	Schaffen Sie? Oder schaffen Sie sich ab?	83
5.2	Gesundheit – eine Herzensangelegenheit	85
5.3	Gesundheit im Unternehmen	89
5.4	Gesundheitsfördernde Maßnahmen	90
5.5	Führung und Gesundheit	94
5.6	Fazit	99
5.7	Über den Autor	99
Literatur		100

5.1 Schaffen Sie? Oder schaffen Sie sich ab?

„Manchmal sollte man weder mit noch gegen den Strom schwimmen, sondern einfach mal aus dem Fluss klettern, sich an das Ufer setzen und Pause machen," lautet ein bekanntes Sprichwort. Ich lade Sie herzlich ein, mit mir einmal aus dem Fluss des Alltages zu klettern, sich mit mir an das Ufer zu setzen und im besten Fall neue Impulse und Denkanstöße zu bekommen.

Lassen Sie mich mit einer spannenden Frage beginnen: Ist das Thema Gesundheit wirklich Chefsache? Nein, für mich ist das Thema Gesundheit nicht nur Chefsache, sondern auch Teil der Führungsaufgabe der Führungskräfte. Der Chef muss dieses strategische Thema erkennen, die Führungskräfte müssen jedoch mitwirken und das Thema Gesundheit an die Mitarbeiter transportieren und transferieren (Abb. 5.1).

Jeder Unternehmer weiß heutzutage, dass es wichtig ist, für die Märkte von morgen gewappnet zu sein. Die Welt dreht sich weiter, es gibt neue Generationen mit anderen Bedürfnissen, Vorstellungen und Wünschen, denen das Thema Gesundheit wichtig ist.

Johannes Glatzle ✉
Masurenweg 12, 89542 Herbrechtingen, Deutschland
e-mail: j.glatzle@johannesglatzle.com

© Springer Fachmedien Wiesbaden 2016
P. Buchenau (Hrsg.), *Chefsache Gesundheit II*, DOI 10.1007/978-3-658-06962-9_5

Abb. 5.1 Mit gesunder Führung zum Ziel. (Quelle: Shutterstock, Air One, 70245457)

Es ist ein sehr wichtiges Auswahlkriterium bei der Arbeitsplatzwahl und bei der Wahl des Arbeitgebers. Schon hier lässt sich die Wichtigkeit des Themas Gesundheit für die Zukunft erkennen.

Es reicht nicht mehr aus sich nur mit dem demographischen Wandel auseinanderzusetzen. Es ist ohne Zweifel richtig, dass es immer mehr ältere und immer weniger jüngere Menschen geben wird. Das ist ein ernsthaftes Problem für die Unternehmen, egal welcher Größe. Bisher konnten sich Unternehmen, vor allem wenn sie einen klangvollen und bedeutungsstarken Namen hatten, bequem zurücklehnen und abwarten.

Sie konnten aufgrund des Überangebotes aus einer Vielzahl von potenziellen Mitarbeitern bequem per Knopfdruck auswählen, welcher wohl der beste Kandidat für das Unternehmen ist. In Zukunft wird sich hier einiges ändern. Die Unternehmen werden sich zum einen an den neuen Bedürfnisse der kommenden Generationen auch zum Thema Gesundheit orientieren müssen und sich zum anderen auch um die Bedürfnisse und die Gesundheitsthemen der immer älter werdenden Belegschaft kümmern müssen. Dieser Spagat zwischen den Generationen wird den Chefs und Führungskräften in Zukunft einiges abverlangen.

Heutzutage ist das Thema Gesundheit in aller Munde, die Medien berichten darüber, meist aber wenig hilfreich und schon gar nicht aktionsorientiert und präventiv. Stress ist ein Phänomen dieser Zeit, immer mehr muss in immer weniger Zeit erledigt werden, wir Unternehmer lassen uns nur allzu oft vom Effizienzgedanken treiben, ohne das Thema Nachhaltigkeit und somit auch Gesundheit im Fokus zu behalten.

Wir als Unternehmer sind also gefordert aktiv zu werden. Das Wort Unternehmer ist wörtlich zu nehmen, wir sollen etwas unternehmen und nicht unterlassen! Wir haben die

Chance, wenn wir uns dem Thema Gesundheit ganzheitlich widmen, für die jüngeren Generationen attraktiv zu werden und für die älteren Generationen attraktiv zu bleiben. Das Thema Gesundheit ist einer der Erfolgsfaktoren der Zukunft. Um es mit den Worten von Charles Darwin auszudrücken: „Es ist nicht die stärkste Spezies die überlebt, auch nicht die intelligenteste, es ist diejenige, die sich am ehesten dem Wandel anpassen kann."

5.2 Gesundheit – eine Herzensangelegenheit

Ich selbst gehöre der jüngeren Generation an, schreibe also nicht über theoretisch angelesenes Wissen, sondern kann von meinen eigenen Erfahrungen profitieren und berichten. Oftmals werde ich darauf angesprochen, ob ich nicht zu jung sei, um das alles beurteilen zu können. Darauf kann ich nur antworten: „Zweifeln Sie niemals daran, dass eine Person oder eine kleine Gruppe von Menschen die Welt verändern kann" (vgl. Abb. 5.2). Oft werde ich gefragt, was ich in meinem kurzen Leben schon alles erlebt bzw. erreicht habe. Es scheint oft, als hätten ältere Menschen weniger zu erzählen. Ich höre häufig Aussagen, wie „Hätte ich nur" oder „wenn ich ... hätte ich ..." Genau hier liegt der Unterschied: Ich habe gemacht – ohne Angst vor Konsequenzen und Risiko. Meine Erfahrungen waren bei weitem nicht nur positiv. Ich habe mir viele „blutige Nasen" geholt, habe aber nie aufgehört weiterzumachen. Wenn andere zu mir gesagt haben, dass etwas nicht geht bzw. möglich ist, war das für mich der Startschuss, es erst recht zu versuchen.

Abb. 5.2 Gemeinsam ans Ziel

Nur durch die Zusammenarbeit mit den Besten der Besten wird man selbst besser. Von den Besten und deren Erfolg lernen und profitieren, damit meine ich hier nicht billig kopieren, sondern mit offenen Augen durch das Leben gehen und alles, was man für gut empfindet, als eine Art Impuls aufzusaugen und gegebenenfalls weiterzuentwickeln oder in seinem Leben an passender Stelle einzusetzen.

Im Mittelstand wurde ich geprägt, im Großkonzern wurden mir die Augen geöffnet und in meiner Selbstständigkeit habe ich meine Berufung gefunden, meinen Sinn. Hier kann ich mich selbstverwirklichen und habe die Chance meine Familie und meine Berufung unter einen komfortablen Hut zu bringen. Ich habe heute zwar mehr Stress, als in meinem gut bezahlten, sicheren Job im Großkonzern, aber ich empfinde ihn als positiver. Diese Auswirkung kann Ihnen im Übrigen auch mein Arzt bescheinigen. Während meiner Zeit im Großkonzern hatte ich Übergewicht und Bluthochdruck, von der gestörten Work-Life-Balance[1] ganz zu schweigen. Der klassische Durchlauferhitzer eben. Monatelang galt es, ein überdurchschnittliches Arbeitsvolumen abzuleisten, aber es gab auch Tage, an denen habe ich mich zu Tode gelangweilt. Umgeben von mittelmäßigen Führungskräften galt das Mantra: „Schaue nicht nach rechts, schaue nicht nach links." Mit solchen Scheuklappen lässt es sich nicht gut arbeiten.

Die Zeit dort war von Fragen geprägt wie:

- Muss ich wirklich aufstehen?
- Was mache ich hier überhaupt?
- Wie kann man beschäftigt aussehen, ohne etwas zu tun zu haben?
- Wann komm ich hier raus?
- Wann habe ich das letzte Mal gelacht? (Ich meine aus vollem Herzen.)
- Welchen Wert habe ich?

Irgendwann war meine Schmerzgrenze überschritten. Auch auf Anraten meines Arztes, der sich berechtigt Sorgen um mich machte, habe ich die Reißleine gezogen und mich in ein Sabbatical Jahr verabschiedet. Das war eine gute Zeit! Das sollte jeder mal machen, ernsthaft! Nicht irgendwann, sondern jetzt! Heute ist ein Geschenk, deswegen heißt es im Englischen auch: „the present".

In meine Selbstständigkeit bin ich von heute auf morgen gestartet, unter widrigen Umständen. Kein Job, kaum Geld, in freudiger Erwartung meines ersten Sohnes. Mein gesamtes Umfeld hat die Hände über dem Kopf zusammen geschlagen und an meiner Zurechnungsfähigkeit gezweifelt. Alle waren sich einig, gerade jetzt bräuchten ich, und vor allem meine Familie, Sicherheit.

Mit der Sicherheit ist das so eine Sache. In den meisten Fällen macht sie träge. Ich dagegen war mir sicher: Das, was ich brauche ist einen starken Willen und ein klares Ziel. Das war und ist noch heute Tag für Tag mein Antrieb.

---

[1] Beschreibt das Verhältnis zwischen Arbeits- und Privatleben. Es sollte in einem angemessenen ausgeglichenen Verhältnis stehen.

Für die einen war der Zeitpunkt nicht optimal, für mich jedoch genau der Richtige. Zurück gehen oder aufgeben war nie eine Option. Gestartet im eigenen Wohnzimmer habe ich mich dann Stück für Stück hochgearbeitet.

Meine Botschaft an Sie: Wenn ich das kann, dann können Sie das schon lange, Sie brauchen nur den Mut dazu.

5.2.1 Was hat sich geändert?

Gesundheitlich geht es mir heute besser denn je, das bestätigt mir jetzt auch mein Arzt. Zwar hat das Arbeitspensum enorm zugenommen, aber der Stress ist ein anderer. Früher im Konzern hatte er negative Auswirkungen mental und körperlich.

Heute jedoch gibt er mir Auftrieb und Motivation. Was ist anders? Heute mache ich das, worauf ich Lust habe, meine Arbeit ist keine Last – ich liebe, was ich tue.

Sinnerfüllt scheint Work-Life-Balance kein ausgleichsbedürftiger Begriff zu sein. Ich kann selbst entscheiden, wann und wie viel ich arbeite, das heißt für mich, es bleibt auch mehr Zeit für die Familie. Ich habe Zeit für meine Frau und meine Jungs, weil es mir wichtig ist, weil ich meine Prioritäten so gesetzt habe.

Mir ist es eine Herzensangelegenheit, dies auch meinen Mitarbeitern zu ermöglichen, hierfür habe ich das Konzept GEBEN (vgl. Abb. 5.3) entwickelt, bei dem auch das Thema Gesundheit mit seiner Wichtigkeit zu einem festen Bestandteil unserer Unternehmenskultur geworden ist.

Wir Unternehmer sollten erst geben, dann nehmen, ähnlich wie beim Gehaltskonto, hier muss man auch erst etwas einzahlen, bevor man davon profitieren kann.

5.2.2 Ganzheitlicher Gesundheitsaspekt Körper – Geist – Seele

Das Thema Gesundheit kann man in zwei Bereiche einteilen:

- Körperliche Gesundheit,
- Geistige Gesundheit.

Abb. 5.3 Das GEBEN-Konzept der Fitmacher

Allzu oft kümmert man sich nur um den Körper und seine Funktionen, die geistige Leistungsbereitschaft wird aber leider allzu oft außer Betracht gelassen. Diese geistige Leistungsbereitschaft kann ich aber beeinflussen. Ich kann nicht – zugegebenermaßen sehr vereinfacht – eine Pille nehmen, um meine geistige Leistungsbereitschaft zu steigern. Ich kann diese aber trainieren und stimulieren. Je mehr ich den Geist trainiere, umso schneller komme ich zum Ergebnis.

Lassen Sie mich das mit einem Beispiel verdeutlichen:

Beispiel
Sicherlich kennen Sie das Gefühl nach dem Mittagessen, dass der Körper und der Kopf nicht so wollen wie Sie. Der Körper würde sich nach diesem, ich nenne es gerne Nudelkoma, gerne ausruhen und ein wenig herunterfahren. Sie geben diesem Drang nach.

Wenn Sie ein geübter Mittagschläfer sind, schlafen sie innerhalb kürzester Zeit ein. Sie haben Ihren Körper und Ihren Geist, nennen wir ihn Charly, trainiert. Charly weiß genau, was jetzt zu tun ist, er schaltet ab und gönnt sich und Ihnen eine Pause.

Sind sie allerdings nicht geübt im Kurzmittagsschlaf (10 bis 15 Minuten), weiß Charly gar nicht, was er machen soll. Sie werden im besten Fall nach 13 Minuten einschlafen.

Das Training des Geistes funktioniert genau wie beim restlichen Körper auch. Je öfter ich etwas wiederhole, umso leichter fällt es mir.

Das Beispiel mit dem Nudelkoma war nicht einfach so gewählt. Es verdeutlicht den dritten Einflussfaktor auf die Gesundheit: das Essen. Frei nach dem Motto: „Du bist, was du isst." (siehe auch Abb. 5.4).

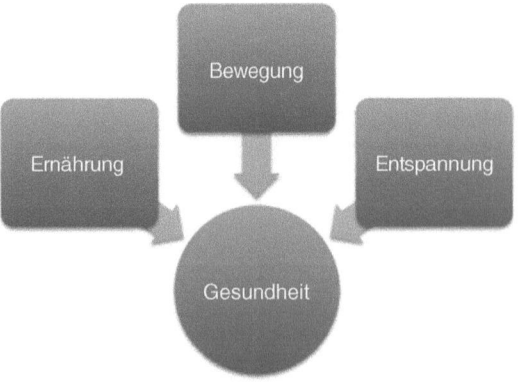

Abb. 5.4 Einflussfaktoren auf die Gesundheit

5.3 Gesundheit im Unternehmen

Das Thema ganzheitliche Gesundheit spielt in unserem Unternehmenskonzept eine der zentralen Rollen (vgl. Abb. 5.5). Lassen sie mich kurz folgende These aufstellen:
Unsere Arbeitsfähigkeit baut auf unserer Gesundheit auf.

Angenommen, sie würden heute eine negative Diagnose bekommen, einen Unfall haben oder was auch immer und sie könnten von heute auf morgen nicht mehr arbeiten, bedeutet das doch im Umkehrschluss: Keine Arbeit – kein Gehalt. Vor allem bei den Selbstständigen, die sehr oft an ihre Schmerzgrenze gehen, vielleicht auch gehen müssen, um über die Runden zu kommen.

Ich frage meine Klienten oftmals, was sie so monatlich für ihr Smartphone ausgeben. Die häufigste Antwort: 60–80 Euro. Wenn ich jedoch Frage, was sie für ihre Gesundheit ausgeben, werden Beträge zwischen 20 und 60 Euro genannt. Warum ist das so? Warum geben wir mehr für technische Hilfsmittel als für unsere Gesundheit aus, die für unsere Leistungsfähigkeit eine große Rolle spielt.

Wir müssen also ganzheitlich denken. Arbeiten und Gesundheit stehen in einem unmittelbaren Zusammenhang und beeinflussen sich gegenseitig. Die Gesundheit steht aber auch im direkten Zusammenhang mit der Freizeit, eine Art Spannungsdreieck also. Bricht sie weg, verschieben sich zwangsläufig die Arbeits- und Freizeitwelt.

Es ist ein riskantes Spiel mit der Gesundheit, viele ignorieren erste Anzeichen wie Müdigkeit, Lustlosigkeit, Überdrehtheit, häufiges Kränkeln und Schlaflosigkeit. Oftmals versucht man auch mit extremen körperlichen Aktivitäten entgegenzuwirken.

Jeder würde mit einem heiß gelaufenen Auto stehen bleiben und nicht noch schneller fahren.

Der Körper reagiert unter extremer Belastungen, wie Stress, wenig Schlaf, etc. ganz ähnlich, er läuft heiß. Unser Immunsystem wird geschwächt und der Körper sucht sich ein Ventil, um uns darauf aufmerksam zu machen: „Achtung, ich laufe heiß!"

Abb. 5.5 Den richtigen Weg im Unternehmen finden. (Quelle: Shutterstock, Anatoly Mastennikov, 75359626)

Reagieren wir nicht auf diese und beanspruchen den Körper weiter mit starken Aktivitäten, wird dieser – ähnlich wie bei unserem Auto der Motor – Schaden nehmen.

Nicht nur aus unternehmerischer/betriebswirtschaftlicher Sicht macht es Sinn, sondern auch für unsere Mitarbeiter und deren Privatleben, die Gesundheit weiter in den Fokus zu rücken. Folgende Einflussfaktoren auf die Gesundheit sind von Betrieben gut umsetzbar:

- Ernährung,
- Bewegung,
- Entspannung.

Diese drei Haupt-Bausteine beeinflussen unsere Gesundheit. In unserem Unternehmen achten wir auf gesundes Essen, das wir gemeinsam zubereiten. Wir gehen mit unseren Mitarbeitern zusammen als Ausgleich ins Fitnessstudio und arbeiten dort zusammen – nicht mehr am Unternehmen, sondern an einem gesunden Körper und pflegen so nicht nur unseren Körper, sondern auch eine Kultur des Austausches ohne Hierarchien.

Wie das Thema Entspannung umgesetzt wird, kann jeder Mitarbeiter selbst entscheiden. Ob auf der grünen Wiese, Power Napping, progressive Muskelrelaxation, Pilates, Entspannungstraining, Outdoor-Aktivitäten, usw. Es ist fast alles möglich.

Jetzt denken Sie vielleicht, das ist verrückt – und Sie haben Recht, es ist verrückt, es nicht zu tun!

Rechenbeispiel

Ein Mitarbeiter mit einem durchschnittlichen Jahresgehalt von 30.000 Euro im Jahr verursacht bei den durchschnittlich anzunehmenden Arbeitstagen und Arbeitsstunden pro Fehltag Kosten in Höhe von ca. 160 Euro.

Nicht viel?

Überlegen Sie, wie lange fällt ein Mitarbeiter mit einem Rückenleiden (Bandscheibenvorfall) oder einem Burnout aus? Meist keine Tage, sondern Monate und jetzt reden wir von richtig viel Geld. Mit einem Bruchteil an Kosten für Prävention können Sie diese weitgehend verhindern. Sie können ihr Geld fast nicht besser investieren, denn Gesundheit ist nicht käuflich.

5.4 Gesundheitsfördernde Maßnahmen

Wie bereits erwähnt, reagieren die meisten Menschen erst, wenn der erste Warnschuss gefallen ist. Erst nach einer konkreten Diagnose, an der es nichts mehr zu rütteln gibt, reagieren viele und selbst dann eher widerwillig beziehungsweise mit dem geringsten Aufwand. Warum ist das so? Ein befreundeter Arzt hat mir berichtet, dass viele seiner Patienten mit der Diagnose Diabetes sich wenig, bis gar nicht, einschränken, also nichts konkret ändern. Stattdessen lernen sie mit dem Spritzen zu leben. Das ist zugegebenermaßen ein sehr einfacher und bequemer Weg, doch ist das das Ziel?

Abb. 5.6 Das Puzzle der gesundheitsfördernden Maßnahmen. (Quelle: Shutterstock, Kirill_M, 67400404)

Sollten wir uns nicht im Vorfeld Gedanken darüber machen, wie wir unser wichtigstes Gut, die Gesundheit erhalten können (vgl. Abb. 5.6)?

Ich denke, der Aufwand lohnt sich, wir haben ja schließlich nur die eine. Viele Krankheiten können gar nicht oder nur wenig beeinflusst werden, aber die typischen Volkskrankheiten wie Rückenleiden, Kopfschmerzen, Bluthochdruck, Fettleibigkeit, Stress etc. sind nach meinem Verständnis nicht als gegeben hinzunehmen. Diese lassen sich direkt oder indirekt beeinflussen und verändern, und zwar durch Ernährung und Bewegung.

Viele der Maßnahmen gegen die Volkskrankheiten sind einfach und ohne viel Vorkenntnis umzusetzen bzw. zu erlernen. Wir sollten weg von der Zuvielisation[2], hin zur Konzentration auf weniges bzw. auf wichtiges. Einige Übungen dienen auch zur bewussten Entschleunigung des meist sehr hektischen Lebens.

Die folgenden Maßnahmen dienen als Ideen und Impulse. Finden sie heraus, welche zu Ihnen persönlich oder zu Ihrem Unternehmen passen.

5.4.1 Progressive Muskelrelaxation nach Jacobsen

Jacobsen beschäftigte sich als Arzt, Psychologe und Wissenschaftler mit der Funktionsweise der Muskulatur. Ihm fiel auf, dass Anspannung der Muskulatur, häufig im Zusam-

---

[2] Zuvielisation bedeutet unter anderem, dass wir eine breite Auswahl haben an Lebensmitteln, Fernsehprogramm, Freizeitgestaltung, Nachrichten, Kommunikationskanälen, usw. Eine Entscheidung und auch die Konzentration auf weniges fällt meist schwer.

menhang mit innerer Unruhe, Stress und Angst auftreten. Im Umkehrschluss geht durch eine gezielte muskuläre Entspannung auch ein gewisses Ruhegefühl einher, das Jacobson-Prinzip der Entspannung nach vorhergehender Anspannung.

Die Progressive Muskelrelaxation nach Jacobsen ist ein sehr spannendes Instrument. Sie fragen sich sicherlich warum? Weil Sie bei der Progressiven Muskelrelaxation (PR) durch gezielte Anspannung und einer gezielten Entspannung Ihrer Muskulatur zu einem Zustand von tiefer innerer Ruhe kommen können.

Lassen Sie mich das an einem Beispiel verdeutlichen.

Nach dem gleichen Muster arbeitet eine PR. Hier macht man jedoch nicht im eigentlichen Sinne Sport, aber man spannt einzelne Muskeln oder Muskelgruppen über eine bestimmte Zeit hinweg an, um sie anschließend wieder bewusst locker zu lassen. Dies ist im Stehen, Sitzen oder Liegen möglich.

Durch diese PR erzielt man:

- Eine positive Wirkung auf das Herz-Kreislauf-System,
- Die Stärkung der Abwehrkräfte,
- Eine positive Wirkung bei chronischen Schmerzen (z. B. Rückenschmerzen, Verspannungen),
- Eine positive Wirkung bei vegetativen Beschwerden (z. B. Kopfschmerzen, Schlafstörung).

Durch regelmäßiges Üben schützt und stärkt man seine Gesundheit.

5.4.2 Achtsamkeitsübungen

Achtsamkeitsübungen sind in der heutigen reizüberfluteten Zeit sehr sinnvolle Übungen, um Dinge und Tätigkeiten aus der automatisierten nicht bewussten Ebene wieder zurück in den Fokus zu holen.

Es fällt vielen Menschen schwer sich zu konzentrieren und sich an den kleinen Dingen des Lebens zu erfreuen oder diese überhaupt wahrzunehmen.

Ein Beispiel, das viele von Ihnen kennen werden, ist das Kaffeetrinken. In den allermeisten Fällen wird der Kaffee nicht bewusst wahrgenommen und genossen, er wird nebenher getrunken, meist sogar kalt. Stimmt's?

Mit einer Achtsamkeitsübung setzen wir den Kaffee wieder in den Fokus, das heißt das Kaffeetrinken ist jetzt Ziel Ihrer Konzentration und rückt in den Fokus. Dazu können Frage dienen wie:

- Welche Temperatur hat der Kaffee?
- Welche Konsistenz?
- Welches Mischungsverhältnis von Kaffee zu Milch oder Zucker?
- Wie ist der Geschmack, beim und nach dem Trinken?

- Wie riecht Kaffee überhaupt?
- Schmeckt er in großen oder kleinen Schlucken besser?

Durch das gezielte Einbauen von einer Achtsamkeitsübung in den Alltag erreichen wir zweierlei. Zum einen die Konzentration, das bewusste Abschalten von Überflüssigem, das Zur-Ruhe-Kommen und die Fokussierung. Zum anderen werden Dinge und Tätigkeiten mit allen Sinnen erfasst und genossen.

5.4.3 Ernährung

Über das „man ist, was man isst" hatten wir ja bereits gesprochen. Ich will Sie auch nicht mit einer Ernährungslehre langweilen, zumal die Wissenschaft sich hier auch nicht einig scheint. Ich will Ihnen nur bewusst machen, dass es Lebensmittel gibt, die für uns Menschen gut sind und Lebensmittel, die weniger gut sind.

Sie kennen sicherlich auch Gerichte, wie zum Beispiel die berühmte Currywurst mit Pommes, nach deren Verzehr ein Arbeiten am Schreibtisch fast unmöglich scheint. Der Körper lenkt die zur Verfügung stehende Energie auf die Verdauung und der Kopf scheint leer auszugehen.

Es scheint so, als käme es darauf an, was wir wann essen, um voll leistungsbereit zu sein.

In unserem Unternehmen bieten wir den Mitarbeitern die Möglichkeit, spezielle Ernährungstrainings zu besuchen. Immer wieder gibt es kurze Impulse zur Ernährung, ob Paleo, vegan oder andere Trends. Zusätzlich kochen und essen wir auf Wunsch unserer Mitarbeiter zusammen. Ebenso wird Obst und Wasser kostenlos zur Verfügung gestellt.

5.4.4 Auszeit

In einer immer schneller und hektischer werdenden Zeit ist es ab und an notwendig, sich eine bewusste Auszeit von der Arbeit zu nehmen und zu gönnen. Diese Auszeit kann sehr kurz oder bis zu zwei Tage dauern, je nachdem wie viel Ruhe man nötig hat und sich gönnen möchte.

Während dieser Zeit wird man nicht gestört (keine Kommunikation) und lässt die Gedanken entweder angeleitet oder selbst frei fließen.

Bei ganz kurzen Auszeiten, die man gut in den Alltag integrieren kann, bietet sich die Traumreise an. Hier begibt man sich in der Phantasie an einen Ort der Wärme, Geborgenheit und Entspannung ausstrahlt, ganz nach der persönlichen Präferenz. Unterstützend kann hier mit Tönen, Klängen oder Melodien gearbeitet werden. Sinn und Zweck der bewussten Auszeit ist es, sich wieder zu erden, den Alltag hinter sich zu lassen und neue Energie zu tanken. Man konzentriert sich auf seine Atmung bzw. auf das Ein- und Ausatmen und findet somit zu sich selbst und zur Ruhe.

Wir bieten in unserem Unternehmen regelmäßig Auszeiten an, entweder im speziellen Ruheraum oder bei einer längeren Auszeit im nahegelegenen Kloster. Warum machen wir das? Weil nach einer Auszeit wieder mit viel mehr Elan und Kreativität gearbeitet werden kann. Der Körper kann nach einer Phase der Anspannung wieder entspannen und zur Ruhe kommen. Wo viel mit dem Kopf gearbeitet wird, ist es nur sinnvoll, diesen durch gezielte Pausen zu entlasten, um nach der Pause wieder aus der vollen mentalen Leistungsfähigkeit schöpfen zu können.

5.4.5 Gemeinsames Training

Wir arbeiten nicht nur gemeinsam am und im Unternehmen, sondern wir arbeiten auch gemeinsam an unserem Körper. Sie alle kennen den lateinischen Spruch: „Mens sana in corpore sano – ein gesunder Geist in einem gesunden Körper." An dieser Redewendung ist in der Tat etwas dran. Körper und Geist scheinen in einem unmittelbaren Zusammenhang zu stehen.

Wir haben festgestellt, dass durch unser gemeinsames Training, übrigens nicht nur im Fitnessstudio, sondern auch an der frischen Luft, sich einiges verändert hat:

- Die Fehlzeiten sind deutlich zurückgegangen.
- Die Mitarbeiter fühlen sich besser und strahlen dies auch aus.
- Die Gruppendynamik hat sich deutlich verbessert.
- Die Vitalwerte der Mitarbeiter haben sich verbessert.

5.5 Führung und Gesundheit

Wie bereits beschrieben liegen für mich Gesundheit und Führung sehr eng beieinander (vgl. Abb. 5.7). Um ein Unternehmen nachhaltig zu stärken, sollte der Chef das Thema Gesundheit in den Fokus nehmen und die Führungskräfte dann das Thema weiter

Abb. 5.7 Der Startschuss im Unternehmen. (Quelle: Shutterstock, sellingpix, 48662737)

voranbringen. Ich sehe bei dem Thema Führung und Gesundheit noch viele weitere Synergieeffekte und Schnittpunkte. Für die körperliche Gesundheit wird in vielen Unternehmen schon etwas gemacht, die geistige und seelische Gesundheit wird jedoch meist außen vor gelassen.

Es gilt also für uns Chefs und Führungskräfte nicht nur präventive Maßnahmen anzubieten, sondern im Unternehmen auch ein gesundes Arbeitsklima zu schaffen, wo sich Mitarbeiter frei entfalten können und wo sie nicht in ein enges Korsett gesteckt werden, das ihnen im Wort wörtlichen Sinne die Luft zum Atmen nimmt. Es gilt Freiräume zu kreieren, um den Mitarbeitern das Thema Gesundheit nahezubringen. Die Führung und das Führungsverhalten haben unmittelbaren Einfluss auf das Wohl und die Gesundheit der Mitarbeiter. Wir sollten eine Kultur erschaffen, in der das Führen auf einer gesunden Basis mit Spaß an der Arbeit möglich ist. Sie werden sehen, dass Ihre Mitarbeiter dies sehr zu schätzen wissen werden.

Bisher ging es um präventive Maßnahmen in unserem Unternehmen, die wir ergriffen haben, um die Gesundheit unserer Mitarbeiter nachhaltig zu verbessern und um auch für die zukünftigen Mitarbeiter der neuen Generationen attraktiv zu werden. Nun möchte ich Ihnen noch die Rahmenbedingungen in unserem Unternehmen beschreiben, die die Grundvoraussetzung sind um das Thema Gesundheit ganzheitlich in das Unternehmen zu integrieren.

Unser Team ist sehr durch den sportlichen Gedanken geprägt. Nur zusammen können wir Erfolg haben. Jeder im Team hat eine Spitzenposition und jede Einzelleistung ist spitze – nur den Erfolg, den hat die Mannschaft. Lassen Sie es mich auch mit einem Orchester vergleichen: Die Führungskraft, der Chef, ist der Dirigent, er weiß, wer welches Instrument spielt, er weiß bzw. kennt die Stärken und Schwächen des Einzelnen.

Nun ist der Dirigent, also der Chef oder die Führungskraft, gefordert, die Stärken entsprechend punktgenau abzurufen und dafür zu sorgen, dass aus einem einzelnen Instrument in Summe ein wohlklingendes Musikstück entsteht, in dem jeder weiß, wann er gefordert ist, in welche Richtung es gehen soll, was er zu tun hat und wann. Der Ruhm und der Applaus nach einem erfolgreichen Konzert gelten für jeden im Einzelnen, aber auch für das Team, in dem sich jeder auf den anderen eingestellt hat und Rücksicht genommen hat. Dieses Zusammengehörigkeitsgefühl hat positive Auswirkungen auf die Gesundheit, da

- der Gesamtdruck, auf vielen Schultern verteilt wird,
- der Mitarbeiter nach seinen Stärken eingesetzt wird und somit weniger Stress hat,
- die Arbeitsmoral steigt,
- sich der Umgang miteinander positiv verändert und sich somit auch das Betriebsklima verbessert,
- das Wohlbefinden, die Gesundheit *und* das produktive Ergebnis steigt.

5.5.1 Das können wir vom Sport lernen

Wenn man Führung nicht als autoritäres Instrument und schon gar nicht als von Gott gegebene Macht versteht, sondern als Verantwortung gegenüber einem anderen Menschen, einem Mitarbeiter, dann wird Führung nachhaltig.

Leider werden in den meisten Unternehmen Mitarbeiter von heute auf morgen Führungskräfte. Dieses „Herzlichen Glückwunsch, Sie sind nicht schnell genug weggerannt"-System funktioniert aber nur in den seltensten Fällen.

Von einem Augenblick auf den anderen Verantwortung zu haben, andere Aufgaben zu haben, ein Team zu leiten, begeistern und motivieren zu können und zu müssen ist eine echte Herausforderung und will gelernt sein.

In unserem Unternehmen werden Mitarbeiter nicht von heute auf morgen Führungskräfte, sie werden analog zum Sport erst ausgebildet und erst dann eingesetzt. Erst wenn ein Mitarbeiter weiß, was auf ihn zukommt und mit welchen Hilfsmitteln und Instrumenten er wie umgehen muss, wie das alles vonstatten geht, ist er soweit, um der Verantwortung auch gerecht werden zu können. Durch die vorherige Ausbildung nimmt man dem Mitarbeiter den Erfolgsdruck und senkt somit auch sein Stresslevel deutlich. Hinzu kommt, dass das Verständnis zu Themen wie Zusammengehörigkeit, Team, gegenseitige Rücksichtnahme und Gesundheit gestärkt wird.

Wir bilden unsere Führungskräfte intern durch die bereits bestehenden Führungskräfte aus. Sie erhalten einen Einblick in Themen wie:

- Motivation,
- Personalmanagement,
- Projektmanagement,
- Marketing,
- Betriebliches Management und Gesundheitsmanagement,
- Führungssysteme und Führungsinstrumente, gesundes Führen,
- Kommunikation und Konfliktmanagement.

Erst wenn eine potentielle Führungskraft all diese Module durchlaufen hat, ist sie vorbereitet, um einen sehr guten Job als Führungskraft machen zu können. Die anderen Führungskräfte stehen den Neuen in fest verankerten Round-Table-Gesprächen zur Verfügung und helfen ihnen gerne bei den ersten „Laufversuchen". Die alten Hasen inspirieren ihre neuen Kollegen und spornen diese zu Höchstleistungen an. Sie dienen als eine Art „Fels in der Brandung" und vermitteln Sicherheit und ein Zusammengehörigkeitsgefühl. Läuft etwas einmal nicht optimal, stellen sie sich schützend vor den anderen, so dass nicht ein einzelner, sondern die Gruppe einen Misserfolg zu tragen hat.

Dies wiederum färbt auf die Mitarbeiter ab. Jeder weiß, warum es sich jeden Tag aufs Neue lohnt, alles zu geben. Mit Zielen, die nicht nur Ziele sind, sondern emotional verdeutlicht durch Bilder, Musik oder Rituale. Visualisierung hilft den Menschen, Dinge (be)greifbar zu machen. Noch besser ist es allerdings, sie es selbst tun zu lassen, frei nach dem Prinzip von Konfuzius: „Erkläre es mir, und ich werde es vergessen. Zeige es mir, und ich werde mich erinnern. Lass es mich selbst tun, und ich werde verstehen."

In unserem Unternehmen dürfen zukünftige Führungskräfte und Mitarbeiter zu bestimmten Zeiten die Rollen wechseln. Nicht revolutionär, aber ein sehr gutes Instrument um neue Sichtweisen zu bekommen und um das Verständnis untereinander zu fördern.

Machen Sie mit mir einen gedanklichen Spaziergang:

Ein Ersatzspieler ist in der Regel nicht erfreut, wenn er nicht auf den Platz auflaufen darf und sein Team nicht so unterstützen kann, wie er gerne möchte. Lassen wir diesen Ersatzspieler aber die Kabinenansprache halten, also in den Bereich der anderen (Führungskraft) eintauchen, wird er enorm motiviert sein, obwohl er gar nicht spielen darf.

Er, der Ersatzspieler, bekommt die ehrenvolle und wichtige Aufgabe, das Team optimal für das bevorstehende Match vorzubereiten, zu motivieren, heiß zu machen, den Sieg in greifbare Nähe zu stellen.

Glauben Sie nicht auch, dass dieser Mitarbeiter vor Selbstvertrauen und Glück strotzt, obwohl er nicht spielen darf, wir erinnern uns. Er versteht, wie das „große Ganze" zusammenhängt und wie ein Zahnrad in das andere greift. Er fühlt sich wertgeschätzt und auf Augenhöhe von den anderen Teammitgliedern.

Noch eines können wir vom Sport lernen: Hier gibt es Spezialisten mit mehr oder weniger festen Positionen, dieses stärkenorientierte Einsetzen und Entwickeln der Mitarbeiter führt auch im Unternehmen zum Erfolg und zu mehr Gesundheit.

5.5.2 Freiräume zur Gesundheitsförderung

Freiräume dienen nach meiner Definition von Gesundheit auch zur Steigerung des gesundheitlichen Wohlbefindens. Ein Freiraum bedeutet zum einen, dem Mitarbeiter etwas zuzutrauen, ihm Vertrauen entgegenzubringen. Zum anderen bedeutet ein Freiraum auch, dass der Mitarbeiter frei entscheiden kann. Er kann den für ihn richtigen Weg wählen, ohne sich an ein vorgegebenes starres System anpassen zu müssen. Das wiederum reduziert den Stress beim Mitarbeiter deutlich, weil er zum Beispiel Familie und Beruf besser vereinen kann, oder weil er sich selbst verwirklichen kann. Was wieder dazu führen kann, dass er seine Tätigkeit lieber ausführt und seine Leistungsbereitschaft dadurch möglicherweise steigt, was Auswirkung auf seine Gesundheit haben kann, um den Kreis zu schließen.

Die Aufgabe von uns Chefs und Führungskräften besteht darin, dies zu fördern und zu unterstützen. Wir sollten die Rahmenbedingungen so gestalten, dass Mitarbeiter die Möglichkeit zum Entfalten haben.

Freiraum Zeit
Jeder Mitarbeiter kann individuell nach seinen Präferenzen den Freiraum Zeit gestalten. Vor allem junge Mütter finden dieses Konzept sehr ansprechend. Es bietet die Möglichkeit die Arbeitszeit so einzuteilen, dass sie ohne große Reibungsverlust in den Tag passt.

Unsere Arbeitszeiten sind frei wählbar, der Mitarbeiter kennt seinen Tagesablauf, seine Gewohnheiten am besten. Es gibt ja auch unterschiedliche Menschentypen, der eine arbeitet gerne früh morgens, der andere will morgens lieber noch seine Ruhe und arbeitet dafür aber bis spät abends. Je nach Präferenz und Absprache ist das bei uns möglich.

Auch eine verlängerte Mittagspause oder ein Spaziergang mit den Kindern ist zwischendurch möglich. Der Mitarbeiter steht in seiner Verantwortung, das zu erwirtschaften, was er angesagt hat.

Durch diese Freiräume fällt es den meisten unserer Mitarbeiter viel leichter Beruf, Familie und Privatleben unter einen Hut zu bringen. Die Leistung spricht für sich. Der Mitarbeiter entwickelt ganz von alleine ein Gespür dafür, wann er im Unternehmen gebraucht wird und wann er seine Freiräume wieder voll auskosten kann, ein Mitunternehmer eben. Diese Elemente fördern die Gesundheit und das Wohlbefinden der Mitarbeiter.

Freiraum Geld

Bei uns kann jeder Mitarbeiter verdienen, was er möchte, hört sich doch verlockend an, oder nicht?

Allerdings gibt es wie bei vielen Dingen im Leben einen kleinen Haken. Der Mitarbeiter kann zwar verdienen was er möchte, muss aber sein Gehalt multipliziert mit einem Faktor von 3,5 erwirtschaften.

Wie gesagt, auch bei uns steht das Ergebnis im Mittelpunkt. Die meisten Menschen haben allerdings eine vollkommen andere Herangehensweise als bei einem Zeitlohn.

Hier hat der Mitarbeiter den Hut auf, will er viel, muss er viel *geben*. Ein sehr gerechtes und einfaches System, wie unsere Mitarbeiter finden. Das Engagement und das Ergebnis bestärken diese Entscheidung.

Freiraum Spaß

Bereits Gerhard Uhlenbruck sagte „Wenn man Spaß an einer Sache hat, dann nimmt man sie auch ernst."

In vielen Unternehmen kommt der Spaßfaktor leider zu kurz. Was als Kind noch selbstverständlich ist, nämlich mehrmals am Tag zu lachen, ist bei den meisten Erwachsenen leider eine echte Seltenheit geworden. Lauthals Lachen, wenn man sich komische Dinge, Witze erzählt oder eine besonders unansehnliche Grimmasse macht, hilft dem Team dabei sich zu finden. Dazu braucht man kein Lachseminar besucht zu haben.

Analog zum Sport wird auch hier in den meisten Fällen nach einem tollen Ereignis, einem Sieg, einer überragenden Leistung eines Einzelnen kräftig gefeiert und jede Menge Spaß gehabt. Warum auch nicht, oftmals liegen hinter solchen tollen Ereignissen eine Zeit voller Anstrengungen, ein Tal voller Entbehrungen und Tränen. Das haben Sie sich als Führungskraft und Ihr Team sich mehr als verdient. Wie Sie das umsetzen können? Veranstalten Sie doch nach dem nächsten erfolgreichen Abschluss eines Projektes einen Grimassen-Contest, oder organisieren Sie eine kleine Feier.

Dass Spaß bei der Arbeit einen produktiven Schub gibt und andere Menschen wie ein Magnet anzieht, ist, seitdem das Buch „FISH!" über den Fischmarkt in Seattle erschienen ist (Lundin et al. 2003), mehr als bekannt. Lachen, auch über sich selbst, bringt zwangsläufig eine angenehme Atmosphäre mit sich.

Stellen Sie sich mal vor, Sie müssten einen Raum betreten, wo nur Menschen mit ernsten Gesichtern anwesend wären. Wie würden Sie sich fühlen? Beklemmt? Oder Sie hätten einen Raum zur Auswahl, in dem lauthals gelacht wird und man offensichtlich jede Menge Spaß haben kann.

Was würden Sie hier fühlen?

Für welchen der Räume würden Sie sich entscheiden?

5.6 Fazit

Um auf mein Eingangszitat zurückzukommen: Danke, dass Sie sich die Zeit genommen haben, um aus dem Fluss des Alltags herauszuklettern, sich mit mir an das Flussufer zu setzen und das Thema Gesundheit Chefsache zu erörtern.

Ich hoffe, dass ich Ihnen neue Impulse oder Anregungen geben konnte, wenngleich ich mir bewusst bin, dass unser Konzept und unsere Ansätze nicht zu 100 % auf jede Situation, jeden Mitarbeiter und jedes Unternehmen passen.

Dennoch würde ich Sie bitten, sich mit Ihren Mitarbeitern hinzusetzen und das Thema Gesundheit mit ihnen zu besprechen. Wir als Chefs und Führungskräfte haben Verantwortung, auch für die Gesundheit unserer Mitarbeiter.

Ich bin mir sicher, dass das Thema Gesundheit auch in der Zukunft eine immer wichtigere Rolle spielen wird. Seien Sie hier Ihrer Konkurrenz einen Schritt voraus.

Machen auch Sie Ihr Unternehmen und Ihre Mitarbeiter fit für die Märkte von morgen.

5.7 Über den Autor

Johannes Glatzle Jahrgang 1982, unterstützt Top Unternehmen und Unternehmer vom Großkonzern bis Mittelständler und macht Sie fit für die Märkte von Morgen. Der studierte

Betriebswirt und Master of Business Administration (MBA) gab und gibt in zahlreichen internationalen Projekten, und renommierten Hochschulen sein innovatives Wissen und seine pragmatischen Denkansätze weiter. Seine Erfahrungen hat Johannes Glatzle von der Pike auf bei den Besten erlernt, so hat er bereits früh die Leader-Rolle übernommen und schnell Teams geleitet. Heute profitiert er als Unternehmer von diesen unterschiedlichen Blickrichtungen, die ihm damals mit auf den Weg gegeben wurden. Schon früh war Johannes Glatzle klar, dass die klassische Führung ausgedient hat, sie funktioniert nicht mehr! Dies thematisiert Johannes Glatzle in seinen ausgezeichneten Vorträgen und bringt seine Ansätze mit Humor auf den Punkt genau weiter und lässt das Publikum an seinen Erfahrungen und Impulsen von der Bühne aus teilhaben. Der werteorientierte Querdenker ist seiner Branche stets voraus. Als ehemaliger Spieler der ersten Baseball-Bundesliga, weiß er, Erfolg kann man nur im Team haben. So versteht es Johannes Glatzle mit innovativen und unüblichen Führungsansätzen, aus einer wild zusammengewürfelten Gruppe ein motiviertes und erfolgreiches Team zu kreieren und ein Wir-Gefühl zu schaffen.

Weitere Infos unter www.johannesglatzle.com

Literatur

Lundin, S., Paul, H., & Christensen, J. (2003). *Fish! Ein ungewöhnliches Motivationsbuch*. München: Goldmann.

Die Körpersprache

Ein Indikator für ein gesundes Unternehmen

Michael Hannig

Inhaltsverzeichnis

6.1	Die Situation heute	101
6.2	Was gehört alles zur Körpersprache?	104
6.3	Die kleinen Signale	105
6.4	Die mittleren Signale	107
6.5	Die starken Signale	107
6.6	Die Führung	108
6.7	Über den Autor	110

6.1 Die Situation heute

Das Phänomen der heutigen Zeit: Immer höher, immer weiter, immer mehr. Sicher ist es eine Tugend der Deutschen. Sonst wären wir nicht dort, wo wir jetzt sind. Allerdings leisten wir in Deutschland die meisten Überstunden innerhalb Europas. Das gehört zum guten Ton. Bei manchen Kollegen entsteht ein Wettkampf, wer die meisten Überstunden hat. Es ist oft ein Indikator für Fleiß. Jedoch ist es lediglich ein Maß für Quantität.

Was allerdings richtig ist, dass immer mehr Arbeit und Leistung von den Mitarbeitern erwartet wird. Die Aufgaben am Arbeitsplatz nehmen immer mehr zu und die Anzahl der Kollegen nimmt immer mehr ab. Die Folge hierbei ist immer mehr Arbeit auf immer weniger Schultern.

Betriebe, egal ob groß oder klein, haben alle mit der gleichen Problematik zu tun. Welche Folgen hat dies für Führungskräfte und Mitarbeiter?

Nichts ist steter als der ständige und permanente Wandel. Die Zunahme der Geschwindigkeit des Wandels bringt den Menschen immer öfter an die Grenzen des Möglichen.

Michael Hannig ✉
Arndtstraße 9, 97209 Veitshöchheim, Deutschland
e-mail: info@michaelhannig.de

© Springer Fachmedien Wiesbaden 2016
P. Buchenau (Hrsg.), *Chefsache Gesundheit II*, DOI 10.1007/978-3-658-06962-9_6

Dadurch steigen die Anforderungen an die Mitarbeiter. Sie sind gefordert, mehr eigene Ideen denn je in den Betrieb einzubringen. Durch diese Kurzlebigkeit ist die Flexibilität der Mitarbeiter mehr gefordert. Manchen Mitarbeitern liegt die Flexibilität im Blut. Für andere ist es eine große, kaum zu erfüllende Herausforderung und erhöht den Stresspegel.

Zu dieser Entwicklung kommt noch ein Faktor hinzu. Die Produktionszeiten werden immer kürzer, so dass die Termine an der Grenze des Machbaren angekommen sind. Immer schneller, immer weiter.

In großen Unternehmen geht der Kontakt zwischen den Ebenen der Führungsspitze und der hierarchisch darunter liegenden Belegschaft verloren. Dort herrschen oft noch die Strukturen der Vergangenheit.

Auch der demografische Wandel bringt uns immer mehr an die Grenzen des Machbaren.

Der Mensch als Wirtschaftsfaktor wird in Zukunft immer wichtiger. Er ist nicht mehr so einfach austauschbar. Dies trifft alle Betriebe. Je nach Branche ist heute der mangelnde Nachwuchs ein sehr großes Problem.

Maschinen haben eine Auslastung. Eine Maschine kann maximal 80 % Leistung bringen, denn es wird eine Rüst- und Verweilzeit zwischen 20 und 25 % kalkuliert. Mehr geht nicht. Jeder stellt sich darauf ein, da mehr nicht geht. Danach werden die Stückkosten kalkuliert. Wo liegen die Leistungsparameter bei dem Menschen? Arbeitet ein Mensch an einer Maschine, richtet sich die Auslastung nach der Maschine. Somit eine wiederum klare Planung. Eine Maschine leistet kontinuierlich, es sei denn sie ist defekt und muss repariert werden.

Bei der Maschine gibt es bestimmte Wartungsintervalle, die eingehalten werden müssen, damit es zu keinen größeren Schäden kommt. Ebenso gibt es gewisse Signale. Zum Beispiel entstehen Geräusche, die anders sind oder man sieht etwas, was darauf hinweist, dass etwas nicht in Ordnung ist. Diese Warnsignale werden wahrgenommen und entsprechende Schritte eingeleitet, damit es zu keinen großen Ausfällen kommt. Dort wird gehandelt, damit die Produktion erhalten bleibt. Und der Mensch?

Die Inspektionsintervalle des Menschen sind der Urlaub und die Pausen. Wo sind die Grenzen der Belastbarkeit? Was passiert, wenn der Mensch lange überfordert wird? Er wird häufiger krank und fällt immer länger aus. Die Bandbreite der Erkrankungen ist sehr groß und reicht von Rückenproblemen bis zum Burnout. Muss das sein?

In der Zeit des demographischen Wandels kommt noch eine Gegebenheit hinzu: Die Ressource Mensch ist endlich. Firmen und Staat brauchen Wachstum. Bei Maschinen ist dies keine Herausforderung. Es wird einfach eine neue angeschafft und die Produktivität steigt. Allerdings braucht es jemanden, der diese bedient. Deshalb wird sie anwenderfreundlicher, damit ein Beschäftigter in der gleichen Zeit mehr Maschinen bedienen kann. Dies ist bis zu einer gewissen Grenze in Ordnung, da wir mit unseren Aufgaben wachsen. Ab einem Punkt wird die Arbeit zur Belastung. Dauerhafte Belastung führt zur Reduktion der Leistungsfähigkeit im zweistelligen Bereich.

Der Mensch hat durch seine Individualität auch sehr individuelle Belastungsgrenzen und Tagesformen. Ebenso ist die Zusammenstellung des Teams sehr wichtig für die Leis-

6 Die Körpersprache

tung. Wenn es dort hohe Reibungsverluste gibt, wird der Stress größer und die Leistungskurve kann nur mit großer Anstrengung aufrechterhalten bleiben.

Wie gehen Sie als Chef oder Vorgesetzter damit um? Dies ist eine große Herausforderung.

Manche Menschen überfordern sich selbst, obwohl sie wissen, dass sie am Limit sind. Andere lassen sich nicht stressen. Manche sagen sich, da muss ich jetzt durch. Wenn die Überforderung zeitlich begrenzt ist, dann kann man sich darauf einstellen und danach wieder auf ein Normalmaß zurückkommen. Wenn es dauerhaft der Fall ist, dann gibt es immer mehr Krankheitstage und dadurch entsteht ein enormer wirtschaftlicher Schaden.

Es gibt die ewigen Neinsager, die es verstehen, sich die Arbeit vom Hals zu halten. Sie klagen schon weit unter ihrer Leistungsgrenze, um unangenehmen Situationen aus dem Weg zu gehen, ohne irgendwelche Einbußen. Dann gibt es Mitarbeiter mit Herz und Verstand, die die Situation erkennen und ja sagen, weil es nicht anders geht, da die Arbeit gemacht werden muss. Die Neinsager schieben es auf die Jasager. Die Konsequenz: Die Jasager sind sehr oft am Limit. Diese Menschen sind auch die Leistungsträger des Unternehmens. Da diese Mitarbeiter oft bis an ihre Grenze arbeiten, ist die Gefahr höher, dass sie irgendwann ausfallen. Die Neinsager müssen dann die Arbeit der Jasager übernehmen. Der arme Vorgesetzte, der die Überzeugungskraft hat, das zu vermitteln. Es gibt Widerstände und Diskussionen, die ihn an die Grenzen bringen.

Eine Kleinigkeit zum Nachdenken: Betriebswirtschaftlich betrachtet sind die Maschinen Investitionen und die Menschen, durch die Löhne, Kosten. Interessant, oder?

Bei der Maschine gibt es gewisse Anzeichen, mit der sich eine mögliche Reparatur ankündigt.

Es gibt die Signale auch bei den Menschen. Diese Signale gibt der Körper ab, weit bevor der Mitarbeiter sich zu Wort meldet. Diese Sprache ist erlernbar und weicht von Mensch zu Mensch etwas ab. Welche Vorteile hat es, diese Sprache zu erlernen? Wenn ich bei Mitarbeitern Veränderungen bemerke und diese kommuniziere, wird er unter Umständen überrascht sein, dass es wahrgenommen wird. Dies zeigt eine Wertschätzung dem Mitarbeiter gegenüber, die er auch spürt. Eine weitere Möglichkeit ist es, rechtzeitig ins Gespräch zu gehen, um gegensteuern zu können. Es gibt dadurch auch die Möglichkeit, im Gespräch die verlorengegangene Motivation wieder aufzubauen. Wiedergewonnene Motivation ergibt eine höhere Leistungsfähigkeit mit weniger Stress.

Je früher Sie diese Signale wahrnehmen, desto früher können Sie gegensteuern und Schlimmes verringern bzw. sogar vermeiden.

Der Körper spricht immer und er spricht ehrlich. Er gibt sofort Antwort auf das, was auf ihn einwirkt, bevor irgendein Wort geäußert wurde.

Es werden ständig Endorphine, Adrenalin, Serotonin und andere chemische Substanzen ausgeschüttet. Dieser chemische Cocktail hat Reaktionen des Körpers zur Folge. Dieses führt direkt zu Veränderung der Körpersprache.

6.2 Was gehört alles zur Körpersprache?

Sie beinhaltet sämtliche Bewegungen des Körpers: Körperhaltung, Gestik, Muskelanspannungen und sogar der Atem verändert die Körperbewegungen. Schwierigkeiten der inneren Organe und des Bewegungsapparates führen zur Veränderung der Körpersprache. Die Signale des Körpers können sehr klar ersichtlich sein. Manche Körperhaltungen sind allerdings sehr fein und es braucht Übung, um diese wahrnehmen zu können. Oft ist es eine Mimik oder ein Stirnrunzeln oder eine kleine Augenbewegung, die eine Antwort geben.

Diese Körpersignale sind oft Vorboten für Unzufriedenheit, Skepsis. Natürlich gibt es auch positive Signale von Freude, Überraschung, Begeisterung oder ähnlichem. Je besser wir in der Lage sind, diese Signale wahrzunehmen, desto besser können wir führen. Es kann vorkommen, dass der Außenstehende es eher bemerkt, als der Betroffene selbst. Oder der Mitarbeiter antwortet: „Sind sie Hellseher" oder, „Wie kommen sie darauf?".

Praxisübung

Ich möchte Sie einladen, eine kleine Übung zu machen. Stehen Sie bitte auf. Stellen Sie sich bitte gerade hin und achten darauf, dass Ihr Gewicht gleichmäßig auf beide Füße verteilt ist. Die Schultern sind gerade, der Kopf ebenso. Der Blick ist klar und nach vorne gerichtet. Jetzt lächeln sie bitte. Geht leicht, oder? Nun versuchen Sie bitte ernst und traurig zu schauen. Fällt schwer, oder?

Nun eine zweite Übung im Stehen. Sie haben wieder einen festen Stand. Die Schultern lassen sie bitte nach vorne hängen. Der Rücken ist etwas gekrümmt. Der Blick ist etwas zum Boden gesenkt. Jetzt schauen Sie bitte ernst und traurig. Geht einfach, stimmt's? Jetzt lächeln Sie bitte! Fällt schwer, oder?

Was möchte ich Ihnen damit zeigen? Der Körper ist als Ganzes ein Spiegelbild der Seele. So wie wir uns fühlen, so zeigen wir uns. Manche beherrschen es zu lügen, und dies über einen langen Zeitraum. Irgendwann kommt jedoch der Zeitpunkt, da kann man sich nicht mehr verstellen. Übrigens ist es sehr anstrengend, auf Dauer ein falsches Bild von sich zu geben. Im Grunde belügt sich derjenige selbst. Irgendwann kommt der Zeitpunkt, an dem wir an Kleinigkeiten erkennen können, dass etwas anders ist, als jemand vorgibt zu sein. Der Körper zeigt es.

Lange bevor sich der Mensch über den Stress verbal äußert, spricht der Körper eine deutliche Sprache. Der Körper spricht 24 Stunden am Tag, eine Sprache wie z. B. Englisch oder Französisch. Auch hier gibt es Vokabeln in Form von Zeichen. Diese Sprache kann wie jede andere Sprache erlernt werden. Stress fängt oft mit positivem Stress an. Wenn sich dann die Überforderung einschleicht und daraus der negative Stress entsteht, dann verändert sich die Körpersprache mit kleinen Signalen.

Bei den positiven Zeichen ist es oft ein Lächeln, Die Augen bekommen einen Glanz und ein Strahlen, die Augenbrauen gehen nach oben, der Mundwinkel spannt sich in der

Kombination mit einem leichten Kopfnicken und viele andere. Das große Chaos bzw. der große Widertand kündigt sich lange vorher an.

Es sind die ganz kleinen Signale des Körpers, die Widerstand und auch Zustimmung zeigen. Es muss nicht nur Widerstand sein. Durch die Zeichen erkennen Sie nicht nur Gegner, sondern auch Befürworter für Ihre Ideen und Strategien. Die Befürworter zu erkennen ist wichtig. Sie können zu Ihren Begleitern werden. Sie können Projekte positiv beeinflussen und Skeptiker überzeugen. Sie haben Ideen Projekte zu verändern, damit Skeptiker zum Befürworter werden.

Stellen Sie sich vor, Sie sind Mitarbeiter eines Unternehmens und der Vorgesetzte oder Chef kommt zu Ihnen und erzählt Ihnen, dass es ein neues Projekt gibt. Dieses Projekt ist eine große Herausforderung für das Unternehmen und seine Mitarbeiter. Er erläutert die genauen Zusammenhänge und Ansprüche. Für und Wider werden abgesprochen und abgeklärt. Das Team sagt Ja. Manche sind sehr motiviert und manche etwas skeptisch.

6.3 Die kleinen Signale

Der Skeptiker ist eher etwas zurückhaltender und hinterfragt die einzelnen Schritte. Wie sieht die Körpersprache bei ihm aus? Am Tisch sitzend entweder den Kopf etwas geneigt oder leicht nach oben angehoben. Die Stirn zur Nase hin leicht gerunzelt. Der Blick ist eher starr und die Augen haben wenig Glanz. Die Mundwinkel sind eher nach unten gerichtet. Wenn dieser Mitarbeiter nicht fragt, haben wir hier die Möglichkeit nach den Einwänden zu fragen. Er ist eher problemorientiert.

Der motivierte Mitarbeiter hat eine große Körperspannung und sitzt gerade, hat einen klaren Blick und ist in Gedanken schon bei der Umsetzung. Die Augen glänzen. Die Stirn und Augenbrauen sind ganz leicht nach oben gezogen. Ihm sind die Argumente des Skeptikers eher unangenehm und zeitraubend, weil er anfangen will. Begeisterung entsteht bei der Herausforderung. Er fühlt sich dabei ausgeglichen. Endlich kann er zeigen, was er drauf hat. Er ist eher lösungsorientiert.

Im weiteren Verlauf der Arbeit hat der Motivierte (so werde ich den Mitarbeiter in Zukunft nennen) eine sehr hohe Leistungsfähigkeit. Er hat gute Laune, ist fit wie ein Turnschuh. Selbst Probleme, die entstehen, machen Ihm nichts aus. Alles läuft gut. Seine Bewegungen sind sehr energetisch. Sein Schritt ist schnell und kraftvoll. Ein Lächeln ist im Gesicht zu erkennen. Die Schultern sind gerade.

Der Skeptiker ist eher ruhiger, hinterfragender und sucht nach den Haken und Ösen. Er geht langsamer und bedächtig, die Schultern leicht nach vorne geneigt, der Kopf leicht nach unten gerichtet.

Es gibt auch die Skeptiker, die stur sind, gerne in die Konfrontation gehen und Projekte von Anfang an zerreißen wollen. Die Körperhaltung ist sehr angespannt und wirkt etwas aggressiv. Die Mundwinkel sind in Falten gelegt. Der Blick angespannt. Die Augenbrauen sehr zur Nase gezogen.

Wofür braucht ein Team einen Skeptiker?

Die Motivierten wollen anfangen und etwas tun. Dadurch könnte es möglicherweise dazu kommen, dass eine genaue Vorbereitung etwas vernachlässigt wird.

Beim Skeptiker gehen wir davon aus, dass es sich um den natürlichen Skeptiker handelt. (Ich nenne ihn so, um ihn von dem strategischen Skeptiker zu unterscheiden.) Der strategische Skeptiker handelt aus dem Motiv heraus, sich übermäßige Arbeit vom Hals zu halten. Nach dem Motto: Lass es ruhig die anderen machen, dann habe ich meine Ruhe. Es sind diejenigen, die sich nicht engagieren.

Der natürliche Skeptiker mag keine Überraschungen. Deshalb wird genau geplant, um Peinlichkeiten und möglicherweise Schuldzuweisungen zu verhindern. Er neigt dazu, zu genau zu planen, ohne zu starten. Er sorgt dafür, dass der begeisterte Befürworter weniger Fehler macht. Diese zwei Pole ergänzen sich hervorragend. Wichtig ist, diese Zusammenhänge der jeweiligen Fähigkeiten auch zu kommunizieren. Denn nur wenn beide Seiten die Akzeptanz der Ressourcen erkannt haben, ist es möglich, stressarm zusammen zu arbeiten.

Es fängt mit einem Stirnrunzeln und/oder einem skeptischen Blick an. Oft wird diese Skepsis bzw. Begeisterung erkannt, dann allerdings nicht verbalisiert. Wenn darüber geschwiegen wird, kann es passieren, dass Begeisterung in Skepsis umschlägt. Somit haben wir dann einen Befürworter weniger und eine Chance vertan. Welche Signale können die kleinen Signale sein?

Skeptiker können die Stirn runzeln die Augenbrauen nach unten ziehen, die Augen verdrehen, durch den Mund schnaufen, nur um ein paar zu nennen. Es gibt noch viele andere Zeichen.

Ein Beispiel: Am Vormittag bekommen Sie einen zusätzlichen, wichtigen Auftrag, der dazu führt, dass Überstunden gemacht werden müssen. Auch am selben Tag noch. Sie sprechen mit den zuständigen Mitarbeitern und kündigen diese Maßnahme an. Ein Kollege dreht sich um, holt tief Luft und schnauft aus dem Mund, dabei verdreht er die Augen.

Es gibt zwei Möglichkeiten. Sie sagen: „Es ist so. Da müssen Sie durch, ohne Wenn und Aber."

Sie können auch fragen. „Ich sehe, Sie haben ein Problem damit, wollen Sie mir es sagen?" Mit diesem Verhalten hat der Mitarbeiter mitbekommen, dass seine Reaktion bemerkt wurde und auf ihn eingegangen wird. Somit hat er die Möglichkeit und die Aufforderung, sich zu äußern. Er wird in diese Entscheidung mit eingebunden. Vielleicht hat er etwas Wichtiges vor. Somit ergibt sich die Möglichkeit eines Kompromisses und eine Chance. Das ist ein Zeichen der Wertschätzung.

Ideal wäre natürlich gewesen, die Mitarbeiter vorher in die Entscheidung mit einzubinden und vor der Annahme des Auftrages darüber zu informieren und zu planen.

In diesem Fall musste die Führung schnell entscheiden und konnte nicht erst eine Planung gestalten. Hier ist es wichtig, die Beweggründe im Nachhinein zu erläutern, damit man Befürworter des Auftrages bekommt. Dadurch kann man zumindest die Erkenntnis der Notwendigkeit erreichen.

6.4 Die mittleren Signale

Der Chef macht etwas Druck. Der Abgabetermin hat sich verkürzt. Aber auch das bringt Sie nicht aus der Ruhe. Da Sie Ihre Aufgabe sehr gut erledigen, kommt der Chef auf die Idee, Ihnen parallel ein weiteres Projekt auf die Nase zu binden. Sie wollen eigentlich Nein sagen, weil Sie wissen, dass es Schwierigkeiten geben wird. Dennoch sagen Sie Ja, obwohl Sie Nein sagen wollten. Sie hätten auch offen erwähnen können, dass Sie das Projekt unter bestimmten Voraussetzungen übernehmen. Zum Beispiel, dass Sie den Lead für das Projekt übernehmen und anderen Mitarbeiter Aufgaben delegieren können.

Jetzt verändert sich etwas. Bisher war die Körpersprache voller Elan, die Körperspannung, die Augen die Schultern, der Gang, alles strotzte bisher nur so von Energie.

Nun kommen die ersten kleinen Signale. Es kann gelegentliches Schnaufen sein. Oder auch gelegentliches Augenverdrehen. Gelegentlich Schulter hängen lassen. Danach raufen Sie sich wieder zusammen und kommen zu Ihrer alten Leistung. Sie motivieren sich und sagen sich, es wird schon klappen. Augen zu und durch. Der Akku ist noch voll.

Das neue Projekt bekommt nicht so viel Aufmerksamkeit von Ihnen, weil es auch nicht so interessant für Sie ist und Ihr Herz weniger dafür brennt, als es müsste.

Das zweite Projekt kostet viel Zeit. Das erste wird dadurch in Mitleidenschaft gezogen. Dadurch ist möglicherweise der Abgabetermin gefährdet. Sie gehen zum Chef und sagen, dass sie den Aufwand für das zweite Projekt unterschätzt haben und bitten um Abgabe der Aufgabe, oder um Unterstützung. Sie bekommen einen lapidaren Satz als Antwort: „Sie schaffen das schon, ich weiß das."

Im weiteren Verlauf wird der Schritt langsamer, die Schultern hängen immer mehr. Die Augen haben schon lange den Glanz verloren. Die Stimmung sinkt und dadurch wird ihre Stimme barscher. Da das Projekt immer mehr Zeit frisst und Sie sich nicht noch einmal die Blöße und eine Abfuhr beim Vorgesetzten abholen möchten, machen Sie Überstunden. Diese reichen nicht. Sie arbeiten tief in die Abendstunden hinein. Sie essen falsch oder fast nichts mehr oder nur noch zwischendurch. Der Gang wird zunehmend schleppender, die Schultern sind kraftlos. Die Energie, die sie noch bräuchten, steht Ihnen nicht mehr zur Verfügung. Nun arbeiten sie schon am Wochenende. Weniger Schlaf, keine Ruhephasen, falsches Essen.

6.5 Die starken Signale

Damit es keiner merkt, übertreiben Sie Ihr Verhalten. Ein betont starker Schritt. Der Rest ist nur noch schlapp. Sie fragen sich immer öfters, „warum tue ich mir das an?"

Wenn Sie einen Vorgesetzten haben, der jetzt etwas merkt und Sie fragt, was los sei, antworten Sie: „Alles kein Problem!", weil Sie sich nicht noch einmal blamieren wollen.

Sie werden immer langsamer, weil ihre Leistungskurve immer schlechter wird. Sie haben inzwischen einen Leistungsverlust von 30 % und mehr.

Es fällt den Kollegen schon lange auf, dass Sie total überfordert sind. Jetzt wenden diese sich an Sie und fragen, was los ist und ob Sie Hilfe brauchen. Sie werden aggressiv und fragen, was das soll. Jetzt wird es kritisch. Die Kollegen wenden sich von Ihnen ab und es bleiben nur noch ein paar Kollegen übrig, die zu Ihnen halten. Sie wenden sich immer mehr von den Kollegen ab. Nun sind Sie alleine, denn die Letzten wenden sich auch ab.

Ein paar Tage später sind Sie krank.

Nun gibt es ein großes Problem. Das Projekt hatten – durch die Auseinandersetzung – nur Sie. Die anderen Projektteilnehmer kennen schon lange nicht mehr den Status Quo. Keiner weiß Bescheid. Der Abgabetermin aller Projekte ist schon in Kürze. Sie sind unabkömmlich. Nach einer Woche kommen Sie wieder zur Arbeit. Es geht eigentlich nicht, denn Ihr Akku ist komplett leer, aber die Projekte müssen fertig sein. Ein paar Tage später geht nichts mehr. Sie können nur noch zum Chef gehen, ihm die Projekte auf den Tisch legen und sich in professionelle Obhut begeben. Schwächeanfall, Burnout oder ähnliches. Die Körpersprache ist nun absolut eindeutig. Jeder hat es kommen sehen, nur keiner hat mehr etwas unternommen, weil sie schon lange resigniert haben. Der Vorgesetzte bzw. Chef hat es nicht gesehen, oder wollte es nicht sehen.

So, meine Schilderung breche ich jetzt hier ab und überlasse den Rest der Geschichte Ihrer Phantasie.

Die Sprache und Körpersprache sind jetzt offensichtlich. Die Verantwortung liegt jetzt in der Hand der Vorgesetzten und der Führung.

6.6 Die Führung

Sie können selbst entscheiden, ob diese Geschichte realistisch sein könnte, oder vollkommen unrealistisch und gnadenlos übertrieben ist. Aus meiner Erfahrung kann ich nur sagen, dass ich bei weitem nicht übertrieben habe. Häufig eskalieren diese Situationen zu enormen Konflikten innerhalb des kompletten Teams.

Manchen Vorgesetzten und Chefs ist es egal, ob das Team funktioniert. Sie wollen nur Ergebnisse, egal wie. Es gibt auch Führungskräfte, die sehr teamorientiert und kollegial arbeiten. Diese arbeiten meist besser, schneller und mit besseren Resultaten.

Eines sei noch erwähnt. Auch die Führungskräfte unterliegen den gleichen Gefahren. Der Chef braucht Aufträge. Möglicherweise sagt er selbst auch Ja, wo er lieber Nein sagen würde. Die Vorgesetzten in der tieferen Ebene bekommen diese Aufträge weitergeleitet. Wir alle unterliegen genau diesen Gefahren.

Sie können so weiter machen wie bisher, oder Sie gehen andere, neue Wege. Jedes Change Management ist schwer. Es löst die Probleme leider nicht sofort. Wer das glaubt, der sollte es so lassen, wie es ist. Es braucht Zeit. Es kann sogar, je nachdem wie groß die Veränderung ist, die Produktivität über mehrere Wochen und Monate reduzieren. Es muss möglicherweise noch nachgebessert werden, bis es „rund" läuft. Dann beginnt die Zeit der positiven Veränderungen und der Steigerung der Effektivität, Effizienz und der Produktivität.

Wie kann dies alles vermieden werden?

Eine gute Führung und Arbeitskollegen merken viel früher, dass etwas nicht stimmt und etwas nicht mehr klappt. In einem Unternehmen, in dem offen miteinander umgegangen wird, wird Stress natürlich auch eher erkannt. In einem Unternehmen mit einem guten Projektmanagement und dessen Controlling wird früher gehandelt. In kleinen Unternehmen kommt so etwas schon häufiger vor. Wegen der Größe bleiben solche Spitzen oft an ein paar Kollegen hängen. Aber auch dort kann in einem kleinen Unternehmen durch ein gutes Miteinander vieles getan werden. Offenheit und Ehrlichkeit sind die Basis der Zusammenarbeit.

Wer sich mit Projektmanagement auskennt, der weiß, wie es meistens abläuft. Sie haben zum Beispiel für ein Projekt zwei Monate Zeit. Wann wird angefangen, konsequent daran arbeiten? Zwei bis drei Wochen vor Abgebtermin, stimmt's? Vorher müssen noch wichtigere Dinge erledigt werden. Regelmäßige Treffen finden nur selten oder gar nicht statt. Wir haben noch Zeit, heißt es meistens, richtig? Dabei kann es so einfach sein. Wenn ein Projekt ansteht, ist es wichtig, die Ressourcen zu klären, Aufgaben zu verteilen, Leads zu bestimmen. Wichtig ist es, im Vorfeld zu klären, was gebraucht wird, um die Aufgabe überhaupt angehen zu können. Wenn diese Vorbereitungen getroffen sind, kann schon vieles im Hintergrund zusammengetragen werden. Dies wäre ein erster Schritt. Hierdurch könnte der Stress erheblich reduziert werden.

Wenn wir uns mehr mit der Körpersprache beschäftigen, können wir viel früher Veränderungen erkennen und frühzeitig agieren.

Wenn ich erkenne, dass ein Mitarbeiter überfordert ist, kann ich als Mitarbeiter und Kollege etwas tun, ohne dass der Mitarbeiter und Kollege das Gesicht verliert. Zum Beispiel kann ich den Mitarbeiter entlasten, indem er das erste Projekt behält und für das Zweite den Lead abgibt und Kollegen arbeiten ihm zu. Das gute alte klassische Projektmanagement könnte Abhilfe leisten.

Es ist wichtig, frühzeitig die Situation zu erkennen und vorzeitig zu agieren, damit das Potential und die Gesundheit der Mitarbeiter erhalten bleibt. Ein krankes Unternehmen leistet bis zu 40 % weniger als ein gesundes.

Natürlich ist bei der Körpersprache der persönliche Typ und Charakter zu beachten.

Wenn ein ruhiger und feinfühliger Mensch Signale gibt, muss man oft sehr genau hinschauen, da sie sehr fein abgegeben werden. Möglicherweise dauert es länger, bis man etwas merkt. Bei den extravertierten Menschen ist die Sprache eindeutiger. Die Signale sind klar und schneller zu erkennen.

Ein Tipp zum Ende: Schauen Sie hin und haben den Mut, den ganzen Menschen in seiner Ganzheit wahrzunehmen und dies nicht nur in Ihrem engsten Kreis. Die Körpersprache eröffnet vollkommen neue Möglichkeiten der Kommunikation in allen Lebenslagen. Sei es beim Verhandeln, beim Flirten, bei Konflikten. Dies ermöglicht bessere Resultate mit weniger Stress und viel mehr Schulterschluss.

Die Körpersprache ist eine Sprache, wie eine Fremdsprache. Die Vokabeln sind keine Worte, sondern Bilder. Wie jede Sprache können Sie auch diese lernen. Sie braucht Übung! Die Körpersprache ist eine internationale Sprache, die sich nach den einzelnen

Ländern durch die unterschiedlichen Temperamente differenziert. Dies ist wichtig zu wissen, wenn in einem Unternehmen Mitarbeiter unterschiedlicher Nationalitäten beschäftigt sind.

Haben Sie den Mut, diese Sprache zu erlernen. Dies verändert Ihr Leben und erleichtert die Führung Ihrer Mitarbeiter immens. Gesunde Mitarbeiter sind ein Zeichen für ein gesundes Unternehmen.

6.7 Über den Autor

Michael Hannig ist Coach und Trainer für Persönlichkeitsentwicklung, Kommunikation und Menschenführung. Der Begleiter, Dozent und Unternehmer legt den Schwerpunkt seiner Arbeit auf die Körpersprache. Seit fast 15 Jahren begleitet er Gruppen und Einzelpersonen, im beruflichen und privaten Bereich, bei Veränderungen. Er unterstützt Menschen bei der Suche nach den persönlichen, verborgenen Exzellenzen und macht unsichtbares sichtbar. Diese Veränderungen führen zu mehr Zufriedenheit, Gelassenheit, Kraft und Energie. Der Schlüssel bei Begleitung ist die Körpersprache. Sie spüren die Faszination, mit der er sich dem Thema widmet. Nach einer Ausbildung zum Stressregulierungs- und Burnoutpräventionstrainer interessieren ihn besonders die Veränderungen der Körpersprache durch Überlastung und Stress.

Seine humorvolle und lebendige Art lässt seine Begeisterung für dieses Thema spüren. Er hat eine besondere Art, Wissen anschaulich und einprägend zu ermitteln.

Weitere Infos unter www.michaelhannig.de.

Selbst-Führung und Gesundheit

Yvonne Natascha Heum

7

Inhaltsverzeichnis

7.1	Stress und Reizüberflutung/„Zuvielisation"	112
7.2	Stress – die harten Fakten	112
7.3	Das kostet Geld	113
7.4	Me, myself and I	114
7.5	Krisen und unpopuläre Rahmenbedingungen	114
7.6	Mentaler Rahmen für Gesundheit	115
7.7	Innerer Dialog	122
7.8	Negative Gefühle und unangebrachte Kommunikation	123
7.9	Eigenverantwortung und etwas aus meinem „Nähkästchen"	125
7.10	Selbst-Coaching: Fragen zum Thema Gesundheit und Selbst-Führung	127
7.11	Über die Autorin	129
Literatur		130

In dem folgenden Beitrag möchte ich Sie ein wenig für einen achtsamen Umgang mit sich selbst – sprich für Ihre „Selbst-Führung" – sensibilisieren sowie über die damit einhergehenden (Aus-)Wirkungen auf Ihre Gesundheit. Dazu werde ich Ihnen im Vorfeld einen theoretischen Einblick in die Aspekte vermitteln, die in unmittelbarem Zusammenhang mit dem Thema „Gesundheit" stehen, damit Sie sich mit einem besseren Verständnis dem anschließenden Übungsblock am Ende des Kapitels zuwenden können. Dort stelle ich Ihnen einige Übungen vor, die Sie gut zuhause ausprobieren können. Ziel ist, dass es Ihnen im Alltag gelingt, mit den allgemeinen Stress- und „Nervfaktoren" gelassener umzugehen.

Haben Sie sich schon einmal Gedanken darüber gemacht, wie stark das Thema „Führung" und das Thema „Gesundheit" miteinander verknüpft sind? Wussten Sie, dass Führung auch krank machen kann? Der Führungsstil in einem Unternehmen bzw. in einer

Yvonne Natascha Heum ✉
Institut relset, Weiherstr. 7, 40219 Düsseldorf, Deutschland
e-mail: info@reset-kommunikation.de

Abteilung wirkt sich aktiv auf das Klima und dementsprechend automatisch auch auf die Gesundheit der beteiligten Personen aus, von der allgemeinen Performance ganz zu schweigen.

Wer sich in einem unangenehmen Umfeld, geprägt von negativer Stimmung, Misstrauen oder Energie zehrendem Stress, bewegt, wird wesentlich häufiger und oftmals länger krank bzw. ist nicht voll leistungsfähig. Natürlich geht es genauso in die andere Richtung. Ein empathischer und entwickelnder Führungsstil fördert ein angenehmes Betriebklima, Kreativität und die emotionale Anbindung der Mitarbeiter an das Unternehmen. Und zwar mit messbaren finanziellen Effekten: Ein positives Betriebsklima, in dem es auch mal stressig hergehen darf, wirkt sich nicht nur entspannend auf die Menschen, sondern faktisch auch auf die Kosten aus.

Neben dem „erlebten Klima" im beruflichen Umfeld hat ebenso die Umwelt signifikanten Einfluss auf die Menschen. Und daran kann auch ein empathischer Führungsstil erst mal nicht viel ändern.

7.1 Stress und Reizüberflutung/„Zuvielisation"

Unser Alltag ist geprägt von einer steten Reiz- und Geräuschüberflutung. Ohne Pause werden wir mit einer Vielzahl von Eindrücken und Lärm konfrontiert, so dass es kaum möglich ist, sich dem zu entziehen. Zu allem Überfluss kommt häufig noch eine 24-stündige Erreichbarkeit per Handy/E-Mail hinzu. Das stresst, und zwar nicht zu knapp! Das Bedürfnis nach Ruhe und Erholung weitet sich mehr und mehr unter den Menschen aus, das Wellness-Angebot ist dementsprechend in den vergangenen Jahren exponentiell angestiegen. Yoga-, Meditations- und Mindfullness-Based-Stress-Reduction-Kurse boomen. Selbst das Manager Magazin widmete im Mai 2014 eine Ausgabe diesem Thema.

2011 belegte die WHO in einer Studie, dass Lärm, besonders Verkehrslärm, mittlerweile das Gesundheitsrisiko Nummer eins ist. „Lärmbelastung ist nicht nur ein ärgerliches Umweltproblem, sondern eine echte Bedrohung für die öffentliche Gesundheit", sagt Zsuzsanna Jakab, die zuständige Regional-Direktorin der WHO für Europa (WHO 2011). Lärm stört unseren Schlaf, verursacht Herz-Kreislauf-Erkrankungen und hat negative Folgen für unsere Psyche. Das wiederum hat massive Auswirkungen auf unsere Leistungsfähigkeit im Alltag, auf die Gesunderhaltung von Körper und Geist.

7.2 Stress – die harten Fakten

Macht Stress wirklich immer krank? Nein, sicherlich nicht. Es ist bekannt, dass es „gesunden" und „krank machenden" Stress gibt. Das ist nichts Neues. Und jeder, der einen Job hat, der ihm viel Spaß macht, weiß aus eigener Erfahrung, was angenehmer Stress ist, und ist sogar in der Lage, für eine gewisse Zeit, die Grenzen seiner eigenen Leistungsfähigkeit nach oben zu verschieben. Allerdings gilt es dabei zu berücksichtigen, dass dies kein

Dauerzustand wird. Es bedarf also steter Sequenzen der Erholung. Wir brauchen Zeit, um unsere Akkus wieder mit neuer Energie und Tatendrang aufladen zu können. Besonders High-Performer, die mit einem ausgeprägten Maß an Verantwortung und Zeitaufwand für ihre Tätigkeit konfrontiert sind, müssen auf ihre Leistungsfähigkeit und dementsprechend auch auf ihre Gesundheit achten. Das heißt guter Stress motiviert und treibt uns an, schlechter Stress demotiviert und macht uns krank. Das Resultat eines solchen Falles wäre dann z. B. ein ganz solider Burnout.

Der Gesundheitsreport der DAK, aus dem Jahr 2014, steht nicht von ungefähr unter dem Titel „Die Rushhour des Lebens. Gesundheit im Spannungsfeld von Job, Karriere und Familie". Hohe Arbeitsbelastung, enorme persönliche Flexibilität und schlechtes Betriebsklima wirken sich demnach äußerst ungünstig auf den allgemeinen Krankenstand aus. Die andauernde Rationalisierung des Personals hat zu einer massiven Arbeitsverdichtung in Unternehmen und Behörden geführt. Die Mehranforderung an den einzelnen Mitarbeiter ist streckenweise auf ein wirklich unerträgliches Maß gestiegen. Und das bei weitem nicht nur im öffentlichen Dienst und in der Verwaltung. Im Vergleich zum Vorjahr sind die psychischen Erkrankungen, von denen der Großteil den Depression und Burnout zugehörigen Diagnosen zuzurechnen ist, zwar wieder von Rang zwei auf Rang drei zurückgefallen, aber sie machen nach wie vor 14,6 % der gesamten Fehltage aus! Übrigens nur 3 % der als psychische Erkrankung deklarierten Fehlzeiten haben eine „harte psychiatrische Diagnose", wie z. B. Schizophrenie, zur Grundlage (DAK 2014). Bereits im Report 2013 wurde die Frage gestellt, inwiefern die gestiegenen beruflichen Anforderungen direkt oder indirekt Einfluss auf die (psychischen) Erkrankung der Menschen hatten.

Das heißt das Bewusstsein dafür, dass offensichtlich etwas wirklich im Argen liegt, ist bereits vorhanden. Es ändert sich allerdings nur viel zu schleppend etwas in der direkten Gestaltung der Jobs im Hinblick auf Gesundherhaltung, neudeutsch auch „Well-Being" genannt. Aus Erfahrung meiner täglichen Arbeit mit Klienten und der Rücksprache mit Kollegen und Medizinern kann ich ganz klar sagen: Auch bei uns deutet alles auf einen unmittelbaren kausalen Zusammenhang zwischen Mehranforderung im beruflichen Kontext und „mentaler Instabilität" hin.

7.3 Das kostet Geld

Fakt ist: Diese ungünstige Gesamtsituation kostet richtig Geld.

Hier mal ein paar Zahlen: Mitarbeiter, die unzufrieden mit Ihrer Tätigkeit sind und keine emotionale Bindung an ihr Unternehmen spüren, sind laut dem Gallup-Institut durchschnittlich 3,5 Tage mehr krank als ein Mitarbeiter, der sich in seinem Job wertschätzend gefordert und gefördert fühlt. Die volkswirtschaftlichen Auswirkungen belaufen sich nach Berechnung auf jährliche Mehrkosten von über 110 Milliarden Euro.

Die Gallup-Studie (Gallup Engagement Index 2012) hat ganz klar einen unmittelbaren Zusammenhang zwischen emotionaler Unzufriedenheit am Arbeitsplatz und krankheitsbedingten Fehltagen im Unternehmen belegt. Das, und besonders die daraus entstehenden

Kosten, können und dürfen nicht länger negiert werden. Denn auch der finanzielle Schaden für Unternehmen ist einfach nicht mehr wegzudiskutieren. Ganz zu schweigen davon, wenn ein Unternehmen den Ruf einer „Fachkräfte-Filettierungs-Anstalt" bekommt und die häufige Fluktuation zu schlechten Ergebnissen in Produktion und Entwicklung führt, weil das verlorene Mitarbeiter-Know-how gar nicht mehr so schnell ergänzt werden kann, wie es verschlissen wird.

7.4 Me, myself and I

Ob man gesund bleibt oder nicht, hat in erster Linie etwas mit dem Umgang mit sich selbst zu tun. Natürlich ist niemand vor einem Schicksalsschlag gefeit. Selbst wer nie geraucht, jeden Tag Sport getrieben und sehr fürsorglich mit sich umgegangen ist, kann z. B. von einer Krebserkrankung heimgesucht werden. Garantien gibt es keine, wohl wahr. Aber sicherlich gibt es Faktoren, die sich definitiv ungünstig auf unsere Gesundheit auswirken. Mir geht es nicht darum, Ihnen einen Vortrag zum Thema „Hören Sie das Rauchen auf, essen Sie weniger fette Würstchen oder Sahneschnittchen und bewegen Sie sich auch mal nach Feierabend" zu halten. Wenn *da* etwas im Argen liegt, brauchen Sie nicht mich, um Sie darauf aufmerksam zu machen. Sie selbst wissen bereits am besten, dass Ihnen das nicht gut tut und eine Änderung eine gute Idee wäre. Ich möchte eher dort ansetzen, *wieso* Ihnen eine Veränderung nicht so gut gelingt. Was genau hindert Sie daran? Ist es immer nur der „innere Schweinehund"? Ja, sicher, auch der trägt seinen Teil dazu bei – aber nicht in Gänze.

7.5 Krisen und unpopuläre Rahmenbedingungen

Einen wirklich großen Teil zu unserer Gesundheit trägt der Kontext bei, in dem wir leben und die Art, wie wir mit diesem umgehen. Die häufigsten Auslöser, wenn wir unachtsam mit uns umgehen, sind von Stress und Krisen geprägte Zustände. Massive Anforderungen im Job, nicht erwartete Kritik, herbe Rückschläge oder veränderte Rahmenbedingungen wie eine Fusion oder Umstrukturierung, können einen ordentlich aus dem Tritt bringen. Von privaten Einflüssen wie Trennung, Tod, Unfall oder einer schweren Erkrankung ganz zu schweigen.

Die Frage, die sich dann stellt, ist: „Wie nun also mit der Situation umgehen?" In den meisten Fällen funktioniert der Körper in der akuten Krise hervorragend von allein. In einer Art Autopilot steuert das limbische System erst mal alles von selbst, bis der Frontalkortex das aktive Denken wieder übernimmt. Dann wird es langsam Zeit, sich sprichwörtlich Gedanken zu machen, eben mit unserem Frontallappen, den Eckhard von Hirschhausen auch so gerne als „Jammerlappen" bezeichnet. Das heißt, jetzt muss die Ratio wieder eingeschaltet werden. Und da wären wir dann auch gleich beim Thema: Was unterscheidet den Menschen, der jammert und klagt und deshalb krank wird, von demjenigen, der gesund und möglicherweise sogar gestärkt aus einer Krise hervorgeht? Es ist die Art und Weise, *wie* über die „kritische" Situation gedacht und dementsprechend agiert wird. Der eine bleibt im Zustand von Enttäuschung und Frustration, zieht sich zurück und verharrt in Passivität. Er ist sozusagen ohnmächtig, ohne eigene Handlungsfähigkeit den Gegebenheiten ausgeliefert. Der andere blickt optimistisch nach vorne, setzt sich ein Ziel, wie es nach der Krise weitergehen soll und beginnt dieses mit entsprechend stringenter Planung umzusetzen – und das, während ihm aktuell grad alles um die Ohren fliegt.

Aber wie macht man das?

7.6 Mentaler Rahmen für Gesundheit

Ich habe dieser Tage eine ganz wunderbare Karikatur gesehen. Eine Frau, offensichtlich eine Mitarbeiterin oder die Assistentin, steht völlig konsterniert vor ihrem Chef, der sie wild gestikulierend, emotional völlig entgleist anbrüllt: „... schlecht behandelt?! – Na, da müssen Sie erst mal sehen, wie ich mit mir selbst umgehe!"

Das bringt die Sache auf den Punkt. Die Selbst-Führung, sprich, wie ich mit mir umgehe, wie ich mich „anleite", lässt einen Rückschluss auf den Umgang mit anderen zu. Sie wird bestimmt von meinen Überzeugungen, den Werten, die mich antreiben und motivieren und natürlich auch von den Rahmenbedingungen, in denen ich mich bewege. Mit Blick auf „Gesundheit" spielen also folgende Persönlichkeitskomponenten eine Rolle, die der Psychologe Frank Kuhneke (2009) einmal passend zusammengefasst hat:

- Der Lebenssinn (dazu gehören die persönlichen Werte, Ziele und das Gefühl „bedeutsam" zu sein),
- Die sozialen Beziehungen (Familie, Beruf, Gesellschaft),
- Das Denken (Wahrnehmung),
- Die Biografie (Herkunftsfamilie, Vergangenheit),
- Der Körper, Emotionen (Nerven-, Hormon- und Immunsystem),
- Die Überzeugungen (zur Person, zur Genesung, zum Gesamten),
- Die Umwelt (Natur, Umgebung).

Aus der Klärung dieser Persönlichkeitskomponenten können Sie Ihren persönlichen „mentalen Rahmen für Gesundheit" erstellen. Sind Sie sich über Ihre Persönlichkeitskomponenten in Gänze im Klaren? Oder gibt es Bereiche, in die Sie inhaltlich nicht näher einsteigen möchten? Und wenn etwas unklar ist, was genau hat Sie bisher davon abgehalten, sich näher damit zu beschäftigen?

7.6.1 Lebenssinn und Sinnhaftigkeit

Damit Menschen gesund und glücklich leben, bedarf es einiger wichtiger Parameter, die erfüllt sein müssen. Aaron Antonovski, ein israelisch-amerikanische Medizinsoziologe, entwickelte die „Salutogenese" (Antonovsky und Franke 1997). Hierbei geht es um die Wechselwirkung und die unterschiedlichen Faktoren, die sich aktiv auf die Entstehung von Gesundheit beziehen:

- Die Fähigkeit, dass man die Zusammenhänge des Lebens versteht: das Gefühl der Verstehbarkeit.
- Die Überzeugung, dass man das eigene Leben gestalten kann: das Gefühl der Handhabbarkeit.
- Der Glaube, dass das Leben einen Sinn hat: das Gefühl der Sinnhaftigkeit.

7.6.2 Ihre Persönlichkeitskomponenten

Werte und Lebenssinn
Welche Werte spielen in Ihrem Leben die Hauptrollen und sind diese Werte noch auf dem aktuellen Stand? Möglicherweise hat sich der eine oder andere Wert, der mit Anfang 20 noch von großer Bedeutung war, mittlerweile relativiert? Erfahrungsgemäß ändert z. B. die Elternschaft das persönliche Wertesystem nachhaltig. Meistens lässt sich diese Veränderung gut in den Alltag, das persönliche System intergrieren. Manchmal können jedoch Schwierigkeit entstehen, die in einen inneren Interessenkonflikt münden, was sich dann ungünstig auf die Befindlichkeit auswirkt.

Menschen, die dauerhaft gegen ihr Wertesystem verstoßen, verlieren irgendwann ihre Motivation, den Antrieb und ihr Gefühl für Sinnhaftigkeit – was sich wiederum unweigerlich auf die Gesundheit auswirkt. Dieser dauerhafte Verstoß zerstört das Erleben von Bedeutsamkeit, d. h. „Ich bin wichtig und für etwas gut und mein Leben auch".

Fühlen Sie sich im Einklang mit Ihren Stärken und Fähigkeiten und haben Sie die Möglichkeit, diese zu leben?

Soziale Beziehungen
Wie steht es um Ihre sozialen Beziehungen? Leben Sie eine sinnerfüllte Partnerschaft, die von Respekt und Interesse am Gegenüber geprägt und deren Liebesleben intakt ist? Sicherlich verändert sich die Intensität der Körperlichkeit bei einigen Menschen, aber das ist völlig normal. Wichtig ist das Gefühl des Mit-einanders und nicht des Neben-einanders. Dauerhafte Konflikte in der Paarbeziehung oder zu anderen Familienangehörigen sind radikale Energiefresser. Auch dies führt unweigerlich zu massiven Einschränkungen in der Befindlichkeit. Fakt ist: Den Partner oder den Verwandten kann ich nicht ändern, aber meinen Umgang mit der Situation. Wenn ein Lösungsversuch nicht gelingt, bedeutet

dies nicht „Mehr vom selben" oder Stagnation, sondern eine neue Handlung als Lösungsversuch: „Mach mal was anders!".

Pflegen Sie Ihren Freundeskreis, sind Sie ein ausgewogener „Freund" – oder sind Sie durchweg der Kummerkasten für die anderen? Oder laden Sie oftmals ihren emotionalen Müll vor der Haustüre Ihrer Freunde ab? Freundschaft ist wie eine Waage, sie kann partiell mal in die eine oder die andere Richtung ausschlagen, sollte aber ansonsten von einem Miteinander in Balance geleitet werden.

Denken und Wahrnehmung
Bekommen Sie noch die Kleinigkeiten mit? Eine wunderschöne Blüte, die sich auf einmal neben Ihrem Hauseingang selbst ausgesät hat, die wildfremde Frau auf der Straße, die Sie einfach so anstrahlt, eine emotionale Befindlichkeit bei Ihren Kollegen oder bei Ihrem Partner, die jedoch nicht verbal geäußert wird? Es geht mir um die Kleinigkeiten, um die Feinheiten in der Wahrnehmung: das Schöne, aber auch das weniger Schöne. Achten Sie mal gezielt darauf, wie Sie über bestimmte Menschen und Situationen denken. Diese Gedanken tauchen in Bruchteilen von Sekunden auf und hinterlassen oftmals ein Gefühl – ist das jedoch immer angemessen oder überhaupt gerechtfertigt?

Wie denken Sie eigentlich Ihr Problem und im Gegenzug dazu, wie denken Sie einen glücklichen, zufriedenen Moment?

Mein Tipp: Schulen Sie Ihre Wahrnehmung – was sehen Sie, was teilt Ihnen Ihr Bauchgefühl mit und was denken Sie eigentlich?

Biografie
Sind Sie im Einklang mit Ihrer Biografie oder gibt es irgendwo ein ungeklärtes Thema? Alte Konflikte, schlimme Erlebnisse oder Lebensentwürfe, von denen man sich irgendwann unweigerlich verabschieden muss (z. B. ein unerfüllter Kinderwunsch), machen etwas mit einem. Im Coaching wähle ich zur Veranschaulichung gerne die Metapher einer Kiste, die man vor langer Zeit – bewusst oder unbewusst – im Keller verstaut hat. Manchmal hat man diese Kisten einfach vergessen und letztendlich macht das auch nichts, denn es kommt auf den Inhalt an. Denn manchmal gibt es Kisten, die beinhalten etwas „Vergiftetes". Giftmüll lässt sich bekannterweise immer nur für eine bestimmte Zeit vermeintlich sicher verschließen. Meistens wird irgendwann die Verpackung undicht und dann strömt das unsichtbare, nicht riechbare Etwas aus und kontaminiert die Umgebung. Sie halten sich in den oberen Etagen Ihres schön gestalteten Hauses auf und wundern sich, warum es Ihnen schlecht geht oder Sie schlimmstenfalls gar krank werden: Das ist Ihre alte verstaute Kiste im Keller. Wenn ein solcher Fall eintritt, ist es zügig angeraten, einen Profi-Giftmüll-Beseitiger zu Rate zu ziehen. Je nach Sachlage kann ein Coach oder Therapeut fantastische unterstützende Arbeit mit Ihnen leisten, um diesen biografischen Krempel aufzuräumen. Vermeiden Sie Vergiftungserscheinungen, Sie können sich sicherlich vorstellen, wohin das auf lange Sicht im Worst Case führen könnte!

Körper und Gefühle
Und nun geht es um Ihren Körper. Achten Sie neben dem regulären Check-up, der ab einem gewissen Alter präventiv einmal im Jahr von Vorteil ist, auf sich und Ihren Körper? Bekommen Sie mit, wenn Ihr Körper Ihnen etwas mitteilen möchte und gehen Sie dem nach, was die mögliche Ursache sein könnte? Oftmals sendet uns der Körper Alarmsignale. Aufgrund der äußeren Gegebenheiten hat man leider gerade keine Zeit, sich darum zu kümmern, ist zu beschäftigt, vielleicht bekommt man es gar nicht mal mit, weil man sowieso kaum noch etwas „fühlt". Oft ist es auch so, dass man in der Tat eine sehr gute Vorstellung davon hat, was die Botschaft beinhaltet: „Tritt kürzer", „Bürde Dir das nicht auch noch auf", „Lass da besser die Finger von" etc. Was noch lange nicht bedeutet, dass man sich von der Botschaft „führen" lässt und dementsprechend danach handelt. Unser Körper ist unser „Haus" – es muss ein Leben lang halten und es ist unsere Aufgabe, uns darum zu kümmern, dass es in einem guten Zustand ist. Diese Aufgabe übernimmt niemand anderes für uns. Und nicht alle Menschen bekommen z. B. nach einem Infarkt oder einem Schlaganfall eine zweite Chance. Ist Ihnen einmal aufgefallen, dass unsere Sprache über so viele Redewendungen verfügt, die einen unmittelbaren Zusammenhang zwischen körperlichem Symptom und übetragener Ursache darstellen? Das liegt mir wie ein Stein im Magen, d. h. etwas, nämlich *das* macht Magenschmerzen. Das lastet schwer auf meinen Schultern, d. h. etwas belastet mich emotional und wirkt sich als Rückenschmerzen aus (gerne Bandscheibenvorfall). Im Rheinischen gibt es einen tollen Ausdruck: „Du siehst ja aus wie frisch aus de Bütt gezogen". Das heißt: „Du siehst aus wie frisch aus der Wanne gezogen", was als Synonym für Erschöpfung steht, jemand also sprichwörtlich „fertig" aussieht. Artverwandt: Jemand ist wie ein Schluck Wasser in der Kurve – instabil, unklar, nicht bei sich.

Was spüren und was empfinden Sie mit Ihrem Körper? Wo fühlen Sie Glück und innere Zufriedenheit? Wie genau fühlt sich eigentlich Ihr Körper an, wenn Sie leicht und unbeschwert sind?

Überzeugungen
Unsere persönlichen Überzeugungen über uns und die Welt – also *so* ist eine Person oder Situation – begleiten uns tagtäglich. Die Überzeugungen werden gestützt von unseren Werten und machen somit einen Großteil unserer Persönlichkeit aus. Das, *was* wir glauben, *wie* etwas (vermeintlich) *ist*, treibt uns an, motiviert uns oder hält uns von etwas fern und signalisiert uns, uns nicht weiter damit zu beschäftigen. Überzeugungen entwickeln wir im Laufe unseres Lebens, besonders viele erlangen wir jedoch bereits in der Kindheit. Sie wurden uns von den sozialen Bezugspersonen vermittelt. Dabei handelt es sich einerseits um traditionelles Lernen, z. B. sollte man nicht auf Herdplatten fassen, um sich nicht die Finger zu verbrennen und andererseits um persönliche Erfahrungen der Bezugsperson (Vater zu seinem Sohn): „Mein Sohn, Frauen und Mädchen sind halt schwierig, die wirst Du nie richtig verstehen können." Wenn man mit einem solchen Glaubenssatz aufwächst, ist die Chance ausgesprochen groß, dass dieser junge Mann zukünftig das Gefühl hat, das weibliche Geschlecht definitiv nicht zu verstehen und gekonnt mit ihm umzugehen. Hinzu

kommen dann die selbst gemachten Erfahrungen im zwischenmenschlichen Umgang, mit dem Körper, im Job und nicht zuletzt das, was einem in dem eigenen Kulturkreis vermittelt wird, in dem man aufgewachsen ist. So glaubt man in der westlichen Kultur an die Gleichwertigkeit von Mann und Frau, während in anderen Kulturkreisen immer noch ein deutliches Gefälle herrscht.

Welche Überzeugungen haben Sie über Gesundheit im Allgemeinen und im Besonderen über Ihre eigene? Und was, glauben Sie, macht gesunde Führung aus?

Umwelt

Der letzte Aspekt ist die Umwelt, die Umgebung, in der man lebt. Sind Sie zufrieden, wie Sie wohnen? Haben Sie sprichwörtlich genug Raum für sich, um sich entwickeln und entfalten zu können? Gehen Sie in die Natur, raus ins Grüne, die Berge oder an die See?

Welchen Stellenwert nimmt Natur für Sie ein und was glauben Sie, inwiefern sich Natur begünstigend auf den Zustand und das Erleben von Gesundheit auswirkt?

7.6.3 Ein Negativbeispiel aus meinem Coaching-Alltag, wie es sich auswirkt, wenn die Persönlichkeitskomponenten nicht in Balance sind

Die Klientin, nennen wir sie Frau Stino, ist 44 Jahre alt, Mutter eines Kindes, verheiratet mit einem Diplom-Ingenieur, der in der Entwicklung tätig ist. Sie ist Abteilungsleiterin in einem großen Unternehmen, hat Personalverantwortung für 30 Leute und nach der jüngsten Fusion und diversen Restrukturierungsmaßnahmen der vergangenen Jahre hat sich ihr berufliches Umfeld völlig verändert. Als besonders belastend erlebt sie mittlerweile die Unternehmenskultur, die erstens nichts mehr mit den Werten und Idealen des Unternehmens zu tun hat, in dem sie ihre Tätigkeit vor 15 Jahren begonnen hat, und die zweitens nur noch auf dem Papier bestehen. Nichts von dem wird tatsächlich im Unternehmen gelebt. Die Stimmung unter den Mitarbeitern ist seit Jahren miserabel, Tendenz fallend. Die frei gewordenen Stellen wurden zu Gunsten der Kostenreduktion nicht mehr neu besetzt, die Mehrarbeit für den Einzelnen ist deutlich angestiegen. Kunden sind unzufrieden und beschweren sich, den Mitarbeitern sind jedoch die Hände gebunden. Seitens des Managaments sind Kritik und Verbesserungsvorschläge nicht gewünscht, obwohl die interne Vorgabe das natürlich propagiert. Das Problem ist u. a. Frau Stinos Sandwich-Position. Sie muss einerseits volles Verständnis für die Mitarbeiter und deren ernsthafte Probleme im täglichen Ablauf haben, andererseits ist es ihre Aufgabe, die ihrer Meinung nach nicht nachvollziehbaren Anweisungen von oben halbwegs gefiltert nach unten durchreichen und umsetzen zu müssen.

Der Versuch, ein permanent krankes System aufrecht erhalten zu wollen und zu sollen, obwohl dies aussichtslos erscheint, reibt Frau Stino völlig auf.

Sie kommt frustriert und mit Kopfschmerzen nach Hause, hetzt zur Kita, um ihr Kind abzuholen. Leider kommt sie oft zu spät, da sich ein Meeting wieder unnötig verlängert hat. Ihr Hinweis, dass sie pünktlich gehen muss, verpufft immer wieder ungehört.

Frau Stino fühlt sich nicht gut, hat ein schlechtes Gewissen, weil sie merkt, dass sie zu wenig Zeit für ihr Kind hat und dann mit dem Kopf nicht bei der Sache, sondern noch bei irgendeiner Geschichte im Unternehmen verweilt. Die Beziehung mit ihrem Mann kriselt, weil es ihr so häufig gesundheitlich schlecht geht (Rückenschmerzen und Schlafstörungen sind seit Jahren ihr steter Begleiter) und sie nur noch von ihrem Frust im Job erzählt. Paarzeit mit einem Gefühl der Leichtigkeit und Leidenschaft gibt es schon lange nicht mehr. Die Zerrissenheit zwischen Familie und Beruf, der Wunsch nach Selbstverwirklichung, aber nicht unter diesen Bedingungen, trägt sein Übriges zur Entwicklung bei. Zu kündigen macht ihr große Angst, da die Familie durch den Kauf einer Immobilie und einem Elternteil im Pflegeheim unter massivem finanziellen Druck steht und sie aktuell in dem Unternehmen sehr gut bezahlt wird.

Hier lässt sich gut nachvollziehbar erkennen, wie einzelne Komponenten mit unterschiedlichen Ursachen in Schieflage geraten sind und eine Lösung dringend erforderlich ist. In einem mehrmonatigen Coaching-Prozess habe ich Frau Stino dann dabei begleitet, eine Veränderung auf den Weg zu bringen. Wichtig waren hierbei zuerst die Klärung der individuellen Werte von Frau Stino. Dabei wurden alte Werte auf den Prüfstand gestellt und sich generell Klarheit darüber verschafft, was ihr denn überhaupt wichtig ist. Als wir die Top Fünf für den beruflichen und privaten Bereich herausgearbeitet hatten, war schon einmal ersichtlich, welche Werte-Aspekte in einer tragbaren Lösung enthalten sein müssen. Dann ging es um die Überzeugungen und Glaubenssätze. Spannend hierbei war ein alter kognitiv vergessener Satz des Großvaters, der jedoch durchweg als subtiles Gefühl präsent war. Frau Stino hat in ihrer Kindheit sehr viel Zeit bei den Großeltern verbracht, die einen nachhaltigen Einfluss auf Ihre Erziehung hatten. Der Großvater hatte damals schon versucht, sie vom Abitur abzuhalten, denn Frauen sollten seiner Ansicht nach Mütter sein und sich ganz ihren Kindern widmen. Und es gehöre sich nicht, als Mutter einer Berufstätigkeit nachzugehen. Dieser alte Satz, der für eine emanzipierte, mitten im Leben stehende erfolgreiche Frau überhaupt nicht denkbar ist, hatte subtil in ihrem Inneren weiter gewirkt. Die tatsächlichen Lebenserfahrungen, die dazu kamen – wie wenig Rücksicht auf Familie seitens der Unternehmensstrukturen gelegt wird und die Vorwürfe der Kita-Erzieherinnen, weil sie ständig zu spät kommt und bei den Veranstaltungen nie mit dabei sein kann – führten am Ende zu der Überzeugung „Ich bin eine schlechte und inkompetente Mutter".

Es kamen diverse einschränkende, aber auch sehr bestärkende Sätze zum Vorschein. Die einschränkenden Glaubenssätze wurden entsprechend modifiziert und ihrer jetzigen Lebenssituation angepasst, so dass sich unmittelbar ein enormes Entlastungsgefühl bei Frau Stino einstellte. Die nächtlichen Gedanken-Rotationen, „Ich schaff das nicht, ich bin ausgeliefert" waren vom Tisch, und es stellte sich sehr zeitnah eine signifikante Verbesserung der Schlafqualität ein!

Nachdem sich mehr und mehr Ruhe im gedanklichen Hamsterrad einstellte, begann die Körperarbeit. Achtsamkeitstraining und das Visualisieren und aktive Wahrnehmen von Gefühlen waren die nächsten Schritte. Das fiel Frau Stino zu Beginn eher schwer und sie hatte Ressentiments. Als eher naturwissenschaftlicher Typ war ihr das körper-therapeutische Arbeiten zu Beginn suspekt. Meiner Einladung folgend, es einfach mal offen auf sich zukommen zu lassen, hatte sie spannende körperliche Erlebnisse, die sie völlig überraschten und zutiefst berührten. *Gefühlt* – erstmals in ihrem Leben – hatte sie vollen Zugang zu ihren Emotionen, zu ihrem Gespür von „Was tut mir gut und was nicht", so dass wir daraufhin etwas wie eine innere Kraft freilegen konnten. Ich nenne es gerne das „innere Leuchten". Damit ist keine esoterische Erleuchtungsquelle gemeint, sondern eine Kraft und Helligkeit, die sich auch auf die äußere Erscheinung überträgt: Die Menschen, die Zugang zu ihr haben, haben z. B. ein sprichwörtliches Strahlen im Gesicht. Sie sind geprägt von inneren Momenten der Leichtigkeit.

Ein solches Strahlen kommt nicht von alleine und man muss es pflegen, da es sonst im Alltagsgeschehen schnell wieder verloren geht.

Das Feedback des unmittelbaren Umfelds von Frau Stino war bemerkenswert. Mann und Kind waren glücklich über eine sichtbar zufriedenere Frau und Mutter, Kollegen und Freunde spiegelten ihr wieder, dass sie soviel besser aussehen würde als früher und auffallend fröhlicher sei. Die mit dem zuvor schlechten Allgemeinzustand einhergehende depressive Verstimmung hatte sich fast gen Null zurückgebildet. Zu Anfang der Arbeit skalierte Frau Stino Ihre Stimmung auf einer Skala zwischen 1 (ganz schrecklich betrübt) und 10 (der Himmel hängt voller Geigen) bei einer 2 bis 3. Zu diesem Zeitpunkt des Coachingprozesses hatte sich die Stimmung bereits auf eine 7 bis 8 verbessert. Ihre klar kommunizierte Verbesserung der Lebensqualität ist nur ein Gesichtspunkt. Die systemischen Verbesserungen waren ebenfalls beeindruckend.

Eine kurze Definition zum Thema „System"
Jeder Mensch bewegt sich in einem System. Dieses besteht aus mehreren Teilen: der Familie, den Freunden, dem Job, dem Hobby etc., also allen Aspekten, die eine mehr oder weniger aktive Rolle im Leben der Person spielen. Fakt ist: Jeder Mensch wirkt sich auf sein System aus und ebenso wirkt sich das System auf ihn oder sie aus. Das individuelle System ist auch wieder Teil eines Größeren. Also z. B. unserer Gesellschaft in Deutschland, Europa, der Welt. Damit kommt es zu einer steten Wechselwirkung, im großen oder im unauffälligen Umfang. Die daraus resultierenden Auswirkungen können gut, weniger gut oder nicht vorhanden sein.

Die verbesserte allgemeine Stimmung der Klientin führte also auch zu einer verbesserten Stimmung in ihrem Team auf der Arbeit, *obwohl* sich an den dortigen Rahmenbedingungen nichts geändert hat. Das heißt folglich, dass der veränderte Umgang mit sich selbst, die Selbst-Führung Frau Stinos, bereits systemische Auswirkungen auf ihre Mitarbeiter hat.

Fazit: Hatten Sie einmal einen unausgeglichenen Chef? Dann wissen Sie aus eigener Erfahrung, auf wie vielfältige Weise sich das äußern kann: Von fehlender Entscheidungsfähigkeit über aggressives Verhalten oder unsachlichen Umgang mit Mitarbeitern bis hin zur fehlenden Struktur, dem Anstieg von Fehlern, mentaler Abwesenheit oder krankheitbedingten Ausfallen.

7.7 Innerer Dialog

Nehmen Sie sich einmal einen Moment Zeit und machen Sie sich Gedanken darüber, wie *Sie* mit sich umgehen. Jeder Mensch führt innerlich Selbstgespräche. Nein, das bedeutet nicht, das man ein Fall für „die Männer in den weißen Jacken" ist, im Gegenteil. Es ist ganz normal und hilfreich, in Gedanken bestimmte Fragestellungen oder Situationen durchzugehen, um sich somit Handlungen und Lösungen zu erarbeiten. Einschränkend wird es lediglich dann, wenn aus diesen klärenden Gedanken negative Endlosschleifen werden. Auch mit denen hat jeder Mensch schon mal mehr oder weniger intensiven Kontakt gehabt.

Im Volksmund gibt es die Metapher von Engelchen und Teufelchen, die einem auf den Schultern sitzen und gegenteilige Anweisungen ins Ohr flüstern, „Lass dieses, tu' jenes", der „innere Schweinehund" gehört auch zu dieser Mannschaft. Besonders beliebt und verbreitet sind allerdings der „innere Kritiker" und der „innere Perfektionist". Auch mit denen hatten Sie bestimmt schon mal das „Vergnügen" in der einen oder anderen Situation.

Innere Zwiesprache hat grundsätzlich erst mal eine gute Absicht: Auf die Harmonie zu achten, keine Fehler zu machen, sich Ruhe oder auch mal ein tatsächliches oder emotionales „Sahnetörtchen" zu gönnen. Was ja grundsätzlich nichts Schlechtes ist. Problematisch wird es immer dann, wenn die Balance zu Gunsten von Einseitigkeit kippt und sich dadurch etwas einseitig massiv intensiviert, was sich mitunter einfach nachteilig auf die eigene Befindlichkeit auswirken kann. Stetes Führen negativer Dialoge kann dann z. B. zu völliger Verausgabung, Erschöpfung, Versagens-Angst, aggressivem Verhalten oder auch zu Übergewicht führen. Die Beispiele lassen sich endlos fortsetzen. Die Auswirkungen sind also vielfältig und definitiv nicht so, dass man das „24/7-mäßig" für die Ewigkeit kultivieren möchte – und sollte.

> **Wie reden *Sie* eigentlich mit sich?**
> Achten Sie mal auf Ihren Tonfall, wie Sie mit sich in kritischen Situationen sprechen: Sind Sie wertschätzend und beruhigend unterwegs oder klagen sie sich innerlich an? Oder beschimpfen Sie sich gar?
> Loben Sie sich regelmäßig selbst, wenn Ihnen etwas gut gelungen ist?
> Sind Sie innerlich in der Lage auch mal *nicht* „110 %" zu geben und sich dennoch gut dabei zu „fühlen" und etwas Freundliches zu sich zu „sagen"?

7.8 Negative Gefühle und unangebrachte Kommunikation

Jetzt haben wir ausführlich über Stress und dessen Auswirkungen gesprochen, über die Persönlichkeits-Komponenten mit Hinblick auf Gesundheit und Sinnhaftigkeit sowie über das, was und wie wir etwas denken und wie wir mit uns selbst umgehen. Nun möchte ich den Bogen von uns selbst zu den anderen schlagen: Wie rede ich mit mir und wie gehe ich mit mir um (= Selbst-Führung), wie kommuniziere ich mit anderen und was fühle ich dabei (= ein Teilbereich von emphatischer Führung).

Sicherlich geht es Ihnen ähnlich wie vielen anderen, dass es bestimmte Situationen gibt, die Sie einfach ärgern. Und die stete Wiederholung dieses Ärgers verursacht bereits so etwas wie eine „Ich werde mich sowieso wieder darüber ärgern, das klappt eh nicht!"-Frust-Haltung.

7.8.1 Embodied Communication – was passiert da in meinem Körper?

Praxisbeispiel

Zum gefühlt einhunderttausendsten Mal ist Ihr Kollege nicht passend auf die Präsentation beim Kunden vorbereitet, viel zu viel Text in der Power-Point-Präsentation und das, was da steht, kann niemand verstehen. Ihr halbstarkes Kind hat zum x-ten mal Ihren Rasierer für seine/ihre Intimrasur genommen. Der liegt jetzt voller Haare in der Dusche, als Sie morgens im Spiegelschränkchen danach suchen. Ihr Partner hat wie jeden Abend sein Zeug da aus der Hand fallen lassen, wo er/sie grad mal kurz pausiert hat. Wegräumen tut es sowieso niemand, es sei denn, Sie machen es selbst. Ihre Freundin kommt wie immer die obligatorische halbe Stunde zu spät, so dass die Oper bereits begonnen hat und Sie den ersten Akt an der Foyerbar verbringen dürfen. Es ist zum Haare raufen!

Aber was passiert in dem Moment genau? Die Situation verursacht ein unangenehmes Gefühl. Noch bevor man „analysiert" hat, ob es sich bei dieser Emotion um beispielsweise Wut oder Trauer handelt, spürt man diese bereits *vorher* im Körper. Dafür gibt es einen Fachbegriff: Somatischer Marker. Beispiel: Es verkrampft der Magen oder es entsteht Druck auf der Brust oder im Hals, eben der sprichwörtliche „dicke Hals" vor lauter Frust. Mein Magen weiß eher Bescheid, dass ich gerade in eine emotionale Schieflage gerate, als mein Frontalkortex, der für die Beurteilung der Situation in meinem Gehirn zuständig ist. Diese sich dann entwickelnde miese Stimmung hat ebenfalls einen Fachbegriff. In der Psychologie nennt man das einen „negativen Affekt", also einen negativen emotionalen Zustand. Nun neigen wir im Allgemeinen dazu, alles und jedes besprechen und analysieren zu müssen. Als gekonnter Kommunikator steigt man dann lässig mit einer GfK-Lösung (Gewaltfreie Kommunikation nach Marshall D. Rosenberg (2004)) in die Metakommunikation ein und formuliert sein Begehren: Das habe ich gerade wahrgenommen, so habe ich mich dann mit der Situation gefühlt, ich hätte aber XYZ in dem

Moment gebraucht, und in der Zukunft wünsche ich mir von Dir folgenden Umgang mit der Situation.

Als Kommunikationstrainerin weiß ich natürlich um die Vorzüge, sowohl der Metakommunikation als auch z. B. der GfK, *aber* ich halte es da kontextabhängig auch gerne mit Maja Storch und Wolfgang Tschacher. Die sagen nämlich: „Uns ist bewusst, dass in der Psychologie und generell im beratenden Kontext die Meinung kursiert, die im Vorgang des ‚Darübersprechens' ein Allheilmittel dafür sieht, Beziehungen zu verbessern und generell Probleme zu lösen. [...] so ziehen wir in Zweifel, dass es für die Zufriedenheit der beteiligten Personen förderlich ist, über jede kleine Laus, die einem über die Leber läuft, sofort zu sprechen. [...] Studien aus der Positiven Psychologie (Frederickson 2013) haben Hinweise dafür erbracht, dass ein förderliches Klima, egal ob am Arbeitsplatz oder im Privatleben, positiv-affektive Äußerungen deutlich gegenüber negativen-affektiven Äußerungen überwiegen müssen." (Storch und Tschacher 2014, S. 69)

Und hier kommt der eigentliche Kern der Aussage: Im übertragenen Sinne geht es mal wieder um die innere Haltung und damit einhergehend um die Qualität der äußeren Kommunikation. „Ist das Glas halbvoll oder halbleer?" Wenn man primär den Fokus, sowohl im eigenen Erleben als auch in der Qualität der eigenen Kommunikation, auf die negativ-affektiven Äußerungen legt, dann geht es weder einem selbst noch den Menschen im Umfeld damit gut. Ständiges Nörgeln, Gejammere und Rumgemeckere ist einfach nervtötend und unsexy. Und eines dürfte ja mal klar sein: Mehr Aufmerksamkeit im Sinne von einer verbesserten Verstehbarkeit meines Anliegens erreiche ich damit definitiv nicht. Im Gegenteil, die Ohren des Gegenübers verschließen sich!

In einer kritischen Situation kann ich mir selbst zuerst einmal folgende Fragen stellen:

1. Was explizit ist es eigentlich, das mich gerade nervt, kränkt, sauer macht? Welches meiner Bedürfnisse wird in diesem Moment nicht gewahrt, was ist es, das mich belastet?
2. Wie würde ich diesen Zustand gerade skalieren, moderat, ärgerlich, nicht zum Aushalten? Ist es so schlimm, dass ich wirklich reagieren muss?
3. Bei welchen dieser Aspekte habe ich die Möglichkeit, selbst einen Veränderungsprozess zu gestalten, und welche Auswirkungen hat das dann auf meine „Affekt-Bilanz" (positiv/negativ)?

Was braucht es, um ein gelungenes Stimmigkeitsgefühl in der zwischenmenschlichen Kommunikation zu etablieren? Maja Storch beschreibt dies sehr gut in Ihrem Buch über Embodiment als „AOO" (Storch und Tschacher 2014, S. 119):

A – Aufmerksam sein (gegenüber der Situation, der eigenen Stimmungen (Affekte) und der des Gegenübers).

A – Augen auf (Wechsel zwischen direktem Blickkontakt und peripherem Gesichtsfeld).

O – Ohren auf (zwei Ohren genügen, die müssen aber auch wirklich offen sein).

Dies bedeutet, dass man als Gesprächspartner mit „AAO" in *Vorleistung* geht. Man ist absolut aufmerksam, was auf emotionaler Ebene bei einem selbst und beim Gegenüber los ist. Man schaut sich dabei an und man hört ordentlich hin. Das heißt ich bin im Hier und Jetzt, nicht in der Vergangenheit und auch nicht dabei, wie es wohl in einer Viertelstunde sein wird. Diese Qualität der zugewandten Aufmerksamkeit ist etwas, das instinktiv spürbar ist – und es fühlt sich gut an! Es ist eine wertvolle Investition in ein Gespräch und somit ist klar, dass man jede Interaktion selbst anhand der eigenen Affekte nachspüren kann und Sie somit mehr Klarheit über sich selbst als auch über Ihren Kommunikationspartner bekommen.

Generell braucht es mehr positive Äußerungen, wie wir aus der Positiven Psychologie und Glücksforschung wissen. Legen Sie doch mal ganz konsquent den Fokus auf das, was gut läuft. Thematisieren Sie, was Ihnen gut gefallen hat, was Sie als aufmerksam von jemanden erlebt haben. Loben Sie einfach mal öfter Ihre Mitarbeiter oder Kollegen. Genauso wie die eigenen Kinder. Sagen Sie mal Danke. Machen Sie, während Sie am Handy telefonieren, keine Mordgesten Ihren Jüngsten gegenüber, weil Sie grad nicht gestört werden wollen. Machen Sie doch mal einen Kussmund und eine Gebetsgeste, dass Sie noch ein bisschen Zeit benötigen.

7.9 Eigenverantwortung und etwas aus meinem „Nähkästchen"

Und da wären wir wieder beim Thema Eigenverantwortung, denn ohne die geht es leider nicht. Sicherlich ist der Wunsch „Die anderen müssen sich verändern", „Ich bin nur das Opfer, bin abhängig, meine Schuld ist das doch nicht", „Ich alleine kann doch gar nichts bewirken" menschlich nachvollziehbar. Aber leider ist auch genau das ein Garant für Veränderungs-Resistenz. Mit dieser Haltung gebe ich das Zepter aus der Hand, gebe die Möglichkeit selbst zu gestalten, ab, d. h. ich fahre nicht mehr den Bus, sondern werde gefahren. Sicherlich ist das bedingt bequemer. Allerdings kollidiert eine solche Haltung oftmals zeitnah mit dem Bedürfnis der Selbst-Bestimmung und der Selbst-Entwicklung eines jeden Menschen. Erinnern Sie sich, wie wichtig Sinnhaftigkeit für die Gesunderhaltung des Menschen ist? Mal ganz zu schweigen von den tollen Glücks-Gefühlen, die Leichtigkeit, Leidenschaft und Flow verursachen. Darauf möchte man doch freiwillig gar nicht verzichten, oder? Nur weil sich einige Menschen das Empfinden dieser Gefühle in vielen Jahren abtrainiert haben, bedeutet dies nicht, dass man es nicht wieder erlernen kann.

Immer dann, wenn man etwas fühlt, also Verantwortung für seine Gefühle übernimmt, macht man sich natürlich auch potentiell verletzbar, sowohl im Job als auch im Privatleben. Manchmal kann es auch wirklich richtig weh tun oder eine Verletzung bohrt sich wie ein Stachel, mit Nach- und Nebenwirkungen ins Fleisch. Und dennoch möchte ich eine Lanze fürs Fühlen und Zulassen von emotionalen Befindlichkeiten brechen. Denn nur, wenn ich die Offenheit und Freiheit dafür habe, vermag man den Fokus auf das Positive zu lenken. Aus eigener Erfahrung eines mehr als bewegten und mit Herausforderungen gespickten Lebens, kann ich Ihnen aus bestem Wissen und Gewissen sagen: Aus jeder Krise bin ich gestärkt hervorgegangen und ich habe nichts bereut, wie unangenehm der eine oder andere emotionale Zustand auch gewesen sein mag. Einiges würde ich heute, mit der Erfahrung meines Alters, sicherlich anders in der Lösung handhaben, das lässt sich sagen, dennoch: Alles hatte seinen Sinn.

Keine dieser Situationen habe ich mir bewusst ausgesucht und sicherlich habe auch ich mich gefragt, wieso ich jetzt in einem Schlamassel hocke, der meiner Meinung nach von einer anderen Person herbeigeführt wurde. Ja und? Hätte denn eine Antwort auf diese Frage irgendetwas für mich geändert? Nein! Im Gegenteil, es hat mich sogar mehr als angestrengt, wenn nahestehende Personen meinten, mir einen guten Rat damit zu erteilen, dass ich mich doch bitte über Person XY aufzuregen und meine Energie in die Verfolgung und Umsetzung von Gerechtigkeit zu investieren hätte. Am besten bis zur Selbstaufgabe und als „unterhaltsamer" Lebensinhalt? Nein danke. Da übernehme ich lieber direkt die Eigenverantwortung. Wie oft hatte ich schon Klienten, die sich bei der Verfolgung vermeintlicher Gerechtigkeit und dem innigen Wunsch, dass ihre emotionale Verletzung anerkannt und gesühnt wird, fast selbst zerstört hätten ...

Dazu kann ich nur sagen: „Willst Du Recht haben oder glücklich sein?". Wenn man mit dieser Überzeugung lebt, bringt das entscheidungsträchtige Begleiterscheinungen mit sich. Mein nächster Satz lautet nämlich „Needs this battle to be fought?", und wenn ja, bin ich überhaupt bereit, den Preis dafür zu zahlen? Danach lebe ich seit vielen Jahren und das mehr als erfolgreich. Ich vermag unangenehme Schlachten erfolgreich zu führen, wenn dies meinen Zielen dient. Wenn ich es als sinnstiftend erachte. Andererseits entscheide ich mich auch gerne mal fürs „Glücklichsein" und gegen die Kampf-Option. Nicht jede Schlacht muss gekämpft werden, nicht jede persönliche Ressource aufs Äußerste strapaziert werden zugunsten eines vermeintlichen, in der Realität doch eher schalen Sieges. Einem ewigen Festhalten an alten Idealen, alten Strukturen und alten Wünschen!

Unangenehme Entscheidungen müssen oftmals im Leben getroffen werden, so ist das nun einmal. Genauso wie es immer wieder unangenehme Gespräche gibt. Mit Mitarbeitern, Kollegen, der Familie oder Freunden. Wichtig dabei ist: Wie gehe ich mit mir selber um? Wie führe/leite ich mich in entsprechenden Situationen selbst an und inwieweit lasse ich mich *aufmerksam* auf mein Gegenüber ein? Anstelle mit einer Bewertung oder einer Abwertung zu reagieren, wenn ich merke, es gefällt mir nicht, was da grade abläuft, reagiere ich transparent: „Ich sehe das anders". Ich kann Nachvollziehbarkeit äußern – „Das kann ich aus Ihrer/ Deiner Sicht verstehen". Und ich kann ganz aufmerksam mitteilen, dass ich bis dato etwas beispielsweise gar nicht auf dem Radar hatte, wenn ich beim anderen negative Affekte spüre: „Ich wußte nicht, dass Ihnen/Dir XY so wichtig ist". Alleine die Momente von Zuwendung und Transparenz, die Benennung des negativen Zustands beim Gegenüber oder bei mir selbst ist oftmals schon einleitend friedensstiftend und kocht die Situation runter. Auch wenn man anschließend möglicherweise doch eine für den anderen nachteilige Entscheidung fällen muss.

Jede Führungskraft weiß, dass manchmal einfach Zapfenstreich ist und nicht länger rumdiskutiert werden kann. Wenn ich im Vorfeld auf der Verständnis-Ebene meinen Kommunikationspartner abgeholt habe, wird es diesem leichter fallen, die aus seiner Sicht bittere Pille zu schlucken, die man ihm just verordnet hat.

Und es ist an einem selbst, primär in die Eigenverantwortung und anschließend in die Achtsamkeit zu gehen, bevor ich irgendetwas anordne, delegiere oder beschließe.

7.10 Selbst-Coaching: Fragen zum Thema Gesundheit und Selbst-Führung

„Wir glauben, wir können als einzige gesund bleiben in einer Umwelt, die wir rundherum krank machen." Die Köchin und Unternehmerin Sarah Wiener hat mit diesem Satz mehr als Recht und das nicht nur in Hinblick auf das Thema Ernährung. Nein, es geht vor allen Dingen darum, die Eigenverantwortung für unsere Handlungen zu übernehmen. Denn so, wie wir im Außen agieren, üben wir auch entsprechenden Einfluss auf das gesamte System aus. Es geht um das Bewusstsein, dass wir es selbst größtenteils in der Hand haben, ob wir gesund bleiben und ob wir alles dafür tun, dass unser Umfeld durch unser Agieren nicht krank wird!

Ich habe Ihnen ein Potpourrie aus interessanten Fragen zusammengestellt, die ich im Coaching mit Klienten bearbeite und die Sie als Übung für Ihren persönlichen Mentalen Rahmen für Gesundheit verwenden können. Alles kann, nichts muss. Schauen Sie, welche Frage Sie inspiriert, eine neue Gedankenebene zu betreten. Horchen Sie einmal in sich hinein, gerne mit einer Prise Humor und der Erlaubnis, auch mal über die eigenen Angewohnheiten schmunzeln zu dürfen. Ein bisschen Selbstkritik darf auch dabei sein, solange Sie mit sich selbst wohlwollend umgehen. Sollten Sie etwas verändern wollen, wissen Sie, dass es dafür Engagement braucht, von alleine läuft da erst mal nichts. Wie sagte Albert Einstein so schön: „Die reinste Form des Wahnsinns ist es, alles beim Alten zu lassen und gleichzeitig zu hoffen, dass sich etwas ändert." Dem ist nichts mehr hinzuzufügen, und nicht umsonst ist dies der Satz, der meine Arbeit seit vielen Jahren als Claim begleitet.

Also viel Spaß und Neugier bei anstehenden Veränderungen und Neuorientierung, seien Sie mutig!

7.10.1 Definition von Gesundheit und Krankheit

- Woran erkennen Sie, dass Sie gesund sind?
- Haben Sie diese Frage so beantwortet, dass etwas abwesend ist (Ich habe *nicht* mehr XY) oder was Sie stattdessen haben (Wenn ich gesund bin, bin ich XY)?
- Glauben Sie, wenn man älter wird, wird man kränker (Fokus auf innere Haltung!)?
- Wie ist Ihre persönliche Unterscheidung von Symptom und Krankheit?
- Was, glauben Sie, ist die Ursache für dieses Problem (medizinischer oder psychologischer Ursprung)?

- Was denken Sie über sich, wenn Sie krank sind? Sind diese Gedanken hilfreich bei Ihrer Genesung?
- Sehen Sie eine Verbindung zwischen Krankheit und sozialen Beziehungen – bei sich selbst oder bei anderen?
- Welche Einstellung, welche Überzeugungen wurden Ihnen in Ihrer Herkunftsfamilie zum Thema vermittelt? Teilen Sie diese?
- Haben Sie schon einmal eine Heilung erlebt (Grippe, Knochenbruch etc.), wenn ja, was hat Sie dabei unterstützt?
- Was hat Sie dabei behindert?
- Welche Voraussetzungen benötigen Sie in Ihrem Umfeld, damit Sie heilen können?
- Haben Sie eigene Mental-Strategien, die Sie bei Ihrer Genesung unterstützen?
- Wenn Sie ein „Symptom" haben, was denken Sie darüber?
- Wie fühlen Sie sich damit, abseits der direkten physischen Auswirkung des Symptoms?

7.10.2 Stärken

- Welche Formen von Behandlungsmöglichkeiten stehen Ihnen in der gesamten Breite zur Verfügung, wenn Sie ein gesundheitliches Problem haben?
- Wie hoch ist Ihre tatsächliche Veränderungsbereitschaft?
- In der Vergangenheit – welche Ihrer Stärken hat Sie besonders gut bei der Lösung eines Problems unterstützt (dabei muss es sich nicht um ein gesundheitliches Problem handeln)?
- Was gibt Ihnen emotionale Stärke und Orientierung in Zeiten, in denen es Ihnen nicht gut geht?
- Welchen positiven Sinn könnte ein Problem für Sie haben (Schutz, Auszeit, Ruhe etc.)?
- Wie könnten Sie diesen, im Fachlichen „sekundären Krankheitsgewinn" genannten Aspekt, auf anderer Ebene erreichen, ohne dass Sie das krank machende Symptom benötigen?
- Welche Herausforderung bietet eine solche Situation für Sie?

7.10.3 Was sagt mein inneres Ich?

- Wie schätzen Sie die Chance für eine Heilung/eine Gesunderhaltung ein?
- Sind Sie überhaupt voll und ganz auf Heilung eingestellt oder gibt es einen Teil in Ihnen, der sich mit der Krankheit eingerichtet hat und diese gerne „behalten" möchte?
- Wofür könnten diese Einwände, das Beibehalten gut sein?
- Was haben Sie davon?
- Wie müssten Sie Ihr Leben verändern, um auf andere Art und Weise den gleichen Effekt zu erzielen?
- Was soll Ihnen das Ganze beibringen, was gibt es zu lernen?

7.10.4 Motivation und Ziele

- Ist Ihr momentanes Leben im Einklang mit Ihren Werten?
- Erleben Sie Ihr Leben als sinnhaft?
- Haben Sie Ziele im Leben und wenn ja, welche?
- Ergänzen sich diese Ziele oder gibt es möglicherweise einen Zielkonfkonflikt bei Erreichung mehrerer Ziele?
- Was passiert, wenn Sie die Ziele erreicht haben, und wie denken Sie darüber?
- Verfügen Sie über die materiellen und sozialen Ressourcen zur Erfüllung Ihres Ziels, d. h. ist Ihr Ziel realistisch und für Sie umsetzbar?
- Passen die SMART-Kriterien auf Ihr Ziel?
  S-spezifisch (genaue Beschreibung)
  M-messbar (woran kann ich was fest machen)
  A-attraktiv (mag ich mein Ziel)
  R-realistisch (verfüge ich über alle Ressourcen und Fähigkeiten, die benötigt werden)
  T-terminiert (wann genau findet was statt)

So, wenn Sie diese Fragen für sich beantworten konnten, haben Sie im Selbstversuch schon eine Menge über sich erfahren. Wenn Sie noch tiefer in die Materie einsteigen möchten, empfehle ich Ihnen einige Stunden Coaching mit einem Coach Ihres Vertrauens oder als Alternative einen leicht zu konsumierenden Kursus in Mindfulness-based Stress Reduction. Der bringt zwar wenig inhaltliche Erkenntnisse, tut aber im Rahmen von Stressmanagement richtig gut. Dazu dürften Sie in jeder Stadt einen Anbieter finden. Für die Zukunft wünsche ich Ihnen alles Gute, gehen Sie rücksichtsvoll mit sich und anderen um und bleiben bzw. werden Sie gesund!

7.11 Über die Autorin

Yvonne Natascha Heum *1973, Mutter, alleinerziehend, seit über 15 Jahren erfolgreiche Unternehmerin, Mitglied im Coachingpool bei Bayer AG, arbeitet als Business- und Systemischer-Coach, Kommunikations- und NLP-Lehrtrainerin, Erwachsenenbildnerin mit eigenem Institut in Düsseldorf.

Empathische „Dahinter-Seherin" und „Schnell-Denkerin", humorvoll, beherzt und konsequent, klar – direkt in Auftritt und Kommunikation.

Menschen zu ermutigen und dafür zu begeistern, ihre inneren Fähigkeiten zu entdecken und an diese zu glauben, das ist es, was mich in der täglichen Arbeit motiviert. Gemeinsam dafür zu sorgen, dass jeder dazu beitragen kann, mit eigener innerer Zufriedenheit positiv auf sein Umfeld einzuwirken. Das ist die Basis für Gesundheit und Leistungsfähigkeit, gerade auch in Unternehmen.

Und ich bin diejenige mit dem Händchen für die „besonderen" Fälle: Da, wo andere aufgeben, fange ich an. Ich stelle Fragen, die vorher noch keiner gestellt hat. Ich bringe Bewegung in aussichtslose Situationen und bringe Menschen voran, die als veränderungsresistent gelten. „Ich lösche, wenn's brennt!"

Weitere Infos unter www.reset-kommunikation.de

Literatur

Antonovsky, A., & Franke, A. (1997). *Salutogenese, zur Entmystifizierung der Gesundheit*. Tübingen: Dgvt-Verlag.

DAK Gesundheitsreport (2014). *Die Rushhour des Lebens. Gesundheit im Spannungsfeld von Job, Karriere und Familie*. http://www.dak.de/dak/download/Vollstaendiger_bundesweiter_Gesundheitsreport_2014-1374196.pdf. Zugegriffen: 19.06.2015

Fredrickson, B. L. (2011). *Die Macht der guten Gefühle: Wie eine positive Haltung Ihr Leben dauerhaft verändert*. Campus Verlag.

Gallup-Studie.www.Gallup.de, http://www.gallup.com/de-de/181871/engagement-index-deutschland.aspx. Zugegriffen: 06.07.2015

Kluczny, J. (2009). Kommunikation und Gesundheit, Konzepte und Methoden im NLP-Gesundheitscoaching, Begleitmaterial Masterkurs Berlin 2009

Kommentar zur Gallup-Studie, Berkemeyer, Unternehmensbegeisterung; Gelsenkirchen

Kuhneke, F. (2009). Kommunikation und Gesundheit. Institut NLP in Frankfurt. Poster Masterkurs 2009

Matyssek, A.-K. (2011). *Gesund führen – sich und andere! Trainingsmanual zur psychosozialen Gesundheitsförderung im Betrieb*. Norderstedt: Books on Demand.

Siegrist, U., & Luitjens, M. (2013). *30 Minuten Resilienz*. Offenbach: Gabal Verlag.

Storch, M., & Tschacher, W. (2014). *Embodied Kommunikation, Kommunikation beginnt im Körper, nicht im Kopf (Zitat Seite 69, AOO Seite 119)*. Bern: Verlag Hans Huber.

WHO (2011). *New evidence from WHO on health effects of traffic-related noise in Europe*. http://www.euro.who.int/en/media-centre/sections/press-releases/2011/03/new-evidence-from-who-on-health-effects-of-traffic-related-noise-in-europe. Zugegriffen: 19.06.2015

Führungskräfte sind in einer Sandwich-Position zwischen Unternehmensleitung und Teams

Wie kann das bloß gut gehen?

Gudrun Holtz

Inhaltsverzeichnis

8.1	Die Sandwich-Position: Topmanagement – mittleres Management – Mitarbeiter	132
8.2	Eine kooperative Beziehung nach oben aufbauen	138
8.3	Verhaltensstrategien für eine kooperative Beziehung zum Chef	139
8.4	Das eigene Auftreten prüfen	143
8.5	Neue Herausforderungen an das mittlere Management	143
8.6	Zusammenfassung	145
8.7	Über die Autorin	146
	Literatur	147

> Nicht das Beginnen wird belohnt, sondern einzig und allein das Durchhalten (Katharina von Siena).

Als Coach und Trainerin für Kommunikation gebe ich mit bestem Wissen und Gewissen mein Know-how über Kommunikationsregeln, Kommunikationsstrategien, Auftreten und Wirkung durch Stimme und Körperhaltung weiter. Meine Auftraggeber werden sich während eines Seminars darüber klar, wie sie mit Worten, Stimme und Körperhaltung kommunizieren. Sie erhalten ein Handwerk, um ihre gewünschten Ziele zu erreichen, mit denen können sie ihre Konflikte lösen oder Potentiale transparent machen. Nach einem Training wissen sie, wie sie durch eine gekonnte Kommunikation zu gewünschten Zielen gelangen. Sie gehen sicher und gestärkt in die nächsten Gespräche oder Präsentationen – egal, ob als Topmanager, Führungskraft oder Mitarbeiter. Eine gelungene, gekonnte Kommunikation kann präventiv Stress und Unzufriedenheit im Unternehmen vorbeugen.

Führungskräfte befinden sich in einer sogenannten Sandwich-Position zwischen Topmanagement (Unternehmensleitung) und den Teams. Das bedeutet, vielfältige Anforde-

---

Gudrun Holtz ✉
Mauritiussteinweg 11, 50676 Köln, Deutschland
e-mail: info@gudrunholtz.de

© Springer Fachmedien Wiesbaden 2016
P. Buchenau (Hrsg.), *Chefsache Gesundheit II*, DOI 10.1007/978-3-658-06962-9_8

rungen zu bewältigen und oftmals dadurch gefordert zu sein, gegensätzliche Erwartungen und Ziele auszubalancieren.

Das Management im Mittelbau agiert als Wissensträger und -Vermittler. Er ist verantwortlich und Katalysator für unternehmerische Veränderungen und hält gleichzeitig die Segel im Sturm aufrecht. Er lenkt ein, wo nicht mehr gehandelt wird, sondern ausgeharrt, es gleicht Spannungen aus und ordnet Strategien an. Damit sowohl das Topmanagement als auch das mittlere Management seine Anforderungen befriedigend erfüllt, muss die Kommunikation in der Interaktion stimmen.

8.1 Die Sandwich-Position: Topmanagement – mittleres Management – Mitarbeiter

Ein Sandwich besteht aus drei Teilen: dem unteren Teil des Sandwichs, dem oberen Teil und dem Belag dazwischen. In einer beruflichen Rangordnung ist das mittlere Management vergleichbar mit dem Belag. Der untere Teil des Sandwichs entspricht den Mitarbeitern, die zu lenken sind, und zwar vom Topmanagement, das dem oberen Teil entspricht. Das Topmanagement bestimmt die Ziele und somit auch den Weg. Die meisten Führungskräfte gehören zum mittleren Management. In diese Einteilung gehören zum Beispiel Bereichs-, Abteilungs- und Gruppenleiter (vgl. Pelz 2004, S. 22). Diese können sich in schwerfälligen Situationen befinden, da sie sowohl dem Druck des Topmanagements als auch den Anforderungen der Mitarbeiter ausgesetzt sind (vgl. Kruckeberg 2013, S. 89).

Beide Seiten erwarten Klarheit und Loyalität. Den Weitblick über die verschiedenen Anliegen und Notwendigkeiten zu behalten, sie auszugleichen, Angaben zu machen, einen klaren Weg zu verfolgen und somit seine Haltung klar zu positionieren, sind wichtige Erfolgsfaktoren für Führungskräfte in einer sogenannten Sandwich-Position. Sie müssen also gleichzeitig Fachaufgaben, Managementaufgaben und Führungsaufgaben ausführen.

Weil Führungskräfte in Sandwich-Positionen Bindeglieder zwischen strategischem Topmanagement und operativem Kern sind, müssen sie verschiedene Rollen einnehmen, die zu widersprüchlichen Anforderungen und somit zu Konflikten führen können. Sie erhalten von Vorgesetzten Aufgaben, die sie umzusetzen haben. Und sie führen Mitarbeiter und Abteilungen, die sie motivieren müssen und denen sie die Unternehmensziele verständlich machen müssen. Führungskräfte im mittleren Management sind vor allem Informationsvermittler – im Prinzip eine verantwortungsvolle Rolle, denn sie sind die Wissensträger im Unternehmen und haben vielleicht sogar den umfassendsten Blick.

Mögliche zugeteilte Rollen können sein:

- Vorgesetzter, Vorbild und Coach
- Vermittler und Problemlöser
- Katalysator, der Widerstände gegenüber Veränderungen überwinden muss

Durch diese Rollenvielfalt befinden sich mittlere Manager oftmals zwischen den Fronten. Sie fühlen sich des Öfteren ihren Mitarbeitern näher als der obersten Managementetage – auch weil sie gewöhnlich aus dem Unternehmen selbst rekrutiert werden. Mittlere Manager führen ihre Arbeitsbereiche, und je mehr sie sich in der Führungsrolle entwickeln, desto schwieriger kann es werden, weiterhin Anweisungen vom Topmanagement zu befolgen. Ein unterschätztes Problem der Rollenvielfalt besteht darin, dass sich mittlere Manager bezüglich ihrer Leistungen zu wenig wertgeschätzt fühlen. Misserfolge der Teams werden dem mittleren Management angelastet, den Erfolg hingegen beansprucht das Topmanagement gerne für sich. Diese mangelnde Wertschätzung wirkt nicht nur stark demotivierend, sondern kann langfristig auch zu einer negativen Einstellung gegenüber dem Topmanagement oder dem ganzen Unternehmen führen.

Auch wenn mittlere Manager immer verschiedene Rollen im Unternehmen einnehmen werden, sollten die konkreten Rollen und die wichtigsten Funktionen klar definiert sein. Hilfreich kann hier das Erstellen eines Leitbilds sein, das Ziele, Erwartungen sowie Verantwortlichkeiten festhält und somit klare Handlungsleitlinien bietet. Ferner sollte das Topmanagement die wichtige Rolle, die Führungskräfte auf mittlerer Ebene repräsentieren, innehaben. Eine Anforderung in dieser Position ist es, die oft gegensätzlichen Strategien und Anliegen des Topmanagements und der Mitarbeiter zu vermitteln sowie Interessenskonflikte zwischen den Führungskräften der gleichen Ebene auszugleichen und hier ist das Wissen um eine gekonnte Kommunikation unabdingbar. Eine Führungskraft im mittleren Management sollte sich fünf Fragen stellen:

- Was erwartet das Topmanagement von mir?
- Was denke ich, erwarten die Mitarbeiter von mir?
- Was erwarte ich von den Mitarbeitern?
- Was denke ich, wollen die Kollegen von mir?
- Was erwarte ich von meinen Kollegen?

Wenn man die Erwartungen erfüllen möchte, ist es unabdingbar, das Beziehungsgeflecht zu verstehen und sich als Führungskraft als vertrauensvolle Respektperson zu präsentieren und dafür ist es wichtig sich im System zu positionieren.

Sich im System positionieren
Um sich im System zu positionieren, ist es wichtig, sich über die eigenen Erwartungen an die Position und die Erwartungen der anderen klar zu werden. Mit dieser Positionierung wird die persönliche Haltung definiert und eine Idealposition konkretisiert. Die eigenen Grenzen und Interessen werden dadurch für die Mitarbeiter transparent. Auf diese Weise können Schranken gesetzt und Überbelastungen vermieden werden.

Das untere Management lenken

Zur Aufgabe des mittleren Managements gehört es, den Mitarbeitern zu zeigen, wohin es gehen soll und wie dieser Weg beschritten wird. Dabei ist es auch sehr bedeutsam, die Mitarbeiter zu motivieren.

Zudem müssen Führungskräfte im mittleren Management auch Aufgaben abgeben können. Nur so kann es gelingen, sich selbst zu entlasten sowie Selbstvertrauen bei den Mitarbeitern aufzubauen. Jede Person wird im Berufsleben von einem dieser drei Motive dominiert: dem Anschlussmotiv (gute Beziehungen zu anderen haben), dem Leistungsmotiv (sich beweisen) oder dem Machtmotiv (Einfluss ausüben, über Wissen verfügen). Wenn die Führungskraft durch Zuhören und Nachfragen herausfindet, welches das Antriebsmotiv des jeweiligen Mitarbeiters ist, kann sie ihm die Aufgaben geben, die ihm am ehesten entsprechen.

Mitarbeitergespräche führen

Um das herauszubekommen, kann man sich innerhalb der Kommunikation eines einfachen Tools bedienen. Zu einer erfolgreichen Kommunikation gehört nicht nur das gute Zuhören, sondern auch das Wissen um das Wie erfolgreicher Gesprächsführung.

Das GROW- Modell ist eine Methode, mit der durch spezielle Frageformen bestimmte Gedankenprozesse in Gang gebracht werden. Gespräche mit dieser Methode sollen dem Gegenüber dabei helfen

- Klarheit über die eigene Situation zu erlangen,
- Entscheidungen zu treffen,
- Handlungsmöglichkeiten zu erkennen und
- die Motivation zu finden, das Ziel auch in die Tat umzusetzen.

Das GROW-Modell (siehe Tab. 8.1) eignet sich hervorragend bei Mitarbeitergesprächen.

Das Schöne am GROW-Modell ist, dass es eine Vorgabe bietet, die richtigen Fragen zu stellen, um z. B. herauszubekommen, was die Mitarbeiter motiviert und somit die gestellten Aufgaben und Ziele erfüllt.

Tab. 8.1 Das GROW-Modell

G	R	O	W
Goal/Gain	Reality	Options	What? When? Who?
A.) Thema B.) Wunschziel C.) Gewinn	Realitäts- Check Zur Klärung der aktuellen Situation	Optionen/ Lösungen für die Zukunft sammeln	Was werden Sie tun? Wann? Mit wem?
1. Gesprächsphase	2. Gesprächsphase	3. Gesprächsphase	4. Gesprächsphase

Mögliche Fragen für die erste Gesprächsrunde:

- Was ist das Thema, um das es in dem Gespräch gehen soll?
- Was möchten Sie in diesem Gespräch erreichen?

Mögliche Fragen für die zweite Gesprächsphase:

- Was haben Sie bisher getan, um Ihr Ziel zu erreichen?
- Was ist dabei herausgekommen?
- Was tun Sie jetzt?

Viele Probleme mit den Mitarbeitern beruhen auf unklaren Hierarchien und falsch verstandener Kooperation. Um das zu vermeiden, ist es notwendig, dass Führungskräfte im mittleren Management die notwendige Balance zwischen Nähe und Distanz zu den Mitarbeitern finden. Dabei sollte die Führungskraft auch überlegen, welche Facetten ihrer eigenen Persönlichkeit sie bewusst zeigen möchten und welche Bereiche nicht (z. B. Familiäres, Privates, Hobbys).

Führung findet im Kontakt mit Menschen statt. Eine gute Kommunikation ist dabei das A und O. Aus meiner Arbeit als Coach weiß ich, dass unzureichende Kommunikation sehr schnell zu Missverständnissen führen kann, was den Arbeitsalltag enorm stört. Sobald klar wird, dass ein Kommunikationsproblem zwischen Leitung und Mitarbeitern besteht, ist ein Gespräch unabdingbar, damit sich alle Beteiligten bald wieder wohl fühlen.

Um als Führungskraft positive Mitarbeitergespräche zu führen, kann man sich vorbereiten, z. B. anhand der sechs goldenen Regeln für eine lebendige Rhetorik:

1. Die richtige Sprechweise: Wird allzu monoton gesprochen, ermüdet das den Gesprächspartner und hinterlässt den Eindruck, die Führungskraft sei an dem gemeinsamen Gespräch nicht interessiert. Wichtig ist, in Intervallen zu sprechen, d. h. nach wichtigen Informationen (z. B. Zahlen, Fakten) kurze rhetorische Pausen einzulegen.
2. Die richtige Satzlänge: Zu lange Sätze sollten vermieden werden. Allgemein gilt: nicht mehr als fünf bis sieben Sätze, dann sollten Rückfragen kommen. Jeder Gesprächspartner ist nur begrenzt in der Lage, dem anderen ungeteilte Aufmerksamkeit zu schenken. Um Informationen aufzunehmen, stehen nur das Ohr sowie Gestik und Mimik zur Verfügung.
3. Die richtige Lebhaftigkeit: Die richtige Lebhaftigkeit sollte die Führungskraft dem des Gesprächspartners anpassen. Trifft ein Schnellsprecher auf einen Langsamsprecher, ist er oft genervt und bekommt das Gefühl, der andere engagiere sich nicht richtig. Dabei ist der Langsamsprecher lediglich vom Redefluss des anderen überflutet. Generell gilt: Langsamsprecher verarbeiten Informationen entsprechend langsam. Ihr reduziertes Sprechtempo ist keine Frage mangelnder Intelligenz, sondern der Verarbeitung.
4. Die entsprechende Lautstärke: Viele Menschen reden laut aus Angst davor, nicht gehört zu werden. Doch nichts ist unangenehmer, als wenn der Gesprächsteilnehmer

ohrenbetäubend laut spricht. Versteht der Gesprächspartner sein Gegenüber einmal nicht, wird er dies schon deutlich machen.
5. Die richtige Menge an Fremdwörtern: Die meisten Menschen denken, dass sie Kompetenz ausstrahlen, wenn sie viele Fremdwörter verwenden. Doch nicht jeder versteht komplizierte Fachbegriffe. Hier gilt die Regel: Einfach sprechen ist besser! Der Zuhörer wird sonst nicht nur abschalten, sondern sich auch unterlegen fühlen.
6. Die richtige Stimmung: Wichtig ist es auch, dass die Führungskraft bei einem Mitarbeitergespräch auf die persönliche Stimmung und Ausstrahlung achtet.

Der Hamburger Kommunikationsexperte Schulz von Thun beleuchtet menschliche Kommunikation von mehreren Seiten. So kommen bei einem Kommunikationsprozess in der Regel drei Komponenten zusammen, die alle drei unter Umständen auch noch missverständlich sind (Schulz von Thun 2003):

- Wortaussage (die verbale Aussage),
- Ton bzw. Subtext (die paraverbale Aussage),
- Körpersprache (die nonverbale Aussage).

Drei ganz unterschiedliche Transportmittel liefern also ständig Botschaften. Diese können wiederum in vier verschiedene Gruppen eingeteilt werden:

- Es sind Pakete mit Neuigkeiten für den Kopf dabei (die Sachinformationen).
- Es ist viel Werbematerial dabei, in dem gesagt wird, was der Gesprächspartner tun und lassen sollte (Appelle, auch versteckte).
- Es gibt Schmäh- und Grußpostkarten, die Ärger hervorrufen oder etwas Gutes tun sollen (Beziehungsaspekt).
- Es sind lange Briefe dabei, in denen die Absender Geschichten aus ihrem Leben erzählen (die Selbstoffenbarung).

Diese Botschaften kommen nicht getrennt an, sondern jede Sendung, die beim Gesprächspartner ankommt, hat auch ein bisschen etwas von den anderen drei Seiten.
Die Selbstoffenbarung beinhaltet auch, Interesse am Gesprächspartner zu zeigen. Dies gelingt, indem man ihn umwirbt, sich für ihn einsetzt und ihn ernst nimmt.
Deshalb:

- sich nicht belehrend, verurteilend, ablehnend, bagatellisierend, rechthaberisch oder gleichgültig verhalten,

sondern:

- loben, anerkennen, bestätigen und respektieren,
- ausreden lassen,

- aktiv zuhören (signalisieren, dass man zuhört durch „ja", „hm", „verstehe"),
- wiederholen und zusammenfassen (Fazit ziehen),
- die Meinung des Gesprächspartners respektieren (nicht direkt wiedersprechen),
- Zusagen einhalten,
- Fragen stellen, statt Behauptungen aufstellen (Fragetechnik beherrschen),
- an den Nutzen für den Gesprächspartner denken (Nutzenargumentation erarbeiten).

Häufig benutzen wir Formulierungen, die sich „eingeschlichen" haben. Aus diesem Grund sind sie uns nicht bewusst. Daher denken wir auch nicht über „Ersatzformulierungen" nach. Der Gesprächspartner beurteilt die Fachkompetenz des Gegenübers nicht ausschließlich an dessen Wissen; d. h., es zählt nicht nur der reine „Sachverhalt", sondern durchaus auch, wie dieser formuliert ist.

Daher sollte die Führungskraft bei jedem Face-to-Face-Gespräch darauf achten, wie sie ihre Gedanken in Worte kleidet. Der Gesprächspartner analysiert Worte nach Prägnanz, Veranschaulichung, Logik und Überzeugungskraft.

Soll der Mitarbeiter in einem Gespräch überzeugt werden, sind somit folgende Techniken sinnvoll:

Verstehen
- was der andere will,
- welche Persönlichkeit der andere hat,
- wie man selbst auf den anderen wirkt.

Wissen
- wie man den anderen zum Reden bringt,
- wie man den anderen zum interessierten Zuhören bringt,
- wie man die eigenen Angebote überzeugend darstellt,
- wie man auf Bedenken und Einwände eingeht.

Erkennen
- wann der andere überzeugungsbereit ist,
- wann der andere überzeugt ist,
- wann Überzeugung (noch) nicht möglich ist.

Entscheidend ist, welches Ziel man als Führungskraft bei seinem Mitarbeiter in dem Gespräch anstrebt. Das können Fragen sein, die der Mitarbeiter beantworten soll oder auch Fakten, die man ihm vermitteln will:

- Was haben Sie von den Delegationen schon alles erreicht?
- Wir sind modern und innovativ.
- Wir verstehen uns als Dienstleister.
- Wo stehen Sie?
- Welches Selbstbildnis haben Sie von sich?

- Wie ist Ihr Selbstvertrauen?
- Wohin wollen Sie (Sollwert)?
- Welche Rückschläge, Misserfolge mussten Sie in der letzten Woche einstecken?
- Welche Erfolge haben Sie feiern können?
- Wir wollen uns weiterentwickeln.

Wichtig ist, empfängerorientiert zu kommunizieren. Man sollte sich immer vor Augen führen, dass der Gesprächspartner Aussagen interpretiert und unter Umständen etwas anderes versteht, als das, was der Sender gemeint hat. Der Sender sollte versuchen, mit „den Ohren des Empfängers" zu hören.

Nicht oft genug betont werden kann die Tatsache, dass auf dem Weg zum Gesprächspartner wichtige Informationen sprichwörtlich „in der Leitung hängen bleiben" oder sich in Luft auflösen. Jede Nachricht leidet auf ihrer Reise von einem zum anderen Menschen zwangsläufig unter drastischem Informationsschwund.

Gefühle spielen in der Kommunikation die Hauptrolle: Die meisten von uns arbeiten im Job oder bei Geschäftsideen mit anderen Menschen hauptsächlich auf der Sachebene zusammen und vernachlässigen die Beziehungsebene. Psychologen vermuten, dass 80 % unserer psychosozialen Zufriedenheit durch 20 % unserer Beziehungsstruktur erzeugt werden. Man bedenke, sämtliche Entscheidungen werden aus dem Gefühl heraus getroffen und mit dem Verstand lediglich begründet. Die Beziehungsebene wirkt unterschwellig und beeinflusst die Kommunikation (Schulz von Thun 2003, S. 45 ff). Ist sie gestört, gelingt der Austausch von Sachinformationen nicht mehr. Eine positive Beziehungsebene schafft dagegen ein harmonisches, effizientes Gesprächsklima. Deshalb ist es wichtig, dass Führungskräfte lernen, die Beziehungsebene auszubauen, damit ihre Mitarbeiter ihnen vertrauen. Dazu sollten sie die Realität des Mitarbeiters verstehen und sich in sie hineinfühlen (Erinnern Sie sich an das Grow-Modell, Tab. 8.1):

- Welches Anliegen hat der Mitarbeiter?
- Welche Bedürfnisse hat er?
- Welche Ängste hat er?

Erst wenn die Führungskraft weiß, wie ihr Mitarbeiter tickt, ist sie auch in der Lage, gezielt auf ihn einzugehen: Der Weg ist frei für eine tragfähige Beziehungsebene.

8.2 Eine kooperative Beziehung nach oben aufbauen

Führungskräfte im mittleren Management eines Unternehmens stehen im Spannungsfeld zwischen den angestellten Mitarbeitern und der oberen Führungsebene. Diese Position ist zweifellos schwierig; aber wer seine Rolle und seine Aufgaben gut kennt und diese mit Weitblick, taktischem Geschick und einigem „Handwerkszeug" erfüllt, kann viel bewirken und seine Arbeit als erfüllend wahrnehmen.

Welche Grundhaltung ist für den mittleren Manager wichtig?
Er muss seinen Vorgesetzten unbedingt in seiner Rolle als Chef akzeptieren und mit Respekt behandeln! (Selbstverständlich gilt ein respektvoller Umgang auch umgekehrt, aber das ist nicht Gegenstand dieser Ausführungen.)

Wer permanent damit rechnet, angegriffen zu werden, reagiert gereizt. Wer auf eine positive Haltung vertrauen kann, reagiert entspannt und ist auch für andere Ideen aufgeschlossener, was zu weniger Stress und zu einer besseren Kommunikation führt. Es profitieren beide Seiten davon, wenn sich Chef und mittlerer Manager nicht als Feinde gegenüber stehen, sondern an einem Strang ziehen.

Es braucht eine gute Vertrauensbasis, um erfolgreich zusammenzuarbeiten. Förderlich dafür sind z. B. Gemeinsamkeiten, die man gelegentlich ansprechen kann, oder eine spürbare, unaufdringliche Anerkennung, aber vor allem ein konstanter und verlässlicher Einsatz für das Unternehmen. Wenn sich der Chef generell geachtet fühlt, verkraftet er auch einmal einen Widerstand. Dabei ist selbstverständlich ein verbindlicher Ton einzuhalten; auch Vorschläge mit Alternativen, etwa zu Abgabeterminen, sind hilfreich.

Das gilt besonders, wenn es um Anliegen des mittleren Managers selbst geht: Auch eigene Interessen und Bedürfnisse sollten geklärt werden, damit die Freude an der Arbeit erhalten bleibt.

Was gehört zur Rolle eines mittleren Managers?
Auf keinen Fall *alles*, was der Chef oder die Chefin verlangt! Zwar liegt die Hauptaufgabe darin, den Vorgesetzten bei seinen Tätigkeiten stets loyal zu unterstützen und dies, ohne „hintenherum" zu lavieren oder gar zu boykottieren, aber mindestens ebenso wichtig ist es, dem oder der Vorgesetzten als *kritischer* Berater zur Seite zu stehen. Dazu gehört es auch, eigene Bedenken und Überlegungen zu äußern oder Alternativen aufzuzeigen – vorausgesetzt, diese sind wohlbegründet. Ob es sich um Informationen zu Produktionsabläufen oder Kundenreaktionen handelt, um Mitarbeiterprobleme oder den Stand eines Projekts:

Ehrliches, konstruktives Feedback nutzt einem Vorgesetzten am meisten. Er ist auf die Benachrichtigungen seiner Führungskraft aus dem mittleren Management angewiesen, schließlich kann er sein Augenmerk nicht ständig überall haben. Die Manager sollten ausprobieren, welche Form und Regelmäßigkeit von Feedback ihr Vorgesetzter am meisten schätzt: ob auf einem Formblatt, akustisch, als Mindmap oder Tabelle. Durch Feedback sollte sich der konkrete Mehrwert zeigen, den der Manager für das Unternehmen bietet.

8.3 Verhaltensstrategien für eine kooperative Beziehung zum Chef

Mit einem gedanklichen „Trick" kann man sich die kooperative Beziehung zum Chef deutlich erleichtern: Man betrachtet ihn am besten wie einen Kunden (Steinhübel 2010, S. 9).

Das hilft, um die Beziehung neutral und mit weniger Emotionen zu sehen.

Ein Mitarbeiter steht in einem Abhängigkeitsverhältnis zu seinem Chef; immerhin entscheidet dieser über Arbeitsabläufe, Entlohnung und Leistungsbeurteilung sowie über den Verbleib im Unternehmen (Steinhübel 2010, S. 79 ff.)

Andererseits braucht ein Unternehmen seine Mitarbeiter, um bestehen und wachsen zu können (Krawiec 2008, S. 11 ff.).

Diese Balance eröffnet Spielräume: Um gegenüber seinem Chef kundenorientiert zu handeln, muss man für sich klare Grenzen definieren (Krawiec 2008, S. 11; Steinhübel 2010, S. 94).

Dazu gehören eine realistische Selbsteinschätzung und ein ausreichendes Selbstwertgefühl, denn sonst entstehen unangebrachte Schuldgefühle (Steinhübel 2010, S. 94) wenn man die Anforderungen „von oben" nicht hundertprozentig erfüllen will. Ebenfalls braucht man Diplomatie und den Mut, authentisch zu sein (Krawiec 2008, S. 12). Wenn man sich vorrangig auf die Stärken des Chefs bezieht und dazu unterstützend eingreift bei seinen Schwächen, entsteht eine gute Kommunikationsbasis.

Allerdings sollte auch der Vorgesetzte selbst seine Erwartungen an seinen Mitarbeiter so konkret wie möglich äußern. Jeder Chef erwartet Leistung. Doch nur, wer genau weiß, was von ihm erwartet wird, kann das Optimale leisten. Oft gibt es in der Praxis regelmäßige Mitarbeitergespräche und/oder Zielvereinbarungsgespräche, die diesem Zweck dienen. Falls nicht, sollten sie eingefordert werden.

Als Ergebnis sollte ein klar definiertes Ziel benannt und ggf. schriftlich festgehalten werden; daran kann die Leistung dann gemessen werden. Zusätzlich sind regelmäßige Treffen für eine gute Zusammenarbeit wichtig, in denen der Vorgesetzte seinem Mitarbeiter eine Rückmeldung zu seiner Arbeit gibt.

Gemäß Steinhübel erfordert eine Position im mittleren Management auch „*mitzusteuern, mitzuentscheiden, mitzudenken, mitzuberaten und mitzuarbeiten*" (Steinhübel 2010, S. 78). Hier wird die Rolle des Beraters stark betont. Dazu gehört, dass der mittlere Manager sich aktiv mit eigenen Ideen einbringt und nicht ausschließlich den Vorstellungen des Vorgesetzten folgt.

Zu den wichtigen Aufgaben in der mittleren Führungsebene gehört das Engagement für die Mitarbeiter im eigenen Team. Um Leistungen zu würdigen und den mitwirkenden Menschen zu Lob und Anerkennung zu verhelfen, muss der Vorgesetzte immer wieder über die Arbeitsabläufe und -ergebnisse informiert werden.

Zusammenfassend kann man sagen: Es ist wichtig, den Vorgesetzten, seine Position und seine Ziele zu respektieren und zu akzeptieren, jedoch auch die eigenen Bedürfnisse und Ziele sowie die der Mitarbeiter klar zu vertreten (Krawiec 2008, S. 9).

8.3.1 Konfliktgespräche mit dem Vorgesetzten führen

Ein häufiger Fehler in Konfliktgesprächen mit dem Vorgesetzten liegt darin, dass sich Mitarbeiter als Opfer darstellen. Diese Haltung sollte unbedingt vermieden werden! Niemand sollte sich selbst klein darstellen und um Hilfe betteln (Krawiec 2008, S. 10). Das gilt selbstverständlich auch für mittlere Führungskräfte.

Diese sollten die Ressource nutzen, die sie selbst aktiv beeinflussen können: den gemeinsamen kommunikativen Umgang. (An der Persönlichkeit des Chefs können sie nichts verändern!)

Ist man in einen Konflikt involviert, so ist man selbst Teil des Konflikts, das ist auch der Fall, wenn der Konfliktpartner der Vorgesetzte ist, sogar wenn man diesen Vorgesetzten als untragbar einstuft.

Wichtig ist, dass man auch in Konfliktgesprächen selbstsicher auftritt. Man sollte sich daran erinnern, dass man die eigene Person und die eigenen Fähigkeiten wertschätzt und dass man weiß, wie man seine Stärken nutzen und seine Schwächen akzeptieren kann. Wer mit dieser Haltung in ein Konfliktgespräch geht, kann diese auch vom Gesprächspartner erwarten. Umgekehrt muss auch eine positive Grundhaltung und Respekt gegenüber dem Vorgesetzten gegeben sein.

Anders ist es natürlich bei Mobbing.

8.3.2 Mobbing – Psychokrieg am Arbeitsplatz!

Was passiert?

Eine Zeit lang läuft alles sehr verdeckt, so dass der Betroffene zunächst nicht sicher ist, ob die Sachen geplant oder reiner Zufall sind. Das heißt, es fängt eigentlich mit kleinen Unhöflichkeiten an. Plötzlich wird die Arbeitsleitung bemängelt, obwohl Jahre lang alles in Ordnung war. Auf einmal ist derjenige nicht mehr teamfähig, der bisher noch in einem professionellen Umfeld, gemeinsam mit seinen Kollegen Projekte entwickelt hat. Es kommt auch vor, dass dem Betroffenen eine immer höhere Arbeitslast auferlegt wird mit dem Ziel, dass dieser dann Fehler macht und es Anhaltspunkte gibt, denjenigen zu schikanieren oder die Möglichkeit besteht, ihn bezüglich seiner Arbeit zurechtzuweisen. Kleinigkeiten werden herangezogen, um die Arbeitsleistung zu diskreditieren, z. B. kleine Rechtschreibfehler, Absätze, die in einem Schreiben nicht richtig umgesetzt wurden. Es sind eigentlich Nichtigkeiten, die jahrelang keine Rolle spielten und bei anderen geduldet werden. Diese stellen gerade angeblich bei den Mobbingbetroffenen eine schlechte Arbeitsleistung dar.

Mobbing ist in Deutschland arbeitsrechtlich verboten. Allerdings gibt es bisher in Deutschland kein Anti-Mobbing-Gesetz. Nach dem Grundgesetz gilt Mobbing als Eingriff in das geschützte Persönlichkeitsrecht. Bei deutschen Arbeitsgerichten wird unter Mobbing folgendes verstanden: Es sind Verhaltensweisen, die der Anfeindung, Schikane oder Diskriminierung dienen, die fortgesetzt, aufeinander aufbauend oder ineinander übergreifend stattfinden. Mobbing verletzt das allgemeine Persönlichkeitsrecht oder andere geschützte Rechte, wie die Ehre oder die Gesundheit des Betroffenen. Gemobbt zu werden bedeutet häufig brutalster psychischer Gewalt ausgesetzt zu sein.

Gründe
Die Motive für Mobbing sind vielfältig: Ursprüngliche menschliche Eigenschaften wie Neid, Eifersucht Kompetenzangst sowie Missgunst spielen eine Rolle. Neben dem Geschlecht spielt häufig das Alter des Betroffenen sowie sein Engagement bei der Arbeit eine Rolle. Neue Mitarbeiter, die auf Hochtouren ihre Aufgaben erledigen, werden mit Neid betrachtet und geraten in den Fokus des Mobbers. Zudem kann es sein, dass das Mobbing eine ganz klare personalstrategische Richtung verfolgt. Dass z. B. in einer Firma großflächig Arbeitsplätze abgebaut werden sollen und dann diese Methoden iniziiert oder zumindest nicht abgestellt werden. Mitarbeiter sollen auf diese Weise von sich aus dazu bewegt werden, das Unternehmen zu verlassen. Generell zeigen Erfahrungen, dass überwiegend ein ungeklärter persönlicher Konflikt der Schikane zugrunde liegt. Typische Mobbingopfer gibt es dabei nicht.

Mobbing-Charaktere
Das typische Vorurteil ist, dass die Gemobbten schwache Personen mit wenig Selbstbewusstsein sind und die Mobber die starken ausgeglichenen, souveränen Personen. Oft ist genau das Gegenteil der Fall. Der Mobber mobbt aus schwachen, unsicheren Gefühlen heraus oder aus Motiven, von denen er weiß, dass diese von seinen Kollegen nicht respektiert würden. Das bedeutet, dass er dem Gemobbten keine beruflichen Unzulänglichkeiten nachweisen kann, die einen Rauswurf rechtfertigen würden. Der Mobber weiß, dass er mit legitimen Mitteln sein Opfer nicht los wird. Mobber wollen denjenigen, der in ihren Fokus gerückt ist, ausgrenzen mit dem Ziel, dass der- oder diejenige das Unternehmen verlässt. Mobber finden sich unter Arbeitern und Angestellten bis hin zum Vorgesetzten. Vorgesetzte nehmen einen Spitzenplatz in Sachen Mobbing ein: Laut Bundesanstalt für Arbeitsschutz und Arbeitsmedizin, sind die meisten Mobber männliche Vorgesetzte zwischen 34 und 54 Jahren. 70 % aller Mobbingfälle werden von diesen Personen iniziiert (baua 2010).

Wie kann sich der Gemobbte wehren?
Der Betroffene sollte im Anfangsstadium versuchen mit dem Mobber ein persönliches Gespräch zu führen. Es geht darum herauszubekommen, ob das Ganze vielleicht auf einem einfachen Missverständnis beruht, das vielleicht noch behoben werden kann. Falls dies nicht mehr möglich ist, sollte sich der Gemobbte an die Mitarbeitervertretung, dem Betriebsrat oder an die Gleichstellungsbeauftragte wenden, damit ihm geholfen wird. Ab diesem Zeitpunkt können dem Mobber entsprechende Konsequenzen auferlegt werden. Es ist die Pflicht des Arbeitgebers, Maßnahmen umzusetzen.

Beweislage
Betriebsräte und Personalräte müssen dafür sorgen, dass in Unternehmen nicht gemobbt wird. Für den Betroffenen ist es wichtig Beweise zu sichern. Das negative Verhalten des Mobbers muss mit Datum und Uhrzeit in einem Buch dokumentiert werden. Dieses Tagebuch wird als Mobbingtagebuch bezeichnet. Weitere Beweise können zudem auch E-

Mails und die Aussagen von Kollegen sein. Es ist wichtig, dass die Aufzeichnungen dokumentieren, dass es sich bei dem Geschehen um einen längeren Zeitraum handelt. Erst dann kann man von Mobbing sprechen. Einzelhandlungen zählen nicht.

Rechtliche Situation
Nach § 278 BGB haftet der Arbeitgeber dafür, sobald ein Mitarbeiter einen anderen bewusst in seinen Rechten verletzt. Der Gemobbte hat einen Anspruch darauf, dass er Unterstützung vom Arbeitgeber bekommt. Wenn dieser seiner Verantwortung nicht nachkommt, kann der Gemobbte auf Schadensersatz und Schmerzensgeld klagen. Auch Kollegen sollten einschreiten, anstatt einfach zuzusehen.

8.4 Das eigene Auftreten prüfen

Führungskräfte im mittleren Management müssen sich klar machen, dass sie fast ununterbrochen beobachtet und bewertet werden. Folgende Bereiche fallen dabei besonders auf:

- Soziale Kompetenz,
- Problemlösungsfähigkeit,
- Zielorientierung,
- Umgang mit Veränderungen,
- Unternehmerisches Denken und Handeln.

Es ist wichtig, sich diese Bereiche selbst immer wieder vor Augen zu führen und zu prüfen, welches Handeln und Auftreten man in letzter Zeit an den Tag gelegt hat.

Auch Körperhaltung, Gestik, Mimik und Sprachverhalten sollten regelmäßig überprüft werden. Hier zeigen sich Nachlässigkeiten, Unaufmerksamkeiten oder unliebsame Routinen sehr schnell, z. B. wenn man während einer Sitzung dauernd mit den Schultern zuckt oder mit dem Stift spielt.

Besonders gefürchtet ist die „innere Kündigung", die sich häufig im Rückzug zeigt. Wer kein Engagement, keine Energie, keine neuen Ideen mehr spürt, neigt zu vorschnellem Ja-Sagen oder bringt sich überhaupt nicht mehr ein. Diese Haltung drückt Verweigerung aus und wird in jedem Fall negativ bewertet. Hier gilt es, möglichst umgehend die Notbremse zu ziehen, um schlimme Folgen zu verhindern.

8.5 Neue Herausforderungen an das mittlere Management

Die Anforderungen an das mittlere Management wachsen in allen Unternehmen kontinuierlich, weil die Aufgaben immer komplexer werden. Viele Manager fühlen sich ausgebrannt und überlastet, schaffen ihr Pensum nur mit vielen Überstunden. Auch fehlende

Aufstiegschancen mindern die Motivation. Einsparungen am Personal, Konkurrenzdruck, Zusammenlegungen von Aufgabenbereichen usw. erhöhen die operative Arbeit so, dass wenig oder keine Zeit für die dringend nötige Reflexion bleibt.

Ob Pläne für die berufliche Zukunft oder für private Belange – all dies kommt ebenso zu kurz wie Zeit für ein Innehalten und für Erholung. In dieser Situation leidet die Familie mit, was wiederum den Druck erhöht... Ein Teufelskreis!

Wenn man als Mitarbeiter einfach mal spürt, eine Auszeit zu benötigen, bieten sich sogenannte Sabbaticals an.

8.5.1 Exkurs: Sabbatical – eine geplante Auszeit vom Berufsleben

Ein Sabbatical, auch unter dem Namen Sabbatjahr oder Langzeiturlaub bekannt, beschreibt eine längere Freistellung vom Arbeitsleben. Mindestens müssen vom Arbeitnehmer drei Monate in Anspruch genommen werden. Laut Bundesanstalt für Arbeitsschutz und Arbeitsmedizin halten zwischen 43–53 % der Beschäftigten eine berufliche Auszeit für sinnvoll (baua 2010).

Generell gilt: Es gibt im Arbeitsrecht keinen Anspruch auf ein Sabbatical. In einigen Unternehmen gibt es allerdings Betriebsvereinbarungen, die ein Sabbatical vorsehen. In diesem Fall kann der Arbeitnehmer natürlich zu seinem Vorgesetzten gehen und einen Antrag auf ein Sabbatjahr stellen. Innerhalb eines Sabbaticals ist der Beschäftigte weiterhin im Unternehmen angestellt und erhält auch monatlich ein Gehalt. Damit alles reibungslos abläuft, muss der Arbeitnehmer im Vorfeld allerdings einiges mit seinem Arbeitgeber absprechen.

Sowohl für den Arbeitgeber als auch für den Arbeitnehmer soll am Ende eine Win-win-Situation herauskommen. Deshalb sollte der Angestellte die Möglichkeit bekommen, in einem überschaubaren zeitlichen Rahmen seine Sabbaticalzeit zu erarbeiten. Daneben sollte der Auszeitwillige ausreichend Zeit haben, um einen geeigneten Arbeitnehmer zu finden, der ihn während seiner Abwesenheit vertritt.

Das Gespräch mit dem Chef, um ein Sabbatical zu realisieren

Ein gut vorbereitetes Gespräch mit dem Chef, das mindestens ein Jahr im Voraus stattfindet, ist die beste Voraussetzung für das Einlegen eines Sabbatjahrs. Denn sobald der Arbeitgeber davon überzeugt ist, dass es durchaus sinnvoll ist, dem Arbeitnehmer eine Auszeit zu genehmigen, wird er dem zustimmen. Wichtig dabei ist, dem Vorgesetzten zu verdeutlichen, welche Vor-, aber auch Nachteile diese berufliche Auszeit für das Unternehmen mit sich bringen kann. Hemmungen gegenüber dem Arbeitgeber lohnen sich nicht. Die Erfahrungen, die die Auszeit mit sich bringen wird, sollten gegenüber dem Chef als späterer Vorteil für das Unternehmen dargestellt werden.

Der Arbeitnehmer darf in der beruflichen Auszeit Dinge tun, die er allein entscheidet. Er kann die Zeit für längere Auslandsaufenthalte nutzen, für Weiterbildungen, oder um mehr Zeit mit der Familie zu verbringen, die der normale Arbeitsalltag sonst nicht übrig lässt. Eine Horizonterweiterung auf der beruflichen sowie auf der privaten Ebene sind überzeugende Gründe für den Arbeitgeber.

Zwei Methoden, um ein Sabbatical zu realisieren
Zwischen Arbeitgeber und Arbeitnehmer wird eine 30-Stunden-Arbeitswoche vereinbart. Das bedeutet allerdings: Der Angestellte arbeitet in Wirklichkeit insgesamt 40 Stunden in der Woche. Dabei wird die Vollzeitstelle offiziell auf Teilzeit reduziert, gleichzeitig wird jedoch die reguläre Arbeitszeit beibehalten, so dass sich über Monate und Jahre Mehrstunden sammeln, die man dann im Rahmen eines Sabbaticals ausgleicht. Dabei handelt es sich sozusagen um ein überdimensionales Gleitzeitkonto. Das Geld wird dann in der Freistellungszeit ausgezahlt. In diesem Rahmen ist es möglich, nach genau drei Jahren, zwölf Monate lang ein Sabbatical einzulegen.

Eine kurzfristigere Variante könnte folgendermaßen aussehen: Der Arbeitnehmer bekommt für ein Jahr ein halbes Gehalt, allerdings arbeitet er sechs Monate dafür voll und geht dann ein halbes Jahr in ein Sabbatical. Dieses Verfahren hat den Vorteil, dass der Arbeitnehmer nur eine sehr begrenzte Zeit den Betrieb verlässt.

Schriftliche Vereinbarungen
Im Vorfeld gilt es, schriftliche Vereinbarungen mit dem Arbeitgeber zu treffen: zum einen die Dauer des Sabbaticals klar zu definieren, zum anderen die Art und Weise, wie die Zeit angespart wird, festzulegen. Wichtig ist auch, im Vertrag zu klären, wie die Sozialversicherungs- und Krankenversicherungsbeiträge sowie die Rentenversicherungsbeiträge während des Sabbaticals sichergestellt sind. Auch sollte das angesparte Geld insolvenzgesichert sein. Dafür gibt es spezielle Versicherungsunternehmen, die das Geld sicher verwahren. Selbst wenn das Unternehmen pleitegeht, bekommt der Mitarbeiter einen Quasivermögensanteil ausgezahlt. Der Arbeitgeber muss dem Arbeitnehmer zusichern, dass dieser wieder an seiner früheren Stelle arbeiten kann und dies auch schriftlich festhalten. Im Vertrag müssen Ausstiegs- und Widereinstiegsregelungen bestimmt werden. Darüber hinaus sind folgende Fragen zu klären: Hat der Arbeitnehmer nur ein Rückkehrrecht ins Unternehmen oder für denselben Arbeitsplatz? Wer übernimmt die Arbeit in der Zeit, in der er weg ist? Und vor allem: Was passiert in der Zeit danach, wenn die Person zurückkommt?

8.6 Zusammenfassung

Zusammenfassend kann man sagen: Als Führungskraft ist es von enormer Wichtigkeit, sich seiner eigenen Position im Klaren zu sein, um Mitarbeiter zu lenken und Ziele zu erreichen. Damit dieses auf einer guten Ebene verlaufen kann, ist Vertrauen der Grundstein. Es ist wichtig, den Vorgesetzten, seine Position und seine Ziele zu respektieren und zu akzeptieren, jedoch auch die eigenen Bedürfnisse und Ziele sowie die der Mitarbeiter klar zu vertreten, um ein harmonisches, erfolgsversprechendes Arbeiten in einem Unternehmen zu garantieren. Eine wichtige Möglichkeit für gute Ergebnisse ist die Kommunikation. Aufgrund einer gelungenen Kommunikation können innere Kündigungen und Mobbing vermieden werden. Das Instrument der Sprache ist also präventiv einsetzbar.

8.7 Über die Autorin

Für **Gudrun Holtz** ist der Ausgangspunkt immer die individuelle Bedarfslage sowie die individuelle Unternehmenskultur und Persönlichkeit ihres Coachees: Sie entwirft mit Ihnen gemeinsam exakt auf Sie und Ihre Bedürfnisse abgestimmte Konzepte, Angebote und einen nachhaltigen Alltagstransfer.

Gudrun Holtz studierte Kulturwissenschaft, Kunst- sowie Erziehungswissenschaft (M.A.). Sie hat einen Abschluss als NLP-Practioner und befindet sich aktuell in einer Coach-Ausbildung (ICI Berlin). Sie hat Fortbildungen im Bereich Gender Trainings u. a. in der Heinrich Böll Stiftung besucht. Sie produziert als Autorin und Journalistin für unterschiedliche öffentlich-rechtliche Rundfunkanstalten, sowohl Hörfunk als auch Fernsehen und das u. a. für die Fernsehwissenschaftssendungen 3Sat nano und Quarks & Co. Marketingaktivitäten und die gewissenhafte Umsetzung einer einheitlichen Corporate Identity im Rahmen der Unternehmenskommunikation gehören ebenso zu ihrem Tagesgeschäft wie der routinierte Umgang mit unterschiedlichen Content-Management-Systemen. Sie schreibt, konzipiert und gestaltet Unternehmenspublikationen vom Flyer bis zur Festschrift: Kunden- und Mitarbeiterzeitschriften, Jahresberichte, Newsletter, Flyer, Broschüren, Einladungen, Websites, Bücher, Ratgeber, Festschriften und Reden.

Aufgrund ihrer langjähriger journalistischen Produktionen sowie durch zahlreiche Bühnenauftritte als Sängerin weiß sie Worte und Stimme wirksam einzusetzen. Sie hat das ausreichende Wissen, wenn es um Kommunikation geht, bisher war sie u. a. unterstützend sowie inspirierend tätig bei: Handwerkskammer Bremen und Bremerhaven, Goethetheater Bremen, Bildungswerk Bremerhaven u. v. m.

Literatur

baua (Bundesanstalt für Arbeitsschutz und Arbeitsmedizin) (2010). *Wenn aus Kollegen Feinde werden...Der Ratgeber zum Umgang mit Mobbing.* http://www.baua.de/de/Publikationen/Broschueren/A12.pdf?__blob. Zugegriffen: 29.06.2015

http://www.vier-ohren-modell.de/. Das vier- Ohren-Modell Mit vier Ohren hören.

Krawiec, I. (2008). *Umgang mit Vorgesetzten: Profil entwickeln – Beruflichen Erfolg steuern.* Berlin: Cornelsen.

Kruckeberg, K. (2013). *Tausche Abendessen gegen Coaching.* München: Kösel-Verlag.

Pelz, W. (2004). *Kompetent führen: Wirksam kommunizieren, Mitarbeiter motivieren.* Heidelberg: Gabler Verlag.

Schulz von Thun, F. (2003). *Miteinander reden: Kommunikationspsychologie für Führungskräfte: Miteinander reden.* Rowohlt: Praxis.

Steinhübel, A. (2010). *Führen in der Sandwich-Position: Chancen erkennen und den Überblick behalten.* Berlin: Cornelsen.

Entschlossen und dabei gelassen: Der gesündere Weg zur Zielerreichung

Bernhard Kipper

Inhaltsverzeichnis

9.1	Motivation	149
9.2	Was geschieht, wenn wir uns etwas vornehmen?	150
9.3	Worin besteht die Kraft der Entschlossenheit?	154
9.4	Wie erlange ich Entschlossenheit?	157
9.5	Wie geht es nach dem Entschluss weiter?	159
9.6	Wie bleibe ich gelassen?	166
9.7	Was ist daran gesünder?	167
9.8	Über den Autor	169

9.1 Motivation

Nehmen wir einmal an, Sie haben sich vorgenommen, etwas zu tun bzw. etwas zu erreichen. Sie gehen an die Umsetzung Ihres Vorhabens und sind guter Dinge. Dann kommt Ihnen etwas dazwischen – eine Störung etwa oder eine andere Aufgabe, ein anderer Termin, ein Kundenwunsch oder ein wichtiger Kundentermin, ein Missgeschick oder unglückliche, äußere Umstände. Sie sind daraufhin mit anderen Themen beschäftigt, kümmern sich um andere Dinge und Ihr ursprüngliches Vorhaben kommt zu kurz, wird verschoben oder bleibt gar völlig liegen. Das ärgert Sie natürlich, denn Sie wollten ja Ihr ursprüngliches Vorhaben umsetzen. So gehen Sie energisch wieder an Ihr ursprüngliches Vorhaben. Doch irgendwie steckt der Wurm in dieser Angelegenheit: Kaum sind Sie wieder am Thema dran, da taucht die nächste Ablenkung, der nächste Prioritätenkonflikt, das nächste Hindernis oder wiederum unglückliche, äußere Umstände auf. Und so drehen Sie wiederum eine Runde in dieser spiralförmigen Kurve. Am Ende haben Sie Ihr Vorhaben entweder gar nicht umsetzen können oder die Erreichung des angestrebten Ziels hat Sie erheblich mehr

---

Dr. Bernhard Kipper ✉
Zum Haberfeld 10, 66557 Illingen, Deutschland
e-mail: info@der-erfolgsentwickler.de

Zeit und Kraft als erwartet gekostet, verbunden mit der permanenten Unsicherheit, ob sich das angestrebte Vorhaben überhaupt umsetzen lässt. Auf Grund der damit verbundenen Anspannung und des Ärgers war all dies auch noch eine sehr stressige Angelegenheit für Sie, so dass Sie sich am Ende erschöpft und ausgelaugt fühlen – und nicht glücklich und zufrieden, wie Sie es eigentlich wollten.

Hatten Sie bereits ähnliche Erlebnisse? Haben Sie sich auch schon gefragt, was Sie in solchen Situationen anders machen könnten? Wie Sie Ihre Vorhaben mit weniger Stress umsetzen können? Genau darum geht es in diesem Beitrag. Ich werde Ihnen die Zusammenhänge aufzeigen, aus denen Ihre Stressbelastung in solchen Situationen resultiert. Darauf aufbauend vermittle ich Ihnen einige Strategien, mit Hilfe derer Sie Ihre Ziele künftig deutlich entspannter anstreben und auch erreichen können.

Machen Sie sich mit mir zunächst auf die Suche nach den Stressoren hinter diesen Vorgehensweisen.

9.2 Was geschieht, wenn wir uns etwas vornehmen?

Schauen wir uns als erstes ein sehr anschauliches und allseits beliebtes Beispiel an, die Neujahrsvorsätze. Die meisten Menschen, die ich kenne, haben ihre Erfahrungen mit den guten Vorsätzen für das neue Jahr gemacht. Picken wir uns für unsere weiteren Betrachtungen zwei Neujahrsvorsätze heraus, die sehr häufig geäußert werden:

- Ich möchte im nächsten Jahr mehr Sport treiben.
- Ich will mit dem Rauchen aufhören.

Praxisbeispiel

Wie sieht ein prototypischer Ablauf für diese Vorsätze aus? Die ganze Sache fängt natürlich deutlich vor dem Silvesterabend an: Ein Mann – nennen wir ihn im Folgenden Niklas – schaut an sich herunter und denkt: „Oje, da hat sich ja ein kleiner Rettungsring um den Bauch entwickelt, ich glaube, ich habe mir etwas Winterspeck angefuttert." Und dann geht Niklas über die Treppen ins dritte Stockwerk hoch, kommt dabei außer Atem und denkt: „Ach du meine Güte, nicht nur, dass ich zu dick bin, ich habe auch überhaupt keine Kondition mehr. So kann das nicht weitergehen, ich muss wieder mehr Sport treiben."

Und um das Raucherbeispiel aufzugreifen: Eine Frau – nennen wir sie im Folgenden Sabine – raucht gewohnheitsmäßig ihre 2–3 Schachteln Zigaretten pro Woche. Natürlich weiß Sabine, dass Rauchen ungesund ist, und hat deshalb ab und an ein schlechtes Gewissen, weil sie bislang immer noch den ungesunden Genuss dem gesunden „Verzicht" vorzieht. Also kommt in ihr zuweilen der Gedanke auf, mit dem Rauchen aufzuhören.

Damit sind bei Niklas und Sabine die Weichen für den Silvesterabend gestellt und bei klingenden Sektgläsern reden die Gäste der Silvesterparty über ihre guten Vorsätze für das kommende Jahr und tauschen Tipps aus, wie man diese Vorsätze am besten in die Tat umsetzt.

Doch halten wir inmitten dieser feucht-fröhlichen Party-Stimmung einmal inne, um den ersten erfolgskritischen Faktor zu betrachten. Sowohl unser angehender Sportler Niklas, als auch unsere angehende Nichtraucherin Sabine verkünden bei dieser Gelegenheit einen Vorsatz, der von außen an sie herangetragen wird. Rein rational gesehen ist Niklas zwar klar, dass mehr Bewegung seinem Körper gut täte, und Sabine ist klar, dass der Wegfall des Zigarettenkonsums weniger Giftstoffe für ihrem Körper bedeuten würde. Doch es ist in beiden Fällen eine rationale Überlegung und kein eigener, innerer Antrieb. Dies macht für uns Menschen einen entscheidenden Unterschied und aus diesem Grunde wurden hierfür in der Psychologie eigens Begriffe geprägt: Die von außen an einen Menschen herantretende „Notwendigkeit" etwas zu tun, wird als extrinsische Motivation bezeichnet, während die aus einer Persönlichkeit von innen heraus entstehende Absicht, etwas zu tun, als intrinsische Motivation bezeichnet wird. Dieser Unterschied zwischen intrinsischer und extrinsischer Motivation ist ein wesentlicher Faktor für unsere Betrachtungen. Niklas und Sabine sind in unserem Beispiel extrinsisch für ihre Vorhaben motiviert, weil sie über Funk, Fernsehen und Internet genauso wie über die Print-Medien zu hören bzw. zu lesen bekommen, dass Sport und Nichtrauchen zu einer gesunden Lebensführung gehören, wohingegen Bewegungsarmut und Rauchen der Gesundheit abträglich sind. Sehr viele Menschen übernehmen diese wissenschaftlichen Erkenntnisse als Handlungsaufforderung von außen, ohne dass in ihnen ein innerer Wunsch nach Bewegung/Sport bzw. Nichtrauchen existiert. Sie bleiben damit extrinsisch motiviert.

> **Praxisbeispiel: Schauen wir nun, wie es mit Niklas und Sabine weitergeht**
> Der Rausch der Silvesternacht ist verflogen und unsere Kandidaten machen sich an die Umsetzung ihrer Vorhaben. Interessanterweise gibt es nun sowohl bei Niklas als auch bei Sabine die gleichen Szenarien, die sich anschließend abspielen.
> Das erste Szenario lässt sich unter dem Motto „gar nicht erst anfangen" zusammenfassen. In diesem Falle ist die Anfangshürde so hoch, dass sie bereits zum Scheitern des Vorhabens führt. Niklas hat vielleicht keinen laufenden Vertrag im Fitness-Studio und kriegt nicht die Kurve, in ein Fitness-Studio zu gehen. Oder er hat keine geeigneten Laufschuhe und scheut die Investition dafür oder er kann sich nach einem anstrengenden Arbeitstag einfach nicht mehr zu etwas anderem aufraffen, als sich vor den Fernseher oder den Computer zu setzen (Stichwort: „Couch-Potato").
> Im Falle von Sabine findet sich in diesem Szenario täglich ein anderer Grund, um das Rauchen weiterzuführen: Die Zigarettenschachtel ist noch nicht leer, es steht ein stressiger Bürotag an, usw.
> In beiden Fällen fehlt die Gewohnheit, das neue Verhaltensmuster auszuführen und dann heißt es, dass der sogenannte innere Schweinehund uns davon abhält, das Vorhaben in die Tat umzusetzen. Kennen auch Sie dieses verflixte Tier, das einen von allem

Möglichen abhält, was man ja so gerne machen möchte? Wir kommen später nochmals darauf zu sprechen.

Im zweiten Szenario sind unsere Kandidaten erst einmal tatkräftiger: Unser Sportler Niklas geht jetzt zweimal pro Woche im Wald laufen oder absolviert zwei Trainingseinheiten pro Woche im Fitness-Studio. Und unsere Raucherin Sabine hat tatsächlich die letzte Schachtel Zigaretten geleert und dann keine neue mehr gekauft. Tag für Tag und Woche für Woche hält Sabine das durch – bis, ja bis ihr dann bei einem geselligen Abend mit Freunden der Gedanke durch den Kopf geht, dass sie ja bei einer solchen Gelegenheit mal eine Ausnahme machen könnte. (Eine solche Gelegenheit für eine Ausnahme bietet übrigens sehr häufig auch ein besonders stressiger Arbeitstag, an dem sich Ex-Raucher mit Kollegen dann doch mal eine Zigarettenpause gönnen.) Und so raucht Sabine an diesem Abend mit ihren Freunden genüsslich ihre „Ausnahme-Zigaretten". Aber bei dieser Ausnahme bleibt es nicht, es findet sich erneut eine Gelegenheit für eine Ausnahme. Dann kommen weitere Ausnahmen hinzu und ab einer bestimmten Häufigkeit von Ausnahmen ist aus der Nicht-Raucherin Sabine wieder eine Raucherin geworden.

Unserem Sportler Niklas ergeht es im zweiten Szenario genauso: In einer besonders ereignisreichen/stressigen Woche (alternativ: in einer Urlaubswoche oder einer Woche mit beruflichen Auswärtsterminen) unterbricht unser Sportler seine regelmäßigen Trainingstermine – es ist ja eine Ausnahme. Und auch bei unserem Sportler bleibt es nicht bei dieser einen Ausnahme, sondern es kommen weitere Ausnahmen hinzu, die sich mehr und mehr häufen, bis sich bei Niklas die ursprüngliche Situation ohne regelmäßige sportliche Betätigung wieder eingestellt hat.

Nur im dritten Szenario bleibt Niklas bei seinem regelmäßigen Sport, denn es macht ihm Spaß, es ist ihm zur Gewohnheit und zu einem eigenen, inneren Bedürfnis geworden. Und in diesem dritten Szenario bleibt Sabine Nicht-Raucherin, denn das Leben ohne Zigaretten ist ihr zur Gewohnheit, zur Normalität geworden – ebenso normal wie es vorher ihr Bedürfnis nach Rauchen gewesen war.

Was entscheidet nun darüber, welches der drei Szenarien für den angehenden Sportler Niklas bzw. die angehende Nicht-Raucherin Sabine tatsächlich eintritt? Es ist ganz klar der Grad an Entschlossenheit, der dies entscheidet. Schauen wir uns dies in den drei Szenarien an.

In Szenario 1 handelt es sich bei Sabine und bei Niklas um einen typischen Neujahrsvorsatz. Einem solchem Vorsatz fehlt die Verbindlichkeit, daher sprechen wir ja auch von „guten Vorsätzen für das neue Jahr" und nicht von Entschlüssen für das neue Jahr. Einem Vorsatz wohnt nur ein sehr geringer Grad an Entschlossenheit inne und so bleibt viel Raum dafür, anderen Aktivitäten den Vorrang zu geben. Viele Menschen schieben dann den oben bereits erwähnten, sogenannten inneren Schweinehund vor, den sie nicht überwinden können. Dabei fehlt ihnen in solchen Situationen einerseits die intrinsische Motivation und andererseits die Verbindlichkeit sich selbst gegenüber. Und so bleibt es beim guten Vorsatz, während die Umsetzung ausbleibt.

In Szenario 2 ist der Grad an Entschlossenheit deutlich höher. Der Wille zur Umsetzung ist da und so kommen Sabine und Niklas ins Handeln. Dennoch fehlt ihnen in Szenario 2 die intrinsische Motivation für sportliche Aktivitäten bzw. für den Verzicht auf Zigaretten. Denn sie sehen den Sport bzw. das Nichtrauchen weiterhin als eine von außen an sie herangetretene Notwendigkeit an, weswegen sie beim Auftreten von Hindernissen oder Ausnahmen wieder in ihre ursprüngliche Gewohnheit der Bewegungsarmut bzw. des Rauchens zurückfallen. Es ist dieser Unterschied zwischen intrinsischer und extrinsischer Motivation, der dazu führt, dass das entscheidende Quantum an Entschlossenheit fehlt, um konstant beim Sport bzw. beim Nichtrauchen zu bleiben.

Nur Szenario 3 funktioniert, weil unsere Probanden intrinsisch motiviert und wirklich entschlossen sind. Und dieser Entschlossenheit folgt die konsequente Umsetzung.

Soweit ist das in unserem Neujahrsszenario klar. Aber ist das nicht zu sehr vereinfacht? Die besagten Erfahrungen mit Neujahrsvorsätzen hat praktisch jeder schon gemacht. Doch lässt sich das übertragen? Wie sieht es aus in beruflichen Situationen oder in wichtigen privaten Entscheidungen? Um die zugrundeliegenden Prinzipien zu verdeutlichen, betrachten wir ein weiteres Beispielszenario – dieses Mal aus dem beruflichen Umfeld. Was im Privatleben die guten Vorsätze zu Silvester sind, das sind in der Berufswelt die Jahresziele. Jahresziele werden in der Regel von der Geschäftsführung/Firmenleitung „erdacht" und – je nach Firmengröße – über mehrere Hierarchiestufen hinweg auf die Mitarbeiter-Ebene „heruntergebrochen". Wenn Sie nun Mitarbeiter im Unternehmen sind oder dem sogenannten mittleren Management angehören, dann befinden Sie sich in folgender Situation: Sie bekommen von außen Zielvorgaben vorgesetzt, unabhängig davon, ob Sie diese für sinnvoll oder weniger sinnvoll erachten, unabhängig davon, ob Sie diese für leicht oder schwer erreichbar oder für unerreichbar halten und unabhängig davon, ob Ihnen die Ziele gefallen oder missfallen. So gehen Sie die Ziele mehr oder weniger schwungvoll, mehr oder weniger missmutig und mit mehr oder weniger Überzeugung an. Und nun kommen in Bezug auf die Jahresziele die gleichen Abläufe mit den gleichen Hintergründen ans Laufen, die wir eben in unseren drei Szenarien bei den Neujahrsvorsätzen gesehen haben. Im ersten Falle (das ist das Szenario, das wir oben mit dem Motto „gar nicht erst anfangen" überschrieben haben) sind Sie von vornherein davon überzeugt, dass Sie das vorgegebene Ziel sowieso nicht erreichen. Vielleicht fühlen Sie sich auch in Anbetracht des aus Ihrer Sicht viel zu hoch angesetzten Ziels wie gelähmt: Warum sollten Sie für dieses Ziel überhaupt etwas tun, wo Sie doch zu wissen glauben, dass Sie das Ziel doch nicht erreichen werden. Dementsprechend niedrig ist Ihre Motivation, von intrinsischer Motivation ist in diesem Falle keine Spur. Und das, was Sie überhaupt für die Zielerreichung tun, betreiben Sie eher unter dem Aspekt der Schadensbegrenzung. Am Jahresende ist es dann auch nicht verwunderlich, dass Sie die Zielvorgabe deutlich verfehlen.

Im zweiten Szenario sind Sie in Bezug auf die Zielvorgabe, die Sie erhalten haben, guter Dinge. Sie glauben daran, dass Sie das schaffen werden. Beherzt gehen Sie an die Umsetzung der zugehörigen Aktivitäten und setzen die erforderlichen Hebel in Bewegung. Sie liegen gut im Plan – bis, ja bis dann etwas geschieht, das Sie vom Kurs abbringt: ein anderes Projekt beispielsweise, das höhere Priorität erhält, oder ein Kundenauftrag, der nicht gewonnen wird oder der krankheitsbedingte Ausfall eines Kollegen, der kompensiert werden muss. So weichen Sie ein Stück weit von Ihrer Route, von Ihrem Ziel ab. Doch bei dieser Abweichung bleibt es nicht: Der nächste unvorhergesehene Zwischenfall kommt hinterher, sei es ein weiterer Kundenauftrag (egal, ob gewonnen oder verloren) oder ein Lieferausfall oder eine Grippewelle. Sie bemerken, dass Sie nun deutlich nicht mehr den Kurs in Richtung der Zielvorgabe halten. Und wenn es dann mit weiteren Zwischenfällen weitergeht, geben Sie innerlich auf und schreiben das Ziel ab. Wie im ersten Szenario betreiben Sie vielleicht noch eine gewisse Schadensbegrenzung, verfehlen aber am Jahresende die Zielvorgabe.

Nur im dritten Szenario machen Sie das gesetzte Ziel wirklich zu Ihrem eigenen. Sie sind entschlossen, die Zielvorgabe zu erfüllen und die Zielerreichung wird für Sie zur Selbstverständlichkeit. Sie schlagen einen klaren Kurs ein, den Sie konsequent verfolgen. Äußere Einflüsse machen zwar Kurskorrekturen erforderlich, doch verlieren Sie das Ziel nicht aus den Augen. Und am Jahresende dürfen Sie sich dafür selbst belohnen, indem Sie mit stolzgeschwellter Brust die Erreichung des Zieles verkünden.

Sie sehen also, dass sich die gleichen Abläufe und die gleichen Motivationsaspekte mit den gleichen Hintergründen, die wir bereits bei den Neujahrsvorsätzen gesehen haben, auch in Ihrem beruflichen Umfeld abspielen. Und die Rolle, die die Entschlossenheit dabei spielt, wollen wir uns nun genauer ansehen.

9.3 Worin besteht die Kraft der Entschlossenheit?

In den bisherigen Ausführungen haben wir zwar schon einige Male den Begriff „Entschlossenheit" benutzt und den Grad an Entschlossenheit auch als einen Schlüsselfaktor für die Umsetzung eines Vorhabens identifiziert. Doch was ist denn nun Entschlossenheit? Wie können wir sie erreichen? Und wie können wir sie uns nutzbar machen?

Im vorangegangenen Abschnitt haben wir festgestellt, dass ein Mangel an Entschlossenheit dazu führt, etwas nicht zu erreichen. Nun können wir umgekehrt festhalten, dass Entschlossenheit bedeutet, zweifelsfrei etwas zu erreichen. Entschlossenheit bedeutet, einen Entschluss zu fassen, und zwar den Entschluss, ein bestimmtes Vorhaben zu verwirklichen. Das Vorhaben führt zu einem bestimmten Zielzustand, d. h. Sie entschließen sich, diesen Zielzustand zu erreichen. Das Besondere daran, einen Entschluss zu fassen, besteht darin, dass der von Ihnen angestrebte Zielzustand in Ihrer Vorstellung tatsächlich eintritt. Das heißt in Ihrer eigenen, subjektiven Realität tritt dieser Zustand tatsächlich ein, er ist da und wird für Sie zu einer in der Zukunft liegenden Realität. Sie sind sich des Eintretens des gewünschten Zustandes sicher, also haben Sie auch keinerlei Zweifel daran. Exakt hier sind wir beim Kernpunkt des Themas „Entschlossenheit": Entschlossenheit, also der von Ihnen gefasste Entschluss, lässt keinerlei Raum für Zweifel, denn in Ihrer subjektiven Realität ist der angestrebte Zielzustand bereits verwirklicht. Entschlossenheit ist somit eine innere Überzeugung, etwas zu erreichen, ohne dass Zweifel daran bestehen.

Sie mögen an dieser Stelle vielleicht einwenden, dass dies sehr stark vereinfacht ist. Aber schauen wir in unseren Alltag (und natürlich rede ich da auch aus eigener Erfahrung), dann ertappen wir uns oft bei halbherzigen Entscheidungen, bei einem zögerlichen „Vielleicht" und – das wohl häufigste Symptom – bei der Verwendung von Konjunktiv und „Weichmachern", wenn wir von unseren Plänen und Zielen sprechen:

- Ich müsste noch ... (aber wahrscheinlich komme ich nicht mehr dazu).
- Ich könnte es noch schaffen ... (wenn ich nur wollte).
- Ich würde gerne kommen ... (aber irgendeinen Hinderungsgrund gibt es).
- Eigentlich hatte ich vor ... (aber das klappt wohl nicht).
- Das wird schon klappen ... (aber sicher bin ich mir nicht).

Halten Sie einen Moment inne und machen Sie sich bewusst, wie häufig Sie solche Formulierungen sowohl in Ihrem beruflichen Alltag als auch im privaten Bereich verwenden. Hat das etwas mit Entschlossenheit zu tun? Ganz und gar nicht. Ich glaube, dass das Thema „Entschlossenheit" völlig unterschätzt wird. Wie die extrem häufige Verwendung von Konjunktiv-Formulierungen und Weichmachern wie „eigentlich" zeigt, treffen wir tagtäglich Entscheidungen, starten wie tagtäglich Projekte und beginnen tagtäglich Neues, ohne wirklich entschlossen dazu zu sein. Und dann wundern wir uns, dass das meiste von dem, was wir uns „vornehmen", nicht erreicht bzw. umgesetzt wird!

Der Unterschied ist offensichtlich: Bei jeder Verwendung eines Konjunktiv oder eines „Weichmachers" wie z. B. „eigentlich" oder „wohl" lassen wir ein Hintertürchen offen für Hindernisse, Hemmnisse, unvorhersehbare Umstände oder – allgemeiner gesagt – für Zweifel an der Erreichung des Zielzustandes. Und dort, wo wir uns das Hintertürchen offen lassen, wird es auch meist genutzt und vereitelt das Erreichen des angestrebten Zieles. Demgegenüber schließen wir bei einem Entschluss jeglichen Zweifel aus. Und dieser scheinbar kleine Unterschied macht in Wirklichkeit einen riesengroßen Unterschied, der bereits so manches „Wunder" bewirkt hat.

Lassen Sie mich die „Wunderwirkung" der Entschlossenheit an einem berühmten Beispiel verdeutlichen: die Mondlandung der Amerikaner. Am 25. Mai 1961 verkündete US-Präsident John F. Kennedy in einer Rede vor dem Kongress die Pläne für eine bemannte Mondlandung innerhalb des gleichen Jahrzehnts. Diese Pläne waren so kühn, dass die ganze Welt in ungläubiges Staunen versetzt wurde. Und dennoch setzte Kennedy mit seiner Entschlossenheit ein so markantes Zeichen, dass er die US-amerikanische Nation damit ansteckte und die immensen Geldmittel für das Mondprogramm bewilligt bekam, so dass das Mammutprojekt am 21. Juli 1969 mit der Apollo11-Mission letztendlich das gesteckte Ziel erreichte. Ein Blick hinter die Kulissen zeigt, wie sehr das entschlossene Auftreten von Präsident Kennedy in dieser Situation erforderlich war.

Im April 1961, nur drei Monate nach Kennedys Amtsantritt, mussten die USA zunächst den Schock verkraften, dass es die Sowjetunion als erste Nation geschafft hatte, einen Menschen ins All und wieder zurück auf die Erde zu befördern. Als Juri Alexejewitsch Gagarin am 12. April 1961 den ersten bemannten Raumflug mit der Raumkapsel Wostok 1 absolvierte und damit als erster Mensch im Weltraum in die Geschichte einging, wurde klar, dass die USA im Wettlauf ins All klar gegenüber der Sowjetunion zurücklagen.

Fast zeitgleich, am 17. April 1961, erlebten die USA das Scheitern der von ihr initiierten Invasion auf Kuba. Diese sogenannte Invasion in der Schweinebucht wurde zu einem politischen Debakel für die USA und verringerte ihren politischen Einfluss in den lateinamerikanischen Staaten, was angesichts des Absteckens von Einfluss-Sphären im Kalten Krieg mit der Sowjetunion zu einer Verschlechterung der eigenen Position und später zur Kuba-Krise führte.

Dies war für die USA eine äußerst kritische Situation, drohten sie doch im Kräftemessen mit der Sowjetunion an mehreren Fronten zurückzufallen. Dementsprechend schlecht war die Stimmung im Lande, was wiederum einen sehr hohen Druck auf den Präsidenten erzeugte, mit geeigneten Maßnahmen für Entlastung zu sorgen. Präsident Kennedy erkannte die Zeichen der Zeit sehr wohl, und als er am 25. Mai 1961 eine bemannte Mondlandung noch innerhalb der 1960er-Jahre ankündigte, schlug diese Nachricht sprichwörtlich wie eine Bombe ein, sowohl innerhalb der USA als auch in der Weltöffentlichkeit, insbesondere natürlich in der Sowjetunion. Und erst die Entschlossenheit, mit der Kennedy dieses Vorhaben vorantrieb, ermöglichte eine Bündelung vieler nationaler Kräfte bis hin zum Erreichen des Zieles am 21. Juli 1969, als Neil Armstrong und Buzz Aldrin die Mondoberfläche betraten und danach zusammen mit Michael Collins, der im Mutterschiff im Mondorbit verblieben war, wieder wohlbehalten zur Erde zurückkehrten.

Je mehr man sich in diese Geschichte mit ihren Hintergründen hineinversetzt, umso mehr kann man spüren, welch ungeheure Energie Kennedy mit seinem Entschluss und seiner entschlossenen Vorgehensweise freigesetzt hat. Nicht umsonst habe ich oben die Formulierung gewählt, dass seine Ankündigung wie eine Bombe einschlug. Die Freisetzung und Ausstrahlung von Energie ist das Geheimnis der Entschlossenheit. Es ist genau diese Energie, die ein entschlossenes Vorgehen von einem halbherzigen Vorgehen unterscheidet. Stellen Sie sich einmal vor, welche Wirkung es gehabt hätte, wenn Kennedy die Zielsetzung mit Sätzen wie „Wir könnten eine Mondrakete bauen." oder „Ich würde gerne einen US-Amerikaner zum Mond bringen." beschrieben hätte! In solchen Sätzen fehlt ganz klar die Entschlossenheit und folglich kommen sofort Zweifel an der Umsetzung oder an der Umsetzbarkeit auf. In einer weiteren Rede, die Kennedy am 12. September 1962 im vollbesetzten Football-Stadion der Rice University in Houston hielt, benutzte er die Formulierung „We choose to go to the moon in this decade" (wir haben uns entschlossen, in diesem Jahrzehnt den Mond zu betreten). Dies ist eine Aussage ohne Wenn und Aber, sie zeugt von Entschlossenheit und schließt jeden Zweifel aus. Das ist das wirkungsvolle Grundprinzip der Entschlossenheit: Energie freisetzen und ausstrahlen und Zweifel ausschließen.

Und dieses Grundprinzip der Entschlossenheit, das hier im großen Kontext einer Supermacht dargestellt wurde, wirkt auch in Ihrem Leben, in Ihrem Kontext, bei Ihren Zielen. In dem Moment, in dem Sie einen Entschluss fassen, sorgen Sie dafür, dass der angestrebte Zielzustand in Ihrer subjektiven Wahrnehmung zu einer künftigen Realität wird. Und allein dieser Umstand setzt bereits Energie in Ihnen frei, die Sie in Richtung Ihres angestrebten Zielzustandes bringt. Um dies zu verdeutlichen, möchte ich Sie bitten, sich an eine Situation zurückzuerinnern, in der Sie sich zu einer Entscheidung „durchgerungen" haben. Wie haben Sie sich in einem solchen Moment gefühlt? Sicherlich waren Ihre Gefühle in diesem Moment mit Erleichterung verbunden, Erleichterung darüber, dass ein Entschluss gefasst ist und dass die Situation nun klarer ist. Und diese Erleichterung und Klarheit machen die Bahn frei für die Energie, die jetzt fließen kann und Sie gleich ein Stück in Richtung Ihres Entschlusses mitnimmt. Auch in dieser Hinsicht sehen Sie, wie das Grundprinzip der Entschlossenheit wirkt.

Das Freisetzen von Energie ist jedoch nicht nur auf Sie selbst beschränkt. Diese Energie wirkt auch nach außen, weshalb andere Menschen sie verspüren können. Auch dies wird im Beispiel von John F. Kennedy sehr deutlich. Seine Entschlossenheit, das Mondprogramm umzusetzen, sprang wie ein Funke über, so dass er letzten Endes ein Feuer der Begeisterung bei sehr vielen Menschen entfachte, deren Energie zur Umsetzung der erforderlichen Schritte führte. Die „Energieübertragung" auf Grund von Kennedys Entschlossenheit war somit ein maßgeblicher Faktor für den späteren Erfolg der Mondlandung. Und diese Energieübertragung wirkt auch bei Ihnen. Bestimmt erinnern Sie sich an ein Beispiel aus Ihrem eigenen Umfeld, in dem Sie selbst beeindruckt waren von der entschlossenen Vorgehensweise eines Menschen, mit dem Sie direkten Kontakt hatten. In einem solchen Fall haben Sie am eigenen Leibe die Energie verspürt, die der andere mit seiner Entschlossenheit ausstrahlt. Häufig benutzen wir im Deutschen dann auch die Formulierung von einem energischen Vorgehen, was wiederum den Zusammenhang zwischen Entschlossenheit und dem Freisetzen von Energie verdeutlicht. Selbstverständlich ist das bei Ihnen selbst genauso: Wenn Sie entschlossen handeln, dann spüren das die Menschen in Ihrer Umgebung.

9.4 Wie erlange ich Entschlossenheit?

Nachdem wir aufgrund der bisherigen Betrachtungen das Grundprinzip der Entschlossenheit verstanden haben und Sie nun motiviert sind, die Kraft der Entschlossenheit auch in Ihrem Leben anzuwenden, wenden wir uns der Frage zu, wie Sie dies erreichen können. Wie schaffen Sie es, ein Vorhaben entschlossen anzugehen?

Im vorangegangenen Kapitel haben wir festgestellt, dass beim Entschlussfassen der angestrebte Zielzustand zur inneren Realität wird. Sie erreichen dies durch eine bewusste Verankerung des Zielzustandes in Ihnen selbst. Dazu gehören einerseits die Konzentration auf das Thema und andererseits der gezielte Wille dazu. Ich möchte dies am Beispiel unseres angehenden Sportlers Niklas verdeutlichen. Stellen Sie sich vor, Sie befinden sich in der Situation von Niklas und wollen mit sportlichen Aktivitäten beginnen. Dann nehmen Sie sich ein wenig Zeit und Ruhe, um die erforderliche Konzentration für Ihr Thema aufbringen zu können. Gehen Sie zunächst gedanklich in das Thema hinein und spüren Sie dann der Frage nach, ob das Thema – hier: Sport treiben – tatsächlich das ist, was Sie wirklich wollen. Nur wenn Sie hierbei Klarheit und Stimmigkeit in sich selbst verspüren, kommen Sie tatsächlich zu einem Beschluss. Bei diesem Punkt geht es ganz klar darum, dass Sie Ihre eigene intrinsische Motivation sicherstellen. Sie erinnern sich: Wenn Ihnen die Motivation aus Ihnen selbst heraus, eben die intrinsische Motivation fehlt, dann wird es später Gründe geben, die Sie vom Erreichen des angestrebten Ziels abbringen. Wenn Sie also in sich eine klare Motivation für das Thema – in unserem Beispiel den Sport – verspüren, dann halten Sie dies für sich selbst bewusst fest: „Ja, ich verspüre den Wunsch, Sport zu treiben." Oder: „Ja, es ist mir ein inneres Bedürfnis, Sport zu treiben."

Doch wie kann es weitergehen, wenn Sie Ihren inneren Wunsch nicht klar sehen? Dann besteht eine Möglichkeit darin, dass Sie sich selbst noch etwas Zeit geben, die innere Klärung zu betreiben. Das heißt Sie beschäftigen sich weiterhin mit dem Thema, fragen sich zum Beispiel, was es bedeutet, Sport zu treiben, mit welchem Aufwand dies für Sie verbunden ist und auch mit welchen Freuden. Vielleicht schauen Sie sich auch etwas an, eine Reportage etwa oder ein Fitness-Video oder Sie gehen zu einem Probetraining im Fitness-Studio. Dabei spüren Sie wieder in sich hinein, um mehr Klarheit zu gewinnen. Wenn Sie auf diese Weise eine innere Stimmigkeit bezüglich Ihrer Sportmotivation erreichen, dann können Sie auf dieser Basis mit der Entschlussfassung fortfahren.

Wenn Sie für sich jedoch keine innere Klarheit erlangen, ob Sie das angestrebte Ziel/Vorhaben wirklich wollen, dann empfehle ich, die Entschlussfassung abzubrechen. Um in unserem Beispiel zu bleiben, hätten Sie dann nicht wirklich einen eigenen inneren Antrieb, Sport zu treiben. Sport bleibt dann für Sie eine Art rational begründeter Notwendigkeit, der Sie nur halbherzig nachkommen. Auf Grund der fehlenden intrinsischen Motivation landen Sie dann im ersten oder zweiten Szenario, das ich oben für unser Sport-Beispiel skizziert habe und ärgern sich dann noch darüber, dass Sie Ihr Vorhaben nicht umgesetzt haben. Dann ist es unterm Strich vorteilhafter für Sie, ehrlich zu sich selbst zu sein und erst gar nicht anzufangen.

Doch zurück zum glücklichen Fall, dass Sie Ihre intrinsische Motivation gefunden haben und sich diese bewusst gemacht haben. Der entscheidende nächste Schritt besteht in der bewussten Entschlussfassung. Auch hier gilt wieder, dass Sie sich konzentriert dem Thema zuwenden und das, wozu Sie sich entschließen, für sich selbst festhalten, etwa indem Sie sich sagen: „Ich beschließe, ab Januar zweimal wöchentlich einen Waldlauf zu machen." Oder: „Ich entschließe mich dazu, ab Januar zwei Trainingseinheiten im Fitness-Studio zu absolvieren." Indem Sie diesen Entschluss für sich selbst formulieren, schließen Sie sozusagen einen Vertrag mit sich selbst ab und es entsteht die erforderliche Verbindlichkeit für diesen Entschluss. Die Verankerung Ihres Entschlusses können Sie auch mit anderen Mitteln verstärken. So können Sie beispielsweise die Kraft der Bilder nutzen, indem Sie sich Ihren Entschluss visualisieren. Wenn Sie sich vor Ihrem geistigen Auge bereits vorgestellt haben wie Sie Ihr Vorhaben in die Tat umgesetzt haben, bekräftigt dies ebenfalls Ihren Entschluss. Visualisierungen werden auch als Basis bei den Methoden der Neurolinguistischen Programmierung (NLP) verwendet. Auch NLP-Methoden können Sie zur Verankerung Ihrer Entschlüsse benutzen. Dabei nehmen Sie eine Visualisierung Ihres Zielzustandes und setzen sie auf einer tieferen Bewusstseinsebene als Ankerpunkt ein. Auch damit wird erreicht, dass der angestrebte Zielzustand in der eigenen, subjektiven Realität in der Zukunft bereits eingetreten ist. Sogar Hypnosetechniken können Ihnen dabei helfen sicherzustellen, dass in Ihrer eigenen Wahrnehmung das angestrebte Ziel zweifelsfrei eintreten wird.

Sie sehen, dass es vielerlei Möglichkeiten gibt, diesen wichtigen Schritt der Beschlussfassung zu unterstützen und zu bekräftigen. Alle diese Möglichkeiten zielen darauf ab, den Entschluss verbindlich zu machen, indem Sie ihn in sich selbst verankern. Die Verbindlichkeit bewirkt, dass der angestrebte Zielzustand innerlich bereits Realität wird, was wiederum sämtliche Zweifel an der Zielerreichung ausschließt. Erst dann entfaltet sich die oben beschriebene Energie in Ihnen und kann infolgedessen auch ihre Wirkung nach außen entfalten.

9.5 Wie geht es nach dem Entschluss weiter?

Nun haben Sie Ihren Entschluss gefasst, gehen entschlossen geeignete Maßnahmen an und glauben nicht nur, dass Sie Ihr Ziel erreichen werden, nein, Sie wissen es, da Ihre Entschlossenheit Sie von jeglichem Zweifel befreit hat. Jedoch zeigen nicht nur unsere verwendeten Beispielszenarien Schwierigkeiten bei der Umsetzung der beschlossenen Vorhaben auf, auch unsere ganz alltägliche Lebenserfahrung lehrt uns, dass in der Umsetzungsphase alles Mögliche passieren kann. Unabhängig davon, ob wir über private Vorhaben oder über berufliche Zielsetzungen sprechen, es tauchen immer wieder allerlei Arten von Problemen auf. Insbesondere Terminschwierigkeiten und fehlende Zulieferungen sind für uns sowohl bei der Arbeit in der Firma, als auch im privaten Umfeld eine tagtägliche Quelle für Stress, hier einige einfache Beispiele:

- Sie sind Schreiner und die Fenster, die Sie einbauen sollen, werden vom Hersteller nicht geliefert.
- Sie sind Maler/Verputzer/Stuckateur und können die Außenarbeiten bei Ihrem Kunden nicht weiterführen, weil es seit einer Woche regnet.
- Sie sind Dachdecker und einige Module der Photovoltaik-Anlage, die Sie auf dem Dach des Kunden installieren sollen, sind defekt.
- Sie sind Installateur und Ihrem Lehrling rutscht ein zu montierendes Waschbecken aus den Händen, das auf dem Boden zerschellt.
- Sie sind Student und müssen Ihre Studienarbeit fristgerecht abgeben, da gibt Ihr Drucker den Geist auf.
- Sie freuen sich auf Ihre Urlaubsreise, doch kurz bevor Sie Ihren Urlaub antreten, wird Ihr Vertreter krank.
- Sie planen ein wundervolles Essen und erhalten nicht die benötigten Zutaten (dass im Supermarkt das frische Basilikum ausverkauft ist, ist dabei noch das geringste Problem).
- Sie planen ein wundervolles Essen und die Hauptspeise misslingt gründlich, weil Sie sich bei den Gewürzen vergriffen haben.

- Sie haben eine Familienfeier vorbereitet und die Hälfte der Familie liegt mit Grippe im Bett.
- Und wer kennt nicht den Klassiker des Computer-Absturzes oder des Festplatten-Crashs und hat dabei schon mal einen Datenverlust erlitten?

Egal, ob Sie Heizungsbauer oder Schreiner sind, ob Sie Bürokaufmann/-kauffrau oder LKW-Fahrer sind, ob Sie Gärtner oder Koch sind, ob Sie Chef/Chefin oder Assistent/Assistentin sind, egal ob Sie am Bau oder im Büro arbeiten, ob Sie im Dienstleistungsgewerbe oder im produzierenden Gewerbe tätig sind, der berufliche Alltag und auch der Familienalltag sind gespickt mit Hindernissen und unvorhergesehenen Schwierigkeiten. Es gibt nicht nur Bücher, die mit solcherlei Vorkommnissen gefüllt sind, es gibt auch ganze Fernsehsendungen, die von Pleiten, Pech und Pannen handeln und den Zuschauer schmunzeln lassen.

Und was passiert in solchen Situationen mit Ihnen? Wie gehen Sie damit um? Beginnen Sie an der Umsetzbarkeit zu zweifeln? Geraten Sie ins Wanken oder fallen gar um?

Wie immer gibt es natürlich verschiedene Arten, wie man damit umgehen kann. Doch einige Verhaltensweisen kommen besonders häufig vor. So ist der Fall, ein Vorhaben komplett aufzugeben, gar nicht so selten. Wir haben dies in unserem Beispiel von Niklas und Sabine als Szenario 1 betrachtet. Und dabei haben wir festgestellt, dass aufgrund mangelnder Entschlossenheit die Verbindlichkeit für die Umsetzung fehlt und daher das Vorhaben komplett auf Eis gelegt wird. Wie bereits erläutert, hat dieser Fall wenig mit Entschlüssen und Entschlossenheit zu tun, weshalb wir das Thema hier nicht nochmals aufgreifen.

Interessanter für unsere Betrachtungen in diesem xAbschnitt sind jedoch andere Reaktionen, und zwar die Stress-Reaktionen. Hierbei möchte ich zwei häufige Reaktionsmuster herausgreifen, die ich im Folgenden als „Schock-Lähmung" und als „Brechstangen-Methode" bezeichne. Schauen wir uns zunächst das Reaktionsmuster der Lähmung an. In diesem Fall geschieht zumeist etwas Gravierendes, das die Erreichung des angestrebten Zieles komplett zu verhindern scheint. Nehmen wir im Falle unseres angehenden Sportlers Niklas einmal an, dass er zwar mit seinen sportlichen Vorhaben begonnen hat und dann aber in der Firma erfährt, dass er ein halbes Jahr lang bei einem Projekt an einem anderen Standort mitarbeiten soll. Niklas wird von dieser Neuigkeit buchstäblich erschlagen. Sechs Monate in einer anderen Stadt – da muss alles Mögliche organisiert werden: innerhalb der Familie, bei den Hobbies und Freizeitaktivitäten. „Wie soll da noch Zeit für den Sport bleiben?", denkt sich Niklas. Er fühlt sich von den Neuigkeiten und den damit verbundenen Änderungen so überrollt, dass er das Thema Sport erst einmal abschreibt: „Das klappt ja eh nicht." Genau diesen Zustand meine ich, wenn ich vom Reaktionsmuster der Lähmung spreche. Die betroffene Person hat in diesem Zustand alle Hände voll damit zu tun, die neu eingetretene Situation zu verkraften und zu verarbeiten. Die Erreichung des angestrebten Ziels scheint nicht mehr möglich, und es tritt eine Art von Schockzustand ein, der jegliches kreative Potenzial verhindert – Kreativität, die erforderlich ist, um Ideen und Lösungsansätze zu entwickeln, wie das Vorhaben selbst unter veränderten Bedingungen noch realisiert werden kann.

9 Entschlossen und dabei gelassen: Der gesündere Weg zur Zielerreichung

Praxisbeispiel

Ich möchte dieses Phänomen weiter anhand eines Beispiels verdeutlichen, das 2014 weltweit für Gesprächsstoff sorgte: das Halbfinalspiel der Fußballweltmeisterschaft zwischen Brasilien und Deutschland. Schauen wir uns zuerst die Situation an, in der sich die brasilianische Mannschaft befand. In der Rolle des Gastgeberlandes der Fußballweltmeisterschaft 2014 war es natürlich schon Jahre vor Beginn der WM klar, dass die brasilianische Nation erwartete, dass ihre Nationalmannschaft den Titel im eigenen Land holen sollte. Da es in Brasilien vor Beginn der Fußballweltmeisterschaft auch noch zu großen Unruhen und sogar zu Ausschreitungen wegen sozialer Missstände im Land kam, erhöhte sich der Druck auf die brasilianische Mannschaft noch weiter, da der sportliche Erfolg helfen sollte, die allgemeine Stimmung im Land zu verbessern. Mit diesem riesigen Druck im Nacken startete die brasilianische Nationalelf in die Gruppenphase, aus der sie nach zwei Zitterpartien und einem klaren Sieg im dritten Spiel zwar als Gruppensieger hervorgingen. Aber bereits im Achtelfinale musste sich die Mannschaft über das Elfmeterschießen gegen Chile in die nächste Runde retten. Und dort, im Viertelfinale gegen Kolumbien, gewannen sie zwar knapp ihr Spiel, verloren jedoch durch eine Verletzung ihren Stürmerstar Neymar, der der Mannschaft den größten Rückhalt (und auch vier Tore) beschert hatte. Der Druck und die Erwartung, die auf der brasilianischen Mannschaft lastete, stieg mit jeder Partie an, und so waren sie denn auch im Halbfinale entschlossen, der Herausforderung der deutschen Mannschaft siegreich zu begegnen. Nach einem eindrucksvollen Start der brasilianischen Mannschaft mussten sie jedoch bereits in der elften Minute den 0:1-Rückstand einstecken. Das war zwar ein herber Rückschlag (zumal die brasilianische Mannschaft im gesamten Turnierverlauf noch nicht durch ein Tor der gegnerischen Mannschaft in Rückstand geraten war – der einzige Rückstand, den sie aufzuholen hatten, war ein Eigentor im Eröffnungsspiel), aber die Brasilianer spielten druckvoll weiter, ein Zeichen dafür, dass sie weiterhin entschlossen waren, das Spiel zu gewinnen. Doch als die deutsche Mannschaft bereits in der 23. Minute durch Miroslav Klose auf 2:0 erhöhte, war es aus mit der brasilianischen Entschlossenheit. Einen Rückstand von 2:0 gegen eine deutsche Mannschaft aufzuholen, die mittlerweile sehr souverän ihr Spiel gefunden hatte, das erschien den brasilianischen Spielern wohl als eine unlösbare Aufgabe. Dieses zweite Gegentor war für die brasilianische Mannschaft ein solcher Schock, dass sie in diesem Moment ihre Motivation, ihre Spielfreude, ihren Kampfgeist und Siegeswillen komplett verloren. Und so stellte sich bei den Brasilianern eine Art von Schockstarre ein, die ihnen zum Verhängnis wurde. Denn was auf diesen Schockzustand folgte, ist einmalig in der Fußballgeschichte: Innerhalb von sechs Minuten erhöhte die deutsche Mannschaft mit drei weiteren Treffern den Spielstand auf 5:0! Noch nie zuvor hatte es eine Mannschaft bei einer Fußball-Weltmeisterschaft geschafft, fünf Tore innerhalb der ersten 29 Minuten zu erzielen.

Dieses Geschehen, das die Brasilianer fast wie Statisten aussehen ließ, war im ersten Moment so unglaublich, dass nicht nur auf der fußballerischen Seite die Rekorde purzelten (höchster Halbfinal-Sieg, die meisten Tore eines Halbfinal-Siegers, die schnellsten fünf Tore, Torschützenrekord von Klose), sondern auch Kommunikationsrekorde: Sowohl auf Facebook wurden mit über 200 Millionen Nachrichten, Kommentaren und anderen Reaktionen zum Halbfinalspiel alle Rekorde gebrochen, als auch bei Twitter, wo dieses WM-Halbfinale einerseits mit über 35 Millionen Tweets einen neuen Rekord für ein Sportereignis aufstellte und andererseits mit 580 Tausend Tweets in der 29. Spielminute (als Sami Khedira das 5:0 schoss) einen neuen Rekord für Tweets pro Minute. Ich erwähne diese Statistiken, um das Ausmaß des brasilianischen Desasters eindrücklich zu verdeutlichen. Und das alles, weil die Brasilianer aus ihrer Entschlossenheit herausfielen und stattdessen in einen Schockzustand verfielen, der sie jeglicher Idee zur Gegenreaktion beraubte und dem Geschehen fast wie die Zuschauer in einem Film beiwohnen ließ! Wie das Ganze auch anders hätte verlaufen können, werden wir uns später noch anschauen.

Neben dieser Schock-Lähmungsreaktion findet sich im täglichen Leben auch eine andere Reaktionsweise sehr häufig. Der Verlauf dieser Reaktion sieht in etwa so aus: Gerade als der Umsetzungsplan für Ihr Vorhaben so richtig schön läuft, kommt etwas dazwischen (denken Sie einfach an eines der oben genannten Beispiele aus den verschiedenen Berufen). Sie denken beispielsweise: „So ein Ärger! Hätte dieser Heini nicht früher Bescheid geben können, dass er nicht liefern kann?" Das heißt, Sie fangen schon mal damit an, sich über einen aus Ihrer Sicht inkompetenten Zulieferer zu ärgern. Aber Sie haben ja Erfahrung mit solchen Situationen und können das Problem abfedern, indem Sie etwas anders organisieren. Das kostet Sie zwar zwei Tage, aber als erfahrener Planer haben Sie ja etwas Puffer in Ihre Planung eingebaut. Dann taucht das nächste Problem auf: Ein Mitarbeiter, der bei Ihrem Vorhaben/Projekt eine Schlüsselfunktion innehat, meldet sich krank. Ausgerechnet jetzt! (Aber wann kommt eine Krankheit schon gelegen?) Jetzt kommen die zugesagten Termine ins Wanken. Sie beginnen fieberhaft zu überlegen: Wer könnte in dieser Situation einspringen? Wie lässt sich diese oder jene Aufgabe auf andere Mitarbeiter übertragen? Und reicht das dann auch, um den Termin noch zu halten? Die Situation beginnt, richtig stressig zu werden. Sie verteilen nun Aufgaben um, ziehen noch jemanden hinzu, der eigentlich bei diesem Vorhaben/Projekt gar nicht mit eingeplant war und haben alle Hände voll damit zu tun, damit jeder über seine Aufgaben Bescheid weiß und alle an einem Strang ziehen, auf dass der Termin noch gehalten werden kann. Den Stress, der für Sie bereits entstanden ist, geben Sie dabei auch gleich an Ihre Mitarbeiter weiter. Jetzt sind alle richtig unter Dampf. Aber wie das nun mal im Leben so ist, dann passieren gerade in solchen Situationen mehr Fehler als bei einer ruhigen, konzentrierten Arbeit. Und so bleibt es nicht aus, dass ein Mitarbeiter, der Aufgaben von dem durch Krankheit ausgefallenen Kollegen übernommen hat, durch ein Missverständnis etwas anderes abliefert als er sollte. (So könnte man als Beispiel aus dem Handwerk die falsche Farbgebung einer Wand nehmen oder im Büro-Umfeld eine Auswertung, die auf den Zahlen eines falschen Zeitraums beruht.) Durch solche Missverständnisse, unvollständige Übergaben oder mangelnde Absprachen untereinander wird die Situation erst recht kritisch, der Stresspegel steigt noch deutlich und jetzt gehen Sie mit der sprichwörtlichen Brechstange zu Werke: Mitarbeiter werden zu Überstunden verdonnert, alle Beteiligten sind spürbar gereizt, der Umgangston wird rauer und am Ende hat wirklich niemand mehr Spaß an der Arbeit. So retten Sie sich mit einer hohen Belastung aller Beteiligten über die Ziellinie. Der Termin konnte zwar gehalten werden, aber nicht nur Sie selbst, sondern alle am Vorhaben/Projekt beteiligten fühlen sich aufgrund des enormen Druckes und des damit verbundenen hohen Stresspegels erschöpft und ausgelaugt. Eine echte Freude über das Erreichte will nicht so recht aufkommen, eher denken sich die Projektbeteiligten etwas in der Richtung: „Gott sei Dank ist das vorbei! Dieses Projekt war ja grauenvoll, hoffentlich kommt so etwas nicht so schnell wieder vor!"

Wenn Sie versuchen, sich in die Situation einer der beteiligten Personen hineinzuversetzen, dann können Sie leicht spüren, wie viel Druck und Stress allen Beteiligten in einer solchen Situation aufgebürdet wird. Der Verantwortliche hält krampfhaft an der gesteckten Zielvorgabe fest und prügelt das Vorhaben gegen alle Widerstände durch, indem er sprichwörtlich mit der Brechstange die Hindernisse aus dem Weg räumt. Der Leidtragende dieser Vorgehensweise ist der Verantwortliche selbst, auch wenn er dies vielleicht nicht direkt bemerkt, und zwar in mehrerer Hinsicht: Er selbst hat sich einer hohen Stress-Belastung ausgesetzt und sich damit gesundheitlich keinen Gefallen getan. Zudem hat er die Stress-Belastung auf die anderen Beteiligten übertragen, weshalb diese ebenfalls an den Stress-Symptomen zu leiden hatten und – wie die Reaktion am Ende zeigt – auch weniger motiviert sind, einen solchen Einsatz nochmals zu erbringen, so dass es beim nächsten Mal, wenn Schwierigkeiten auftreten, noch schwieriger wird, das Vorhaben/Projekt zu einem guten Ende zu führen.

Bevor wir uns der Frage zuwenden, wie das Ganze besser laufen könnte, möchte ich neben das eben geschilderte, fiktive Szenario noch ein reales Beispiel stellen, das wir am 26. Oktober 1997 live im Fernsehen mitverfolgen konnten.

Praxisbeispiel

Nachdem Michael Schumacher in den Jahren 1994 und 1995 mit dem Benetton-Team den Fahrertitel in der Formel 1 errungen hatte, wurde er 1996 bei Ferrari angeheuert, um Ferrari aus einem lange währenden Erfolgstief herauszuführen – der letzte Fahrer, der zuvor auf einem Ferrari den Fahrertitel geholt hatte, war 1979 Jody Scheckter, und der letzte Konstrukteurstitel für Ferrari lag ebenfalls viele Jahre zurück (1983). Der Erfolgsdruck, der auf Schumacher lastete, war ebenso hoch wie das Gehalt, das ihm bei Ferrari angeboten wurde, doch bereits in seiner ersten Saison auf Ferrari konnte Schumacher drei Siege herausfahren und das Ferrari-Team nach langer Durststrecke überhaupt wieder zu Grand-Prix-Siegen führen (insbesondere gewann er auch den für Ferrari sehr prestige-trächtigen Großen Preis von Italien in Monza). Nachdem er die Saison 1996 auf dem dritten Platz in der Fahrerwertung beendet hatte, wollte er in der darauffolgenden Formel-1-Saison 1997 unbedingt wieder der WM-Titel erreichen. Und tatsächlich fuhr er 1997 fünf Siege und dreimal den zweiten Platz heraus, so dass er vor dem letzten Rennen, dem Großen Preis von Europa in Jerez (Spanien), mit einem Punkt vor Jacques Villeneuve in der Fahrerwertung in Führung lag. Somit war ein erneuter Titelgewinn zum Greifen nahe und Schumacher musste in diesem letzten Rennen eine Platzierung vor Jacques Villeneuve erreichen, um Weltmeister zu werden. Und in der Tat fuhr Michael Schumacher beim Rennen in Jerez vom zweiten Startplatz aus dem Feld davon. Alles lief wie am Schnürchen, bis Schumacher nach dem zweiten Boxenstopp Reifenprobleme bekam und deutlich langsamer wurde. Villeneuve, der im Rennen die zweite Position innehatte, holte sehr schnell auf den führenden Schumacher auf. Nun wussten beide, dass es in der Schlussphase des Rennens zur Entscheidung um den WM-Titel kommen würde. Villeneuve, der in dieser Phase des Rennens schneller war, klebte eine Weile quasi an Schumachers Hinterachse, ohne an ihm vorbeizukommen. Dann startet Villeneuve in der 48. Runde vor der Dry-Sack-Kurve einen Angriff, um Schumacher innen zu überholen. Schumacher, der in dieser Situation nicht verhindern kann, dass Villeneuve mit seinem Williams eine halbe Fahrzeuglänge an ihm vorbeikommt und als erster in die Kurve lenkt, will Villeneuve aber auf gar keinen Fall vorbeilassen und entscheidet sich in diesen Sekundenbruchteilen dafür, nach innen zu ziehen und Villeneuves Williams einen Rammstoß zu versetzen, um entweder den Williams aus dem Rennen zu bugsieren oder gegebenenfalls auch beide, den Williams und seinen eigenen Ferrari, wodurch er ebenfalls Weltmeister geworden wäre.

In der Presse wurde diese von Schumacher absichtlich herbeigeführte Kollision als „Rambo-Attacke" bezeichnet, ich selbst habe dies oben bereits als Brechstangen-Methode bezeichnet, wenn man „auf Teufel komm heraus" etwas erzwingen will (sie sehen, dass unsere Sprache eine reiche Auswahl an Metaphern dafür hat, wenn man etwas übers Knie brechen will).

Was aber hat Schumachers verkrampfter Siegeswille ihm in dieser Situation tatsächlich eingebracht? Während Schumacher selbst nach der Kollision von der Strecke abkam, im Kiesbett steckenblieb und damit aus dem Rennen ausschied, konnte Villeneuve das Rennen beenden und wurde Weltmeister. Nicht nur, dass Michael Schumacher damit sein Ziel, den Weltmeistertitel, verfehlte, ihm wurden anschließend als Strafe für seinen absichtlichen Rammstoß von der FIA sämtliche Punkte aus der Formel-1-Saison 1997 aberkannt. Außerdem erlitt Schumacher durch diese unsportliche Aktion einen deutlichen Image-Verlust. Kurzum: Mit seiner Brechstangen-Methode schadete Michael Schumacher sich in jeglicher Hinsicht selbst.

Und nun frage ich Sie: Wenn derselbe Michael Schumacher zu diesem Zeitpunkt bereits gewusst hätte, dass er in den darauffolgenden Jahren noch fünf weitere WM-Titel herausfahren wird, wenn er gewusst hätte, dass er in diesen nachfolgenden Jahren fast alle Rekorde brechen sollte (die meisten WM-Titel, die meisten Grand-Prix-Siege, die meisten Pole Positions, die meisten schnellsten Runden, die meisten Führungskilometer, usw.), und damit zum erfolgreichsten Fahrer der Formel-1-Geschichte werden würde, hätte Schumacher dann in derselben Situation vielleicht anders reagiert? Wäre ihm in dieser Situation nicht vielleicht der lässige Gedanke gekommen: „Überhol du mich jetzt! Am Ende aber werde ich sechs WM-Titel mehr erringen als du." Und er hätte Jacques Villeneuve ohne Rammstoß passieren lassen können in der Gewissheit, dass diese Runde zwar an Jacques Villeneuve geht, dass in der Zukunft aber sehr viele Runden an ihn selbst gehen und er wieder und wieder als Sieger auf dem Podest und in der WM-Wertung steht. Doch dies ist nicht nur ein Gedankenspiel von mir – Michael Schumacher selbst erklärte 2009 bei einer Pressekonferenz anlässlich seines 40. Geburtstages: „Wenn ich einige Momente noch einmal erleben könnte, dann würde ich einiges anders machen – zum Beispiel Jerez 1997. Ich hätte ein paar Gelegenheiten gehabt, um all das zu vermeiden und dennoch Weltmeister zu werden, aber man lernt aus diesen Dingen."

Und was lernen wir daraus? Wir lernen die positive Kraft der Gelassenheit kennen und dass sich Entschlossenheit und Gelassenheit nicht gegenseitig ausschließen, sondern – ganz im Gegenteil – sehr gut ergänzen. Gelassenheit verschafft uns das Bewusstsein: Auch wenn ich es jetzt vielleicht nicht schaffe, dann schaffe ich es in der nächsten Runde, in der nächsten Saison, in einer anderen Firma, auf einem anderen Weg, mit anderen Mitteln, in einer anderen Position, mit einer anderen Idee, mit anderen Mitstreitern, usw. Gerade wenn man denkt, man erreicht das gesteckte Ziel nicht, dann erlangen wir über die Gelassenheit eine innere Leichtigkeit. Eine Leichtigkeit, die uns kreativ werden lässt und uns bewusst macht, dass es noch zig andere Möglichkeiten und Chancen gibt, unser angestrebtes Ziel/Vorhaben/Projekt zu erreichen bzw. umzusetzen. Das gibt uns Kraft und wir bleiben in unserer Entschlossenheit. Und mit dieser gelassenen Entschlossenheit werden wir ans gewünschte Ziel kommen.

Die Einstellung, gelassen in seiner Entschlossenheit zu bleiben, weist noch einen weiteren Vorteil auf: Wir vermeiden auf diese Weise das Reaktionsmuster einer Niederlage. Was ist damit gemeint? Wenn ein Ziel oder Zieltermin oder auch nur ein Zwischenschritt auf dem Weg dorthin nicht erreicht wird, dann sehen wir dies häufig schon als Niederlage an. Kennen Sie solche Killer-Phrasen wie: „Immer geht etwas schief!" Oder: „Jetzt hat das schon wieder nicht geklappt." Oder: „Immer muss etwas dazwischen kommen." Oder: „Ständig passiert mir das." Solche Verallgemeinerungen ziehen alle Beteiligten einfach nur runter und erzeugen das Gefühl, verloren oder versagt zu haben. Und dieses Gefühl macht uns ohnmächtig und lähmt uns. Bildlich gesprochen ist da ein Felsen im Weg und kein Weg führt daran vorbei. Um das obige Beispiel des Halbfinalspiels der Fußball-WM 2014 nochmals aufzugreifen: Für die Brasilianer war nach dem 0:2-Rückstand die deutsche Mannschaft dieser Fels, an dem sie keinen Weg vorbei sahen. Nach Kloses Tor zum 0:2 war in den Köpfen der Brasilianer die Niederlage bereits besiegelt und in diesem Schock der Niederlage blieben sie wie gelähmt. Wie hätten die Brasilianer reagieren können, wenn sie sich bewusst geblieben wären, dass es schon ganz andere Spielverläufe gab (also Wege am Felsen vorbei). Und dass ausgerechnet der in diesem Moment unüberwindlich scheinenden deutschen Mannschaft erst in der WM-Qualifikation genau das passiert war: Im WM-Qualifikationsspiel gegen Schweden am 16. Oktober 2012 verspielte die deutsche Mannschaft einen 4:0-Vorsprung – obwohl das 4:0 „erst" in der 56. Minute fiel, konnten die Schweden bis zum Abpfiff den Ausgleich zum 4:4 erzielen. Allein der Gedanke an diesen Spielverlauf hätte bei den Brasilianern vielleicht schon ausgereicht, um ihre Lähmung zu überwinden!

Im Beispiel der Brechstangen-Methode lässt sich die bildliche Beschreibung mit dem Felsen so fortführen: Ich sehe einen Felsen im Weg liegen und den muss ich unbedingt aus dem Weg räumen, sonst komme ich nicht ans Ziel. Also geht der Akteur mit der Brechstange auf den Felsen los, um ihn wegzuräumen. Dass es gleichzeitig auch andere Wege gibt, die an dem Felsen vorbei führen, bleibt unserem Akteur in dieser Situation verborgen, weil er sich ganz auf den Felsen fixiert. Und so geht er mit Brechstange und Getöse auf den Felsen los, was häufig mit negativen Begleiterscheinungen für ihn selbst verbunden ist, anstatt sich mit gelassener Entschlossenheit am Felsen vorbeizubewegen. Wie oben bereits geschildert, kam auch Michael Schumacher zu der gleichen Feststellung: „Ich hätte ein paar Gelegenheiten gehabt, um all das zu vermeiden und dennoch Weltmeister zu werden."

Zusammenfassend halten wir fest: Das wirkungsvolle Grundprinzip der Entschlossenheit besteht darin, dass durch einen verbindlichen Entschluss Energie freigesetzt und auch ausgestrahlt wird und Zweifel an der Zielerreichung ausgeschlossen werden. Allzu oft laufen die Dinge aber nicht so, wie wir sie gerne hätten bzw. wie wir sie vorausgeplant haben. Entscheidend in solchen Situationen ist es, sich durch diese Hindernisse nicht blockieren zu lassen. Einerseits bedeutet dies, dass wir Hindernisse nicht als unüberwindbar ansehen, denn ein scheinbar unüberwindliches Hindernis – der Felsen im Weg – lässt uns vor Schreck erstarren und diese Starre erst lässt uns am Hindernis scheitern. Andererseits bedeutet es auch, dass wir uns nicht verbissen auf das Wegräumen des Hindernisses stürzen (siehe die Brechstangen-Methode), sondern unverkrampft nach alternativen Wegen Ausschau halten. Die Gelassenheit, die uns diese Alternativen wahrnehmen lässt, ermöglicht es uns in der entschlossenen Energie zu bleiben und unser Ziel zu erreichen.

9.6 Wie bleibe ich gelassen?

Nachdem wir im vorangegangenen Kapitel gesehen haben, wie wunderbar sich Entschlossenheit und Gelassenheit ergänzen, wenden wir uns nun der Frage zu, wie ich neben Entschlossenheit auch Gelassenheit erlangen kann.

Ich bin zu der Überzeugung gelangt, dass sich Gelassenheit trainieren lässt. Wenn Sie in einer Lebenssituation auf ein Hindernis stoßen, dann machen Sie sich bewusst, dass es immer Alternativen gibt, die um das Hindernis herum führen. Wenn Sie sich dies oft genug und in den verschiedensten Situationen vor Augen führen, dann reagieren Sie automatisch gelassener auf unvorhergesehene Zwischenfälle. Ich habe dies selbst in vielen Situationen meines Lebens so gemacht und bin mehr als zufrieden mit dem Ergebnis meines Gelassenheitstrainings. So blieb ich beispielsweise mal im Berufsverkehr mitten in Frankfurt mit meinem Auto liegen. Ich konnte keinen Meter mehr fahren und blockierte im Stop-and-Go-Verkehr die Fahrbahn – eine sehr unangenehme Situation. Sofort ging ich die Alternativen durch, die sich nun auftaten und schob mein Auto an den Straßenrand. Dort realisierte ich, dass ich genau vor einer Autowerkstatt liegengeblieben war. Und auch während das Auto dann in der Werkstatt untersucht wurde, überlegte ich mir in aller Ruhe, wie ich weiter verfahren wollte. Als dann klar war, dass ich an diesem Tage nicht mehr mit dem Auto weiterfahren konnte, war mein Ersatzplan bereits fertig. Und als ich am Ende im Zug saß, um nach Hause zu fahren, konnte ich mich sogar darüber freuen, dass ich so gelassen reagiert hatte.

Also: Wenn Sie in einer solchen Situation sind und vor Hindernissen und unvorhergesehenen Schwierigkeiten stehen, brauchen Sie nicht ärgerlich oder wütend zu reagieren – das hilft in solchen Situationen sowieso nichts. Sie brauchen auch nicht trotzig zu reagieren, weil Ihnen ein anderer Weg nicht in den Kram passt. Sie brauchen sich auch nicht wie ein Verlierer zu fühlen, nur weil Sie ausweichen müssen. Und Sie brauchen sich auch nicht als Schwächling zu fühlen, nur weil Sie nachgeben. Sie schlagen einfach einen anderen Weg ein. Es ist genauso, wie wenn Sie im Auto unterwegs sind und eine Staumeldung erhalten: Sie fahren einfach von der Autobahn ab und umfahren den Stau auf der Landstraße. Auch so erreichen Sie Ihr Ziel und ersparen sich auch noch das frustrierende Gefühl, im Stau zu stehen und nicht weiterzukommen. Ihr Navigationssystem macht es ebenso: Wenn Sie einen anderen Weg einschlagen als das Navigationssystem vorgeschlagen hat, dann erhalten Sie zunächst die Aufforderung zu wenden und auf die ursprünglich geplante Route zurückzukehren. Wenn Sie aber weiterhin Ihrem eigenen, abweichenden Weg folgen, dann berechnet das Navigationssystem einfach eine andere Route, ausgehend von Ihrem neu eingeschlagenen Weg und Ihrer jetzigen Position. Und das macht das Navigationssystem mit einer stoischen Ruhe so oft, wie eine Abweichung von der ursprünglich geplanten Route auftritt. Natürlich empfindet Ihr Navigationssystem keine Gefühle, dennoch können wir uns das Navigationssystem als ein Sinnbild gelassenen Reagierens vorstellen, weil es immer und immer wieder die Routenplanung anpasst, wenn Abweichungen oder Hindernisse wie z. B. Staus auftauchen. So können auch wir wie ein Navigationssystem gelassen eine Umfahrung von Hindernissen planen und umsetzen.

Als Ziel des Gelassenheitstrainings pflanzen wir uns sozusagen unser eigenes, mentales Navigationssystem ein, das uns in Lebenssituationen, in denen wir auf Hindernisse stoßen, sofort alternative Wege aufzeigt. Und die Gewissheit, dass es immer solche alternativen Wege gibt, die manifestiert sich in uns als Gelassenheit.

9.7 Was ist daran gesünder?

Die bisherigen Ausführungen haben uns zwar gezeigt, wie Sie entschlossen und gelassen agieren können und wie sich Entschlossenheit und Gelassenheit in perfekter, harmonischer Weise ergänzen, doch bleibt noch die Frage zu klären, was dies mit Ihrer Gesundheit zu tun hat. Nun, wie bereits in der Motivation dieses Beitrages erwähnt, haben wir es sowohl in unserem Privatleben als auch in unserem beruflichen Umfeld ständig mit allen möglichen, unvorhergesehenen Zwischenfällen zu tun. Angeblich ist es das Gesetz von Murphy, das uns das Leben schwer macht: „Alles, was schiefgehen kann, geht auch schief." Wir haben es mit Pannen, Versäumnissen, Fehlinterpretationen, Verspätungen, Verwechselungen, Missverständnissen und allen Arten sonstiger Hindernisse zu tun. Und unsere Standard-Reaktion darauf bedeutet Stress für uns. Nun ist Stress zwar eine von Natur aus nützliche Reaktion auf gefährliche, äußere Umstände, bei der sich der Herzschlag beschleunigt und sich über die Ausschüttung von Adrenalin der Blutdruck, der Blutzuckerspiegel und der allgemeine Muskeltonus erhöhen. Aber wir in der modernen Industrie-, Dienstleistungs- und Kommunikationsgesellschaft leiden häufig unter Dauer-Stress. Und dieser macht uns einerseits körperlich zu schaffen, da die ursprüngliche biologische Reaktion in Form von Kampf oder Flucht ausbleibt, so dass die zusätzlich im Körper zur Verfügung gestellte Energie gar nicht abgerufen wird und der Körper Probleme mit dem Abbau der beteiligten Stoffe hat. Andererseits wirkt sich Dauer-Stress auch psychisch aus, da Dauerbelastungen, die als Stress wahrgenommen werden, unsere Leistungsfähigkeit deutlich beeinträchtigen. Aus diesem Grunde wird viel darüber diskutiert, wie wir unseren Dauer-Stress reduzieren können. Und genau hier setzen wir mit den bisherigen Ergebnissen dieses Beitrages an. Die Kombination aus entschlossenem und dabei gelassenem Verhalten lässt uns eine Menge an Stress-Faktoren vermeiden. Wie wir gesehen haben, ermöglicht uns eine bewusste Gelassenheit einen anderen Umgang mit unvorhergesehenen Zwischenfällen. Und da wir dabei dennoch in unserer Entschlossenheit bleiben, fließen wir quasi wie ein Fluss an dem Felsen, der sich uns in den Weg stellt vorbei und reduzieren auf diese Weise unseren Stresspegel ganz erheblich.

Ich selbst kenne dies aus vielen Situationen in meinem eigenen Leben. Als im Sternzeichen Stier Geborener weise ich nämlich tatsächlich eine Tendenz auf, mit meinem gehörnten Kopf durch die sprichwörtliche Mauer hindurch zu wollen. Und wenn sich dann ein Hindernis in den Weg stellt, dann ist das wie ein rotes Tuch für den Stier. Bekanntlich fängt es im Stier an zu brodeln, wenn er das rote Tuch sieht und er geht wutschnaubend auf das rote Tuch los (also Brechstangen-Methode). Ich habe in vielen Situationen eine solche innere Reaktion auch bei mir selbst festgestellt und dies bedeutete für mich Stress pur. Wie stark die innere Reaktion in einer solchen Situation ausgefallen war, habe ich insbesondere daran festgestellt, dass ich eine ganze Weile dafür gebraucht habe, meinen Stresspegel wieder herunterzufahren, d. h. bis Herzschlag und Blutdruck sich wieder normalisiert hatten und die allgemeine Bereitschaft zu Kampf oder Flucht wieder Konzentration und innerer Ruhe wichen. Seit ich mir aber ganz bewusst einen gelassenen Umgang mit den im ersten Augenblick so ärgerlichen Hindernissen, den roten Tüchern, angeeignet habe, benötige ich diese früher so häufig auftretenden Stress-Reaktionen nicht mehr und kann die Dinge mit gelassener Entschlossenheit angehen. Dies tut sowohl meinem Körper und damit meiner Gesundheit gut als auch meinem seelischen Wohlbefinden. Und genau das wünsche ich Ihnen ebenso. Lassen Sie mich daher einige wesentliche Punkte unserer Betrachtungen nochmals zusammenfassen:

- Wir haben das Grundprinzip der Entschlossenheit verstanden: Verbindlichkeit schaffen, Umsetzungsenergie freisetzen und ausstrahlen und Zweifel ausschließen.
- Wir haben an einigen Beispielen, die die Weltöffentlichkeit stark bewegt haben, gesehen, wie es passieren kann, dass wir entweder auf Grund eines als unüberwindlich angesehenen Hindernisses in Schockstarre verfallen oder uns durch die krampfhafte

Konzentration auf nur einen möglichen Weg ins Straucheln kommen und uns selbst schaden.
- Uns ist bewusst geworden, welche Rolle Gelassenheit dabei spielt: Auch wenn der ursprünglich von uns geplante Weg versperrt ist, lässt uns Gelassenheit immer einen alternativen Weg offen.
- Wir haben verstanden, dass die Kombination von Entschlossenheit und Gelassenheit optimal für die Erreichung unserer Ziele ist.
- Uns ist klar geworden, dass wir – wenn wir mit gelassener Entschlossenheit vorgehen – gesünder an unser Ziel kommen, weil wir Stress-Faktoren vermeiden.

Abschließend wünsche ich Ihnen, dass Sie sowohl im privaten wie auch im beruflichen Umfeld entschlossene Entscheidungen treffen, dass Sie sich Ihre Entschlossenheit bewusst machen und ihrer auch bewusst bleiben und dass Sie Ihre Ziele gelassen und unverkrampft, aber dennoch energisch realisieren. Ihre eigene Gesundheit wird es Ihnen danken. Ich wünsche Ihnen viel Erfolg dabei!

9.8 Über den Autor

Dr. Bernhard Kipper ist promovierter Naturwissenschaftler, lebt mit seiner Familie im schönen Saarland und ist als Personal Lifecoach tätig. Als Spezialist für individuelles Einzel-Coaching unterstützt er seine Coaching-Kunden in ihrer persönlichen Weiterentwicklung und bei Veränderungen ihrer Lebenssituation. Unter dem Motto „Mit Weisheit zu Lebenserfolg und Glück" geht es ihm darum, seine Kunden bei den Fragen, was sie in ihrem Leben erreichen wollen, was sie dazu antreibt und wie sie sich darauf ausrichten können, in die Richtung voranzubringen, in die der oder die Einzelne es für sich will.

Als Kognitionswissenschaftler berücksichtigt er dabei nicht nur Erkenntnisse aus der Psychologie und der Physik, sondern ist darüber hinaus über die Beschäftigung mit westlichen wie östlichen Traditionen zu übergreifenden, harmonischen Ansätzen gekommen. Hieraus bietet er seinen Kunden im Coaching einen bunten Strauß an Impulsen an, die sie für ihr inneres Wachstum und zur weiteren sinnerfüllten und glücklichen Ausgestaltung ihres Lebens, kurz: für ihren Lebenserfolg, nutzen können.

Weitere Informationen finden Sie unter www.Der-Erfolgsentwickler.de

Resilienz und Bewegung

10

Bärbel Langer

Inhaltsverzeichnis

10.1 Was haben innere Stärke und Bewegung mit Lebenskunst zu tun? 171
10.2 Resilienz – die Kraft der inneren Stärke 172
10.3 Bewegung – Laufen Sie nicht um Ihr Leben, sondern für Ihr Leben 182
10.4 Jeder kann Lebenskünstler werden! 187
10.5 Über die Autorin 188
Literatur 189

10.1 Was haben innere Stärke und Bewegung mit Lebenskunst zu tun?

Wenn ich Menschen frage, was sie unter Lebenskunst verstehen, bekomme ich sehr widersprüchliche Antworten. Für die einen bedeutet Lebenskunst einen gelassenen und unbeschwerten Umgang mit den Anforderungen des Lebens zu haben. Andere fassen den Begriff Lebenskunst weiter und sehen darin die Bereitschaft und den Willen die eigenen Lebensumstände wahrzunehmen, zu verarbeiten und aktiv sowie selbstbestimmt zu gestalten. Mit weitaus weniger Worten beschreibt es auch folgende Redewendung „Jeder ist seines Glückes Schmied." Unabhängig der unterschiedlichen Sichtweise zur Begriffsdefinition, fällt einem der Umstand ins Auge, dass Menschen, die sich in Lebenskunst üben, bereit sind, ihr Leben selbst in die Hand zu nehmen und Träume verwirklichen, im Gegensatz zu den anderen, die immer nur das befolgen, was andere ihnen sagen. Selbstbestimmung im Leben erfordert besondere Fähigkeiten wie Selbsterkenntnis, das Bewusstsein über die eigenen Stärken und Schwächen sowie eine Aufgeschlossenheit gegenüber Neuem im Allgemeinen und insbesondere gegenüber sich wechselnden Lebensumstän-

Bärbel Langer ✉
Waldbrunn, Deutschland
e-mail: mail@baerbel-langer.de

© Springer Fachmedien Wiesbaden 2016
P. Buchenau (Hrsg.), *Chefsache Gesundheit II*, DOI 10.1007/978-3-658-06962-9_10

den. Manche sagen, man muss als Lebenskünstler geboren sein, andere glauben, dass man die Lebenskunst erlernen kann. Ich gehöre zu letzteren und bin überzeugt, dass man die Fähigkeiten zur Lebenskunst erlernen kann. Die Themen „Resilienz" und „Bewegung" werden zum einen meinem Ansatz als Präventologin für mehr Gesundheitsbewusstsein gerecht, und zum anderen sind sie für das Erlernen von Lebenskunst unentbehrlich.

10.2 Resilienz – die Kraft der inneren Stärke

Eine Geschichte

Sie bekam die Nachricht am frühen Abend. Sie saß gerade mit Studienkollegen beisammen um sich auf das gemeinsame Referat vorzubereiten. Ihre Schwester rief an und sagte ihr, dass ihr Vater gerade verstorben sei – plötzlicher Herzstillstand, ohne jegliche Vorwarnung. Plötzliche Stille. Innerhalb einer Sekunde war nichts mehr wie es vorher war – unter ihren Füßen löste sich der Boden auf und sie fiel, tiefer und tiefer – wie im freien Fall. Sie verließ den Raum als wäre sie auf der Flucht. Einfach nur weg. Draußen vor der Tür versuchte sie zu begreifen was geschehen war, so sehr sie sich bemühte, es gelang ihr nicht. Ihr Körper wurde von Krämpfen geschüttelt, in ihrem Kopf ließ sich kein klarer Gedanke mehr fassen, alles war außer Kontrolle geraten. Immer die ein und dieselbe Frage „Warum?".

Eine Geschichte wie sie vermutlich mehrmals täglich auf der ganzen Welt geschieht, doch diese Geschichte ist meine eigene.

Die Nachricht über den Tod eines nahestehenden Menschen stürzt uns in eine Krise – innerhalb weniger Sekunden und meist sind wir nicht darauf vorbereitet. Es zieht uns den Boden unter den Füßen weg, wir fallen in ein tiefes schwarzes Loch. Der Schmerz, der uns in diesem Moment ereilt, erscheint unerträglich, bricht uns fast entzwei. Dennoch sind wir in der Lage diese Lebenskrise zu meistern, denn wir verfügen über die Fähigkeiten schwierige Situationen zu bewältigen und gestärkt daraus hervor zu gehen. Die Kombination dieser Fähigkeiten vereint sich in einer inneren Stärke des Menschen – auch Resilienz genannt.

▶ **Resilienz** Der Begriff Resilienz kommt ursprünglich aus der Physik und bezeichnet in der Werkstoffkunde die Fähigkeit eines Stoffes sich verformen zu lassen und bei Nachlassen der Einwirkung wieder in die Ursprungsform zurückzufinden.

Oft wird der Vergleich mit einem Stehaufmännchen verwendet, denn es verdeutlicht, wie eine Einwirkung das Männchen aus dem Gleichgewicht bringt, um danach wieder in die aufrechte Ausgangsposition zurückzukehren. Oft wird Resilienz als Widerstandskraft bezeichnet, doch hier besteht die Gefahr, Widerstandskraft mit Ablehnung und Verweigerung gleichzusetzen, das heißt wir verweigern, uns mit Lebensumständen auseinanderzusetzen. Nur wer schwierige Situationen im Leben annehmen, damit umgehen und daran wachsen kann, wird an innerer Stärke zunehmen. Viele Redewendungen bringen dies zum Ausdruck wie z. B. „Er ist wie ein Stehaufmännchen, gestern noch am Boden, heute geht er wieder aufrecht durchs Leben" oder „Er steht fest wie ein Fels in der Brandung". Und Friedrich Nietzsche verdanken wir das oft verwendete Zitat „Was ihn nicht umbringt, macht ihn stärker". Und allen ist eines gemein, dass wir uns nicht unterkriegen lassen – vorausgesetzt, wir lassen uns darauf ein und verdrängen es nicht.

Nicht alle Menschen verfügen über die gleiche innere Kraft und nicht jeder Mensch hat ausreichend Resilienz erworben, wenn er das Erwachsenenalter erreicht. Wissenschaftler streiten sich darüber, ob die Fähigkeit zur Resilienz über die Gene mit auf den Lebensweg gegeben wird oder ob sie im Laufe des Lebens durch aktives Auseinandersetzen mit der Umwelt erworben wird. Jene Menschen sind im Vorteil, die schon auf eine Fülle von Bewältigungsstrategien zurückgreifen können. Sie sind bei einem Menschen aber nur dann vorhanden, wenn zuvor Erfahrungen mit gleichen oder ähnlichen Situationen gemacht wurden. Die Bewältigungsstrategien dabei sind sehr unterschiedlich, denn sie hängen von vielen Faktoren ab, die letztendlich darüber entscheiden, ob man eher resigniert oder die schwierige Situation aktiv angeht und zu meistern versucht.

Forschung
Die ersten Schritte in der Erforschung von Resilienz begannen mit einer Untersuchung von Kindern auf der Insel Kauai (Berndt 2014, S. 65 f.). Die amerikanische Entwicklungspsychologin Emmy Werner befragte über viele Jahre hinweg 698 heranwachsende Jungen und Mädchen, die 1955 dort geboren wurden. Die hawaiianische Insel wurde deshalb für die Untersuchung gewählt, weil Alkoholismus und Armut den Alltag auf der Insel beherrschte. Die Familien waren arm, die Väter arbeiteten auf den Zuckerrohrplantagen, die Kinder wurden vernachlässigt oder gar misshandelt und nicht selten waren die Ehen zerrüttet. Die Lebensumstände waren für die heranwachsenden Kinder nicht das Paradies, sondern grausamer Alltag. Wie gehen Kinder damit um, wie entwickeln sie sich, geraten sie auf die schiefe Bahn, können sie den Widrigkeiten des Lebens strotzen und daraus lernen? Das waren die Fragen, die man sich stellte.

Von allen Kindern wuchsen 201 auf der Insel und unter den problematischen Bedingungen auf. Der Fokus der Entwicklungspsychologin lag dabei weniger auf denen, die erwartungsgemäß kaum aus den Schwierigkeiten herauskamen, in die sie hineingeboren wurden. Auffällig durch Lern- und Verhaltensprobleme, kamen sie schon vor dem 18. Geburtstag mit dem Gesetz in Konflikt. Das waren ungefähr zwei Drittel der Befragten.

Die Psychologin interessierte sich für das eine Drittel, welchem es gelang, die schwierige Situation trotz schlechter Sozialprognose zu meistern und ein ordentliches Leben zu führen. „Diese Kinder zeigten zu keinem Zeitpunkt irgendwelche Verhaltensauffälligkeiten. Sie waren gut in der Schule, waren in das soziale Leben ihrer Insel eingebunden und setzten sich realistische Ziele" (Berndt 2014, S. 66).

Und darüber hinaus war keines davon im Alter von 40 Jahren arbeitslos oder gar straffällig geworden. Trotz widriger Umstände in ihrer Kindheit wuchsen sie zu selbstbewussten und leistungsfähigen Erwachsenen heran – hatten Erfolg im Beruf und konnten in Beziehungen leben. „Die Psychologin stellte erstmals wissenschaftlich klar: Auch wenn die Startbedingungen noch so schlecht sind, gelingt es manchen Menschen, ihr Leben zu meistern"(Berndt 2014, S. 66).

Die Frage nach den Faktoren, die Menschen davor schützen, an widrigen Lebensumständen unterzugehen, drängt sich auf. Oft wird nur nach Gründen gesucht, warum Menschen scheitern, d. h. man schaut sich ihre Schwächen an. In dieser Studie war es anders – auf welche Ressourcen konnten die Kinder zurückgreifen, um den widrigen Lebensumständen zu trotzen?

Emmy Werner fand heraus, dass der allergrößte Schutz im Leben die Bindung ist. Eine Bezugsperson, die sich liebevoll kümmerte und auf Bedürfnisse reagierte, die Grenzen setzte und Orientierung bot. Schon eine einzige enge Bindung zu einem Menschen kann uns so stark machen, dass viele negative Faktoren wettgemacht werden können. Sichere soziale Bindungen, verlässliche Bezugspersonen, Vorbilder und Unterstützung in der Familie bilden bereits im Kindesalter das Saatkorn, aus dem sich im Laufe des Lebens die Fähigkeit zur Resilienz entwickeln kann.

Einige Jahre später widmete sich Aaron Antonovsky, ein amerikanischer Professor der Soziologie, dieser Fähigkeit der Menschen und stellte im Zuge seiner Forschungen fest, dass Stress nicht nur krank machen, sondern auch als stärkende Herausforderung wirken kann (Petzold 2013, S. 6 f.). In seiner Studie zur Gesundheit von Frauen konnte er belegen, dass knapp ein Drittel der befragten Frauen, welche den unvorstellbaren Horror einen Konzentrationslagers erlebt hatten, sich dennoch einer guten körperlichen und seelischen Gesundheit erfreuten. Manche seien sogar gestärkt aus dieser Erfahrung hervorgegangen. Warum das so war, lieferte die Auswertung der Interviews mit den Frauen. Ein tiefes, kaum zu beschreibendes Vertrauen, mit dem sich die Frauen innerlich weit über persönliche Beziehungen hinaus global miteinander verbunden fühlten, wurde genannt. Antonovsky benannte es als eine stimmige Verbundenheit „Sence of coherence" – auch als Kohärenzgefühl bekannt (Petzold 2013, S. 7 f.). Er unterteilte dieses Gefühl in drei Untergruppen auf, in ein Gefühl der Verstehbarkeit, Gefühl der Handhabbarkeit und Gefühl der Bedeutsamkeit. Bei der Verstehbarkeit (= Denken, kognitive Dimension) können wir Zusammenhänge erkennen, das Verhalten anderer verstehen und beides miteinander in Verbindung bringen. Die Handhabbarkeit (= Verhalten, körperliche Dimension) beschreibt ein selbstbestimmtes Aktiv-sein-Können im Rahmen der Fähigkeiten und Möglichkeiten. Die Bedeutsamkeit (= Fühlen, emotionale Dimension) akzentuiert Aktionen und Handlungen in ihrer Sinnhaftigkeit trotz der widrigen Umstände und hält so eine Motivation aufrecht.

Was in der Resilienzforschung einst mit Untersuchungen bei Kindern begann, setzte sich später bei der Erforschung von Erwachsenen fort. Heute steht die Resilienz von Mitarbeitern sowie Unternehmen und Organisationen im Forschungsfokus. Mitarbeiter können ausfallen, weil eine Scheidung, ein Krankheitsfall in der Familie oder der Tod eines Angehörigen das Leben gehörig durcheinander wirbelt – und je nach Art und Intensität der Störung kann sich der Ausfall über mehrere Monate hinziehen. Für ein Unternehmen bedeutet dies ein Ausfall einer Arbeitskraft mit Auswirkung auf die Produktivität.

Je nach Funktion des Mitarbeiters können Positionen im Unternehmen betroffen sein, für die kurzfristig nicht ohne weiteres Puffer-Ressourcen verfügbar sind. Die Globalisierung, Veränderungen in den Absatzmärkten und der damit verbundene Wettbewerbsdruck zwingen Unternehmen, neue Produkte zu entwickeln, innovativer als der Wettbewerber zu sein und dabei auch noch politische Entscheidungen, die das unternehmerische Agieren betreffen, zu berücksichtigen. Unternehmen befinden sich im ständigen Anpassungsmodus, welcher nicht selten von Umstrukturierungen, Entlassungswellen oder gar grundlegenden Unternehmensneuausrichtungen begleitet ist. Unternehmen, die über ein hohes Maß an Resilienz verfügen, sind in der Lage diesen Veränderungen zu begegnen und die gesamte Organisation schneller wieder in eine stabile Position zu bringen. Ein Unternehmen kann nur dann resilient sein, wenn die Mitarbeiter im Unternehmen über die Fähigkeit der Resilienz verfügen.

Eine in 2014 neugegründete Forschungseinrichtung „Deutsches Resilienz Zentrum" in Mainz möchte eine Antwort auf folgende Frage finden: „Resilienz, der eine hat's – der andere nicht. Woran es liegt und wie kann man Resilienz erlernen?" und Resilienz ist Gegenstand ihrer derzeitigen Forschung (Universitätsmedizin Mainz 2014). „Verstehen, Vorbeugen, Verändern: Wir wollen verstehen, welche Vorgänge im Gehirn Menschen dazu befähigen, sich gegen die schädlichen Auswirkungen von Stress und belastenden Lebensereignissen zu schützen und wie diese Schutzmechanismen gezielt gefördert und verstärkt werden können." Das klingt vielversprechend und lässt auf neue Erkenntnisse in der Resilienzforschung hoffen – im Hinblick auf die Prävention zur Stärkung der Resilienz jedes Einzelnen, aber auch in Unternehmen und Organisationen.

Wenn wir wissen möchten, ob wir über genügend Resilienz verfügen, spielen drei Aspekte eine bedeutende Rolle. Das Bewusstwerden der Intensität des Stressereignisses, das auf uns und unser Lebensumfeld einwirkt, die Bewertungsphase, also wie wir die Situation einschätzen, und die Frage nach den Schlüsselfähigkeiten, über die wir verfügen und die wir einsetzen.

10.2.1 Stresswert

Wenn es um widrige Lebensumstände, schwierige Situationen oder Krisen geht, können wir schon erahnen, dass es sich um plötzliche und oft nicht vorhersehbare Veränderungen handelt, die unmittelbar auf unsere emotionale, psychische und physische Stabilität einwirken. Jedes erschütternde Ereignis ist durch diese Merkmale gekennzeichnet, doch variiert das Ereignis stark in der Intensität, wie es auf uns wirkt. Christina Berndt zeigt in ihrem Buch „Resilienz – Das Geheimnis der Psychischen Widerstandskraft" eine Skala mit lebensverändernden Stressereignissen (siehe Tab. 10.1) (Berndt 2014, S. 219 f.). Die „Social Readjustment Rating Scale" wurde von dem amerikanischen Psychiater Thomas Holmes und Richard Rahe entwickelt und basiert auf einer Befragung von 5000 Patienten. Die Skala reicht von 0 bis 100, der Wert 0 bedeutet eine geringe Stressbelastung durch ein Ereignis und bei einem Wert von 100 ist die Intensität der Stressbelastung am höchsten.

Tab. 10.1 Auszug aus der Gesamtliste „Social Readjustment Rating Scale"

Ereignis	Stresswert
Tod des Ehepartners	100
Scheidung	73
Trennung vom Ehepartner	65
Tod eines nahen Familienangehörigen	63
Eigene Verletzung oder Krankheit	53
Verlust des Arbeitsplatzes	47
Pensionierung	45
Veränderung im Beruf	39
Umzug	20
Änderung der Schlafgewohnheiten	16
Änderung der Essgewohnheiten	15

Holmes und Rahe kamen zu dem Schluss, dass der Tod des Partners die höchste Stresswirkung auf den Körper ausübt, gefolgt von Scheidung und Trennung vom Partner. Je mehr Lebensbereiche nach dem Ereignis angepasst werden müssen, desto stressiger ist der Vorfall für den Betroffenen, so die Meinung von Holmes und Rahe.

Jeder von uns hat schon mal ein schmerzhaftes Ereignis durchlebt und kann die auf uns einwirkende Stressbelastung sicher nachvollziehen und je nach Ereignis und Intensität, die auf uns wirkt, kann dies sehr verschieden sein. Nicht jeder trägt seine Emotionen nach außen und zeigt das tatsächliche Ausmaß seiner Betroffenheit gegenüber Angehörigen, Freunden, Kollegen und Vorgesetzten. Daher ist die richtige Einschätzung der Intensität wichtig, denn sie hilft uns, den Betroffenen das richtige Maß an Mitgefühl und Unterstützung entgegenzubringen. Erschütternde Lebensumstände können – egal ob im Beruf oder im privaten Umfeld – den Menschen schwer treffen und in alle seine Lebensbereiche hinein wirken. So ist es nicht möglich, private Ereignisse vor Arbeitsbeginn am Werkstor abzulegen und berufliche Ereignisse zu Hause an der Fußmatte abzustreifen. Unabhängig davon, wo wir uns gerade aufhalten, der Schmerz und die Betroffenheit begleiten uns überall hin. Dass wir irgendwann im Leben mit solchen Ereignissen konfrontiert werden, ist sehr wahrscheinlich. Und falls dies irgendwann eintritt, würden wir uns dabei sicher fühlen, dass wir uns zu diesem Zeitpunkt sowohl in guter psychischer und physischer Verfassung befinden, als auch über alle notwendigen Fähigkeiten verfügen, die uns helfen angemessen damit umzugehen.

10.2.2 Bewertung

Werden wir im Leben mit einem Ereignis konfrontiert, entscheidet zunächst unsere gedankliche Bewertung darüber, wie wir insgesamt mit der widrigen Situation umgehen. Was für den einen eine leicht zu bewältigende Herausforderung darstellt, kann für den anderen ein erschütterndes Lebensereignis bedeuten – gesteuert durch die Gedanken seiner individuellen Bewertung bzw. seines jeweiligen Bewertungsmusters. Dieses entwickelt sich im Laufe unseres Lebens und wird geprägt von Erlebnissen, Emotionen und Erfahrungen. Unser Bewertungsmuster entscheidet darüber, wie wir über eine Situation denken und ob wir sie als angenehm oder belastend empfinden. Dies geschieht meist schnell und unbewusst. Sobald wir die Situation wahrgenommen haben, stellt unser Gehirn eine Verknüpfung mit vorhandenen Erfahrungen her. Und diese Erfahrung liefert auch gleich die abgespeicherten Emotionen – aus früheren Erlebnissen – mit, ganz automatisch, ohne dass wir uns dessen bewusst sind.

Die Frage ist, ob wir auf diese Art und Weise den Umstand immer angemessen bewerten. Sind wir durch unbewusst ablaufende Bewertungsprogramme in alten Denkmustern gefangen und lassen uns zu Verhaltensweisen verleiten, die der Situation nicht mehr gerecht werden? Bewusstes kritisches Hinterfragen der eigenen Bewertung auf Realitätsgehalt und falls nötig ein erforderliches Neubewerten, korrigiert unser bisheriges Bewertungsmuster und ermöglicht, Situationen zukünftig angemessen und realitätsnah zu beurteilen.

So besteht die Möglichkeit, dass neue Erfahrungen und die persönliche Weiterentwicklung in zukünftige Bewertungen miteinfließen. Zukünftige Ereignisse werden als Herausforderung zur Entwicklung und weniger als unüberwindbares Hindernis oder gar als eigene Schwäche eingestuft.

10.2.3 Schlüsselstärken

Viele Menschen denken, die Aufgabe bestünde darin, eine schwierige Situation hinter sich bringen oder vorüberziehen zu lassen, ohne dabei zu Schaden zu kommen. Das Wichtigste wird dabei oft übersehen oder unterschätzt – nämlich die Tatsache, dass Hindernisse im Leben dazu da sind, um Erfahrungen zu sammeln, zu lernen und sich weiterzuentwickeln, sowohl im Beruf als auch im Privatleben. Wer immer in Watte gepackt wird und keine Steine aus seinem Weg räumen muss, bekommt wenige Chancen daran zu wachsen. Doch daran denken wir meist nicht, denn unsere Denkweise ist die vom Glück und Unglück oder vom Schicksal. Und wer immer Glück hat, freut sich meist darüber, aber für die Entwicklung seiner Resilienz wird er wenig tun. Der Auftrag an uns lautet, eigene Bewältigungskompetenzen zu entwickeln, um so für zukünftige Gegebenheiten gewappnet zu sein, in der Hoffnung schon eine passende Strategie zur Hand zu haben – so eine Art Notfallplan – wenn eine bestimmte Situation dies erfordert. Was aus der heutigen Sicht als Risikofaktor erscheint, kann bei erfolgreicher Bewältigung ein Schutzfaktor für morgen sein. Welche Schlüsselfähigkeiten machen innere Stärke aus (vgl. Abb. 10.1)? Verfüge ich über diese Fähigkeiten? Wo habe ich noch Entwicklungspotential?

Abb. 10.1 Schlüsselfähigkeiten

Akzeptanz

Das, was Vergangenheit ist, können wir nicht mehr verändern. So einfach, wie sich das liest, ist es jedoch meist nicht. Dinge, die sich nicht zu unserer Zufriedenheit entwickelt haben oder uns aus der Lebensbahn werfen, hängen uns nach und lassen unseren inneren Kritiker zu Wort kommen. Und seine Kommentare beginnen meist mit den Worten „Wenn …", „Wäre …" oder „Hätte …". In diesem Moment stellen wir unser Handeln infrage, bleiben gedanklich in Szenarien der Vergangenheit hängen und verschließen uns dem Blick nach vorne. Eine Betrachtung nach dem „Was habe ich daraus gelernt?" ist durchaus berechtigt, denn in jeder Krise steckt die Chance auf Veränderung und ist Teil unserer persönlichen Entwicklung. Doch wer in der Vergangenheit zu lange verweilt, verschwendet seine Energie für Dinge, die nicht mehr geändert werden können. Deshalb sollte der nächste Schritt schon von Akzeptanz geprägt sein und den Weg ebnen für neue Gedanken, die in die Zukunft reichen.

Optimismus

Neben der Akzeptanz ist der Optimismus ein weiterer wichtiger Schlüssel zur Resilienz. Dingen, die nicht mehr zu verändern sind, trotzdem etwas Positives abzuringen und eine positive Lebenseinstellung zu bewahren, ist eine der größten Herausforderungen. Wer es schafft, nicht alles schwarz zu sehen, sondern dennoch das Licht am Ende des Tunnels wahrnehmen kann, kann Chancen erkennen, auf die man nicht aufmerksam wird, wenn man den Kopf in den Sand steckt. Wie bekommt man das hin? Mehr Aufmerksamkeit unseren Gefühlen und der Macht unserer Gedanken schenken. Ein bewusstes Wegsteuern von negativen Gefühlen, denn negative Emotionen ziehen uns runter, wir geraten in eine Abwärtsspirale mit gefährlicher Eigendynamik. Negative Gefühle können uns ganz vereinnahmen und lähmen. Es geht hier nicht darum, alle negativen Gedanken zwanghaft zu verdrängen. Es ist durchaus sinnvoll, sich zu fragen, warum sie da sind. Ist zum Beispiel eine Situation nicht erwartungsgemäß verlaufen, analysieren wir warum und das ist auch gut so. So lernen wir daraus. Die Gefahr besteht allerdings darin, aufkommende negative Emotionen nicht nur mit der derzeitigen Situationen zu verknüpfen, sondern die ganze Lebensgestaltung sowie Lebenseinstellung in Frage zu stellen. Wenn wir es schaffen, trotz widriger Umstände positive Gefühle bewusster wahrzunehmen, können wir ihnen mehr Raum in unserem Leben geben: in Gesprächen bewusst angenehme Themen wählen, mit anderen Menschen über Glücksmomente sprechen, den Blick mehr auf die Sonnenseite des Lebens lenken. Positive Gefühle erweitern unser Gedanken- und Handlungsspektrum, wir sind kreativer im Suchen und Finden von Lösungswegen. Optimisten leben länger! Das sollte uns Ansporn genug sein, schnell wieder angenehme Gefühle in unser Leben einziehen zu lassen.

Selbstwirksamkeit
Glauben wir daran, unbekannte oder schwierige Aufgaben aus eigener Kraft bewältigen und die Situation zum Guten wenden zu können, verfügen wir über die Fähigkeit der Selbstwirksamkeit. Wir besitzen eine innere Stärke und ein gesundes Selbstvertrauen, welches uns überzeugt, mit den eigenen Kompetenzen gewünschte Handlungen erfolgreich ausführen oder verändern zu können, ohne uns dabei ausgeliefert oder abhängig zu fühlen. Wir bestimmen selbst über unser Leben und gehen unserem Bedürfnis nach Orientierung und Kontrolle nach. Wir sagen „Ich kann das!" und nehmen das Ruder selbst in die Hand. Die angenehme Erfahrung, Herausforderungen bewältigen zu können, machen wir allerdings nur, wenn wir uns nicht gegen sie wehren, sondern uns ihnen stellen. Das fällt leichter, wenn wir die Herausforderungen als persönliche Entwicklungschance sehen. Haben wir dabei ein Gefühl der Stimmigkeit, dann sprechen wir vom Kohärenzgefühl. Dies teilt sich in drei Aspekte ein, in das Gefühl der Verstehbarkeit, Gefühl der Handhabbarkeit und Gefühl der Sinnhaftigkeit. Wenn wir die widrigen Umstände als verständlich erleben, wir über passende Ressourcen für die Bewältigung verfügen und die Auseinandersetzung mit der Herausforderung als sinnvoll und lohnenswert bewerten, erleben wir das Gefühl der Stimmigkeit.

Selbstfürsorge
Die Selbstfürsorge ist mit Achtsamkeit uns selbst gegenüber verbunden und hilft uns den Körper und insbesondere Gefühle, Stimmungen und Stresssituationen bewusst wahrzunehmen und die guten von schlechten Gefühlen und Stimmungen abgrenzen zu können. Warum zeigt sich Ärger, Frust, Enttäuschung, Aggression in bestimmten Situationen? Zu welchem Zeitpunkt ist es sinnvoll, etwas Abstand zu gewinnen für eine objektive Situationsbewertung aus der Distanz? Wie können wir in stressigen Situationen gegensteuern, um effektiv zu einer Balance zwischen Anspannung und Entspannung zu gelangen? Helfen Entspannungsübungen oder brauche ich Bewegung um meine innere Anspannung wieder loszuwerden? Mit der Selbstfürsorge können wir rechtzeitig einlenken und gegensteuern und so achtsamer und letztendlich auch schonender mit unseren Ressourcen umgehen.

Verantwortung

Es fällt nicht immer leicht, die Verantwortung für sein Leben zu übernehmen, insbesondere dann wenn das Leben aus dem Ruder gerät. Dann neigen wir leicht dazu, anderen die Schuld zu geben oder von Unglück und Schicksal zu sprechen, und können uns selbst so von Verantwortung freisprechen. Es besteht die Gefahr, in die Opferrolle zu geraten, die uns dazu verleitet, in der Situation zu verharren und uns daran hindert, aktiv zu werden. Ein häufig anzutreffendes Verhaltensmuster in Beziehungen. Die Lösung liegt darin, die Verantwortung für unseren Anteil an Schwierigkeiten zu übernehmen. Geraten wir gar ganz unverschuldet in Schwierigkeiten, ist es wichtig, die Verantwortung für sich selbst zu übernehmen und uns nicht in der Frage nach Gerechtigkeit oder Ungerechtigkeit zu verfangen. Sie wird uns in den meisten Fällen nicht weiter bringen. Erinnerungen, die immer wieder in unserem Bewusstsein aufblitzen, zeigen, dass uns das Geschehene immer noch belastet. Mit unserer Haltung entscheiden wir, wie wir uns der Situation stellen und die Verantwortung für unser aktuelles Wohlbefinden übernehmen. Wer in schwierigen Situationen angemessen und flexibel auf Veränderungen reagiert, Verantwortung für sein Handeln übernimmt und dabei seine Fähigkeiten der Resilienz zum Ausdruck bringt, kann Vorbild für andere sein.

Unterstützung und Netzwerke

Mit Unterstützung aus dem sozialen Umfeld, in der Familie, unter Freunden und/oder am Arbeitsplatz, können wir schneller in schwierigen Situationen vorankommen. Bieten uns Freunde ihre Unterstützung an, sollten wir auch bereit sein, diese Hilfe anzunehmen. Unser Stolz steht uns manchmal dabei im Weg und das ist ein Fehler. Denn wer Hilfe annimmt, zeigt, dass er nicht vollkommen ist und zu seinen Schwächen steht. Dieses Verhalten lässt Menschen authentisch, aufrichtig und sympathisch erscheinen. Auf diesem Weg können wir interessante Fähigkeiten, über die wir nicht oder nur ungenügend verfügen, von anderen abschauen oder von Denk- und Handlungsmuster anderer lernen, die eigenen präferierten Muster zu überdenken und neue Muster übernehmen. Je flexibler wir sind im Denken und Handeln, je weniger wir an unseren Präferenzmustern festhalten und je mehr Perspektiven wir zulassen, desto leichter werden wir unsere Verhaltensweisen in schwierigen Situationen verändern und angemessen anpassen können. In Beziehungen gilt das Prinzip der Wechselseitigkeit und Gegenseitigkeit (Reziprozität). Wir empfinden eine Beziehung dann als angenehm, wenn ein Gleichgewicht zwischen Geben und Nehmen herrscht. Stimmt die Balance nicht, fühlen wir uns sehr schnell ausgenützt. Die Wahl unseres Unterstützers sollten wir demzufolge sorgfältig treffen, so können wir vorbeugen, dass uns statt erhoffter Unterstützung eher Energie geraubt wird. Eine gesunde Portion Egoismus kann in diesem Fall sehr nützlich sein. Ebenso sind Miesmacher und Nörgler keine guten Unterstützer, sie halten uns in den Problemen fest, statt konstruktiv und kreativ nach Lösungen zu suchen. In bestimmten Situationen kann eine professionelle Unterstützung durch einen Coach eine sehr sinnvolle Option sein.

Lösungsorientierung
Lösungsorientierung hilft den Fokus auf Dinge zu richten, die uns weiterbringen. Sich an Lösungen zu orientieren setzt voraus, dass wir das Problem zuvor analysiert haben. Die Tatsache, dass grundsätzlich für jedes Problem eine Lösung zu finden ist, sollte helfen, die Phase des „Problemwälzens" schnell hinter sich zu lassen. Es ist meist vergeudete Zeit und Energie. Der Entschluss eine Lösung zu finden ist schon der erste Schritt in die richtige Richtung. Wir entscheiden, was uns wichtig ist und richten unseren Fokus und unsere Energie auf diesen Weg. Und auf dem Weg zur Lösung ergeben sich immer wieder Chancen ein Stück weiter zu kommen. Nicht jeder Lösungsweg ist auf Anhieb der richtige, kleine Kurskorrekturen können erforderlich sein, was im Grunde genommen Chancen sind, es besser oder anders zu machen. Sie sollten uns nicht daran hindern, die für uns passende Lösung zu finden.

Zukunftsorientierung
Je mehr wir uns selbst mit möglichen Zielen auseinandersetzen, desto weniger überlassen wir es anderen oder dem Zufall, über unsere Zukunft zu bestimmen. Wir nehmen das Ruder selbst in die Hand. Wir sind uns der heutigen Situation bewusst und wissen, wo wir hin möchten. Was möchten wir bis wann erreicht haben und welche Schritte sind hierfür notwendig? Je klarer das Ziel formuliert wird, desto leichter ist die konkrete gedankliche Vorstellung des Zieles. Das Ziel vorm geistigen Auge zu sehen, stärkt uns in unserem Vorhaben. Positive Ziele wirken attraktiver und lohnenswerter und deshalb verzichten wir bei der Zielformulierung auf die Worte wie „nicht", „kein", „wenig" etc. Wir sind uns unserer Ressourcen bewusst und fest entschlossen, diese für die Erreichung der Ziele einzusetzen. Über welche Ressourcen verfügen wir und wo benötigen wir Unterstützung? Können wir das Ziel selbst erreichen oder sind wir dabei von anderen abhängig oder benötigen deren Unterstützung? Der Erfolg, der sich bei Zielerreichung einstellt, sollte in Relation zu unserem Aufwand von Zeit, Mühe und Anstrengung stehen, unser Einsatz sollte sich lohnen.

Je nach Tragweite der gesteckten Ziele ist eine Risikobewertung, mit welcher Wahrscheinlichkeit Risiken eintreten, angebracht. Meinungen anderer wie z. B. von Kollegen, Vorgesetzten oder andere Vertrauenspersonen können die eigene Einschätzung stützen. In Optionen oder Szenarien zu denken, Notfallpläne parat zu haben und sie bei Schwierigkeiten sofort einleiten zu können, trägt zur Schadensbegrenzung bei.

Alle Fähigkeiten helfen uns mit schwierigen Lebensumständen und Krisen umzugehen. Finden Sie heraus, ob Sie über diese Fähigkeiten verfügen. Wo liegen Ihre Stärken und Schwächen? Wo können Sie sich noch weiterentwickeln? In welcher Situation konnten Sie die Fähigkeiten schon anwenden? Welche hätten Sie gebraucht, um mit einer schwierigen Situation umgehen zu können?

Über Fähigkeiten zu verfügen und diese anzuwenden ist eine der beiden wichtigen Säulen der Lebenskunst, die andere ist die Anpassungsfähigkeit, die es ermöglicht uns auf Veränderungen im Leben einstellen und selbstbestimmt handeln zu können. Die Anpassungsfähigkeit in der Grundausführung hat uns die Evolution mit auf den Weg gegeben, die Anpassungsfähigkeit in der Expertenausführung – so wie wir sie für das tägliche Leben benötigen – müssen wir trainieren und zwar jeden Tag.

10.3 Bewegung – Laufen Sie nicht um Ihr Leben, sondern für Ihr Leben

Unter Anpassungsfähigkeit verstehen wir die Fähigkeit, sich auf geänderte Anforderungen einzustellen und handlungsfähig bleiben. Wir kennen dies alle aus dem Sport. Wird unser Körper einer Anforderung gerecht, das heißt, lernt er, sich auf Trainingsreize anzupassen, dann verfügt er über einen Anpassungsmechanismus – der sogenannten Superkompensation. Erst durch diesen Anpassungsmechanismus wird eine Leistungssteigerung möglich.

Über welche Anpassungsmechanismen der Körper verfügt, wird am Bestreben des Körpers deutlich, unsere Systeme immer im Gleichgewicht zu halten. Die Aufrechterhaltung des Gleichgewichtszustandes durch intern regelnde Prozesse wird auch Homöostase genannt. Das heißt, unser Körper versucht durch Selbstregulation alle Systeme am Laufen zu halten, um uns ein möglichst langes Leben zu ermöglichen. Unsere moderne Lebensweise bringt diese Systeme viel zu häufig aus dem Gleichgewicht und fordert unseren Körper heraus, das selbst wieder in Ordnung zu bringen. Manchmal gelingt es – manchmal auch nicht, dann werden wir krank.

Der Anpassungsmechanismen steuert den Ausgleich von Anspannung und Entspannung, stammt aus der Urzeit und sicherte das Überleben in bedrohlichen Situationen. Verfolgte uns ein Säbelzahntiger, weil er Hunger hatte und nach Beute Ausschau hielt, so waren wir gezwungen vor ihm davonzulaufen, wenn wir unser Leben retten wollten. In Situationen extremster Bedrohung (Stresssituation) wird ein solches Programm aus Urzeiten in unserem Körper gestartet, es werden Hormone ausgeschüttet, die uns kurzzeitig enorme Kräfte verleihen – weit über das normale Maß hinaus. Der Herzschlag, Blutdruck, Blutzucker und sogar das Cholesterin werden erhöht. So ist es uns möglich vor dem Säbelzahntiger zu flüchten oder auf einen Baum zu klettern (auch bekannt als Kampf-oder-Flucht-Reaktion). Das Motto unseres Körpers lautet: Alle verfügbaren Mittel und Energien einsetzen und überleben! Haben wir uns vor dem Säbelzahntiger in Sicherheit gebracht und dabei die zuvor mobilisierte Energie verbraucht, schaltet unser Körper langsam wieder auf „Normalbetrieb" – die Gefahr ist gebannt und unsere Energien sollen ab jetzt wieder schonender eingesetzt werden.

Heute haben wir auch Stresssituationen – meist nicht in Form und Intensität eines Säbelzahntigers – aber dennoch in einem Maß, welches eine Stressreaktion in unserem Körper anlaufen lässt. An die Stelle des Säbelzahntigers sind Termindruck und Leistungsorientierung gerückt. Der Körper ist im Dauerstress-Zustand und die durch Hormone mobilisierte Extra-Energie verbleibt im Körper. Der erforderliche Abbau – durch Kampf oder Flucht – fehlt heute. Der Anspannung folgt keine Entspannung, der Körper muss dies selbst wieder ins Gleichgewicht bringen. Mal bekommt er es hin – mal nicht. Die Folge ist Stress. Wir alle wissen, dass Stress ungesund ist, uns schneller alt aussehen lässt und uns im schlimmsten Fall früher in Grab bringt.

Schön wäre ein Leben ohne Stress, aber leider ist es selten realisierbar, wenn wir unsere Verpflichtungen im Leben – sei es im Beruf, in der Familie oder in der Freizeit nachkommen wollen. Wir können aber daran arbeiten, einen Teil des täglichen Stresses als solchen wahrzunehmen, wenn möglich zu reduzieren und den Körper mit Maßnahmen wieder in eine Balance bringen. Wie? Mit Bewegung – sie hilft den täglichen Stress (Anspannung) in eine Phase der Entspannung übergleiten zu lassen. Was auf den ersten Blick als reine Muskelarbeit anmutet, löst im Körper unzählige biochemische Prozesse aus, die für einen Ausgleich und Wohlbefinden sorgen. Aber nicht nur das, er stellt sich den Bewegungsaufgaben mit dem Ergebnis, sich der Anforderung anzupassen und wappnet sich so für künftige Belastungen. Menschen, die sich regelmäßig bewegen, sind stressresistenter und anpassungsfähiger bei Veränderungen.

Bewegung heute
Die Evolution hat uns die Fähigkeit zum Laufen geschenkt. Auf der Suche nach Nahrung mussten sich unsere Vorfahren bewegen und legten dabei täglich mehrere Kilometer zurück. Dieser einstigen Anforderung haben wir unseren gut funktionierenden Bewegungsapparat zu verdanken. Muskeln wollen gefordert werden, nur dann bleiben sie uns erhalten. Use it – or loose it.

Dem Thema Bewegung widmet sich auch der aktuelle DKV-Report „Wie gesund lebt Deutschland?" – veröffentlicht von der DKV und dem Zentrum für Gesundheit durch Bewegung und Sport der Deutschen Sporthochschule Köln. In der Studie wurden 3000 Menschen zu ihrem Gesundheitsverhalten intensiv befragt. Im Fokus der Befragung waren Angaben dazu, bei welchen Gelegenheiten Menschen sitzen und wie lange. „Dauersitzen: Die unterschätzte Gesundheitsgefahr" – so heißt es in der Pressemeldung. „Wir sitzen beim Arbeiten, vor dem Fernseher, im Auto und während wir online einkaufen." Die Zahlen zeigen, dass die Deutschen im Mittel siebeneinhalb Stunden pro Tag sitzen, die jungen Erwachsenen sogar neun Stunden (Deutsche Sporthochschule Köln 2015).

„Sitzen droht aus volksgesundheitlicher Warte ‚das neue Rauchen' zu werden", so Ingo Froböse von der Kölner Sporthochschule (Deutsches Ärzteblatt 2015). Uns Menschen scheint nicht bewusst zu sein, dass wir etwas für uns tun müssen, um gesund zu bleiben. Wir geben in unserer Freizeit anderen Verlockungen und Bedürfnissen den Vorrang. Die Auswirkungen der Bewegungsarmut sind Stoffwechselstörungen, Leistungsschwächen, Muskelatrophien, koronare Herzkrankheiten, Rheuma, Arthrosen oder geschwächte Immunabwehr.

Auch bei Menschen, die bereits erkrankt sind, kann regelmäßige Bewegung gesundheitsfördernd sein. Die früher verordnete Schonung und Bettruhe hat nach wie vor in bestimmten Fällen seine Berechtigung, aber meist ist sie kontraproduktiv, verlangsamt den Stoffwechsel und trägt nicht zur Genesung bei. Heute weiß man, dass moderate Bewegung den Körper in den meisten Fällen chronischer Erkrankungen und Krebs auf wundersame Weise unterstützt und zur Heilung sowie besserem Wohlbefinden beitragen. Aktiv und durch eigenes Handeln zur Genesung beizutragen, lässt Gefühle der Selbstwirksamkeit und Selbstbestimmtheit in uns aufkommen, wie es vermutlich kein Medikament vermag – und das ganz frei von Nebenwirkungen.

Unser Körper wurde einst für Bewegung geschaffen. Der Stoffwechsel läuft erst durch Muskelaktivität auf Hochtouren, und fährt bei Bewegungsmangel herunter mit vielen negativen Begleiterscheinungen für den Körper – insbesondere zu Lasten der Muskelmasse und Beweglichkeit. Allein durchs Älterwerden sinkt der Anteil unserer Muskelmasse mit einhergehender Minderung der Stoffwechselaktivität.

Die Abnahme der Muskelmasse und die dadurch fehlende Stützkraft für Knochen und Gelenke lässt die Anzahl der von Rückenschmerzen geplagten Menschen noch weiter ansteigen, mit der Folge weiterer zunehmender Schonung und Untätigkeit.

Wir dürfen nicht vergessen, Bewegung und Belastung schaden dem Körper nicht, sondern sind Voraussetzung dafür, dass der Körper funktioniert. Ärzte sehen in der körperlichen Inaktivität das Gesundheitsproblem des dritten Jahrtausends.

Welche Folgen es haben kann, wenn Bewegung und Belastung wegfallen, zeigt die Ruhigstellung bei einem Knochenbruch oder längerer Bettlägerigkeit mehr als deutlich. Was mühsam durch Bewegungstraining in Muskelaufbau investiert wurde, wird innerhalb von wenigen Wochen zunichte gemacht – die Muskulatur schwindet und muss wieder neu aufgebaut werden. Und das gilt für die Muskulatur ebenso wie für die Knochendichte. Die extremste Form der Schonung erfahren Astronauten während ihres Aufenthaltes auf der Internationalen Raumstation ISS in der Schwerelosigkeit. Die Belastung – genauer gesagt das Widerstehen der Schwerkraft – beim Laufen oder Gehen entfällt und wirkt nicht mehr auf den Bewegungsapparat. Der Körper wird nicht mehr gefordert. Die Folge sind merklicher Muskel- und Knochenschwund. Was ein Astronaut während des Aufenthalts im Weltall zwingend in Kauf nehmen muss, wählen die Menschen, die sich regelmäßiger Bewegung verwehren, freiwillig und riskieren die damit verbundenen negativen Folgen.

Bewegung fürs Gehirn

Regelmäßige Bewegung trainiert nicht nur die Muskulatur, sondern auch das Gehirn. Ebenso wie die Muskulatur ist das Gehirn durch Bewegung lebenslang formbar. Früher vertraten Hirnforscher die Meinung, die Entwicklung des Gehirns sei im Erwachsenenalter abgeschlossen und es können keine neuen Nervenzellen nachwachsen bzw. keine neuen Verbindungen (Synapsen) entstehen. Heute wissen die Forscher, dass dem nicht so ist.

Man hat festgestellt, wer körperlich aktiv ist, fördert Wachstum und Komplexität der Nervenverbindungen im Gehirn, auch Neurogenese genannt. Jede neue Bewegungserfahrung begünstigt die Entstehung neuer Verbindungen und festigt zudem das bestehende Geflecht von Nervenzellen. Spezielle Proteine lassen bei ausreichend hoher Konzentration Nervenfortsätze wachsen – sie wirken wie Dünger im Gehirn. Neue Zellen verankern sich aber nur dann dauerhaft im Gehirn, wenn genügend Lernreize und Herausforderungen folgen. Forscher sehen in der Neurogenese eine wesentliche Voraussetzung dafür, bis ins hohe Alter geistig fit zu bleiben. Wer sich regelmäßig bewegt und sein Gehirn immer wieder neuen Reizen aussetzt, wird seine Anpassungsmechanismen trainieren und seine

Fähigkeit, in herausfordernden Situationen flexibel zu reagieren, weiter ausbauen. Ganz nach dem Motto: „In einem gesunden Körper wohnt ein gesunder Geist" oder „Reger Körper – reger Geist".

Dass sich bewegungsaktive Menschen durch ausgeglichenes Verhalten und flexibleren Umgang mit stressigen Situationen auszeichnen, ist allgemein bekannt. Nun kann manches auch wissenschaftlich belegt werden. Regelmäßige Bewegung hat viele weitere positive Effekte auf unseren Körper und unser Gehirn. Lassen wir uns überraschen, was die Erforschung in nächster Zeit noch ans Tageslicht bringt!

Kleine Bewegungen im Alltag
Unsere alltäglichen Gewohnheiten sind tief in unseren Tagesabläufen verankert und laufen meist unbewusst ab. Möchten wir mehr Bewegung in unser Leben bringen und der Empfehlung von 10.000 Schritten pro Tag folgen, bieten sich unzählige Gelegenheiten dazu an: Die Treppe statt den Fahrstuhl benutzen und in der Mittagspause eine kleine Runde walken oder schnell gehen. Das Auto mal stehen lassen, zu Fuß gehen oder mit dem Rad fahren. Das Auto nicht direkt vor der Tür abstellen, immer ein paar Schritte entfernt. Bei Fahrten mit der Bahn eine Haltestelle früher aussteigen und den Rest zu Fuß gehen. Auf der Arbeit und im Büro kleine Wege einplanen z. B. zum Drucker in die nächste Etage gehen, zum Kollegen ins Nachbarbüro gehen, statt E-Mails zu schicken. Die Toilette auf einer anderen Etage aufsuchen. An den angebotenen Bewegungsprogrammen der Firma teilnehmen. Regelmäßiges Bewegungstraining in der Woche unbedingt fest einplanen. Darauf zu hoffen, sich dem Training spontan widmen zu können, wann immer es der Terminkalender mal zulässt, wird auf Dauer nicht funktionieren.

Wahlprogramm
Wir alle haben das Wahlprogramm „Couch oder Bewegung". Jeder darf frei wählen und wer nicht über genügend Selbstmotivation verfügt, wird dem übermächtigen inneren Schweinehund nur sehr schwer begegnen können. Ohne eine fordernde Bewegungsintensität wird sich der Körper aus seiner Komfortzone nicht hinausbegeben, die positiven Anpassungseffekte erfahren und an Leistungsfähigkeit hinzu gewinnen. Wer es allerdings schafft, eine regelmäßige Bewegung in seinem Alltag zu integrieren, ist Vorbild für andere. Es gibt immer andere, die einem folgen werden und zwar spätestens dann, wenn die wundersame Verwandlung mit mehr Vitalität, Ausgeglichenheit sowie einem gesünderen und frischeren Aussehens sichtbar wird. Auch Vorgesetzte tun gut daran, als Vorbild in Sachen Bewegung voranzugehen, die Mitarbeiter oder das ganze Team werden ihnen folgen. Wer attraktive Bewegungsprogramme in der Firma anbietet, stärkt das Zusammengehörigkeitsgefühl in Teams oder im Unternehmen. In einem Lauftreff oder in einer Laufgruppe lassen sich gemeinsame Aktivitäten leicht organisieren und sorgen zudem für feste Trainingszeiten mit Verbindlichkeit und regelmäßiger Teilnahme.

Empfehlungen für die Bewegung
Die Empfehlung für ein optimales Bewegungstraining lautet, drei bis vier Mal pro Woche aktiv zu sein. Pro Trainingseinheit werden 30 Minuten angesetzt, noch besser sind

45 Minuten. Man sollte dabei leicht ins Schwitzen kommen. Neben dem Ausdauertraining ist ein Krafttraining zur Stärkung der Muskulatur sehr sinnvoll. Während Ausdauertraining positive Wirkung auf Stoffwechsel, Kreislauf, Gefäße und Gehirn hat, fokussiert das Krafttraining den Muskelaufbau bzw. Muskelerhalt und wirkt dem Muskelabbau im Alter gezielt entgegen.

Das Ausdauertraining erfolgt im aeroben Stoffwechsel, d. h. die Trainingsintensität liegt bei ungefähr 60–65 % der maximalen Herzfrequenz. Wer mit dem Ausdauertraining neu beginnt, sollte langsam anfangen und Tempo und Trainingsdauer langsam steigern, dabei auf das Körpergefühl achten und sich nicht überfordern, hier gilt die Regel „weniger ist mehr". Ein Wechsel von Gehen und Laufen kann den Einstieg für diejenigen erleichtern, die über wenig oder keine Ausdauer verfügen. Wer bereits über Ausdauer verfügt, kann mit einem Intervalltraining – wechselnde Belastungen in verschiedenen Herzfrequenzbereichen – den Körper neu herausfordern und seine Leistungsfähigkeit steigern, und bringt dabei noch Abwechslung ins Training.

Dehnübungen für die Beweglichkeit
Langes Sitzen und monotone Bewegungen des Büromenschen führen auf Dauer zu Bewegungseinschränkungen, die als solche oft nicht erkannt werden. Fehlhaltung oder Schonhaltung, wenn sich Schmerzen noch dazugesellen, sind meist die Folge.

Regelmäßige Dehnübungen wirken den negativen Bewegungsmustern entgegen, aktivieren den Stoffwechsel in allen Strukturen und dienen als Grundlage für die körperliche Leistungsfähigkeit. Die funktionelle Beweglichkeit zu erhalten oder wieder zu erlangen ist das Ziel des Dehnens und trägt zu unserem Wohlbefinden bei. Und das ist ein meiner Meinung nach sehr unterschätzter Aspekt! Denn was sich für uns „steif und starr" anfühlt, wird vorschnell mit „alt und gebrechlich" assoziiert. Regelmäßige Dehnübungen erhalten die Beweglichkeit und geben uns das Gefühl von Geschmeidigkeit, was wir gerne mit „jung und agil" assoziieren. Und dieses Gefühl wirkt nicht nur auf den Körper, sondern auch auf den Geist!

Und dass sich eine regelmäßige Bewegung lohnt, belegen die Anpassungsmechanismen durch ein Ausdauertraining:

- Anstieg der Mitochondrien (Kraftwerke in den Zellen) in Anzahl und Größe,
- höhere aerobe Kapazität der Muskulatur,
- Verbesserung des Fettstoffwechsels,
- gesteigerte Sauerstoffaufnahme durch leistungsfähigeres Herz-Kreislaufsystem,
- dichteres Kapillarnetz in den Muskeln, bessere Durchblutung und mehr Sauerstoff,
- Herzmuskelvergrößerung,
- gesteigerte aerobe Leistungsfähigkeit und
- nicht zu vergessen: das Gefühl, stärker und leistungsfähiger zu sein.

Das Potential zum Dauerläufer schlummert in jedem von uns!

10.4 Jeder kann Lebenskünstler werden!

Jeder kann Lebenskünstler werden und muss nicht als solcher schon geboren werden. Sicher ist es hilfreich, gewisse Fähigkeiten schon von Geburt an mit auf den Weg bekommen zu haben, aber wir können es jederzeit nachholen, dazu bedarf es nur etwas Mut und Bereitschaft, an sich zu arbeiten.

Wieso arbeiten?

… weil die Natur und der Lauf des Lebens uns kleine Gefälligkeiten anbieten, die uns sehr entgegen kommen, aber für unsere Entwicklung nicht förderlich sind.

Das Bedürfnis nach Gewohnheit steckt in uns allen, die bekannten Redewendungen wie „Die Macht der Gewohnheit" oder „Der Mensch ist ein Gewohnheitstier" bringen dies sehr gut zum Ausdruck. Die Gewohnheit gibt uns Halt und Sicherheit im Leben, wir sind umgeben von Bekanntem und fühlen uns geborgen. Sie verleitet uns aber leider dazu, dass wir im Laufe des Lebens auf gleichartige Situationen reflexartig und unbewusst reagieren und auf diese Weise feste Verhaltensgewohnheiten entwickeln. Starre Denk- und Verhaltensmuster sind die Folge.

Aufmerksamkeit und Kreativität sind beide unverzichtbar, wenn wir individuell und situationsbezogen reagieren wollen, werden weniger gefordert und verlieren an Bedeutung. Wollen wir sie erhalten, benötigen wir neue Anforderungen und Impulse. Gewohntes auf neue Art zu tun hält uns geistig beweglich. Sich auf wechselnde Situationen einstellen müssen hält unsere Anpassungsfähigkeit am Leben. Für eine Balance zwischen neuen Anforderungen (Entwicklungspotential) und gewohnten Verhaltensmustern (Sicherheit) gibt es keine allgemeine Empfehlung und sie muss daher individuell ausgelotet werden. Das Motto: Sich fordern, aber nicht überfordern!

… weil das Leben zu viele Reize liefert. Wer sich neuen Reizen aussetzt, fordert den Körper auf sich anzupassen. Leider lassen wir uns allzu oft mit Reizen überfluten, die unserer Entwicklung und unserem Wohlbefinden nicht immer zuträglich sind, wie z. B. TV, Medien oder soziale Netzwerke. Nur Reize, die sinnhaft und wertvoll sind, sollten wir als solche annehmen. Ein kritisches Hinterfragen, ob ich immer erreichbar sein muss oder wenn sich Angewohnheiten zum Zeitfresser entwickeln und mir Zeit für wichtigere Dinge am Ende des Tages fehlt. „Seien Sie wählerisch!" heißt hier die Devise.

… weil uns Krisen stark machen. Einschneidende Lebensereignisse werden nie herbeigesehnt, dennoch treten sie ab und an in unser Leben. Sie stoßen uns aus der Bahn, fügen uns Schmerzen zu und werfen Fragen nach dem Sinn des Lebens auf. Krisen fordern uns auf, uns mit der Situation auseinander zu setzen, daran zu wachsen und für uns angemessene und neue Wege zu gehen. Schwierige Lebensumstände sind Chancen zur persönlichen Weiterentwicklung von Schlüsselstärken und tragen zur Fähigkeit bei, sich auf neue Situationen einzustellen zu können.

… weil im Leben nicht jeden Tag die Sonne scheint. Auch wenn uns das Leben mal übel mitspielt, lassen wir uns die Sonnenseite des Lebens nicht stehlen. Oder doch? Nicht jeder Tag wird von Sonnenschein begleitet und ehe wir uns versehen, haben wir uns selbst den „dunklen Wolken"-Vorhang zugezogen und fühlen uns von der ganzen Welt im Stich gelassen. Sie selbst können Ihren Blick wieder auf die Sonnenseite richten. Lassen Sie schöne und angenehme Gefühle, Wertschätzung, Glücksmomente und Humor wieder in Ihr Leben einziehen. Achtsamkeit hilft Ihnen dabei. Meist sind es die kleinen Aufmerksamkeiten im Alltag, die uns die Sonne zurückbringt. Wertschätzende Worte oder ein Dankeschön an den Partner, Kollegen oder Nachbarn, ein Lächeln für die Kassiererin an der Kasse beim Einkauf oder eine humorvolle und aufmunternde Anmerkung in Situationen, die eigentlich zum Heulen sind – kleine Gesten mit großer Wirkung. Jede herzliche Geste, die wir verschenken, kommt wieder zu uns zurück!

... weil wir rosten, wenn wir rasten. Durch regelmäßige Bewegung positive Gesundheitseffekte zu erzielen, gibt uns das Gefühl der Selbstwirksamkeit. Wir nehmen Einfluss auf unsere Gesundheit und werden mit Vitalität und angenehmem Wohlgefühl belohnt. Regelmäßige Bewegung trainiert und verbessert zudem die Fähigkeit zur Flexibilität. Verfügen wir über genügend Flexibilität, zeigt sich das in unserer Einstellung und Bereitschaft zu Veränderungen – und darüber hinaus in einem erweiterten Aktionsraumes mit möglichen Handlungsalternativen. Wer sich bewegt, bleibt beweglich!

Unsere Fähigkeit zur Anpassung lebt von Flexibilität, innerer Stärke, Kreativität, Neugier, Offenheit, Spontanität und Experimentierfreude und wollen wir unser Anpassungsvermögen erhalten, müssen wir es jeden Tag trainieren.

Und deshalb kann *jeder* Lebenskünstler werden!

10.5 Über die Autorin

Bärbel Langer ist Präventologin und Bewegungscoach. Sie begleitet Menschen auf dem Weg in ein gesundheitsbewussteres Leben. Sie war viele Jahre als Betriebswirtin in einem global agierendem Maschinenbauunternehmen angestellt und in den Bereichen Produktmanagement, Einkauf und Unternehmensentwicklung tätig. Ihr zunehmendes Interesse an Gesundheit, Ernährung und Bewegung steuerte sie sachte aber stetig in ihre Berufung.

Den Menschen ihre Ressourcen bewusst zu machen und Wege aufzuzeigen, wie sie heute in eine gesunde Zukunft investieren können, ist ihr ein großes Anliegen. Die Ernährung und die Lebensgestaltung spielen dabei eine bedeutende Rolle – „Es sind oft die kleinen Veränderungen, die Großes bewirken können." Als Bewegungstrainerin überzeugt sie Menschen, sich von ihren ungesunden Alltagsgewohnheiten zu verabschieden und wieder mehr Bewegung ins Leben zu bringen – „Die Bewegung bringt Beweglichkeit und Flexibilität ins Leben – und die brauchen wir, wenn wir Lebenskünstler werden wollen."

Literatur

Berndt, C. (2014). *Resilienz – Das Geheimnis der Psychischen Widerstandskraft* (9. Aufl.). München: Deutscher Taschenbuch Verlag.

Deutsches Ärzteblatt (2015). *DKV-Gesundheitsreport 2015: Sitzen geblieben.* http://www.aerzteblatt.de/archiv/167526/DKV-Gesundheitsreport-2015-Sitzen-geblieben. Zugegriffen: 01.02.2015

Deutsche Sporthochschule Köln (Hrsg.) (2015). Deutschland bleibt sitzen. https://www.dshs-koeln.de/aktuelles/meldungen-pressemitteilungen/detail/meldung/deutschland-bleibt-sitzen/, Zugegriffen 27.01.2015

Petzold, T. D. (2013). *Gesundheit ist ansteckend – Praxisbuch Salutogenese* (1. Aufl.). München: Irisiana Verlag.

Universitätsmedizin Mainz (2014). *Johannes Gutenberg-Universität und Universitätsmedizin Mainz gründen Deutsches Resilienz-Zentrum Mainz (DRZ).* http://www.unimedizin-mainz.de/presse/pressemitteilungen/aktuelle-mitteilungen/newsdetail/article/johannes-gut-5.html. Zugegriffen: 20.01.2015

Veränderungsfreude statt Veränderungsfrust – Die Kunst der „gesunden Veränderung" 11

Dieter Lederer

Inhaltsverzeichnis

11.1	Veränderung als Heilsbringer?	191
11.2	Gratwanderung Veränderung – Überleben oder Scheitern	194
11.3	Der Mensch und Veränderungen – ein Widerspruch?	197
11.4	Aktiv ins Veränderungsprogramm – Schubkraft Emotionen	204
11.5	Über den Autor	212
Literatur		213

11.1 Veränderung als Heilsbringer?

11.1.1 Modesport mit hohem Verletzungsrisiko

„Wer aufhört, besser zu werden, hat aufgehört, gut zu sein", sagte einst der Unternehmer Philip Rosenthal. Noch plakativer formulierte es Rudolf von Bennigsen-Foerder: „Stillstand ist Rückschritt" lautet das bekannte Zitat, das dem deutschen Topmanager zugeschrieben wird. Damit scheint die Marschrichtung vorgegeben zu sein: Stagnation macht krank – Innovationen und Veränderungen sind gesund. Und was für die Struktur des Unternehmens gilt, wirkt sich auch auf die Mitarbeiter aus. Wer im internationalen Wettbewerb dauerhaft hinterherhechelt und quasi täglich um seinen Job bangen muss, gerät sicherlich eher in Gefahr, sich einen Burnout einzuhandeln, als der bestens aufgestellte und frisch mit dem Sales-Award ausgezeichnete Kollege von der Konkurrenz. Ist also andauernde Veränderung die Patentlösung?

Schauen wir genauer hin. Es ist offensichtlich, dass Jahr für Jahr exorbitant viele Veränderungsinitiativen in Unternehmen angestoßen werden. Wie diese laufen, hängt stark

---

Dr. Dieter Lederer ✉
Johannesstr. 6, 71636 Ludwigsburg, Deutschland
e-mail: info@dieterlederer.com

© Springer Fachmedien Wiesbaden 2016
P. Buchenau (Hrsg.), *Chefsache Gesundheit II*, DOI 10.1007/978-3-658-06962-9_11

vom Einzelfall ab, mal schneller, mal langsamer, mal erfolgreich, mal weniger erfolgreich. Und das hat natürlich Auswirkungen: Ganz handfeste finanzielle, die sich im nächsten Quartalsbericht niederschlagen, aber eben auch diejenigen, die sich erst auf den zweiten Blick offenbaren, zum Beispiel unter dem Punkt „Mitarbeiterzufriedenheit" bei der jährlichen Evaluierung oder – eng damit verknüpft – beim Blick in die Krankenstatistik. Wer hinsieht, stellt also schnell fest: Der im Zeichen der Globalisierung immer exzessiver betriebene „Modesport Veränderungen" birgt durchaus ein hohes Verletzungsrisiko.

> **Beispiel: Widerstand gegen Veränderungen**
>
> Vielleicht kennen Sie folgendes Szenario: Ein Veränderungsprogramm wird im Unternehmen „ausgerufen". Es geht darum, die Produktentstehung zu globalisieren. Internationale Standorte sollen gestärkt werden und mehr Verantwortung für ihre jeweiligen Märkte übernehmen, neue Standorte sollen hinzukommen. „Gesteuert und unterstützt wird das von hier aus, von der Zentrale. Packen Sie kräftig an, das ist unsere Zukunft", hallen noch die Worte des Bereichsleiters nach, als schon die ersten Köpfe geschüttelt werden, von Führungskräften wie von Mitarbeitern. „Das ist der Abgesang", „das kennen wir, erst aufbauen, dann verlagern", „außerdem ist das schon die fünfte Veränderungsinitiative in diesem Jahr", „was soll's, wir sitzen es aus, das ist nicht der erste Versuch der Internationalisierung" und dergleichen mehr ist zu hören. Kein Wunder also, dass es mit dem Programm nicht so recht voran geht. Zwar ist es am Anfang nur ein harter Kern von zum Teil Unverbesserlichen, die dagegen arbeiten, doch schnell schließen sich Kollegen an, darunter auch anerkannte Meinungsmacher. Der Bereichsleiter reagiert mit Druck, die Stimmung kippt, „Internationalisierung" wird zum Reizwort, der Flurfunk läuft heiß.

Ein Einzelfall? Keineswegs. Nur ein kleiner Teil der Veränderungsprogramme läuft rund und erreicht seine Ziele, die große Mehrheit kämpft gegen massive Widerstände, müht sich damit ab, wenigstens in kleinen Schritten voran zu kommen, und das weit hinter dem Zeitplan. Während ich diese Zeilen schreibe, erreicht mich eine E-Mail von einem Klienten, der als Führungskraft über seine Erfahrungen mit Veränderungen schreibt. „Widerstände nach anfänglicher Euphorie sind mein tägliches Brot, ich habe sehr schmerzhafte Erfahrungen gemacht", ist darin zu lesen. Und aus meiner Erfahrung mit vielen unterschiedlichen Kunden kann ich genau das bestätigen: Es gibt kaum ein Gebiet, mit dem sich Unternehmen schwerer tun, als mit dem Umsetzen von Veränderungen, und der von meinem Klienten verwendete Begriff „schmerzhaft" wird leider allzu oft zur gesundheitlichen Realität im Arbeitsalltag.

Dazu kommt, dass der Einzelne – Führungskraft wie Mitarbeiter – häufig mit einer Vielzahl an gleichzeitig laufenden Veränderungen umgehen muss. „Bei uns laufen derzeit drei große Veränderungsprogramme auf Konzernebene und fünf kleinere auf Bereichsebene", war die Aussage eines meiner Kunden, als es darum ging, wie man die Veränderungen am besten kommuniziert. Teils überschneiden sich die Programme, teils widersprechen sie sich, die Programmteams buhlen konkurrierend um Aufmerksamkeit – und der Durchblick geht verloren. Die Folge: Das Verständnis bleibt auf der Strecke, die Umsetzbarkeit sowieso, und auf die Frage nach dem Sinn gibt es meist nur Schulterzucken. Willkommen in der Tretmühle.

Ist das gesund? Auf keinen Fall. Das führt allenfalls zu „Dienst nach Vorschrift", der wiederum seinen Niederschlag in der jährlich durchgeführten Gallup-Studie findet. Dieser zufolge (Nink 2014) hatten in 2013 17 % der Mitarbeiter in deutschen Unternehmen keine emotionale Bindung an ihren Arbeitgeber, d. h. sie befanden sich im Zustand der inneren Kündigung. 67 % hatten eine geringe Bindung, d. h. sie machten Dienst nach Vorschrift, wohingegen nur 16 % eine hohe Bindung hatten und sich freiwillig für die Ziele des Arbeitgebers einsetzten. Mit abnehmender Bindung steigt die Zahl der Krankheitstage, das ist eines der Indizien für „Ungesundheit". Andere Indizien kommen aus dem Blickwinkel der Salutogenese, der zufolge Sinnhaftigkeit, Verstehbarkeit und Handhabbarkeit essenzielle Voraussetzungen dafür sind, dass Menschen gesund bleiben – und genau das lassen viele Veränderungsprogramme vermissen. Mehr dazu im Abschn. 11.3.

Hält man sich nun noch vor Augen, dass es nahezu kein Unternehmen gibt, das nicht Jahr für Jahr ein oder mehrere Veränderungsprogramme durchführt, dann werden die Dimension und die Dringlichkeit des Handlungsbedarfs klar: Es ist an der Zeit, dass Veränderungsprogramme so durchgeführt werden, dass sie mehr Freude als Frust bei den davon betroffenen Mitarbeitern auslösen. Wie das geht, erfahren Sie in diesem Kapitel.

11.1.2 Ihr Einstieg: Bedienungsanleitung für dieses Kapitel

Ich habe dieses Kapitel so verfasst, dass sie mit ihm umgehen können, wie es Ihnen beliebt, und Sie immer einen Nutzen davon haben:

- Sie wollen nur die Bilder und Tabellen anschauen? Drauf los, damit erschließen Sie sich den Kern.
- Sie haben keine Zeit? Lesen Sie nur den letzten Abschn. 11.4.
- Sie wollen quer lesen, hinten oder in der Mitte anfangen? Tun Sie's, Sie können alle Abschnitte unabhängig voneinander lesen.
- Sie wollen das Maximum an Wissen herausholen? Lesen Sie alles im Detail.
- Sie wollen mehr? Rufen Sie mich an. Das ist ernst gemeint.
- Außerdem habe ich Beispiele und Gedankenspiele mit aufgenommen, sowie einen Abschnitt mit Arbeitsmaterialien (siehe Abschn. 11.4.3, Abb. 11.4) – als ganz besonderen Service für Sie. Damit können Sie sofort loslegen und Ihre Veränderungsprogramme „gesund" gestalten.

11.2 Gratwanderung Veränderung – Überleben oder Scheitern

11.2.1 Das Gesetz des Überlebens: An Veränderungen führt kein Weg vorbei

Es ist eine Krux mit den Veränderungen von Unternehmen. Einerseits sind sie notwendig, weil sich Märkte und Kunden verändern und im globalen Wettbewerb Geschäftsmodelle in immer kürzeren Zyklen hinterfragt werden müssen, um Markpositionen und Geschäftserfolge nicht zu gefährden. Denken Sie beispielsweise an die Elektro-Mobilität, auch wenn sie noch in den Kinderschuhen steckt, an die rasante Ausbreitung von E-Commerce, die gravierenden Veränderungen im Gesundheitswesen oder den sich andeutenden Siegeszug von 3D-Druckern. Die Folge sind Veränderungen von ganzen Industrie- und Wirtschaftszweigen, und zwar mit hoher Geschwindigkeit.

Andererseits sind Veränderungen ungeliebt, weil es angenehm ist, sich in eingefahrenen Bahnen zu bewegen, die bekannt und optimiert sind, scheinbar geringe Risiken mit sich bringen und aus dem „Effeff" beherrscht werden. Das ist bequem und geht meist mit der Illusion einher, dass es in der Zukunft so weiter geht, wie es in der Vergangenheit lief. Dass dem nicht so ist, hat die jüngste Industriegeschichte auf dramatische Weise gezeigt. Unter den Verlierern der Kämpfe um Zukunftsfähigkeit und Marktanteile sind selbst ehemals prominente Marktführer – denken Sie an Alcatel, Kodak, Nokia, Grundig und andere.

An Veränderungen führt also kein Weg vorbei, und es ist offensichtlich, dass der unternehmerische Erfolg maßgeblich von der Anpassungsfähigkeit an sich verändernde Randbedingungen abhängt. Oder um es mit Charles Darwin zu sagen: „Nicht die stärksten oder intelligentesten Spezies werden überleben, sondern diejenigen, die am ehesten bereit sind, sich zu verändern." Das musste schon der Neandertaler erfahren, als er vom weitaus anpassungsfähigeren Homo sapiens „vom Markt gedrängt" wurde. Auf die moderne Zeit übertragen wirft das die Frage auf, wie es um die Veränderungsfähigkeiten von Unternehmen und den Menschen darin bestellt ist.

11.2.2 Magere Bilanz: Viele Veränderungsprogramme scheitern

Lassen Sie uns zunächst einen Blick auf Ihr jüngstes Veränderungsvorhaben werfen. Dabei spielt es keine Rolle, ob Sie es verantwortet haben oder „nur" davon betroffen waren, ob es um Veränderungen der Produkte ging, oder um veränderte Supply Chains, zunehmende Globalisierung, neue Prozesse und Werkzeuge, Umstrukturierung oder Merger.

> **Gedankenspiel: Ihr jüngstes Veränderungsvorhaben**
> Denken Sie bitte an Ihr jüngstes Veränderungsvorhaben und rufen Sie sich Ihre Erfahrungen damit in Erinnerung. Hat es seine Ziele erreicht? Waren die betroffenen Mitarbeiter mit vollem Herzen dabei? Sind Veränderungen entstanden, die „in Fleisch

und Blut" übergegangen sind, also zur Unternehmenskultur wurden? Hat sich das Vorhaben insgesamt gelohnt? Was würden Sie beim nächsten Vorhaben wieder genauso machen, was anders?

Leider ist es so, dass viele Veränderungsprogramme ihre Ziele nicht oder nur zum Teil erreichen – das ist die ernüchternde Situation in Industrie und Wirtschaft. Und sie ist seit Jahren unverändert. Mehr als ein Drittel der Veränderungsprogramme scheitern, weniger als ein Fünftel der Programme erreichen ihre Ziele (Frigge et al. 2007). Bedenkt man dabei, dass das einzelne Programm leicht Kosten in Höhe von bis zu mehreren Millionen Euro verursachen kann, bei sehr großen Vorhaben und vielen betroffenen Mitarbeitern auch deutlich mehr, wird schnell klar, dass es dabei um enorme wirtschaftliche Risiken geht. Das ist jedoch nur eine Seite der Medaille. Auf der anderen Seite geht es um die Motivation und Zufriedenheit der Mitarbeiter – zähe, chaotische und erfolglose Veränderungsprogramme, wie sie an der Tagesordnung sind, frustrieren und demotivieren. Beides ist schädlich für die Gesundheit.

Aufschlussreich ist in diesem Zusammenhang, dass Führungskräfte das Managen von Veränderungen als ihre größte Herausforderung sowie den Mangel an Zeit als ihr größtes Hindernis im Bereich der Führung benennen (Eilers et al. 2014). Kein Wunder also, dass die Erfolgsquote von Veränderungsprogrammen bescheiden ist, wenn sogar in der Selbsteinschätzung von Managern Veränderungen als schwierig zu bewerkstelligen gelten. Wie erst soll es Mitarbeitern damit gehen, wenn die Chefs schon Bedenken haben?

11.2.3 Eine Frage der inneren Haltung: Warum Veränderungsprogramme scheitern

Eine wesentlich höhere Erfolgsquote für Veränderungsprogramme wäre also günstig, einerseits für die Motivation und Zufriedenheit der Mitarbeiter, andererseits, um die eigene Position im Wettbewerb zu stärken und keine Gelder zu verschwenden. Analysiert man das Scheitern von Veränderungsprogrammen, so trifft man immer wieder auf die gleichen Ursachen:

- Unklare Positionierung und Uneinigkeit unter den Führungskräften.
- Unzureichende Unterstützung der Mitarbeiter, d. h. Verunsicherung, Ängste und Widerstände werden nicht aufgelöst.

Dabei geht es einerseits um Veränderungsfähigkeiten, andererseits um Veränderungsbereitschaft. Veränderungsfähigkeiten, beispielsweise das Setzen und Vermitteln der passenden Vision und zugehörigen Zielbilder, sind von Unternehmen zu Unternehmen sehr unterschiedlich ausgeprägt. Im Schnitt gibt es klaren Verbesserungsbedarf. Zu Fall gebracht werden Veränderungsprogramme jedoch primär von nicht oder unzureichend vorhandener Veränderungsbereitschaft. Lassen Sie uns diese also genauer unter die Lupe nehmen.

Abb. 11.1 Veränderungstypologie: Zusammenwirken von Veränderungsbereitschaft und Veränderungsfähigkeiten

Die Veränderungsbereitschaft ist die innere Haltung von Führungskräften und Mitarbeitern zur Veränderung, zu erkennen daran, ob die Veränderung abgelehnt oder angenommen wird, d. h. ob sie Ärger und Abwehr oder Neugierde aufs Ausprobieren des Neuen auslöst. Genau das ist der Kern: Es sind die Gefühle des Einzelnen, die die Veränderungsbereitschaft bestimmen. Diese hängen zwar meist nicht nur von der anstehenden Veränderung ab – sonstige Rahmenbedingungen wie die Situation in der Familie, die eigene Lebenshistorie, die Atmosphäre am Arbeitsplatz oder das Verhältnis zum Chef spielen ebenfalls eine Rolle. Egal, wo der „Hund" begraben liegt, alle diese behindernden Faktoren bringen die Veränderung zum Scheitern, wenn sie nicht abgeschwächt werden.

Die Abb. 11.1 zeigt den Zusammenhang zwischen Veränderungsfähigkeit und Veränderungsbereitschaft und charakterisiert damit vier Veränderungstypen, die in der Praxis zu beobachten sind. Am häufigsten kommt der Typ links oben „Zäh – Widerstand" vor, siehe auch das nachfolgende Beispiel dazu. Wahrscheinlich kennen Sie diesen Typ aus eigener Erfahrung.

> **Beispiel: Zähes Veränderungsprogramm**
> Ein großer europäischer Konzern stand vor der Herausforderung, seinen Kunden kostengünstigere Lösungen anzubieten, ansonsten würde der betroffene Geschäftsbereich vom Markt verschwinden. Als Ursache des Problems wurde die nicht funktionierende Zusammenarbeit zwischen Produktmanagement (nicht vorhanden), Marketing („wir alleine kennen den Kunden"), Sales („wir verkaufen das, was der Kunde will") und Produktentwicklung („wir wissen, was der Kunde wirklich braucht") identifiziert. Pro-

blem erkannt, Problem gebannt: Das Management gab ein Veränderungsprogramm in Auftrag, Berater wurden hinzu gezogen, doch eine spürbare Veränderung ließ auf sich warten. Es ging allenfalls in kleinen Schritten voran, und das erst nach langer Zeit. Abwehrkämpfe und gegenseitige Schuldzuweisungen gab es stattdessen zuhauf. Die Beteiligten bewegten sich wie in einer zähen, klebrigen Masse, die das Fortkommen extrem behinderte. Das Kernproblem: Kaum vorhandene Veränderungsbereitschaft, weder bei Führungskräften noch bei Mitarbeitern – und damit kaum Veränderung.

Scheitern Veränderungsprogramme, dann zieht das immer negative Folgen nach sich. Diese reichen von Vertrauensverlust und Demotivation bis hin zu Frust und innerer Kündigung beim Einzelnen. Geschieht das wiederholt, dann tritt ein negativer Lerneffekt ein, also eine Gewöhnung an den Misserfolg. Damit wird es für nachfolgende Programme deutlich schwerer, erfolgreich zu sein, sie sind quasi mit einer „Hypothek" belastet. Neben dem wirtschaftlichen Schaden werden dann auch schnell wieder die gesundheitlichen Folgen sichtbar. Wiederholtes Scheitern stresst und laugt aus. Das gilt vor allem für diejenigen Mitarbeiter, deren Werte-Maßstäbe besonders stark ausgeprägt sind, die also eigentlich wichtige Säulen des Unternehmens sind, aber dem Konzern wenig nutzen, wenn sie mit Burnout-Symptomatik, Magengeschwür oder Tinnitus das Bett hüten.

Wer Veränderungen umsetzen will, sollte also sehr genau auf das „Wie" achten und sich bewusst machen: Dieser Prozess birgt stets ein erhebliches unternehmerisches wie gesundheitliches Schadenspotenzial.

11.3 Der Mensch und Veränderungen – ein Widerspruch?

11.3.1 Reine Gefühlssache: Wie Veränderungsbereitschaft entsteht

Ich hoffe, Sie mit den vorangegangenen Ausführungen dafür sensibilisiert zu haben, welche fatalen Auswirkungen falsch „eingestielte" Veränderungsprozesse haben können. Die gute Nachricht ist: Es geht auch anders – zum Wohle von Unternehmen und Mitarbeitern! Dreh- und Angelpunkt ist die vorhandene Veränderungsbereitschaft. Ich schlage Ihnen ein kleines Experiment vor, um Ihre eigene Veränderungsbereitschaft näher zu erkunden.

Gedankenspiel: Ihre eigene Veränderungsbereitschaft
Nehmen Sie in Gedanken einen Stift in Ihre Schreibhand und schreiben Sie Ihren Namen damit. Falls Sie Stift und Papier zur Hand haben, können Sie auch tatsächlich schreiben. Wie fühlt es sich an? Nun nehmen Sie in Gedanken den Stift in die andere Hand und schreiben wieder Ihren Namen. Wie fühlt es sich dieses Mal an? Und nun stellen Sie sich vor, dass Sie ab morgen den Stift nur noch in die andere Hand nehmen dürfen und damit schreiben müssen. Wie fühlt sich das an? Was geht Ihnen dabei durch den Kopf?

Tab. 11.1 Basisgefühle

Gefühl	Aussage zum Gefühl
Vertrauen	Ich konnte bisher gut mit der Schreibhand schreiben, also wird es auch mit der anderen Hand gehen
Freude	Ich freue mich, dass ich meine andere Hand trainieren kann
Überraschung	Wow, das ist ja etwas ganz Neues, das Schreiben mit der anderen Hand
Ärger	Was soll das, ich habe noch nie mit der anderen Hand geschrieben und auch keine Lust darauf
Angst	Wie soll ich das Schreiben mit der anderen Hand jemals lernen, das werde ich nicht schaffen
Trauer	Es ist ein Jammer und stimmt mich traurig, dass ich nicht mehr mit der Hand schreiben darf, mit der ich das jahrelang gut gemacht habe
Scham	Ich kann das nicht, das Schriftbild sieht schrecklich aus, und ich bin viel langsamer, das ist zum Schämen
Schuld	Was habe ich nur falsch gemacht, dass ich jetzt mit der anderen Hand schreiben muss
Ekel	Es kostet mich Überwindung, mit der anderen Hand zu schreiben, das fühlt sich ekelhaft an

Wahrscheinlich wird sich das Schreiben mit dem Stift in der „Nicht-Schreibhand" sehr ungewohnt anfühlen und Sie werden schnell versucht sein, den Stift wieder in die Schreibhand zu nehmen. Schauen Sie sich bitte die Tab. 11.1 an. Welches der Gefühle oder auch welche Kombination an Gefühlen haben Sie? Was hätte es gebraucht, um von vornherein positive Gefühle entstehen zu lassen?

Sie sehen an diesem kleinen Experiment, dass die mit der Veränderung einhergehenden Gefühle die Veränderungsbereitschaft bestimmen. Übrigens setzen sich alle unsere Gefühle aus den aufgeführten Basisgefühlen zusammen. Enttäuschung zum Beispiel ist eine Kombination aus Trauer und Ärger, manchmal kommt auch noch ein Quäntchen Schuld hinzu. Das Spannende ist nun, dass

- sich die Gefühle schon aufgrund der Vorstellung von der Veränderung einstellen, quasi vorauseilend. Die Veränderung muss also noch gar nicht angegangen sein.
- es keineswegs ausgemachte Sache ist, dass die entstandenen Gefühle ursächlich mit der konkreten Veränderung in Zusammenhang stehen – beispielsweise kann Angst da sein, obwohl das Schreiben mit der anderen Hand noch nie probiert wurde und es unklar ist, ob es gelingt oder nicht.
- die Gefühle beeinflussbar sind, sowohl verstärkend als auch abschwächend, jedoch nicht einfach vom Tisch gewischt werden können, sondern Berücksichtigung brauchen.

Für Veränderungsvorhaben bedeutet das einerseits, von Beginn an die Weichen so zu stellen, dass möglichst wenig behindernde Gefühle entstehen. Im konkreten Beispiel könnte das heißen, die Qualitäts- und Performance-Anforderungen zunächst herunter zu setzen oder gezielt Trainingseinheiten für das Schreiben mit der anderen Hand anzubieten. Andererseits sollen entstehende Gefühle wahrgenommen und so damit umgegangen werden, dass sie die Veränderung möglichst wenig beeinträchtigen. Das könnte heißen, dass Führungskräfte sich individuell um die Mitarbeiter mit den größten „Bandagen" kümmern und ihnen maßgeschneiderte Unterstützung zukommen lassen, hier zum Beispiel ein Schreibcoaching. Häufig ist zu beobachten, dass alleine das Wahrnehmen und Anerkennen der Gefühle eine positive Veränderung mit sich bringt – die Latte muss also nicht hoch hängen. Führungskräfte haben es hier etwas schwerer als Mitarbeiter, da von ihnen deutlich mehr emotionale Selbstregulierung erwartet werden kann.

11.3.2 Erfahrungen prägen: Ein Ausflug in die Hirnforschung

Woher kommen die Gefühle, die von Veränderungen ausgelöst werden? Was lässt den einen Menschen voraussprechen und Risiken eingehen, wohingegen andere mit Bedenken und Zweifel in ihrer sicheren Umgebung verharren wollen? Die moderne Hirnforschung (Hüther 2001, 2011) liefert eine wesentliche Erkenntnis dazu: Es sind unsere Erfahrungen, die uns prägen. Der Umgang mit Herausforderungen und Veränderungen macht uns flexibel, wohingegen Kontinuität und Stabilität, gleichsam ein behütetes Umfeld, uns eher ängstlich und skeptisch gegenüber Neuem machen.

Das menschliche Gehirn entwickelt sich ab dem Moment seiner Entstehung zwischen zwei Polen, wie in der folgenden Abb. 11.2 dargestellt. Der eine Pol ist Verbundenheit/Zugehörigkeit, der andere Selbstentfaltung/Autonomie. Verbundenheit ist das, was Säuglinge und Kleinkinder in der Beziehung zu ihren Eltern, insbesondere zur Mutter, intensiv erleben. Dazu gehören Verlässlichkeit, Gewohnheit, Schutz, Gemeinschaft, aber eben auch Abhängigkeit, Beharrlichkeit, Ängstlichkeit, Skepsis gegenüber dem, was die Verbundenheit bedrohen könnte. Selbstentfaltung ist das, was Kinder erleben, wenn sie anfangen, die Welt und sich selbst zu entdecken. Dazu gehören Neugierde, Offenheit, das Streben nach Unabhängigkeit, das Erkennen der eigenen Fähigkeiten und Potenziale, doch ggf. auch Rastlosigkeit und Sprunghaftigkeit.

Je nach individueller Lebenserfahrung, die anfangs ausschließlich vom familiären Umfeld bestimmt wird, später mehr und mehr vom eigenen Verhalten und vom gesellschaftlichen Umfeld, liegt für den einen die „Wohlfühlsituation" eher bei Verbundenheit/Zugehörigkeit, für den anderen eher bei Selbstentfaltung/Autonomie. Keiner der Pole ist per se besser als der andere, und je nach Lebensbereich kann die Balance zwischen beiden höchst unterschiedlich ausfallen. Denken Sie beispielsweise an den zaghaft führenden Abteilungsleiter, der als Alleinunterhalter am Klavier einen ganzen Saal voller Menschen mitreißt. Für Veränderungen ist es günstig, wenn zumindest ein Teil der Betroffenen sich mit Selbstentfaltung/Autonomie besonders wohl fühlt, da diese Menschen sich erfahrungsgemäß leichter bewegen. Das bedeutet für Unternehmen:

Abb. 11.2 Entwicklung des menschlichen Gehirns zwischen zwei Polen

- Die Konditionierungen, die der Einzelne aus seiner Lebenshistorie mitbringt, gleich ob Führungskraft oder Mitarbeiter, haben einen wesentlichen Einfluss auf den Umgang mit anstehenden Veränderungen. Die Konditionierungen sind gegeben und schlagen sich mit dem ganzen „Potpourri" des oben dargestellten Gefühlsspektrums nieder. Die Kunst ist es also, einen Umgang damit zu finden, der Ängste und Widerstände dämpft. Beispielsweise ist die Pilotierung von Veränderungen durch neugierige Mitarbeiter hilfreich, da diese eher bereit sind, sich auf neues Terrain zu begeben und ihre Gehversuche positiv zu bewerten, was dann wiederum ängstlichere Mitarbeiter mitzieht.
- Unternehmen haben es in der Hand, ihre eigene Konditionierung in Bezug auf Veränderungen herauszubilden. Wird individuelle Flexibilität gefördert, beispielsweise durch regelmäßige Änderung/Erweiterung des Aufgabenprofils und Verantwortungsbereichs von Mitarbeitern, dann gehen auch größere Veränderungen leichter von der Hand. Werden hingegen Gewohnheit und Kontinuität groß geschrieben, dann wird es zäh mit Veränderungen. Vermutlich kennen Sie Unternehmen, in denen die Besetzung mittlerer und unterer Führungspositionen über viele Jahre hinweg konstant ist – das sind solche Fälle.

Etablierte Unternehmen mit langer Historie schauen oft neidisch auf Start-ups und jüngere Unternehmen, die sich trotz ihres Wachstums eine Kultur der Flexibilität bewahrt haben, wie z. B. Google, Apple oder Tesla. Diese Kultur ist keine Selbstverständlichkeit, sie wird aktiv gepflegt und eingefordert, ist also von den Unternehmen gewollt und gestaltet. Dabei soll nicht verschwiegen werden, dass großes Wachstum diese Kultur auf eine harte Probe stellt, und es viele Beispiele dafür gibt, wie Flexibilität über die Zeit in Besitzstandswahrung und Beharrungsvermögen überging. Ein Selbstläufer ist diese Kultur also nicht, doch die Investition darin lohnt sich, sowohl mit Blick auf den Geschäftserfolg als auch auf die Mitarbeiter-Zufriedenheit. Und es steht jedem Unternehmen frei, zumindest Teile davon zu übernehmen.

Damit stellt sich jetzt die Frage, wie Ressourcen für Veränderungen aktiviert werden können, und zwar auch bei Menschen, die von sich aus eher vorsichtig und zurückhaltend sind. Eine überraschend einfache und sehr hilfreiche Antwort kommt aus der Salutogenese.

11.3.3 Kohärenz hilft: Ein Ausflug in die Salutogenese

Zunächst ein paar Worte zur Erklärung der Salutogenese. Sie beschreibt die Entstehung und Erhaltung von Gesundheit und geht auf Forschungen des amerikanisch-israelischen Medizin-Soziologen und Stressforschers Aaron Antonovsky zurück. Dabei wird Gesundheit als Prozess hin zu „innerer und äußerer Stimmigkeit" mit Zielen wie Wohlbefinden, Lebensqualität, Freude, Stimmigkeit, Sinnerfüllung, etc. verstanden, nicht als Abwesenheit von Krankheit und deren Ursachen (Antonovsky 1997; Petzold 2013). Mit seiner Forschung hat Antonovsky wesentlich zur Entstehung einer ganzheitlichen Sicht auf Gesundheit beigetragen und damit zu einem Umdenken Richtung Prävention und Resilienz, das heute mehr und mehr Eingang in die westliche Medizin findet.

Die Erkenntnis von Antonovsky ist verblüffend einfach: *Der* zentrale Faktor für Gesundheit ist das Kohärenzgefühl, das sich wiederum aus drei Komponenten zusammensetzt, s. auch folgende Abb. 11.3:

- Verstehbarkeit: Die Anforderungen, die auf mich zukommen, sind strukturiert, nachvollziehbar und erklärbar.
- Handhabbarkeit: Ich habe die Ressourcen, um die Anforderungen, die auf mich zukommen, zu bewältigen.

Abb. 11.3 Grundprinzipien der Salutogenese

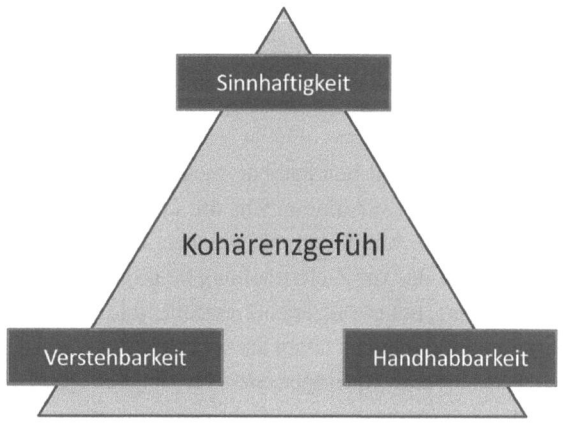

- Sinnhaftigkeit: Ich sehe den Sinn hinter den Anforderungen, und es lohnt sich, dass ich mich dafür engagiere und anstrenge.

Die Formel ist ganz einfach: Sind diese drei Komponenten erfüllt, geht es dem Menschen gut. Das Kohärenzgefühl entspricht dem Grundvertrauen darin, mit gestellten Anforderungen umgehen und sie bewältigen zu können. Anders ausgedrückt, entspricht es einem Gefühl von Stimmigkeit und Ausgeglichenheit sowie einem Zustand hoher Energie. Das Kohärenzgefühl ist also eine essenzielle und unverzichtbare Voraussetzung für den Umgang mit Veränderungen. In vielen Veränderungsprogrammen jedoch fehlt es, wie auch im folgenden Beispiel.

Beispiel: Sinnhaftigkeit von Sparprogrammen

In einem jüngst gestarteten Effizienzprogramm eines internationalen Großkonzerns ist das Hauptziel „25 % Einsparung in jedem Projekt, unabhängig von dessen Inhalten". Die Projektleiter standen damit zunächst vor der Aufgabe, sich selbst und ihren Mitarbeitern den Sinn der Einsparungen begreiflich zu machen. Klar gab es aus unternehmerischer Sicht mit Blick auf die Rentabilität einzelner Produkte und die Sicherung der Wettbewerbsfähigkeit eine nachvollziehbare Argumentation. Doch womit kann ich mich als Projektleiter oder Projektmitarbeiter identifizieren? Welcher Wert wird mit den Einsparungen geschaffen?

Die Projektleiter reagierten süffisant: „Wir machen also 25 % unserer Zeit frei und leisten in der verbleibenden Zeit dasselbe wie zuvor", lautete die erste Reaktion. Bei dieser Einstellung bleiben Verstehbarkeit und Handhabbarkeit auf der Strecke, und es geht verständlicherweise nicht voran. Aus Einsparungszielen lässt sich schwerlich Sinn ableiten, außer das Wasser steht so bis zum Hals, dass jedem klar ist, dass nur noch sofortige Radikal-Maßnahmen helfen, um das Unternehmen zu retten und den eigenen Arbeitsplatz zu bewahren. Wobei selbst dann der „Sinn" kein unternehmerischer Wert ist, sondern schlichtweg Angst.

Die Wirkung wäre ein ganz andere gewesen, wäre die Frage danach gestellt worden, wie es gelingen kann, mit den vorhandenen Kapazitäten mehr Kunden zu bedienen, wo Potenziale dafür liegen und wie hoch diese schätzungsweise sind. Damit würde beides unterstützt: Die Identifikation mit einem unternehmerischen Wert *und* die gewünschte Einsparung in der Umsetzung.

Verstehbar und handhabbar werden Ziele dann, wenn es Vorgesetzten gelingt, ihren Mitarbeitern zu vermitteln, was das konkret für sie in ihren täglichen Abläufen bedeutet, wie sich diese verändern, mit welchen Mitteln die Veränderungen umgesetzt werden sollen und wie das zur Zielerreichung beiträgt. Damit werden schon im Vorfeld die Weichen in Richtung hoher Akzeptanz gestellt, und die Erfolgsaussichten des Veränderungsprogramms sind weitaus höher als im Durchschnitt.

Ist es so einfach, fragen Sie sich vielleicht jetzt, „nur" konsequent die Grundprinzipien der Salutogenese berücksichtigen? Einerseits ja, denn es ist nicht schwer, die obigen

Zusammenhänge nachzuvollziehen und sich klar zu machen, wie Veränderungsmotivation entsteht und was es braucht, damit Menschen es sich zutrauen, voranzugehen. Andererseits nein, denn die wirklich hohen Hürden kommen bei der Umsetzung in die Praxis – das zeigen die vielen mehr schlecht als recht laufenden Veränderungsprogramme. Zugegeben: In den meisten Programmen sind die hier dargestellten Zusammenhänge nicht bekannt. Doch selbst wenn sie bekannt wären, würde es vielfach an der Sensibilität dafür fehlen, sie geeignet umzusetzen. Zu sehr werden Menschen noch immer als „mechanisch" betrachtet, die rational „funktionieren" und deren emotionale Konditionierung im beruflichen Umfeld eine untergeordnete Rolle spielt.

Wie Sie jetzt wissen, ist das weit gefehlt, und das Bild, das die anfangs zitierte Gallup-Studie zeichnet, ist alarmierend. Ich möchte Ihnen deshalb Mut machen, Ihre Veränderungsprogramme mit dem hier vermittelten Wissen zukünftig anders anzugehen, um in Ihrem Unternehmen für gesunde Strukturen zu sorgen. Lassen Sie uns dazu ein kleines Gedankenspiel machen:

> **Gedankenspiel: Kohärenzgefühl erzeugen**
>
> Denken Sie bitte an Ihr jüngstes oder Ihr nächstes Veränderungsvorhaben. Holen Sie sich das Programm mit all seinen Einzelheiten in Gedanken nah heran. Denken Sie jetzt an die Grundprinzipien der Salutogenese: Sinnhaftigkeit, Verstehbarkeit, Handhabbarkeit. Beantworten Sie sich folgende Fragen, zunächst aus Ihrer eigenen Perspektive:
>
> Welchen Sinn (Wert) hat die Veränderung für mich? Wie gut verstehe ich, was wir wie ändern wollen? Wie gut sind wir in der Lage, die Veränderungen tatsächlich umzusetzen? Welches Gefühl habe ich in Bezug auf das Veränderungsprogramm?
>
> Nehmen Sie nun die Perspektive eines betroffenen Mitarbeiters ein und beantworten Sie dieselben Fragen.
>
> Falls Ihr Gefühl nicht „rund" ist: Wie ist das Veränderungsprogramm zu modifizieren, damit das Gefühl „rund" wird? Vertrauen Sie Ihrem Gefühl für sich selbst und für Ihre Mitarbeiter!

Es sei noch angemerkt, dass es einen Zusammenhang zwischen Kohärenz und Erschöpfung gibt. Ist das Kohärenzgefühl über längere Zeit nur schwach oder gar nicht vorhanden, dann ist die Wahrscheinlichkeit sehr hoch, dass ein Erschöpfungszustand die Folge ist. Umgekehrt kann in Fällen von Erschöpfung ganz klar beobachtet werden, dass eines oder mehrere der drei Grundprinzipien der Salutogenese über längere Zeit verletzt waren. Auch aus dieser Perspektive wird also deutlich, wie wichtig das Kohärenzgefühl für das Wohlergehen der Führungskräfte und Mitarbeiter und damit auch für die Produktivität in Unternehmen ist.

11.3.4 „Yes we can": Verändern ist möglich

Ist der Mensch nun für Veränderungen gemacht, oder nicht? Die Antwort ist einfach: Ja! Die Erkenntnis, dass Stillstand uns nicht voranbringt, sogar auf Dauer schädliche Auswirkungen haben kann, ist tief in uns verwurzelt, selbst bei Menschen mit einem hohen Sicherheitsbedürfnis. Nicht umsonst gewann der amerikanische Präsident Barack Obama seinen Wahlkampf auch aufgrund seines legendären Veränderungs-Slogans „Yes we can", der das ursprünglich angedachte „Change we can believe in" ersetzte, und das Wahlvolk mobilisierte.

Auf die moderne Geschäftswelt bezogen heißt das: Wenn Veränderungen in Unternehmen richtig angegangen werden, dann wird der Großteil der davon betroffenen Mitarbeiter mitziehen und sich nicht sperren. Den Prozess „richtig" anzugehen, bedeutet, ihn *emotionsorientiert* anzugehen, die Prinzipien der Salutogenese anzuwenden und damit umzugehen, dass aufgrund unterschiedlicher emotionaler Konditionierung die ganze Bandbreite der oben dargestellten Gefühle auftreten kann. Damit wird das herkömmliche Verständnis und Methodenrepertoire von Change-Management um die Dimension erweitert, die Schub in Veränderungsprozesse bringt. In der Veränderungstypologie (siehe Abb. 11.1) bedeutet das, rechts oben bei „Zielgerichtet – Zustimmung" zu landen.

Bekannte Modelle für Veränderungsprozesse, wie diejenigen von Lewin, Streich, Kotter (Kotter 1996; Schichtel 2010) oder das „House of Change", das auf den schwedischen Psychologen Claes Janssen zurückgeht, postulieren Phasen, in denen Veränderungen ablaufen, und ordnen diesen zum Teil emotionale Zustände zu. Sie sensibilisieren also dafür, dass Gefühle im Spiel sind, und versuchen, diese phänomenologisch im Phasenablauf zu berücksichtigen. Hirnforschung und Salutogenese gehen deutlich darüber hinaus, denn sie bieten eine wissenschaftliche Basis für das Verständnis und den gezielten Umgang mit Emotions- und Motivationsstrukturen. Das macht ihre Anwendung in Veränderungsprozessen in hohem Maß erfolgversprechend.

Welchen Ansatz auch immer die einzelnen Modelle in den Vordergrund stellen – eines haben alle gemein: Sie gehen davon aus, dass bei Veränderungsprozessen der Mensch in seiner Ganzheit berücksichtigt werden muss, damit der Prozess letztlich nicht nur wirtschaftlich messbaren Erfolg bringt, sondern auch „gesund" abläuft.

11.4 Aktiv ins Veränderungsprogramm – Schubkraft Emotionen

11.4.1 Gut gemeint und gut gemacht: Erfolgsentscheidende Aktivitäten

Jetzt geht es an die Umsetzung. Hierzu schauen wir auf die erfolgsentscheidenden Aktivitäten in Veränderungsprogrammen. Die untenstehende Auflistung zeigt, welcher erfolgsschädliche Umgang damit häufig zu beobachten ist. Im einzelnen Programm sind nicht notwendig alle, doch meist mehrere der Aktivitäten „korrupt". Zur Verdeutlichung der Schädlichkeit sind die Botschaften mit aufgenommen, die aus dem Umgang folgen.

Natürlich werden diese Botschaften nicht explizit vermittelt, mehr noch, sie würden wahrscheinlich sogar dementiert. Dennoch aber stehen sie auf der Meta-Ebene im Raum und werden so oder so ähnlich von den Menschen wahrgenommen, die mit dem Veränderungsprogramm zu tun haben.

Dabei ist es in den meisten Fällen nicht so, dass fahrlässig vorgegangen wird. Die Verantwortlichen handeln mit bester Absicht. Doch der Umgang mit Veränderungen gehört auch heute noch nicht zur Standard-Qualifikation von Führungskräften. Es sei hier nochmal an die Selbsteinschätzung von Führungskräften erinnert, der zufolge das Managen von Veränderungen die größte Herausforderung im Führungsalltag darstellt (siehe Abschn. 11.2.2). Daher muss es nicht verwundern, dass gerade in Veränderungsvorhaben immer wieder eklatante Fehler gemacht werden, wenn auch häufig unbewusst (vgl. Tab. 11.2.)

Das Ziel ist es nun, die genannten Aktivitäten so umzusetzen, dass sie der Veränderung durch emotionale Wirkung Schub geben (vgl. Tab. 11.3). Dazu helfen die Grundprinzipien der Salutogenese. Gelingt es nämlich, bei Führungskräften wie Mitarbeitern ein Kohärenzgefühl in Bezug auf die anstehende Veränderung zu erzeugen, dann steigen die Erfolgsaussichten enorm. Schauen Sie sich dazu bitte die Auflistung an, die einerseits zeigt, welche Grundprinzipien der Salutogenese mit welcher Aktivität umgesetzt werden sollen. Andererseits ist angegeben, was die Aktivität im Kern leisten und welche emotio-

Tab. 11.2 Schädlicher Umgang mit erfolgsentscheidenden Aktivitäten in Veränderungsprogrammen

Aktivität	Häufig zu beobachtender schädlicher Umgang	Aus dem schädlichen Umgang folgende Botschaft
Vision/Zielsetzung	Ist abstrakt und generisch; beruht häufig nur auf extrinsischer Motivation	Die Zielsetzung hat nicht die Wichtigkeit, sie spezifisch zu machen; wir sind von außen getrieben
Führungskräfte-Alignment	Erfolgt nicht oder nur als Lippenbekenntnis	Ein tragfähiges Alignment der Führungskräfte wird nicht gebraucht
Führung	Ist inkongruent sowie uneinheitlich über Führungsebenen und Führungskräfte hinweg	Wir stehen nicht voll hinter der Veränderung; die einzelne Führungskraft darf sich positionieren, wie es ihr individuell passend erscheint
Kommunikation	Ist unverständlich und uneinheitlich über Führungsebenen hinweg	Es ist unwichtig, was verstanden wird, und es darf frei interpretiert werden
Umsetzung	Erfolgt inkonsequent und nachlässig, es mangelt an Ressourcen und Qualifikation	Die Umsetzung der Veränderungen ist nicht wichtig genug, um ihr hohe Priorität einzuräumen
Erfolgshonorierung	Findet nicht statt	Engagement und Erfolg sind selbstverständlich und daher nicht der Rede wert

Tab. 11.3 Was die Aktivitäten in Veränderungsprogrammen leisten sollen (S: Sinnhaftigkeit, V: Verstehbarkeit, H: Handhabbarkeit, Ja:)

Aktivität	S	V	H	Leistet	Emotionale Wirkung
Vision/Zielsetzung	Ja	Ja	Ja	Erzeugt nachvollziehbare Bilder	Das Ziel prägt sich ein und wirkt als emotionales Leitbild
Führungskräfte-Alignment	Ja	Ja		Erzeugt emotionale Zustimmung	Wir sind mit Überzeugung dabei
Führung	Ja	Ja	Ja	Ist klar und kongruent	Wir wollen die Veränderung und engagieren uns dafür
Kommunikation	Ja	Ja	Ja	Ist direkt, griffig, abgestimmt	Wir verstehen die Veränderung und identifizieren uns damit
Umsetzung		Ja	Ja	Erfolgt zielstrebig, unterstützt, eng verfolgt	Wir spüren, dass es voran geht, und verstärken unser Engagement
Erfolgshonorierung	Ja		Ja	Findet statt, hat Aufmerksamkeit	Unsere Anstrengungen werden gesehen und anerkannt

nale Wirkung davon ausgehen soll. Wie Sie sehen, geht es dabei nicht um das Vollbringen von „Wundern", sondern um das, was auch Sie und ich erwarten, wenn wir von einem Veränderungsprogramm betroffen sind: Die Wahrnehmung, dass die dafür Verantwortlichen wissen, was sie tun, mit Umsicht handeln und den Einzelnen dabei mitnehmen. Mit diesem Wissen können Sie die Aktivitäten in Ihren eigenen Veränderungsprogrammen darauf abklopfen, wie gut sie die gestellten Anforderungen erfüllen, und etwaige Lücken schließen. Damit wären Sie auch schon am Ziel. Weitere Hilfestellung dafür geben die nächsten beiden Abschnitte.

11.4.2 Wissen satt: Schluss mit Flurfunk, Vermeidung und Co.

Hier kommen wertvolle Tipps aus meiner Erfahrung mit Veränderungsprogrammen, die Ihnen sowohl beim Hinterfragen als auch beim Gestalten der erfolgsentscheidenden Aktivitäten helfen.

Vision/Zielsetzung
Die Vision/Zielsetzung hat das Potenzial, Kraft und Energie auszustrahlen, wenn sie gut formuliert ist. Es lohnt sich außerordentlich, darin zu investieren, denn sie ist das Leitbild für die Veränderung und soll die Betroffenen emotional berühren. Damit werden sehr früh im Veränderungsprozess die Weichen Richtung Erfolg gestellt.

- Passt schlüssig zur konkreten Unternehmenssituation und erklärt, *warum* die Veränderung gebraucht wird (Sense of Urgency – was wurde in der Vergangenheit versäumt?), *wozu* sie gebraucht wird (welcher Wert soll damit erreicht werden?), und *wie* das erreicht wird (was wird zukünftig konkret anders gemacht und woran wird das erkannt?).
- Ist für die von der Veränderung Betroffenen verstehbar, dockt also an deren Erfahrungen an und ist mit deren Erfahrungshintergrund einzuordnen
- Ist in der Wahrnehmung der Betroffenen realistisch erreichbar
- Macht klar, dass die Betroffenen an der Gestaltung der Veränderung beteiligt werden
- Verwendet Bilder und Erfahrungen, wenig Zahlen, Daten, Fakten

Führungskräfte-Alignment
Das Führungskräfte-Alignment trägt essenziell zur Glaubwürdigkeit des Veränderungsvorhabens bei. Gleiche Überzeugung und Richtung bei den Führungskräften ist wahrnehmbar und zieht emotional mit.

- Gibt Raum für die Klärung der emotionalen Situation der betroffenen Führungskräfte
- Fordert dazu auf, das auf den Tisch zu legen, was unter dem Tisch gärt inkl. Bedenken, Konflikten, Zweifeln
- Macht klar, dass nur volles Dabeisein akzeptabel ist, keine Halbherzigkeiten
- Macht klar, dass die Veränderung kommt und dass Vermeidungsverhalten und Umwege nicht akzeptiert und ggf. sanktioniert werden
- Gibt Unterstützung bei der Konfliktklärung und eigenen Positionierung

Führung
Das Führungsverhalten entscheidet über Erfolg und Misserfolg der Veränderung. Abgestimmte und kongruente Führung sendet die Botschaft aus, dass die Veränderung gewollt ist und der Weg dahin zielstrebig beschritten wird. Zudem leistet sie einen zentralen Beitrag zur emotionalen Beteiligung und Sicherheit der Mitarbeiter.

- Zeigt klar, dass die Veränderung gewollt ist, und dass die Führungskräfte voll dahinter stehen
- Ist kongruent in „Wort und Tat" sowie abgestimmt und kaskadiert über die Führungsebenen hinweg
- Fordert zum Feedback auf, auch zu kritischem Feedback, Zweifel, Widerspruch
- Gibt Raum und Unterstützung für die Klärung/Veränderung der emotionalen Situation der betroffenen Mitarbeiter
- Gibt Unterstützung bei der Umsetzung
- Macht klar, dass Umwege und Vermeidungsverhalten nicht akzeptiert und ggf. sanktioniert werden

Kommunikation
Fähige Kommunikation spielt eine Schlüsselrolle beim Gelingen von Veränderungsprogrammen, denn sie sorgt für Klarheit, Transparenz, Verständnis, Orientierung und damit

für emotionale Beteiligung. Der Invest in Kommunikation bedeutet Sicherung der Investition, die in die Veränderung fließt. Eine der immer wiederkehrenden Erkenntnisse aus großen Veränderungsprojekten ist, dass bei der nächsten Veränderung deutlich mehr in Kommunikation investiert würde.

- Erfolgt sowohl direkt und persönlich durch den Auftraggeber der Veränderung als auch konzertiert und kaskadiert durch die Führungskräfte über alle Führungsebenen hinweg, wobei die Inhalte spezifisch für die jeweilige Ebene angepasst werden
- Erfolgt zyklisch und bei wichtigen Meilensteinen, ist zu Beginn Prozess-, später Prozess- und Ergebniskommunikation
- Stellt einen konkreten Bezug zum Erfahrungshintergrund der Betroffenen her und macht klar, wie deren Veränderung zur Zielerreichung beiträgt
- Verwendet Bilder und Erfahrungen, wenig Zahlen, Daten, Fakten
- Ist glaubhaft und schafft Transparenz, macht damit Gerüchte und „Flurfunk" überflüssig
- Nutzt unterschiedliche Kanäle und Formen: direkt, remote, online, Video, Chat, etc.
- Ermuntert zum Feedback und stellt verschiedene Feedbackkanäle bereit, z. B. direkte Fragen und Antworten in Informationsveranstaltungen, Einzelgespräche mit Führungskräften, Online-Feedback, etc.

Umsetzung

Zielstrebige und unterstützte Umsetzung zeigt, dass die Veränderung ernst gemeint ist und folglich ein hohes Interesse am Vorankommen besteht. Das wirkt verstärkend und beseitigt eventuelle Zweifel.

- Erwartet und fördert die Mitgestaltung durch die betroffenen Mitarbeiter
- Stellt erforderliche Ressourcen und Qualifikationsmaßnahmen bereit
- Zeigt hohes Interesse an der Gestaltung
- Räumt Schwierigkeiten und Hürden aus dem Weg
- Misst und bewertet den Fortschritt

Erfolgshonorierung

Erfolgshonorierung ist einerseits Belohnung und andererseits Anreiz fürs Weitermachen. Davon geht emotionale Bestärkung aus.

- Zeigt, dass die Änderungen machbar sind und fortschreiten
- Zeigt, dass die gewünschte Wirkung erreicht wird
- Gibt öffentlich Anerkennung für das Engagement zur Umsetzung der Änderungen

11.4.3 Soforthilfe: Der Check Ihres Veränderungsprogramms

Damit Sie unmittelbar zur Tat schreiten können, habe ich Ihnen nachfolgend Diagramme zusammengestellt (siehe Abb. 11.4), mit denen Sie die aktuelle Situation in Ihrem Veränderungsprogramm beurteilen können. Am besten, Sie kopieren diese und machen sich sofort ans Werk. Denn Sie wissen ja: Das, was Sie nicht innerhalb von drei Tagen nach der Lektüre dieses Kapitels umsetzen, verpufft. Legen Sie also direkt los.

Die Anwendung ist denkbar einfach. Füllen Sie die drei Diagramme gemäß der darauf angegebenen Skala aus:

- Für die Tabelle verwenden Sie + (Plus), 0 (Null), − (Minus).
- Für die Netzdiagramme verwenden Sie 0 … 10, markieren den Ist-Wert für die jeweilige Aktivität und verbinden die Punkte miteinander.

Sie können nun anhand der Verteilung in der Tabelle und anhand des Verlaufs der Linien in den Netzdiagrammen sehr plakativ sehen, wo Sie derzeit stehen und wo Handlungsbedarf ist.

11.4.4 Abrundung: Was sonst noch eine Rolle spielt

„Ist das *alles* zum Umgang mit Veränderungsprogrammen?", werden Sie sich vielleicht fragen. Natürlich gäbe es dazu noch viel mehr zu sagen, z. B. zum Umgang mit (ungesunden) Machtspielchen, mit nützlichen und kontraproduktiven Koalitionen, mit Gewinnern und Verlierern, mit massiven Konflikten, mit der Veränderungs-Geschwindigkeit, etc. Doch das Wichtigste, das, was neu ist und Ihren Veränderungsvorhaben wirklich helfen wird, ist gesagt: Nutzen Sie die Kraft des Kohärenzgefühls. Zwei Punkte möchte ich noch hervorheben, denn sie schließen unmittelbar an:

Streichen Sie Veränderungsprogramme
In den meisten Unternehmen laufen zu viele Veränderungsprogramme gleichzeitig. Das ist kontraproduktiv, da das Kohärenzgefühl darunter leidet – es kann weder die Sinnhaftigkeit noch die Handhabbarkeit vieler paralleler Programme vermittelt werden. Erfahrungsgemäß können Menschen nicht mehr als zwei größere Veränderungen gleichzeitig verarbeiten, wenn es um grundlegende Veränderungen geht, wie Umorganisation, Merger, etc., dann sogar nur eine. Daraus folgt eine sehr einfache Methode zur Stärkung des Kohärenzgefühls: Streichen Sie Veränderungsprogramme!

Nutzen Sie das Kohärenzgefühl für sich selbst
Bei Veränderungen spielt neben der Befindlichkeit Ihrer Mitarbeiter Ihre eigene Befindlichkeit eine zentrale Rolle. Sie werden nur dann überzeugen, wenn Sie selbst überzeugt

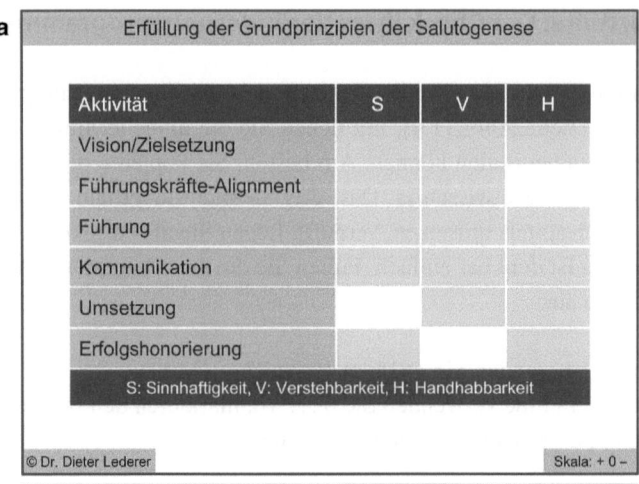

Abb. 11.4 Bewerten Sie Ihr Veränderungsprogramm mit dem Veränderungscheck

sind, und dafür brauchen Sie Ihr eigenes Kohärenzgefühl. Gleichzeitig ist dieses ein guter Gradmesser für die Tragfähigkeit und Vermittelbarkeit von Veränderungskonzepten. Stellen Sie sich also immer erst selbst die Fragen nach der Sinnhaftigkeit, Verstehbarkeit und Handhabbarkeit – sowohl für sich selbst als auch aus der Perspektive Ihrer Mitarbeiter. Wenn Sie damit klar sind, kann es weitergehen, wenn nicht, braucht es eine Rekursion.

11.4.5 Beginnen Sie: Es fühlt sich gut an und hält gesund!

Erinnern Sie sich an die etwas provokativ formulierte Formel aus der Einleitung „Stagnation macht krank – Innovationen und Veränderungen sind gesund"? Klar ist: Sie kommen an Veränderungen nicht vorbei und diese sind dann gesund, wenn sie gelingen – die oben skizzierten Regeln für „gesunde Veränderungsprozesse" sind die Basis dafür. Damit haben Sie das Wissen, um Ihren Veränderungsprogrammen massiv Schub zu geben und zu den Spitzen-Playern aufzuschließen, die Veränderungskompetenz und Flexibilität bereits in ihrer Unternehmenskultur verankert haben.

Verabschieden Sie sich von der Tretmühle des Beharrens, lassen Sie die Zähigkeit und Widerstände hinter sich, mit denen Veränderungsprogramme kämpfen, wenn Veränderungsbereitschaft fehlt. Wechseln Sie von den Quadranten des Misserfolgs (siehe Abb. 11.1) direkt nach rechts oben zu den „Zielgerichteten Veränderern". Der Schlüssel dazu ist Emotionsorientierung, denn nur mit emotionaler Motivation entsteht Bewegung. Die Belohnung ist Veränderungsfreude statt Veränderungsfrust, und im Marschgepäck hat diese nicht nur einen deutlichen Vorsprung vor Ihren Wettbewerbern, sondern auch die Gesundheit Ihrer Mitarbeiter und Führungskräfte.

Ich bin sicher, dass sich dieser Weg für Sie sehr gut anfühlen wird, und wünsche Ihnen gutes Gelingen bei der Umsetzung!

11.5 Über den Autor

Dr. Dieter Lederer ist einer der führenden Veränderungsexperten im deutschsprachigen Raum. Mit seiner Expertise aus 15 Jahren internationaler Unternehmensberatung verhilft er Unternehmen dazu, sich wirksam zu verändern und damit weit überdurchschnittlich erfolgreich zu sein. Seine Kunden sind Vorstände, Geschäftsführer und Manager großer Konzerne und ambitionierter Mittelständler. Sie alle verbindet der Wunsch danach, in Zeiten zunehmenden globalen Wettbewerbs und immer kürzer werdender Innovationszyklen exzellente Veränderungsfähigkeiten in ihren Unternehmen zu etablieren – einerseits als Vorsprung im Wettbewerb und andererseits als Schlüssel-Ressource, die Mitarbeiter und Führungskräfte gesund hält.

Mit seiner umfassenden Praxiserfahrung gelingt es Dr. Lederer wie kaum einem anderen, treffsicher die entscheidenden Impulse zu geben und damit die in Unternehmen vorhandenen, jedoch häufig brachliegenden Potenziale für Veränderungen zu aktivieren. Daraus entstehen Selbstvertrauen, Kraft und Motivation sowie das Niederreißen innerer und äußerer Widerstände. Das ist der „Stoff", der wirksames Verändern möglich macht.

Als Vortragsredner und Keynote-Speaker macht Dr. Lederer seine Expertise einem breiten Publikum zugänglich. Dabei verbindet er mit großer Leidenschaft seine Erfahrungen aus der Geschäftspraxis mit seinen persönlichen Lebenserfahrungen. Seine Zuhörer sind begeistert, denn sie spüren den Sog, der von exzellenten Veränderungsfähigkeiten ausgeht, und sie machen sich auf den Weg.

Finden und buchen Sie Dr. Lederer unter: www.dieterlederer.com

Literatur

Antonovsky, A. (1997). *Salutogenese. Zur Entmystifizierung von Gesundheit.* Tübingen: dgvt.

Eilers, S., Möckel, K., Rump, J., & Schabel, F. (2014). *HR-Report 2014/2015, Schwerpunkt Führung.* Mannheim: Hays AG.

Frigge, C., Houben, A., Pongratz, H. J., & Trinczek, R. (2007). *Veränderungen erfolgreich gestalten.* Düsseldorf: C4 Consulting GmbH.

Hüther, G. (2001). *Bedienungsanleitung für ein menschliches Gehirn.* Göttingen: Vandenhoeck & Ruprecht.

Hüther, G. (2011). *Was wir sind und was wir sein könnten.* Frankfurt am Main: S. Fischer Verlag.

Kotter, J. P. (1996). *Leading Change.* Boston: Harvard Business Review Press.

Nink, M. (2014). *Engagement-Index Deutschland 2013.* www.gallup.com

Petzold, T. D. (2013). *Gesundheit ist ansteckend. Praxisbuch Salutogenese.* München: Irisiana Verlag.

Schichtel, A. (2010). *Change Management für Dummies.* Weinheim: Wiley-VCH Verlag.

Warum gesunde Kommunikation Chefsache ist

Jedes Handeln wirkt im öffentlichen Raum

Dagmar Möbius

Inhaltsverzeichnis

12.1 Journalisten als Stimmungsseismographen 215
12.2 Was ist gesunde Kommunikation? 216
12.3 Die Sache mit dem Eisberg – Umgang mit Konflikten 221
12.4 Führung im digitalen Zeitalter erfordert neue Kompetenzen 230
12.5 Keine Angst vor der Presse! 234
12.6 Über die Autorin 235
Literatur 236

12.1 Journalisten als Stimmungsseismographen

> Fragen Sie mich was, aber machen Sie hin, ich hab keine Zeit.
> Wer hat Sie überhaupt reingelassen?
> Davon weiß ich nichts.
> He?

Reporter treffen täglich auf unterschiedlichste Menschen, denen sie Informationen entlocken möchten oder müssen. Im Idealfall sind sie eingeladen, im schlechtesten Fall will man sie sofort wieder loswerden. Immer stehen sie unter Zeitdruck.

Was hat das mit gesunder Kommunikation zu tun?

Journalisten sind Stimmungsseismographen. Jede erste Begegnung – auch am Telefon – gibt ihnen einen Eindruck des Gegenübers. Die beste Firmen-Website kann eine missglückte Momentaufnahme nicht ausbügeln. Kommunikation ist deshalb immer auch eine öffentliche Angelegenheit. Sie entscheidet, ob sich Türen öffnen oder Fronten verhärten. Sie hat viel mit dem Selbstbild zu tun. Und sie beeinflusst das Fremdbild.

Dagmar Möbius ✉
Kremmener Straße 43, 16515 Oranienburg, Deutschland
e-mail: info@dagmar-moebius.de

▶ **Praxistipp** Lesen Sie einmal unter diesem Aspekt Zeitungen und Magazine, hören Sie Radio oder schauen Sie fern! Sie werden überrascht sein, welche Fragen sich Ihnen plötzlich stellen.

Wer gesund kommuniziert, schreibt nicht nur bessere und klarere Texte, sondern sorgt für ein gutes Klima im Team. Angespannte Atmosphäre oder Schweigen demotivieren und führen zu Fehlern und schlechter Stimmung. Und sie machen nachweislich krank. Jeder, der sich mit Burnout beschäftigt, begreift, dass ganz oft falsche Kommunikation am Anfang einer Leidensspirale steht.

Das lateinische Wort *communicare* bedeutet Gemeinsamkeiten herstellen, mitteilen, abstimmen.

Ohne Kommunikation geht nichts. Ohne Kommunikation ist nichts. Oder mit den viel zitierten Worten von Paul Watzlawick: „Man kann nicht nicht kommunizieren."

Ist also alles längst gesagt?

Schön wär's.

Konzerne geben viel Geld für Öffentlichkeitsarbeit aus. Ganze Abteilungen kümmern sich um das Unternehmensimage. Je öfter die Medien positiv berichten, umso höher die Reputation. Führungskräfte jeder Branche können von Berufskommunikatoren eine Menge lernen. Auch wenn gerade in Verlagshäusern nicht automatisch Kommunikationsgenies an der Spitze sitzen: Kommunikation ist Chefsache. Funktioniert sie intern optimal, ist relativ sicher, dass das Unternehmen auch extern gut wirkt.

12.2 Was ist gesunde Kommunikation?

Die meisten Befragten einer aktuellen Allensbach-Umfrage (siehe Abb. 12.1) schätzten Vertrauen, Zuhören und Ehrlichkeit als wichtigste Voraussetzungen für ein gutes Gespräch (Kraft Foods ©statista 2014).

12.2.1 Ich-Botschaften

> Sie sind einfach zu blöd, das zu kapieren.

Man muss sich die dazugehörige Gestik nicht vorstellen, um zu ahnen, wie die/der Angesprochene reagieren wird.

Sie/er ist verletzt, weiß vermutlich nicht genau, wofür sie/er gerade angemotzt wird und ist gekränkt.

Das Beispiel steht also für ungesunde Kommunikation.

Besser:

„*Mir ist aufgefallen*, dass Sie eine lange Kette unter dem Schutzkittel tragen. Sie können sich sicher erinnern, dass wir in unseren Arbeitsschutzbelehrungen immer wieder

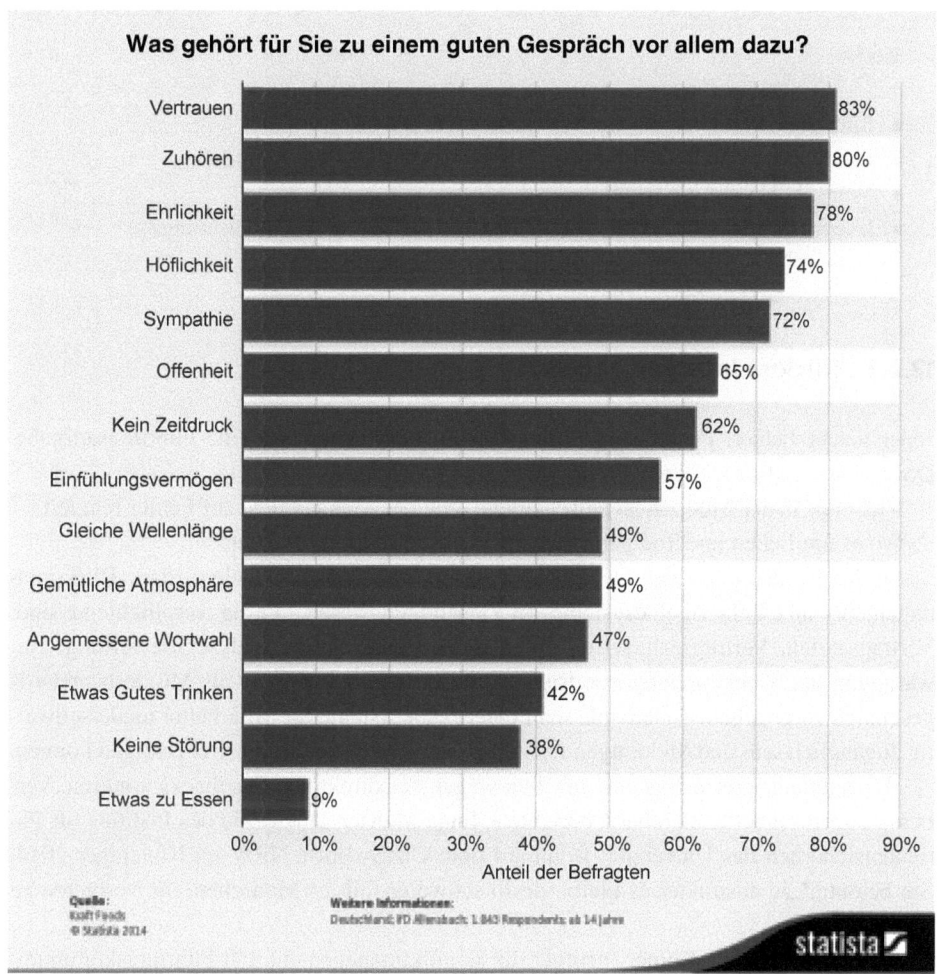

Abb. 12.1 Voraussetzungen für ein gutes Gespräch. (statista.com)

darauf hinweisen, Schmuck im Dienst abzulegen. Sie können hängenbleiben, die Verletzungsgefahr für Sie und für Ihre Patienten ist groß. *Ich bitte Sie deshalb*, sich an die Schutzmaßnahmen zu halten."

Erfolgt dieser Hinweis diskret von Angesicht zu Angesicht und sachlich, wird er Wirkung zeigen, ohne zu beschämen.

Merke

- Situation, Verhalten aus der Ich-Sicht beschreiben
- Die damit verbundenen Folgen, Auswirkungen, Gefühle schildern
- Wunsch, Erwartung formulieren
- Eventuell mit einer offenen Frage enden („Ist das für Sie in Ordnung?")

12.2.2 Rückmeldungen geben

Jeder macht Fehler. Fehler sind Lernaufgaben. Fehlerkultur ist eine Führungsaufgabe. Doch ohne Feedback können Fehler nicht erkannt werden.

Nicht nur in der Medizin ist entscheidend, wie das Management auf Fehler reagiert.

Wo es um Leben und Tod geht, müssen klare Strukturen bestehen.

Im Januar 2014 hat der Gemeinsame Bundesausschuss festgelegt, dass Risikomanagement- und Fehlermeldesysteme im Gesundheitswesen künftig verpflichtend sind. Vertragsärzten, Vertragszahnärzten und Kliniken sind damit Analyse, Bewertung, Bewältigung und Überwachung von Risiken ebenso wie Schulungen als Mindeststandards gesetzlich vorgegeben. Zudem müssen Fehlermeldesysteme für Mitarbeiter niederschwellig zugänglich sein und Meldungen freiwillig, anonym und sanktionsfrei erfolgen können.

„Einrichtungsinterne Systeme machen wegen des direkteren Feedbacks konkrete Verbesserungen schneller sichtbar", berichtete Tanja Manser, Direktorin des Instituts für Patientensicherheit der Universität Bonn auf dem CIRS-Gipfel NRW im November 2014. Sie betonte: „Je abstrakter es bleibt, desto schwerer fällt es Menschen, ihr Verhalten zu ändern."

In einer Studie des Kölner Instituts für Konfliktmanagement und Führungskommunikation von 2013 fiel jeder dritte Chef in puncto Feedback-Verhalten durch (IFuK 2013). Allerdings offenbarte sich eine deutliche Wahrnehmungsdiskrepanz. Während 70 % der Manager einschätzten, sehr gut und gut Rückmeldungen zu geben und sich nur 1,5 % der Führungskräfte selbst mit der Note 4 bewerteten, sahen das die Mitarbeiter ganz anders. Knapp die Hälfte der befragten Mitarbeiter befand das Feedbacks ihrer Chefs als sehr gut und gut. Jedem dritten Vorgesetzten konnte nur die Note 4 oder schlechter bescheinigt werden. Institutsleiter Dr. Timo Müller sieht in dieser „Kluft zwischen Selbst- und Fremdbild" nicht nur „großes Verbesserungspotenzial im Bereich der Mitarbeiterführung", sondern auch einen Zusammenhang zwischen Feedback und Kündigungen im Unternehmen.

> **Merke**
>
> - Positive, nicht nur negative Rückmeldungen geben
> - Anlassbezogene, zeitnahe Rückmeldung geben
> - zum Feedback veranlasstes Verhalten konkret benennen
> - Gewünschtes Verhalten verständlich formulieren und beschreiben
> - Positive Fehlerkultur entwickelt sich, wenn Vorgesetzte selbst Feedback wünschen und annehmen
> - sachliche Kritik wertschätzen

Die österreichische Fehlerkultur-Expertin Elke M. Schüttelkopf beschreibt *vier Faktoren auf dem Weg zu einer positiven Fehlerkultur* (Schüttelkopf 2014).

Faktor 1: Ursachen statt Schuldige suchen

> Dafür ist ein Blickwechsel erforderlich. Statt Personen zu fokussieren, sieht man auf die Sache.

Anstatt zu fragen: „Wer hat das gemacht?" oder „Wer hat das verbockt?" ist es besser und hilfreicher, nach Ursachen zu forschen:

- Wie ist das passiert?
- Was alles hat zum Fehler geführt?
- Was sind die Ursachen?

Faktor 2: Verbessern statt strafen

> Der Fokus verschiebt sich von der Buße zur Lösung.

Wer bestrafen will, wettert: „Das wird Dir noch leidtun!", „Das wird Folgen haben!" oder „Das gibt eine Abmahnung!" Um Verbesserungen zu erreichen, ist es zielführender zu fragen:

- Was können wir besser machen?
- Wie können wir den Fehler abstellen?
- Wie können wir eine Fehlerwiederholung verhindern?

Faktor 3: Ruhig und sachlich statt emotional reagieren

> Wutausbrüche, Schreien und Vorwürfe erweisen sich als kontraproduktiv.

Negative Emotionen drücken sich in Aussagen wie: „Hast Du Tomaten auf den Augen?!", „Sie bringen mich auf die Palme!" oder „Sie haben eine Sch… Arbeit abgeliefert!" aus. Eine sachliche Kommunikation klingt so:

- Da ist ein Fehler passiert.
- Das Verhalten entspricht nicht den Anforderungen.
- Die Arbeit enthält folgende Mängel: …

Faktor 4: Vom Gegeneinander zum Miteinander

> Eine konstruktive Fehlerkultur zeichnet sich durch einen respektvollen Umgang miteinander aus, auch wenn Fehler passiert sind.

Statt „Du Vollidiot!", „Sie haben versagt!" oder „Jetzt sollten Sie sich schleunigst eine Lösung überlegen!" entsteht ein Miteinander durch Sätze wie:

- Das ist mir auch schon mal passiert.
- Ich bin mir sicher, dass Sie daraus lernen.
- Wir finden sicher eine gute Lösung!

12.2.3 Vier Ohren – vier Botschaften

Jede Botschaft enthält vier Botschaften gleichzeitig.

Beispiel
Vor einem Jahr haben Sie auf einem Seminar einen Kollegen kennengelernt, den Sie unverhofft treffen. Er grüßt Sie nicht. Was denken Sie?

- Er ist mit seinen Gedanken woanders.
- Es ist normal, dass man sich nicht an alles erinnern kann.
- Ist der unfreundlich!
- Vermutlich will er seine Ruhe haben.

Wie Sie spontan reagieren, entscheidet die Kommunikationsebene. Und die variiert.
Von Friedemann Schulz von Thun stammt das „Kommunikationsquadrat", auch bekannt als Vier-Ohren-Modell oder „Nachrichtenquadrat".
Danach hat jede gesendete und jede empfangene Information vier Seiten.
Bildlich: Vier Schnäbel senden an vier Ohren.
Worüber ich informiere, ist die *Sachinformation*.
Was ich von mir zu erkennen gebe, ist die *Selbstoffenbarung*.
Was ich vom Gegenüber halte, sagt etwas über die *Beziehung*.
Was ich beim Gegenüber erreichen möchte, formuliert der *Appell*.
Bezogen auf das obige Beispiel, haben wir es zu tun mit:

= Selbstaussageohr

= Sachohr

= Beziehungsohr

= Appellohr

12.2.4 Aktives Zuhören verhindert Missverständnisse

Wer sich darüber im Klaren ist, *auf welchem Ohr er/sie besonders empfänglich* ist, kann einseitige Interpretationen vermeiden.

Wer *zu Ende zuhört*, ohne eine Antwort vor zu denken und sich nicht während des Gesprächs mit ablenkenden Dingen beschäftigt, schenkt seinem Gesprächspartner ungeteilte Aufmerksamkeit.

Auch durch *Blickkontakt, Körpersprache oder kleine Bemerkungen* wie „mhh, aha, ach so..." signalisiert man authentisches Interesse.

Nachfragen wie „Habe ich Sie richtig verstanden, dass..." oder „Sehe ich das richtig, Sie wollen vor allem..." vermeiden Missverständnisse.

> **Praxisbeispiel**
>
> „Präzise Kommunikation kann Leben retten" – Diese Schlagzeile machte im September 2014 ein internationales Forschungsprojekt unter Leitung der Hochschule Niederrhein (Der niedergelassene Arzt 2014). Die Europäische Union fördert es mit einer Million Euro. Im Fokus steht die einheitliche Medizinsprache „SNOMED CT" (Systematized Nomenclature of Medicine – Clinical Terms). Weil es aufgrund unterschiedlicher Definitionen und fehlenden einheitlichen Begrifflichkeiten immer wieder zu Fehlern und Missverständnissen im medizinischen Alltag kommt, wollen die Forscher untersuchen, ob es ökonomisch sinnvoll ist, europaweit eine einheitliche, präzise und elektronisch lesbare Medizinsprache einzuführen.

12.3 Die Sache mit dem Eisberg – Umgang mit Konflikten

Worte und Taten sind hör- und spürbar. Sie liegen an der Oberfläche.

Viel mehr liegt darunter und ist unsichtbar: Absichten, Bedürfnisse, Erfahrungen, Gefühle, Wünsche...

Das ist der Eisberg.

Schulz von Thun hat in seinem Buch „Miteinander reden von A bis Z" (Schulz von Thun 2012) *Konflikte* so definiert:

> Unterschiede im Denken, Fühlen und/oder Wollen führen zu einem Verhalten, das der andere als inakzeptable Beeinträchtigung erlebt (und das der eine nicht zu ändern bereit ist) (scheinbare) Unvereinbarkeit von Interessen, Zielsetzungen oder Wertvorstellungen von Personen, gesellschaftlichen Gruppen, Organisationen oder Staaten.

Auch für Charlie Chaplin war die Sache klar. Er müsse keine Bücher lesen, um zu wissen, dass Konflikt das Grundthema unseres Lebens sei. Alle seine Clownereien würden dieser Erkenntnis entspringen.

Ursachen für Konflikte

Die Arbeitswelt bietet besonders reichlich Konfliktstoff. Warum das so ist, verdeutlicht diese Studie (vgl. Abb. 12.2).

Zwei Drittel der Befragten erwarten von ihrem Führungspersonal, direkt über die wirtschaftliche Lage und die Zukunftspläne ihrer Firma informiert werden. Mehr als die Hälfte wünscht sich, offen über Lösungen zu diskutieren.

Konflikte entstehen, wenn *Situationen individuell unterschiedlich wahrgenommen* werden und *kommunikative Kompetenzen fehlen*. (Zu) hohe Belastungen, voneinander abhängige Arbeit, Verletzung des Territoriums, unfaire Behandlung aber auch eine veränderte Umwelt verursachen Unsicherheit und Stress. Neid, Karrieredenken und die Ablehnung andersartiger Menschen begünstigen ernsthafte Differenzen.

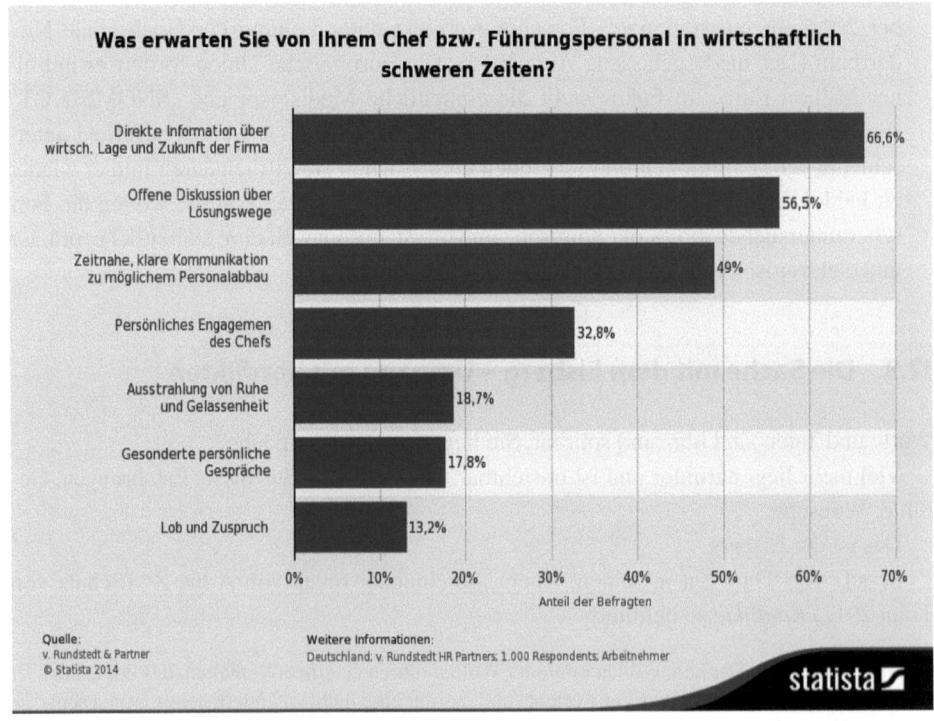

Abb. 12.2 Erwartungen an Führungspersonal in wirtschaftlich schweren Zeiten. (statista.com)

Vorbeugen ist nicht nur möglich, sondern auch im *Arbeitsschutzgesetz* geregelt:

§ 4 Allgemeine Grundsätze
„Der Arbeitgeber hat bei Maßnahmen des Arbeitsschutzes von folgenden allgemeinen Grundsätzen auszugehen:

1. Die Arbeit ist so zu gestalten, dass eine Gefährdung für das Leben sowie die physische und die psychische Gesundheit möglichst vermieden und die verbleibende Gefährdung möglichst gering gehalten wird;
2. Gefahren sind an ihrer Quelle zu bekämpfen;
3. bei den Maßnahmen sind der Stand von Technik, Arbeitsmedizin und Hygiene sowie sonstige gesicherte arbeitswissenschaftliche Erkenntnisse zu berücksichtigen;
4. Maßnahmen sind mit dem Ziel zu planen, Technik, Arbeitsorganisation, sonstige Arbeitsbedingungen, soziale Beziehungen und Einfluss der Umwelt auf den Arbeitsplatz sachgerecht zu verknüpfen;
5. individuelle Schutzmaßnahmen sind nachrangig zu anderen Maßnahmen;
6. spezielle Gefahren für besonders schutzbedürftige Beschäftigtengruppen sind zu berücksichtigen;
7. den Beschäftigten sind geeignete Anweisungen zu erteilen;
8. mittelbar oder unmittelbar geschlechtsspezifisch wirkende Regelungen sind nur zulässig, wenn dies aus biologischen Gründen zwingend geboten ist."

Ein Unternehmen ist gut beraten, *klare und transparente Informationskonzepte* vorzuhalten und ein positives Arbeitsklima sowie eine faire Behandlung zu fördern. Es soll offene Kommunikationsangebote, Mitarbeitergespräche, ernstgemeinte Beteiligungsangebote sowie teamfördernde Arbeits- und Organisationsstrukturen geben.

Die Berufsgenossenschaft für Gesundheitsdienst und Wohlfahrtspflege stellt auf ihrer Website beispielsweise eine Muster-Betriebsvereinbarung zum kostenlosen Download bereit, in der sich Unternehmensleitung und Betriebsrat zum partnerschaftlichen Umgang am Arbeitsplatz und zur Einrichtung einer Beratungsstelle zur Lösung von Konflikten verpflichten.

Mobbing
Eskalieren Konflikte, wird von Mobbing gesprochen. Nach Einschätzung der Bundesanstalt für Arbeitsschutz und Arbeitsmedizin ist jede neunte Person mindestens einmal im Leben davon betroffen. 1997, kurz nachdem der Begriff in den Duden aufgenommen wurde, verbreitete der Deutsche Gewerkschaftsbund (DGB) das vom schwedischen Mobbing-Forscher Heinz Leymann definierte Phänomen wie folgt:

Mobbing ist

eine konfliktbelastete Kommunikation am Arbeitsplatz unter Kollegen oder zwischen Vorgesetzten und Untergebenen,

bei der die angegriffene Person unterlegen ist und

von einer oder mehreren anderen Personen systematisch und während längerer Zeit direkt oder indirekt angegriffen wird,

mit dem Ziel und/oder dem Effekt des Ausstoßes und

die angegriffene Person dies als Diskriminierung erlebt.

Für Lästern gibt es viele Synonyme. Keins davon ist positiv. Reden hinter dem Rücken schafft vermeintliche Gemeinsamkeit. Doch was oft als Spaß beginnt, ist der Beginn von Ausgrenzung (vgl. Abb. 12.3).

Der unabhängige, gemeinnützige Verein gegen psychosozialen Stress und Mobbing veröffentlichte zum Jahresende 2014, wer die Hilfe des Fachverbundes aus Psychologen, Pädagogen und Juristen infolge von Konflikten, psychosozialem Stress und Mobbing in den letzten zwölf Monaten am häufigsten aufsuchte:

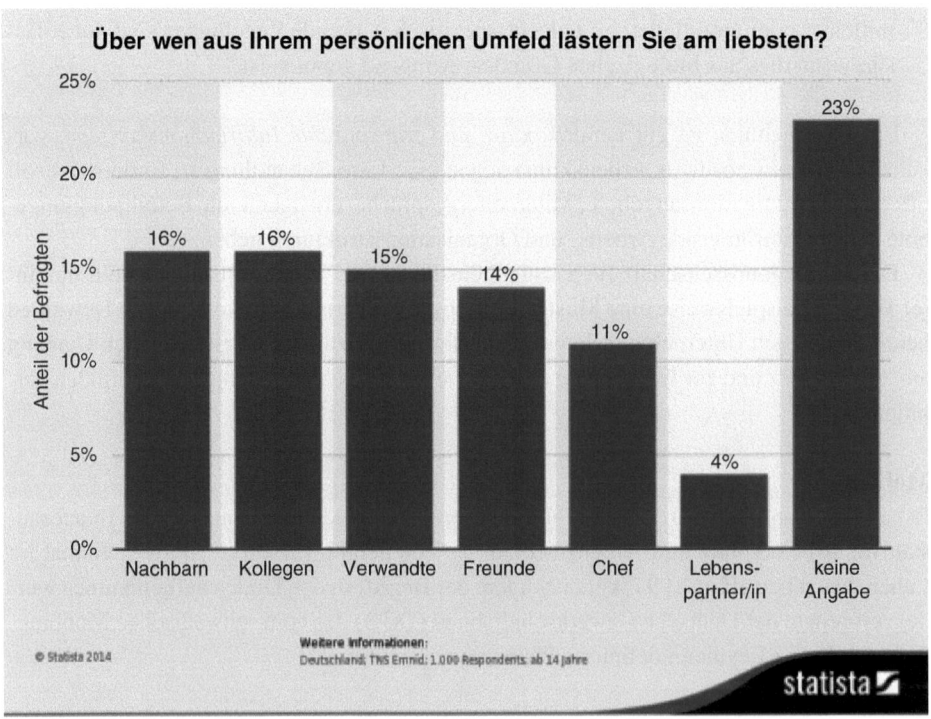

Abb. 12.3 Personenkreis, über den am liebsten gelästert wird. (statista.com)

Kaufmännische Berufe belegten mit insgesamt 35 % den ersten Platz, davon entfielen 5 % auf Diplom-Betriebswirte und 7 % auf Bankkaufleute.

Psychologen/Pädagogen und Erzieher waren mit insgesamt 22 % vertreten.

Angehörige nahezu aller Berufsgruppen konsultierten die Fachleute: vom Oberarzt, Allgemeinmediziner, Ingenieur, Journalist, Justizvollzugsbeamten, Altenpfleger, Krankenpfleger bis zum Hauswirtschafter.

65 % der Untersuchten waren weiblich, 35 % männlich.

70 % waren zwischen 41 und 60 Jahre alt, 16 % zwischen 31 und 40 und 10 % gehörten der Altersgruppe 21 bis 30 Jahre an.

59 % klagen über ständige Kritik an ihrer Arbeit und Andeutungen, ohne dass man etwas direkt ausspricht.

52 % erleben häufig abwertende Blicke und Gesten mit negativem Inhalt.

49 % erleben, dass man mit ihnen nicht spricht und/oder hinter ihrem Rücken schlecht über sie redet.

47 % berichten, dass falsche Gerüchte über sie verbreitet werden.

35 % leiden unter mündlichen Drohungen.

30 % werden vor anderen lächerlich gemacht und ständig unterbrochen.

24 % bekommen sinnlose Aufgaben zugewiesen.

18 % werden wie Luft behandelt.

14 % werden verdächtigt psychisch krank zu sein und jeweils

11 % erhalten kränkende Arbeitsaufgaben/werden gezwungen Arbeiten auszuführen, die ihr Selbstbewusstsein verletzen.

Ein knappes Drittel der Betroffenen war den ausgrenzenden Handlungen bereits seit drei bis fünf Jahren ausgesetzt.

> **Merke**
> In *79 % der Fälle traten Vorgesetzte als Angreifer* auf, in 42 % gleichrangige Kollegen und in 8 % Untergebene.

Eine alleinige Mobbing-Handlung ist nicht automatisch Mobbing.

Weil die Grenzen jedoch fließend sind und in vielen Arbeitskonstellationen (noch) nicht erkannt werden, ist es sinnvoll, sich die von Heinz Leymann (†1999) in fünf Gruppen klassifizierten Mobbing-Handlungen einmal kompakt vor Augen zu führen.

12.3.1 Die 45 Mobbing-Handlungen nach Leymann

1. **Angriffe auf die Möglichkeiten, sich mitzuteilen:**
   Der Vorgesetzte schränkt die Möglichkeiten ein, sich zu äußern.
   Man wird ständig unterbrochen.
   Kollegen schränken die Möglichkeiten ein, sich zu äußern.
   Anschreien oder lautes Schimpfen.
   Ständige Kritik an der Arbeit.
   Ständige Kritik am Privatleben.
   Telefonterror.
   Mündliche Drohungen.
   Schriftliche Drohungen.
   Kontaktverweigerung durch abwertende Blicke oder Gesten.
   Kontaktverweigerung durch Andeutungen, ohne dass man etwas direkt ausspricht.
2. **Angriffe auf die sozialen Beziehungen:**
   Man spricht nicht mehr mit dem Betroffenen.
   Man lässt sich nicht ansprechen.
   Versetzung in einen Raum weitab von den Kollegen.
   Den Arbeitskollegen/innen wird verboten, den/die Betroffenen anzusprechen.
   Man wird „wie Luft" behandelt.
3. **Auswirkungen auf das soziale Ansehen:**
   Hinter dem Rücken des Betroffenen wird schlecht über ihn gesprochen.
   Man verbreitet Gerüchte.
   Man macht jemanden lächerlich.
   Man verdächtigt jemanden, psychisch krank zu sein.
   Man will jemanden zu einer psychiatrischen Untersuchung zwingen.
   Man macht sich über eine Behinderung lustig.
   Man imitiert den Gang, die Stimme, oder Gesten, um jemanden lächerlich zu machen.
   Man greift die politische oder religiöse Einstellung an.
   Man macht sich über das Privatleben lustig.
   Man macht sich über die Nationalität lustig.
   Man zwingt jemanden, Arbeiten auszuführen, die das Selbstbewusstsein verletzen.
   Man beurteilt den Arbeitseinsatz in falscher oder kränkender Weise.
   Man stellt die Entscheidungen des Betroffenen in Frage.
   Man ruft ihm/ihr obszöne Schimpfworte oder andere entwürdigende Ausdrücke nach.
   Sexuelle Annäherungen oder verbale sexuelle Angebote.
4. **Angriffe auf die Qualität der Berufs- und Lebenssituation:**
   Man weist dem Betroffenen keine Arbeitsaufgaben zu.
   Man nimmt ihm jede Beschäftigung am Arbeitsplatz, so dass er sich nicht einmal selbst Aufgaben ausdenken kann.
   Man gibt ihm sinnlose Arbeitsaufgaben.
   Man gibt ihm Aufgaben weit unter dem eigentlichen Können.

Man gibt ihm ständig neue Aufgaben.
Man gibt ihm „kränkende" Arbeitsaufgaben.
Man gibt dem Betroffenen Arbeitsaufgaben, die seine Qualifikation übersteigen, um ihn zu diskreditieren.

5. **Angriffe auf die Gesundheit:**
Zwang zu gesundheitsschädlichen Arbeiten.
Androhung körperlicher Gewalt.
Anwendung leichter Gewalt, zum Beispiel um jemandem einen „Denkzettel" zu verpassen.
Körperliche Misshandlung.
Man verursacht Kosten für den/die Betroffene, um ihm/ihr zu schaden.
Man richtet physischen Schaden im Heim oder am Arbeitsplatz des/der Betroffenen an.
Sexuelle Handgreiflichkeiten.

12.3.2 Folgen von ungelösten Konflikten

Der Schweizer Psychoanalytiker Peter Schellenbaum beschrieb in seinem Buch „Nimm deine Couch und geh! Heilung mit Spontanritualen" (Schellenbaum 1992): „Sich gegenseitig bekämpfende und einschränkende Emotionen tragen ihren Konflikt im Organismus aus. Angst engt ein, Wut will platzen. Die doppelte emotionale Botschaft setzt Herz und Gefäße unter Stress. Die Entmischung der Empfindungen und der vollständige Ausdruck der stärksten Emotion: Das kann zu einer Frage von Leben und Tod werden."

▶ Ungelöste Konflikte machen krank und sind teuer.

Das betriebliche Arbeitsklima verschlechtert sich, Fehlzeiten nehmen zu, der Krankenstand ist hoch und es kommt zu Ablaufstörungen durch Aushilfen und Neueinstellungen.

Mitarbeiter berichten über zahlreiche psychosomatische Symptome wie Schlafstörungen, Kopfschmerzen, Appetitlosigkeit, Schweißausbrüche, Depression, Magen-Darm-Probleme oder Muskel-Skelett-Erkrankungen. Dass Stress am Arbeitsplatz systemische Entzündungsreaktionen im Körper hervorruft und Herz-Kreislauf-Erkrankungen begünstigt, ist wissenschaftlich belegt.

Ein Forscherteam des Münchener Helmholtz Zentrums wies nach, dass eine hohe Arbeitsbelastung auch das Risiko, an Typ-2-Diabetes zu erkranken, deutlich – und zwar um rund 45 % – erhöhen kann (Deutsches Forschungszentrum für Gesundheit und Umwelt GmbH 2014). „Nach unseren Daten ist rund jeder fünfte Arbeitnehmer von einer hohen psychischen Arbeitsbelastung betroffen. Die Wissenschaft meint hier nicht den „normalen Jobstress", sondern die Situation, wenn Betroffene die Arbeitsanforderungen als sehr hoch einschätzen und gleichzeitig über geringe Handlungs- und Entscheidungsspielräume verfügen. Diese beiden Dimensionen haben wir in unseren Befragungen ausführlich erfasst", erklärte Studienleiter Professor Karl-Heinz Ladwig. „Angesichts der massiven gesundheitlichen Folgen von stressassoziierten Erkrankungen sollten präventive Maßnahmen gegen Volkskrankheiten wie Diabetes daher auch an diesem Punkt ansetzen" (Deutsches Forschungszentrum für Gesundheit und Umwelt GmbH 2014).

Die Arbeit ist das häufigste Gesprächsthema mit Freunden und Bekannten, ergab eine Forsa-Umfrage (Comdirektbank © Statista 2014). 46 % der Befragten tauschten sich am häufigsten über den Job aus. Mit 26 % nahmen persönliche Beziehungen deutlich weniger Raum ein, vgl. Abb. 12.4.

Der bisher einzige, 2002 von der Bundesanstalt für Arbeitsschutz und Arbeitsmedizin veröffentlichte, Mobbing-Report konstatierte, dass 3,1 % des Leistungsvolumens im Jahr 2000 durch Mobbing beeinträchtigt war (BAuA 2002).

Die geschätzten betriebswirtschaftlichen Kosten von Mobbing betragen für ein Unternehmen zwischen 15.000 und 50.000 Euro pro Jahr und gemobbter Person.

Den volkswirtschaftlichen Schaden durch Behandlungskosten und/oder Frühverrentungen schätzen Experten auf bis zu 80 Milliarden Euro.

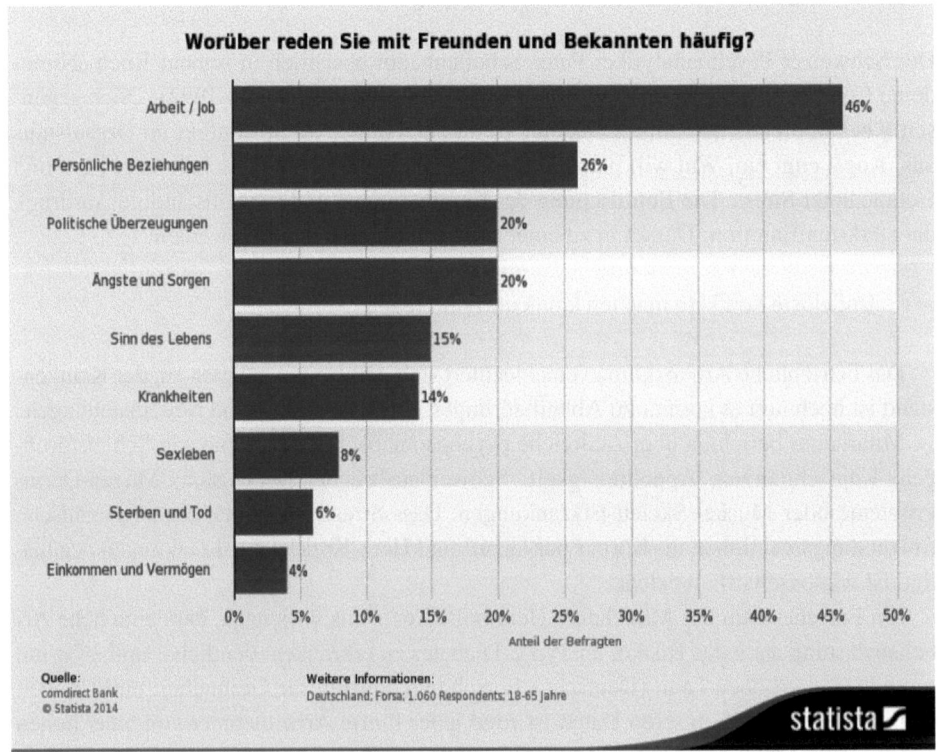

Abb. 12.4 Häufige Gesprächsthemen mit Freunden und Bekannten (statista.com)

12.3.3 Konfliktfähigkeit

Nicht nur das Unternehmen, auch jeder Einzelne kann zu Konfliktlösungen beitragen. Wie?

- Konflikte und deren Eskalation zum Thema machen
- Sich mitverantwortlich für das Klima im Team fühlen
- Aussprachen anregen
- Sich in Konflikte einmischen
- Instrumente zur Konfliktbearbeitung nutzen
- Sich weiterbilden

Wer Konflikte konstruktiv lösen möchte, muss dazu in der Lage sein.
Die Parteien sollten sich an einen Tisch setzen.
Der Blick zurück (er)klärt den Konflikt.
Der Blick nach vorn sucht eine Lösung.

> **7 goldene Regeln im Umgang mit Konflikten**
>
> 1. Eigene Wünsche klären
> 2. (Schweigen und) Reden
> 3. Den richtigen Zeitpunkt abwarten
> 4. Beweglich bleiben
> 5. Die Leistung des anderen anerkennen
> 6. Ergebnisse schriftlich festhalten
> 7. Fehler in der Kommunikation vermeiden
>
> (Quelle: BauA/Jarisch und Rösler)

Unter anderem bieten die Berufsgenossenschaften diverse Weiterbildungen zur Thematik an.

Bei der Berufsgenossenschaft für Gesundheitsdienst und Wohlfahrtspflege sind beispielsweise vor allem Seminare für Pflegeberufe gefragt, die den Umgang mit Gewalt und Aggression schulen. Auch eine Ausbildung zum innerbetrieblichen Deeskalationstrainer ist dort möglich. Die finanziell von der BGW geförderten Kurse richten sich an spezifische Zielgruppen wie Psychiatrien und Forensik, Allgemeinkrankenhäuser und Fachkliniken, Einrichtungen für Menschen mit Behinderungen, älteren Menschen und Kindertagesstätten sowie Institutionen mit Kindern und Jugendlichen.

In dreistündigen Basiskursen vermitteln zertifizierte Trainer deutschlandweit für alle Interessierten Grundlagen der „Gewaltfreien Kommunikation".

Das Alter kann einer 2014 publizierten Langzeitstudie mit bevölkerungsrepräsentativen Daten von 23.000 Menschen zufolge nicht mehr als Ausrede herhalten, sich zu verändern (doccheck 2014). Die Arbeit „widerlegt die bisher unter Psychologen vorherrschende Ansicht, dass sich die Persönlichkeit im Laufe des Lebens immer stärker stabilisiert", sagt die beteiligte Psychologin Jule Specht von der Freien Universität Berlin. Das Forscherteam war überrascht, dass sich die Persönlichkeit im hohen Alter noch einmal stark verändert: Bis zu 25 % der Menschen eines Persönlichkeitstyps ändern sich nach einem Alter von 70 Jahren noch einmal beträchtlich. „Anders als bei den jungen Erwachsenen folgen die Persönlichkeitsveränderungen bei den Senioren jedoch keinem typischen Reifungsmuster."

12.4 Führung im digitalen Zeitalter erfordert neue Kompetenzen

Mit dem Chef bei Facebook befreundet zu sein, ist für mehr als die Hälfte einer Befragung offenbar undenkbar (vgl. Abb. 12.5).

Abb. 12.5 Reaktion auf Freundschaftsanfrage des Chefs in sozialen Netzwerken. (statista.com)

Gut so, denn die Unterstützung durch Vorgesetzte erfüllt drei Funktionen:

- Sie verringert die Arbeitsbelastung der Beschäftigten durch Aufzeigen von Lösungswegen.
- Sie wirkt dem Auftreten von stressbedingten gesundheitlichen Beeinträchtigungen entgegen.
- Das Bewusstsein, sich im Ernstfall auf einen Vorgesetzten verlassen zu können, kann Stress „abpuffern".

Diesbezüglich hat Deutschland im europäischen Vergleich deutlichen Nachholbedarf, bescheinigte der 2012 von der Bundesanstalt für Arbeitsschutz und Arbeitsmedizin veröffentlichte Stressreport. Für die Befragung waren repräsentative Daten von 20.000 Erwerbstätigen erhoben worden.

Auch die aktuelle, vierte, Umfrage der Initiative Gesundheit und Arbeit (BAuA 2014) alarmiert: Danach konnte sich jeder zweite Beschäftigte nicht vorstellen, seine Arbeit bis zur Rente fortzusetzen. Auffällig fanden die Autoren, dass 59 % der Beschäftigten großer Unternehmen einschätzten, ihre Gesundheit interessiere den Arbeitgeber, während dies bei kleineren Firmen nur 43 % der Befragten angaben. Maßnahmen zur betrieblichen Gesundheitsförderung wurden von der Hälfte der Arbeitnehmer gewünscht.

Das Factsheet „Unterstützung durch Vorgesetzte – Dreifach wichtig, einfach unterschätzt" (zum Download unter www.baua.de/arbeitsbedingungen) verdeutlicht den Einfluss der Führungskraft auf die Arbeitsbelastung am Beispiel des Termindrucks.

Wer sich häufig unterstützt fühlt, berichtet weniger (47 %) über Termindruck als nie unterstützte Mitarbeiter (59 %). Letztere sind auch deutlich weniger beschwerdefrei als gut unterstützte Mitarbeiter (BauA 2014).

Im digitalen Zeitalter laufen viele Vorgänge schneller ab. In fast allen Branchen erfordern die permanenten Neuigkeiten die Bereitschaft, sich kontinuierlich zu verändern und dazuzulernen. Die Beratungsgruppe Goldmedia analysiert in ihrem Trendmonitor 2015, worauf es ankommt: „Erfolgreiche Unternehmen benötigen 2015 eine international ausgerichtete, technologieaffine und durchsetzungsstarke Führungsmannschaft, die Mitarbeiter auf diese Veränderungen vorbereitet und die Strukturen und Prozesse zügig und immer wieder neu an die Realität anpasst."

> **Praxistest**
> Welche Führungsqualitäten haben Sie?
> Ein Online-Test mit 35 Fragen offenbart Stärken und Schwächen.
> Link: http://www.cconsult.info/selbsttest/selbsttest-fuehrung.html

Wem kann man vertrauen? Direkte Empfehlungen von Freunden oder Bekannten zählen mehr als virtuelle Empfehlungen oder Werbung. Einer TNS-Infratest-Umfrage von

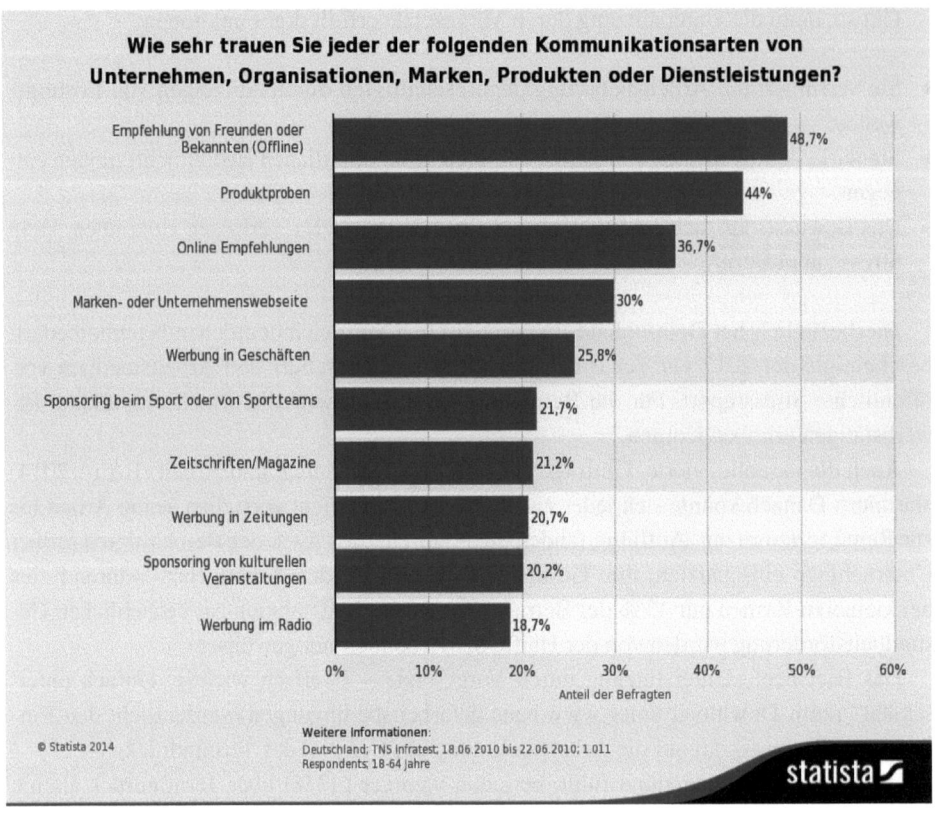

Abb. 12.6 Umfrage zum Vertrauen in Kommunikationsmittel

2010 zu verbreiteten Kommunikationsarten zufolge nahm Radiowerbung den Schlussplatz des Informationsrankings ein (vgl. Abb. 12.6).

Eine gute Idee sind digitale Mitarbeiterbriefe. Die Kölner Diplom-Psychologin Dr. Anne Katrin Matyssek arbeitet als Beraterin für Betriebliches Gesundheitsmanagement und hat zahlreiche Praxishilfen entwickelt. Einmal monatlich verschickt sie Informationen per E-Mail an die Beschäftigten eines Betriebs. Seriös, verständlich und praxisnah kommen die Wohlfühltipps dort an, wo sie wirken und zum nachhaltigen Gesprächsstoff werden.

Trotz medialem Wandel erfolgt ein erheblicher Teil der alltäglichen Kommunikation nach wie vor schriftlich.

Jeder ärgert sich über falsch geschriebene Namen, unklare Zuständigkeiten, knappe Terminvorgaben, unverständliches Vorbeigeschwafel und Behördendeutsch.

Ob „leidensgerechte" Arbeitsplätze für Behinderte, die die Rentenversicherung beispielsweise seit Jahrzehnten kommuniziert, weil das ein unabänderbarer (?) juristischer Begriff sei, respektlose Ansprache oder gar Schriftverkehr mit Gewaltpotenzial – das alles sind Dinge, die reformierbar sind.

> **Praxisbeispiele**
>
> Ein potenzieller deutscher Handwerksmeister mit langjährigen Auslandserfahrungen entschloss sich kurz vor seinem 50. Geburtstag, seine formal fehlende Meisterprüfung abzulegen. Er investierte viel Zeit und Geld aus eigener Tasche für die Meisterprüfung nach „Ausnahmebewilligung gemäß § 8 Handwerksordnung (HwO)".
>
> Einer bestandenen kaufmännischen Prüfung folgten wie vorgeschrieben eine fachtheoretische und eine praktische. Die Prüfungsinstitution konnte er sich nicht aussuchen. Er hatte kein gutes Gefühl. Vorsintflutliches Werkzeug, unzeitgemäße vorgegebene Arbeitsstrategie und mangelnde Kommunikation ließen ihn vor Prüfungsende ahnen, dass es nicht reichen würde. Sechs Wochen brauchte die zuständige Handwerkskammer, um Folgendes mitzuteilen:
>
> „…, dass Sie in den Eignungstests die erforderlichen theoretischen Kenntnisse und praktischen Fertigkeiten leider nicht nachweisen konnten … Wir gehen nun davon aus, dass Sie an einer Weiterverfolgung Ihres Antragsziels kein Interesse mehr haben …"
>
> Keine Prüfungsunterlagen, keine Quittung, kein Zeugnis. Dazu eine Unterschrift mit Vor- und Zuname, die weder Funktion noch Kompetenz erklärten. Erst nach einer schriftlichen Bitte wurden die kompletten Prüfungsunterlagen ausgehändigt. Das Anschreiben verleitete den Handwerker zum lapidaren Urteil: „Abzocke". Ein wertschätzendes Schreiben hätte das verhindert.
>
> Sein Aufwand wurde weder gewürdigt, noch ihm eine ehrliche Alternative angeboten. Zudem ärgerte er sich über Intransparenz. Einen Wiederholungsantrag wird er nicht stellen. Ein ausländischer Arbeitgeber hat ihm einen Job angeboten, der seine nachgewiesene Qualifikation schätzt und fördert. Wenn in Deutschland über Fachkräftemangel gejammert wird, empfiehlt sich, einmal hinzuschauen, welches Dienstleistungsverständnis in den Nachbarländern herrscht.
>
> Die Berlinerin Barbara Steldinger (2014) bietet energetische Unternehmensberatung an. Ihre Gedanken kommuniziert sie unter anderem auf ihrem Blog. Vor einiger Zeit war sie von der Lektüre einer großen Studie mit den fünfzig größten Unternehmen im Dow Jones schockiert. „Nur 17 % der Befragten fanden, dass ihr Unternehmen eine offene Kommunikation fördert und es schätzt, wenn abweichende Meinungen geäußert werden." Viele ihrer Klienten haben innerlich gekündigt und werden krank. Deshalb ist die Unternehmensberaterin sicher: „Die bisherige Strategie vieler großer Unternehmen, mit Zuckerbrot und Peitsche das Letzte rauszuholen, wird schon bald nicht mehr funktionieren. Wer keine loyalen Mitarbeiter hat, wird sich in Zukunft am Markt nicht mehr halten können. Die neue Zeit braucht neue Wege. Dazu gehört unbedingt ein menschlicherer, wertschätzender Umgang mit den Mitarbeitern statt des stieren Blicks ausschließlich auf den Gewinn."

12.5 Keine Angst vor der Presse!

Natürlich ersetzt dieses Kapitel keine fundierten Grundlagen der professionellen Öffentlichkeitsarbeit. Viele Klein- und mittelständische Unternehmen ignorieren die Notwendigkeit, sich mit der Materie vertraut zu machen. „In der Presse" zu erscheinen, ist (meist) kein Glücksfall, sondern steuerbar. Auch wenn niemand im Unternehmen geschult, auf entsprechende Anfragen vorbereitet ist und es keine PR-Strategie geben sollte, muss innerbetrieblich festgelegt sein, wer wem worüber Auskunft geben darf. Ein Verweis auf die Geschäftsführung ist immer legitim. Diese sollte jedes Auskunftsersuchen ernst nehmen und zeitnah reagieren. Kaum bekannt ist, dass jeder Bürger Informationen über bestimmte Vorgänge von öffentlichem Interesse einholen kann. Geregelt ist das im Informationsfreiheitsgesetz.

Nicht immer geben sich Journalisten als solche zu erkennen, vor allem nicht, wenn sie zu Missständen recherchieren. Offene Kommunikation – siehe Fehlerkultur – ist die beste Vorbeugung gegen eine Verdachtsberichterstattung, die anschließend möglicherweise aufwändig dementiert werden muss, im schlimmsten Fall sogar juristische Folgen hat und einen Betrieb nachhaltig, bis zur Insolvenz, schädigen kann.

> **Praxistipp**
> Wer fragt an, ruft an? Was wollen Sie konkret wissen? Bis wann und warum?
>
> - Namen, Position, Medium, ggf. Rückrufnummer geben lassen
> - Anfrage ggf. per E-Mail oder Fax zuschicken lassen, insbesondere wenn es um Zahlen, Daten, Fakten geht
>
> Gesagt ist gesagt.
>
> - Spontane Auskünfte am Telefon, zum Beispiel, weil sich der nichtauskunftsfähige Erstkontakt „überrumpelt" gefühlt hat, können in der Regel nicht zurückgenommen werden.
> - Oft werden in solchen Situationen Informationen gegeben, die nicht für die Öffentlichkeit bestimmt sind (Hat der Chef zum Beispiel gerade einen Arzttermin, reicht die vorläufige Auskunft: „Er/sie ist außer Haus/im Termin. Wann und wie kann er/sie in welcher Angelegenheit zurückrufen?")
>
> „Aber schreiben Sie das bitte nicht!"
>
> - Über solche Bitten freuen sich besonders die Boulevardmedien. Exklusive „Klatschberichte" entstehen nicht selten durch Indiskretionen.
> - Ist etwas (noch) nicht spruchreif – und dafür kann es gute Gründe geben – gilt: Mund halten.

> Schutzwürdige Informationen wie private Wohnanschriften oder sonstige personenbezogene Daten haben in Small Talk nichts zu suchen.

12.6 Über die Autorin

Dagmar Möbius Jahrgang 1965, geboren in Dresden, ist freiberufliche Journalistin und PR-Fachfrau. Die Seiteneinsteigerin hat solide Ausbildungen im medizinisch-psychologischen Assistenzbereich absolviert und zwei Jahrzehnte Praxiserfahrung im ambulanten und stationären Gesundheitswesen, davon teilweise in leitender Position. Außer ihrem journalistischen sowie PR-Studium ist sie Psychologische Fachberaterin für Krisenintervention und Notfallnachsorge sowie ärztlich geprüfte Yoga-Lehrerin.

Sie schreibt für diverse Zeitungen, (Fach-)Magazine und Online-Medien. Ihre Themenschwerpunkte sind Gesundheit und Soziales. Ihr spezielles Interesse gilt der Psychotraumatologie und allen Aspekten der Kommunikation.

Zudem berät sie bevorzugt ganzheitlich ausgerichtete Unternehmen in puncto Presse- und Öffentlichkeitsarbeit. Dabei gilt der paradox scheinende Grundsatz: „Weniger ist mehr" im Sinn einer fokussierten, individuellen Kommunikationsstrategie.

Dagmar Möbius lebt und arbeitet heute im nördlichen Berliner Umland und gehört unter anderem dem Netzwerk für ganzheitliches Medizin- und Praxismarketing an.

Weitere Infos unter www.dagmar-moebius.de

Literatur

Berufsgenossenschaft für Gesundheitsdienst und Wohlfahrtspflege (2007). *Konfliktmanagement und Mobbingprävention – Ein Präventionskonzept für Kliniken. TP-KMMO4U.* https://www.bgw-online.de/DE/Medien-Service/Medien-Center/Medientypen/bgw-themen/TP-KMMO4U_Konfliktmanagement_und_Mobbingpraevention.html. Zugegriffen: 31.12.2014

Bundesanstalt für Arbeitsschutz und Arbeitsmedizin (BAuA) (2002). *Der Mobbing-Report – Eine Repräsentativstudie für die Bundesrepublik Deutschland.* http://www.baua.de/cae/servlet/contentblob/682700/publicationFile/46973/Fb951.pdf. Zugegriffen: 31.12.2014

Bundesanstalt für Arbeitsschutz und Arbeitsmedizin (BAuA) (2014). *Factsheet 09. Unterstützung durch Vorgesetzte – Dreifach wichtig, einfach unterschätzt.* www.baua.de/dok/5428054. Zugegriffen: 31.12.2014

Bundesministerium der Justiz und für Verbraucherschutz (2013). *Arbeitsschutzgesetz vom 7. August 1996 (BGBl. I S. 1246), das zuletzt durch Artikel 8 des Gesetzes vom 19. Oktober 2013 (BGBl. I S. 3836) geändert worden ist.* http://www.gesetze-im-internet.de/arbschg/. Zugegriffen: 06.01.2015

Comdirektbank (Forsa) © Statista (2014). Worüber reden Sie mit Freunden und Bekannten häufig? Zugegriffen: 30.12.2014.

Der niedergelassene Arzt (2014). *Internationales Forschungsprojekt zur Medizin-Sprache.* http://www.der-niedergelassene-arzt.de/home/news/article/internationales-forschungsprojekt-zur-medizin-sprache/. Zugegriffen: 06.07.2015

Deutsches Ärzteblatt (2014). CIRS-Gipfel NRW: Fehlerkultur als Führungsaufgabe. http://www.aerzteblatt.de/nachrichten/60955. Zugegriffen: 21.11.2014.

Deutsches Institut für Wirtschaftsforschung Berlin/DocCheck News (2014). Persönlichkeit: Veränderungen kennen kein Alter.

DGB-Angestellten-Info (1997). *Mobbing und Konflikte am Arbeitsplatz.* http://www.dgb.de/themen/++co++article-mediapool-2bb93db81fe24f3077ced10972300cf8/@@dossier.html. Zugegriffen: 31.12.2014

Fachverband Gewaltfreie Kommunikation e. V. http://www.fachverband-gfk.org/

Helmholtz Zentrum München – Deutsches Forschungszentrum für Gesundheit und Umwelt GmbH (2014). *Hohe Arbeitsbelastung ist Risikofaktor für Typ-2-Diabetes.* http://www.helmholtz-muenchen.de/aktuelles/uebersicht/pressemitteilungnews/article/24827/index.html. Zugegriffen: 08.08.2014

http://news.doccheck.com/de/newsletter/1209/8398/?utm_source=DC-Newsletter&utm_medium=E-Mail&utm_campaign=Newsletter-DE-DocCheck+News-2014-09-29&user=811e503697e63acfced56cab876174b5&n=1209&d=28&chk=f7b8ec3b37021a38a7a0a98be8b41dcb. Zugegriffen: 29.09.2014.

IKuF – Institut für Konfliktmanagement und Führungskommunikation (2013). Unternehmen versäumen es: Führungskräfte werden nicht mit dem notwendigen, professionellen Know-how ausgestattet. http://www.ikuf.de/interviews-fuehrungskraefte-ikuf/versaeumnisse_konfliktmanagement.html. Zugegriffen: 06.12.2014.

Initiative Gesundheit und Arbeit (2014). *iga.Report 27, iga.Barometer 4. Welle 2013: Die Arbeitssituation* in Unternehmen. Eine repräsentative Befragung der Erwerbsbevölkerung in Deutschland. 1. Auflage Juli 2014, ISSN: 1612-1988 (Printausgabe), ISSN: 1612-1996 (Internetausgabe). http://www.iga-info.de/veroeffentlichungen/iga-reporte/iga-report-27.html. Zugegriffen: 29.12.2014

Institut für Patientensicherheit Universität Bonn (2014). *Bundesweite Krankenhausbefragung zum Einführungsstand von klinischem Risikomanagement.* http://www.ifpsbonn.de/projekte-1/bundesweite-krankenhausbefragung-zum-einfuehrungsstand-von-klinischem-risikomanagement. Zugegriffen: 06.01.2015

Leymann, H. (1993). *Mobbing: Psychoterror am Arbeitsplatz und wie man sich dagegen wehren kann.* Reinbek bei Hamburg: Rowohlt. http://www.psychokrieg.de/artikel/www.psychokrieg.de-Die_45_Mobbing-Handlungen_nach_Leymann.htm. Zugegriffen: 31.12.2014

Lohmann-Haislah, A. (2012). *Stressreport Deutschland 2012. Psychische Anforderungen, Ressourcen und Befinden* (1. Aufl.). Dortmund: Bundesanstalt für Arbeitsschutz und Arbeitsmedizin.

Matyssek, A.-K. (2014). *Jahresbegleiter 2015 (Gesunde Psyche – Stark im Job).* Berlin: Books on Demand. http://www.mehr-wohlbefinden-im-job.de/epages/61894331.sf/de_DE/?ObjectPath=/Shops/61894331/Categories. Zugegriffen: 06.01.2015

Müller, T. (2014). *Ein Konflikt am Arbeitsplatz ist kein Problem, wenn das Personal professionelle Konfliktmanagement-Fähigkeiten erworben hat.* http://www.ikuf.de/interviews-fuehrungskraefte-ikuf/versaeumnisse_konfliktmanagement.html. Zugegriffen: 06.12.2014

von Rundstedt & Partner © statista (2014). *Was erwarten Sie von ihrem Chef bzw. Führungspersonal in wirtschaftlich schweren Zeiten?* http://de.statista.com. Zugegriffen: 30.12.2014

Schellenbaum, P. (1992). *Nimm deine Couch und geh!* Kösel.

Schulz von Thun, F. (2012). *Miteinander reden von A bis Z.* Reinbek bei Hamburg: Rowohlt-Taschenbuch-Verlag. http://www.schulz-von-thun.de/index.php?article_id=71. Zugegriffen: 29.12.2014

Schüttelkopf, E. (2014). *Ursachen suchen, nicht die Schuldigen.* http://www.fehlerkultur.com/medienberichte.html. Zugegriffen: 22.11.2014

Steldinger, B. (2014). *Was Fußball über Mitarbeiterführung verrät.* http://www.energetischeunternehmensberatung.de/2014/08/10/was-fussball-ueber-mitarbeiterfuehrun-verraet/. Zugegriffen: 10.08.2014

Verein gegen psychosozialen Stress und Mobbing (2014). *VPSM-Studie: Wer suchte uns im Jahre 2014 in Folge von Konflikten, psychosozialem Stress und Mobbing auf?* http://www.vpsm.de/index.php/aktuell/neuigkeiten. Zugegriffen: 31.12.2014

Mit 7 Leitfragen zur leidenschaftlich authentischen Führungskraft

13

Elisabeth Pine

Inhaltsverzeichnis

13.1 Erkennen und Anerkennen 241
13.2 Von Schubladen und Pinguinen 243
13.3 In der Spaßverbotszone 246
13.4 Das Entdecken der Leidenschaften 247
13.5 Den Blick öffnen und Klarheit gewinnen 250
13.6 Der Weg zu größerer Authentizität 253
13.7 Eine Investition, die sich lohnt 254
13.8 Über die Autorin 256
Literatur 257

Wer in großem Einklang mit sich selbst lebt, kommuniziert klarer, wirkt überzeugender – und fühlt sich in der Regel sehr wohl. Führungskräfte, die authentisch leben und führen, tun jedoch nicht nur etwas für ihr eigenes Wohlbefinden. Studien belegen die gesundheitsfördernden Auswirkungen auf die Mitarbeiter und die daraus entstehenden positiven Effekte für das Unternehmen: Der Krankenstand sinkt; Motivation und Produktivität nehmen zu.

Doch wie schaffen Sie es, noch authentischer zu werden? Zum Beispiel, indem Sie mehr über sich selbst erfahren, sich ihrer Stärken und Leidenschaften bewusst werden. Und Klarheit gewinnen, was Ihnen wirklich wichtig ist.

Als Einstieg in größere Selbsterkenntnis bietet Ihnen dieses Kapitel wichtige Fragen, deren Beantwortung Ihnen den Weg zu mehr Authentizität weist.

Gesundheit durch Authentizität? Das ist in der Regel nicht das Erste, was einem zu Prophylaxe einfällt. Und doch ist es ein interessanter Ansatz gerade für Führungskräfte. Studien haben ergeben, dass die Führungsqualität Gesundheit und Wohlbefinden der

---

Elisabeth Pine ✉
Platanenstraße 30, 65474 Bischofsheim, Deutschland
e-mail: info@elisabethpine.com

Mitarbeiter maßgeblich beeinflusst. Sogar die Gesundheit der Führungskraft selbst hat positive Effekte, neben dem Verhalten und der inneren Haltung. Dabei ist Authentizität als gesundheitsfördernd für Manager und Team belegt (Felfe 2014).

Auch die Universität Leipzig, die zu diesem Themengebiet forscht, bekräftigt die positive Wirkung von Authentizität im Arbeitskontext: „Authentizität konnte in empirischen Studien als einer der stärksten Prädiktoren für Wohlbefinden identifiziert werden" (Universität Leipzig 2015).

Tatsächlich können vermutlich viele bestätigen, dass sie sich besonders wohl fühlen, wenn sie authentisch agieren. Es geht bei Gesundheit eben nicht nur um das Fehlen von Krankheit. Menschen, die laut Arzt vielleicht eine Krankheit haben, können sich gut und gesund fühlen. Während andere sich krank fühlen, auch wenn gar keine diagnostizierte Krankheit vorliegt (Hamburger Schule 2014).

Die Frage im Unternehmenskontext ist also weniger: Wie gesund sind unsere Mitarbeiter? Sondern eher: Wie wohl fühlen sie sich eigentlich? In der jährlichen Gallup-Umfrage fällt die Antwort eindeutig aus. Die Süddeutsche Zeitung titelt: „84 Prozent leisten höchstens Dienst nach Vorschrift" (Janker 2014). Das Gallup-Institut bestätigt den jahrelangen Trend: „Die Identifikation mit der eigenen Arbeit ist erschreckend gering." Gerade bei den emotional ungebundenen Mitarbeitern gibt es überdurchschnittlich viele Fehltage, das Gefühl permanenter Überlastung ist allgegenwärtig. Die mangelnde Zufriedenheit der Mitarbeiter wird sowohl zu einem wirtschaftlichen Problem, als auch zu einem persönlichen Gesundheitsproblem für die Mitarbeiter selbst. Gallup errechnet jährliche Kosten durch Fehltage, Fluktuation und schlechte Produktivität in Höhe von über 110 Milliarden Euro (Berkemeyer 2015).

> **Wie alle profitieren können**
> In diesem Kontext fällt der Führungskraft eine ganz besondere Rolle zu: Sie kann durch authentisches Führen positiven Einfluss auf das Teamklima und das Wohlbefinden der Mitarbeiter nehmen. Und indem sie das tut, profitieren gleich drei Parteien:
>
> - die Führungskraft selbst (indem sie etwas für ihre eigene Gesundheit tut),
> - ihre Mitarbeiter (die sich wohler fühlen) und
> - das Unternehmen (das einen niedrigeren Krankenstand und eine höhere Produktivität verzeichnet).

Um diese Vorteile zu erzielen, liegt der Fokus der folgenden Seiten auf dem ersten Punkt (denn alles andere folgt daraus): Wie kann ich als Führungskraft noch authentischer werden?

In „Trends der psychologischen Führungsforschung" sprechen die Autoren von einer naheliegenden Voraussetzung für authentisches Führungshandeln: die Selbstkenntnis (Felfe 2014, S. 18).

▶ Lassen Sie sich von den hier diskutierten Fragen inspirieren, sich selbst besser kennenzulernen.

Je besser Sie sich selbst kennen und in Übereinstimmung mit ihren wahren Wünschen, Stärken, Leidenschaften leben, desto wohler fühlen Sie sich – und desto authentischer und glaubwürdiger werden Sie wahrgenommen. Desto stärker ist außerdem Ihre gesundheitsfördernde Wirkung als Vorbild in Ihrem Unternehmen (Felfe 2014, S. 22, 255 ff). Führungskollegen und Mitarbeiter können in einem nächsten Schritt Ihrem guten Beispiel folgen.

Das ist übrigens besonders hilfreich für die von Gallup zitierten Mitarbeiter, die sich ständig überlastet fühlen. Unzufriedenheit und Überlastung entstehen zum Beispiel dort, wo die Fähigkeiten und Fertigkeiten der Mitarbeiter für die anstehenden Aufgaben (noch) nicht ausreichen und auch keine Zeit bleibt, sich diese anzueignen. Aber auch dort, wo die ihnen anvertrauten Projekte ihnen gar nicht richtig entsprechen. *Wo Gaben und Aufgaben nicht zusammen passen.*

13.1 Erkennen und Anerkennen

Um einen solchen „Mismatch" zu vermeiden, wäre es hilfreich, seine eigenen Talente und die seiner Mitarbeiter gut zu kennen. Nun wird es einige geben, die sagen: „Ich weiß, worin ich gut bin. Ich habe Zertifikate, um das zu beweisen." Andere würden erwidern: „Ich habe eigentlich gar keine besonderen Stärken. Zumindest nichts Außergewöhnliches."

Viele Menschen, besonders im deutschsprachigen Raum, empfinden so. In ihrer Erziehung ging es eher darum, möglichst „normal" zu sein. Nicht aufzufallen, aber mitschwimmen zu können. Nicht zurückzufallen, aber auch nicht unbedingt vorzupreschen. Vielleicht mag dieser Punkt auf die Mehrheit der Manager nicht zutreffen. Und doch gibt es auch unter ihnen eine ganze Reihe, die sich schwer tun, sich selbst und andere anzuerkennen.

In den USA ist das ein wenig anders. Dort ist es eher üblich, andere zu bewundern oder zu loben; in Deutschland werden sie eher beneidet. Als ich in den USA studiert habe, hat ein Professor es mir so erklärt: Wenn in den USA der Nachbar mit dem neuesten, teuersten Mercedes oder BMW (oder heutzutage vielleicht mit einem Tesla) vorfährt, wird er angesprochen und beglückwünscht. Man klopft ihm auf die Schulter und sagt „Wow, ist ja super". Wenn in Deutschland der Besitzer einen solchen Wagen an der Straße parkt, geht kurze Zeit später jemand mit einem Schlüssel vorbei und kratzt den Lack an.

Man kann diese Geschichte glauben oder nicht. Doch die meisten würden wohl zustimmen, dass Erfolge in den USA mehr gefeiert werden als in Deutschland. Wir tun uns häufig schwer damit. Feiern darf man nur, wenn etwas wirklich Außergewöhnliches passiert ist; alles andere gehört einfach zum Job; das hat man gefälligst zu tun.

Was hat das mit unseren Gaben zu tun?

- Wir haben den Blick dafür verloren, was etwas Besonderes ist.
- Wir haben den Blick dafür verloren, was ein Erfolg ist.
- Wir haben den Blick dafür verloren, was anerkannt und gefeiert werden darf.

Das bemerke ich besonders, wenn ich jüngeren Klienten helfe, sich auf das Berufsleben vorzubereiten. Welche Gaben und Talente bringen sie mit? Da fällt ihnen oft gar nicht so viel ein. Sie übersehen es einfach.

Ich hatte einen jungen Mann vor mir, der mit 16 Jahren mehrere Monate im Ausland zur Schule gegangen war, mit 17 Jahren für die Junior Business School ausgewählt wurde, seine eigene Musik komponierte und bereits mehrere Videos gedreht hatte, für die er erste Preise gewonnen hatte. Er hatte sogar gemeinsam mit einem Oscar-Preisträger ein Video produziert über das Thema Nachhaltigkeit. Man sollte meinen, dass das doch in seinem Lebenslauf und seinem Anschreiben zu lesen gewesen wäre. Doch da stand nichts darüber! Keine Erwähnung, dass er kreativ ist, Auslandserfahrung mitbringt, Preise gewonnen hat und sich für das Thema Nachhaltigkeit interessiert. Er hatte es nicht gesehen!

Vielleicht denken Sie gerade: „Na ja, er ist halt noch jung" oder vielleicht sogar „So schlau kann er aber nicht gewesen sein, wenn er das nicht erwähnt." Meine Erfahrung zeigt jedoch: Es ist nicht viel anders, wenn ich älteren Klienten helfe zu entdecken, was ihre wirklichen Gaben, Talente, Leidenschaften sind.

Einer meiner Klienten kam kurz vor seinem 50. Geburtstag zu mir. Er wollte endlich für sich herausfinden, was ihn wirklich motivierte, wo seine Leidenschaften lagen. Er hatte in dem großen, internationalen IT-Unternehmen, in dem er arbeitete, häufig die Stelle gewechselt auf der Suche nach dem, was ihm wirklich Spaß machen würde. Er hatte es bisher nicht gefunden. Ja, er hatte sich ständig weiter gebildet, hatte viele Zertifikate gesammelt, aber das half ihm nicht zu entscheiden, was er wirklich tun wollte. Der Reiz des Neuen ließ ihn immer einige Wochen gut fühlen, doch er merkte, dass das immer kürzer anhielt.

Ich stellte ihm dann diese Frage:

▶ Wenn du deine eigene Fernsehsendung hättest, in der du Menschen etwas beibringen könntest, was wäre das?

Er überlegte eine ganze Weile und sagte dann: „Höflichkeit und Etikette." Er war selbst etwas verblüfft, grinste dann aber und sagte: „Ja, das ist mir wichtig. Davon würde ich gerne mehr sehen in der Welt." Daraus entwickelten wir in mehreren Schritten, was er gerne wäre: ein Mediator. So war er aber in seiner gesamten Laufbahn noch nicht eingesetzt worden!

Was uns besonders leicht fällt, scheint uns oft nicht erwähnenswert zu sein. In der Regel schulen wir unseren Blick nicht dafür, was wir besonders mögen oder besonders gut können. Deshalb sind wir ungeübt darin, es überhaupt zu erkennen. Uns unserer Stärken bewusst zu werden.

Unser Schulsystem ist so aufgebaut, dass wir versuchen, an unseren Schwächen zu arbeiten. Während der Schulzeit beschäftigen wir uns mehr mit dem, was wir nicht gut können als mit dem, worin wir sowieso schon zu den Besten gehören. Da gilt es dann von einer Fünf auf eine Vier zu kommen, von einer Drei auf eine Zwei.

Das hilft uns allerdings im späteren Leben weniger. Denn man kommt wesentlich weiter, hat weit mehr Erfolg, wenn man etwas besonders gut kann. Das heißt, wenn man seine Stärken stärkt.

▶ Wie gut kennen Sie eigentlich Ihre Gaben, Ihre Stärken?

Nutzen Sie die Frage nach Ihren Gaben und Stärken als eine der ersten auf ihrem Weg zu größerer Authentizität. Denn das Bewusstmachen und Anerkennen der eigenen Stärken ist ein sehr hilfreicher Schritt. Zum einen können Sie so aktiver daran mitarbeiten, an den richtigen Stellen eingesetzt zu werden. Zum anderen entwickeln Sie ein größeres Bewusstsein für sich selbst.

Das ist genau das, was die Sozialpsychologen Michael Kernis und Brian Goldman als ein ganz wichtiges Erfüllungskriterium dafür beschreiben, sich selbst überhaupt als authentisch erleben zu können: „Wir müssen unsere Stärken und Schwächen ebenso kennen wie unsere Gefühle und Motive [...] Erst durch diese Selbstreflektion sind wir in der Lage, unser Handeln bewusst zu erleben und zu beeinflussen" (Mai 2013).

Wenn Sie sich Ihrer eigenen Stärken bewusst geworden sind, wird sich sicherlich Ihr Blick weiten. Sie werden versuchen, auch besser wahrzunehmen, was denn die Stärken Ihrer Kollegen und Mitarbeiter sind. Für eine gute Zusammenarbeit ist das enorm hilfreich. Allerdings scheint das manchmal leichter gesagt als getan. Denn unser Gehirn spielt uns bei der Wahrnehmung häufig einen Streich.

13.2 Von Schubladen und Pinguinen

Wir sind auf Effizienz getrimmt und erlauben deshalb unserem Unterbewusstsein Menschen schnell in Schubladen zu stecken: Wenn wir jemanden kennenlernen, bilden wir uns blitzschnell eine Meinung über ihn. Außerdem ist unser Gehirn auch noch auf Stabilität ausgerichtet, und das ist leider nicht immer von Vorteil:

> Widersprüchliche Informationen werden ausgeblendet, passende Informationen höher gewichtet. [...] Normalerweise nehmen Menschen, wenn sie einmal zu einer Überzeugung gelangt sind, nur noch die Informationen auf, die mit ihrer Sichtweise in Einklang stehen. Auch werden [...] Informationen so interpretiert, dass die eigene Sichtweise unterstützt wird (Revers 2012).

Wenn Sie also zum Beispiel über einen Mitarbeiter denken „Das bekommt er sowieso nicht hin, der vermasselt ja ständig die Aufgaben, die man ihm gibt", dann werden Sie – ohne es zu merken – Informationen so wahrnehmen oder so interpretieren, dass sie zu dieser Meinung passen. Da bedarf es schon dem bewussten Willen, seine eigenen Muster zu durchbrechen und offen zu sein für all das Gute, das dieser Mitarbeiter schafft. Vielleicht hat er ja Stärken, von denen Sie bisher noch gar nichts wissen. Vielleicht war in seiner „Schublade" bisher noch kein Platz dafür.

Dr. Eckart von Hirschhausen erzählt in „Glück kommt selten allein" eine schöne Geschichte dazu: In Norwegen geht er in den Zoo und sieht einem Pinguin zu, der auf einem Felsen steht. Sein Eindruck? Keine Taille, Flügel zu klein, keine Knie, kann nicht fliegen. Fehlkonstruktion. Dann geht er die Treppe hinunter, um dem Pinguin im Wasser zuzuschauen. Auf einmal hat er das Gefühl, dass der Pinguin ihn bemitleidet.

Er schreibt: „Er war in seinem Element. Boh ey. Ohne Worte. [...] Ein Pinguin ist zehnmal windschnittiger als ein Porsche! Mit der Energie aus einem Liter Benzin käme er über 2500 km weit! [...] Und ich dachte: Fehlkonstruktion! Der Pinguin erinnert mich an zwei Dinge: erstens, wie schnell ich Urteile fälle, nachdem ich jemanden in nur einer Situation gesehen habe, und wie ich damit komplett danebenliegen kann. Und zweitens: wie wichtig das Umfeld ist, damit das, was man gut kann, überhaupt zum Tragen kommt, zum Vorschein und zum Strahlen" (Hirschhausen 2011).

Wenn Sie also über einen Ihrer Mitarbeiter denken: „Fehlkonstruktion!", dann prüfen Sie doch mal, ob er mit seinen wahren Stärken im richtigen Umfeld eingesetzt wird. Oder ob er noch mehr Wasser braucht, damit es im nächsten Projekt besser „flutscht".

Um Ihre Stärken und andere Persönlichkeitsmerkmale für sich zu entdecken, gibt es eine ganze Reihe an Tools. Dazu gehören zum Beispiel die „Big Five", das „Reiss-Profil" oder der „StrengthFinder". Sie können sie nutzen, um über sich selbst zu reflektieren oder mit Kollegen und Mitarbeitern ins Gespräch zu kommen. Wie die Psychologin Andrea Revers jedoch warnt: „... erwarten Sie nicht, dass Sie hinterher wissen, wie ihre Mitarbeiter funktionieren." (Revers 2012). Solche Instrumente können also die Bewusstmachung fördern, sollten jedoch nicht das Schubladendenken noch weiter befeuern.

Nachdem Sie Ihre Stärken erkannt und anerkannt haben, gibt es einen zweiten sinnvollen Schritt, um sich besser kennenzulernen: das Entdecken der eigenen Leidenschaften. Dazu finden Sie in den folgenden Abschnitten gleich mehrere Fragestellungen, die Ihnen den Weg weisen. Die erste lautet:

▶ Wofür begeistern Sie sich?

Denn wir können sehr wohl mit unseren Stärken gute Leistung bringen – das ist jedoch nicht immer auch erfüllend. Zumindest nicht für eine lange Zeit. Immer wieder erzählen mir Klienten, dass sie sehr gut sind, in dem was sie tun. Sie haben sich dadurch auch großen Erfolg erarbeitet – oft hart erarbeitet.

Allerdings sind sie „irgendwie" dort gelandet, wo sie nun sind. Sie fragen sich manchmal, wie das eigentlich passiert ist. Nun ja, es hat ihnen ein gutes Auskommen beschert, sie konnten ihre Familie damit versorgen, hatten auch immer wieder Erfolgserlebnisse, aber eigentlich ...

Jetzt sind sie an einem Punkt angekommen, an dem sie merken: Die Arbeit macht weniger Freude; sie erfordert immer mehr Kraft. Sie fühlen keinen Enthusiasmus für das, was sie tun. Nicht selten festigt sich dann der Gedanke: „Es muss doch noch mehr geben". Etwas, das ihnen noch mehr entspricht, was Bedeutung für sie hat. Sie suchen nach etwas, bei dem sie sagen: „Dafür schlägt mein Herz." Das kann eine noch nicht entdeckte oder gelebte Stärke sein. Und es kann auch noch wesentlich mehr sein. Eben eine Leidenschaft. Etwas, das sie immer wieder begeistert.

Der Neurobiologe Professor Dr. Gerald Hüther sagt, dass wir uns nur für etwas begeistern können, wenn es Bedeutung für uns hat. Kindern fällt das leicht: „Zwanzig bis fünfzig Mal am Tag erlebt ein Kleinkind einen Zustand größter Begeisterung. Und jedes Mal kommt es dabei im Gehirn zur Aktivierung der emotionalen Zentren" (Hüther 2014a). Als Erwachsene scheinen wir das verlernt zu haben.

Dabei können Sie durch Enthusiasmus nicht nur die Stimmung Ihrer Mitmenschen aufhellen. Durch die positiven Auswirkungen auf unsere Hirnzellen öffnen wir Türen zu neuen Potentialen.

▶ Das wahre Geheimnis des Erfolgs ist die Begeisterung (Walter Percy Chrysler).

In einem Interview mit Lufthansa Exclusive fordert Hüther deshalb: „Wir brauchen Manager, die mit Leidenschaft führen und ihre Mitarbeiter begeistern. Eine der wichtigsten Erkenntnisse der Hirnforschung ist, dass Menschen nur dann ihre Potentiale entfalten, wenn sie sich für etwas begeistern. Dann geht die Gießkanne mit dem Dünger fürs Hirn an." Hüther beschreibt Begeisterung als effektiven Verstärker für neuronale Umbauprozesse. Neue Vernetzungen können wir bis ins hohe Alter aufbauen – durch Aktivierung der emotionalen Zentren im Hirn (Hüther 2014b).

Über Begeisterung können Sie zu einer größeren emotionalen Bindung beitragen. Das ist bedeutsam, denn – wir erinnern uns an die Ergebnisse der Gallup-Umfrage – es sind gerade die emotional ungebundenen Mitarbeiter, die häufig krank sind und Fehltage aufweisen.

Tatsächlich ist Begeisterung oft ein Anzeichen dafür, dass wir etwas leidenschaftlich gerne tun. Und unsere Leidenschaften sagen uns auch etwas über unsere wahren „Antreiber". Die, die uns in einen Flow-Zustand versetzen. Dort fühlen wir uns wohl, dort haben wir keinen verspannten Nacken, das verursacht uns kein Magengeschwür. Wenn wir unseren positiven Antreibern folgen, lassen sie uns fröhlicher aufstehen. Sie lassen uns müheloser arbeiten, klarer kommunizieren, gelassener mit Herausforderungen umgehen.

Jetzt ist Leidenschaft so ein Wort, bei dem sich mancher fragen mag: Passt das denn in einen Business-Kontext? Vermutlich ist das Wort allein schon dem ein oder anderen Manager suspekt: Hat Leidenschaft nicht viel mit Spaß zu tun? Das scheint ja manchmal so gar nicht mit Arbeit zusammenzugehen.

13.3 In der Spaßverbotszone

So war ich vor kurzem in einer Behörde und habe mich dort mit einer Mitarbeiterin unterhalten. Sehr angeregt unterhalten. Wir hatten so viel Spaß, dass wir laut gelacht haben. Wenige Sekunden später kam eine Mitarbeiterin aus einem anderen Büro gestürmt und meinte empört zu uns: „Hören Sie sofort auf zu lachen – hier arbeiten Menschen!"

Kein Wunder, dass wir ungern Behörden aufsuchen, die Atmosphäre ist oft nicht einladend (die Mitarbeiterin, die mit mir gelacht hatte, verließ übrigens wenige Wochen nach unserem Gespräch die Behörde. Sie war schon öfter durch Lachen unangenehm aufgefallen und entschied, woanders hinzugehen, wo Lachen erlaubt war ...).

Allerdings habe ich das gleiche Phänomen auch in Abteilungen größerer Unternehmen erlebt. Dabei hemmt ein Lach- und Spaßverbot bei der Arbeit – auch ein unausgesprochenes – geradezu die Kreativität und Produktivität.

Ein Zitat von Mark Twain lautet: „Donner ist gut und eindrucksvoll, aber die Arbeit leistet der Blitz."

In unseren Unternehmen sitzen Mitarbeiter, die innerlich grollen. Die hart arbeiten und sich keine Zeit nehmen für das kleine Späßchen zwischendurch. Manches Mal ist das auch gar nicht gewollt, der Druck auf allen Ebenen ist zu groß dafür. Wenn aber Enthusiasmus – der „Hirndünger" – fehlt, wie viele Geistesblitze werden da noch geboren? Genau solche Geistesblitze, die dafür sorgen, dass ein Unternehmen vorankommt, dass es zu den innovativsten gehört?

Es mag Sie überraschen, aber sogar der Begriff Work-Life-Balance ist ein wenig symptomatisch dafür, dass Spaß und Arbeit als „nicht-zusammengehend" empfunden werden. Das ist mir besonders aufgefallen, als ich ein Bild sah, auf dem der Begriff so dargestellt wurde: Ein Wegweiser zeigt nach links „Work", ein Wegweiser zeigt nach rechts „Life", ein Wegweiser zeigt geradeaus „Balance". Work und Life weisen in die entgegengesetzte Richtung, haben also nichts miteinander zu tun. Tatsächlich sehen es manche Menschen so. Sie wollen „Arbeit" und „Leben" strikt trennen.

Natürlich ist Work-Life-Balance zu begrüßen, wenn es, laut Definition, um ein „ausgeglichenes Verhältnis von Arbeits- und Privatleben" oder um einen Zustand geht, „... in dem Arbeits- und Privatleben miteinander in Einklang stehen" (Uni Heidelberg 2015; Wikipedia 2015b).

Wenn es aber wie auf dem Bild gesehen interpretiert wird, dann hebt es folgenden Aspekt hervor:

Entweder ich lebe oder ich arbeite. Im Umkehrschluss: Wenn ich arbeite, habe ich keine Zeit zu leben. Und tatsächlich fühlen sich viele Menschen nicht mehr „lebendig" bei der Arbeit, sie kommen sich vor wie Maschinen oder Roboter. Sie funktionieren, empfinden aber nur noch wenig Freude bei dem, was sie tun.

Genau deshalb brauchen sie den Ausgleich zur Arbeit, denn das Leben, der Spaß, findet ja auf der anderen Seite statt. Wenn Sie den Begriff Work-Life-Balance so betrachten, erkennen Sie dann, dass dem Begriff „Work" etwas Negatives anhaftet? Einer meiner Klienten, mit dem ich eine Liste seiner Leidenschaften erstellte, erkannte bei der Diskussion, dass er den Begriff „Arbeit" so negativ empfand, dass er ihn gar nicht auf seiner Liste sehen wollte. Tätigkeit war in Ordnung, Projekt war OK, aber gegen das Wort Arbeit empfand er eine tiefe Abneigung!

So ergeht es so manchen Arbeitnehmern und auch Führungskräften: Sie fühlen sich innerlich leblos, ausgebrannt, gefangen in Aufgaben, mit denen sie sich nicht identifizieren. Und immer wieder passiert es, dass sie so „burned-out" sind, dass sie auf der anderen Seite, dort wo das Leben sie wieder in Balance bringen soll, sich nicht mehr wiederfinden. Sie arbeiten zehn, zwölf Stunden oder mehr pro Tag in einer „Spaßverbotszone" und haben verlernt, Freude zu empfinden, darauf zu hören, was ihr Körper ihnen sagt und das Leben zu genießen. Sie werden selbst zu ungenießbaren Mitarbeitern, sind ständig sauer. Und vielleicht gibt es ja tatsächlich einen Zusammenhang, dass manche Menschen, die alles nur noch „ätzend" finden, ein Magengeschwür entwickeln ...

Deshalb hier die nächste Frage für Sie:

▶ Wie viel Spaß gönnen Sie sich bei der Arbeit?

Und beobachten Sie doch einmal, welche Einstellung Sie selbst und Ihr Unternehmen zum Thema „Spaß bei der Arbeit" haben.

Wenn Sie wissen, was Sie begeistert und wenn Sie wahrnehmen, wie viel oder wie wenig Spaß Sie sich in ihrer Arbeit und in Ihrem Leben gönnen, sind Sie schon wieder ein ganzes Stück weitergekommen. Und falls Sie merken: Es gibt immer wieder Phasen, da fehlt Ihnen Freude und Lebendigkeit, dann gehen Sie noch einen Schritt weiter in Richtung größerer Authentizität: Entdecken Sie Ihre Leidenschaften und bringen Sie mehr davon in Ihr Leben.

13.4 Das Entdecken der Leidenschaften

Auch wenn man, wie erwähnt, in manchen deutschen Unternehmen sicherlich noch weit davon entfernt ist, über die Leidenschaften seiner Mitarbeiter zu sinnieren, kommt doch langsam Bewegung in die Sache. Zunächst als Werbebotschaft – aber immerhin, der Gedanke ist vorhanden. So wirbt ein großes deutsches Finanzinstitut mit „Leistung aus Leidenschaft", eine Supermarktkette zeigt „Leidenschaft für Lebensmittel", ein Feinkostgeschäft wirbt mit „Qualität ist unsere Leidenschaft", ein Automobilhersteller nennt sein Markenmagazin „Passion", usw.

Wird Leidenschaft also salonfähig im Business? Zugegeben: Leidenschaft ist kein besonders schönes Wort, wenn es daran erinnert, was „Leiden schafft". Mir gefällt das englische „Passion" besser. Es scheint mit größerer positiver Energie daher zu kommen.

Interessanterweise kennen viele Menschen ihre Leidenschaften jedoch gar nicht. Das erfahre ich immer dann, wenn ich von einem Tool berichte, das ich gerne im Rahmen meiner Coachings anwende: dem „Passion Test".

Der Passion-Test-Prozess startet zunächst damit, dass man eine Liste von 10–15 Leidenschaften aufschreibt. Wenn ich Menschen davon erzähle, reichen die Reaktionen von „Was sind meine Leidenschaften? Ja, das wüsste ich auch gerne" bis „Zehn Leidenschaften? Ich weiß gar nicht, ob ich so viele habe!".

Wie würde es Ihnen damit ergehen? Wenn Sie sich jetzt ein Blatt vornehmen würden, um Ihre Passions aufzuschreiben – wie viele würden Ihnen spontan einfallen? Probieren Sie es aus.

Ihre nächste Frage auf dem Weg zu mehr Selbsterkenntnis ist also gleichzeitig eine Aufforderung.

> Was sind Ihre Leidenschaften? Schreiben Sie 10–15 auf, die Ihnen als erstes in den Sinn kommen.

Der Vorteil einer solchen Passion-Liste: Sie nehmen nicht nur Dinge auf, die Sie tun. Es geht also um mehr als Ihre Stärken. Es geht auch darum: Wer möchten Sie sein? Wie möchten Sie sein? Von wem oder was möchten Sie umgeben sein? Was wünschen Sie sich für Ihr ideales Leben?

An dieser Stelle höre ich hin und wieder Zweifel von Unternehmenslenkern oder Personalverantwortlichen: „Wenn unsere Führungskräfte erkennen, wie ihr ideales Leben eigentlich aussehen würde, dann sind sie aber ganz schnell hier weg, das wollen wir nun wirklich nicht. Es ist schwer genug, unsere Leute zu halten." Dazu zwei Gedanken:

1. Wenn jemanden nichts mehr hält, weil er an dem Platz einfach nicht der Richtige ist, dann wird er sowieso wenig produktiv sein, nicht gut über den Arbeitgeber denken und reden und nicht das gewünschte Engagement mitbringen. Will man so jemanden wirklich halten?
2. Meist tritt ein anderer Effekt ein: Es ist als ob diejenigen, die die Klarheit für sich erhalten, was sie wirklich wollen, aus einem tiefen Schlaf erwachen. Vorher lief alles auf Automatik. Es ist jener Automatismus, der einen morgens aufstehen lässt mit dem Gedanken: „Jetzt muss ich da schon wieder hin. Tagein, tagaus das Gleiche. Ich bin gefangen im Hamsterrad." Die plötzliche Klarheit reißt sie da heraus. Sie werden sich der Dinge bewusst, die sie wirklich schätzen. Sie entdecken Seiten an ihrer Arbeit, die sie vorher noch gar nicht als positiv wahrgenommen hatten. Wie heißt es so schön: Nur, was wir schätzen, ist ein Schatz, ist wertvoll für uns.

Ich habe nicht wenige Klienten, die – vorher eher unglücklich mit ihrem Leben – für sich herausfinden: „Ich lebe ja schon ganz viele meiner Leidenschaften! Das war mir gar nicht bewusst."

Das heißt: Eine neue Wertschätzung der eigenen Arbeitssituation kann ein Ergebnis der Bewusstmachung sein. Oder auch das erwachende Engagement, an wichtigen Stellen etwas zu ändern – so dass es ihnen selbst und ihrem Team besser geht.

Lassen Sie mich an einem weiteren Beispiel demonstrieren, wie relevant die Frage nach den Leidenschaften für den Business-Kontext sein kann.

Interessanterweise schreiben viele meiner Klienten die folgende Aussage auf:

In meinem idealen Leben ... schreibe ich ein Buch.

Das ist in der Regel nicht etwas, was sie als Stärke empfinden. Im Gegenteil, manchen ist ein wenig mulmig zumute, wenn sie es aufschreiben. „*Eigentlich* kann ich sowas ja gar nicht, aber es ist etwas, was mich begeistern würde und ich mir schon lange wünsche." Es ist eine schöne Leidenschaft, finden Sie nicht?

Aber was steckt hinter diesem Wunsch? Was wollen meine Klienten wirklich?

Was uns wichtig ist, und was wir wirklich wollen, ist nicht immer naheliegend für uns. Besonders, wenn wir uns leicht von anderen beeinflussen lassen und noch gar nicht tiefergehend darüber nachgedacht haben, was unsere eigenen Wünsche sind. Auf dem Weg zu größerer Authentizität ist es wert, sich die Zeit zu nehmen, genau darüber einmal nachzudenken.

Die Frage nach den eigenen Wünschen ist auch ein zentrales Thema der Komödie „Die Braut, die sich nicht traut". Darin gibt es eine Szene, die dieses Dilemma gut veranschaulicht.

Kurz zum Film: Sie erinnern sich an das Traumpaar der Leinwand der 1990er-Jahre – Julia Roberts und Richard Gere? Ihr Film „Pretty Woman" spielte Millionen Dollar ein. Die Chemie der beiden auf der Leinwand stimmte einfach. So suchten die Produzenten über Jahre nach einer Möglichkeit, die beiden wieder zusammen in einem Film auftreten zu lassen. Das geschah dann 1999. Es geht in dem Film um eine Frau, die sich schon oft verlobt hat, aber dann vor dem Traualtar regelmäßig Reißaus nimmt. Der Running Gag des Films ist, dass jeder ihrer Verlobten vermeintlich genau weiß, wie Julia am liebsten ihre Frühstückseier isst. Spiegelei, Rührei, hartgekocht etc. Denn jedes Mal, wenn sie gefragt wird von ihrer jeweiligen Nr. 1, nennt sie das Lieblingsfrühstück Ihres Gegenübers auch als ihr eigenes.

Als Richard Gere sie fragt, „aber was willst du denn nun wirklich zum Frühstück essen?" muss sie passen. Sie weiß es einfach nicht. Es gibt dann eine schöne Szene, in der sie sechs oder sieben Teller vor sich stehen hat und alle verschiedenen Versionen eines Eierfrühstücks durchprobiert. Am Ende weiß sie, ihr Lieblingsfrühstück ist „Eier Benedict".

Erst durch die Frage „Was willst du wirklich; was ist dir wichtig?" beschäftigt sie sich zum ersten Mal mit ihrem eigenen Wunsch. Bis dahin hätte sie nicht authentisch sagen können, was ihr wirklich schmeckt.

▶ Die Frage nach der Authentizität ist auch die nach dem wahren Willen: Authentisch in diesem Sinne ist, wer seinen wahren Willen kennt und nach diesem handelt (Wikipedia 2015a). „Was will ich wirklich?" ist also eine Frage, die viel tiefer geht als es zunächst den Anschein hat.

Ich habe die Erfahrung gemacht, dass viele Menschen noch nie richtig darüber nachgedacht haben, was sie wirklich wollen. Sie könnten aufzählen, was andere vermutlich von ihnen und für sie wollen, ihre Partner, ihre Eltern, ihre Chefs. Aber sie haben keine Klarheit, was sie selbst möchten. Da bleiben die ersten Antwortversuche noch an der Oberfläche. Aber was dahintersteht ist ihnen oft nicht bewusst.

Deshalb lohnt es sich, etwas tiefer zu bohren. Der Wunsch, ein Buch zu schreiben, kann zum Beispiel ganz verschiedene Aspekte haben:

- Kreativ zu sein
- Den Akt des Schreibens zu genießen
- Ein fertiges, bleibendes Produkt in Händen zu halten
- Sich vorzustellen, wie der Nachbar es im Buchladen entdeckt
- Einen Bestseller zu veröffentlichen
- Wissen weiterzugeben

Bei der ursprünglich genannten Leidenschaft „… schreibe ich ein Buch" schwingt bei manchen meiner Klienten mit: „Komme ich ja doch nie dazu. Na ja, vielleicht, wenn ich mal Zeit habe oder wenn ich in Rente bin". Das ändert sich, wenn wir die Facetten aufdecken, die dahinter stehen. Die Leidenschaften werden dann eher so formuliert:

… genieße ich es, immer wieder kreativ tätig zu werden.
… nehme ich mir jeden Tag Zeit zu schreiben.
… bin ich stolz auf die Produkte, die ich fertigstelle.
… bin ich als Bestseller-Autor weltbekannt.
… schaffe ich mir durch den Verkauf meiner Bücher finanzielle Freiheit.
… teile ich mein Wissen mit Tausenden von Menschen.

Zum einen klingen diese Leidenschaften sehr attraktiv, entfalten sogar eine Sogwirkung: „Ja, das will ich wirklich". Zum anderen öffnen sie Horizonte.

13.5 Den Blick öffnen und Klarheit gewinnen

Jemand, der dadurch für sich Klarheit gewinnt, wie sehr er Kreativität genießt, entdeckt plötzlich, dass er auf vielerlei Weise bereits jetzt kreativ tätig ist. Vielleicht probiert er gerne neue Kochrezepte aus. Vielleicht spielt er gerne mit Excel-Formeln herum. Oder vielleicht beginnt er, bei Problemen zu fragen: Was wäre hierbei eine ganz besonders kreative Lösung?

Wer gerne fertige Produkte in Händen hält, lässt sich dort einsetzen, wo jemand gebraucht wird, der Dinge gut zu einem Abschluss führen kann.

Wer gerne sein Wissen weitergibt, erkundigt sich, wo im Unternehmen er Kollegen trainieren kann, und so weiter.

Die Frage an Sie lautet:

▶ Haben Sie Klarheit darüber, was Ihnen wirklich wichtig ist?

Sobald die Klarheit über die eigenen Wünsche da ist, kann man noch besser ins Handeln kommen. Es ist viel einfacher, seine Leidenschaften in sein Leben zu holen. Wenn man so auf die Dinge schaut, zeigt sich außerdem folgendes Phänomen: Wir realisieren, in welchem Maß wir einige unserer Leidenschaften bereits leben. Wir haben sie bisher nur noch nicht richtig erkannt und uns nicht darauf fokussiert. Neben der größeren Klarheit durch das Bewusstmachen unserer Leidenschaften ist deshalb das Fokussieren so wertvoll.

Denn erstens: Worauf wir uns konzentrieren, wird stärker in unserem Leben. (Ist Ihnen das schon einmal aufgefallen?)

Und zweitens: In der heutigen Informationsflut verlieren wir ansonsten zu oft den Überblick.

Wir sind zwar schwer beschäftigt, haben aber am Abend den Eindruck, dass wir gar nicht wissen, was wir eigentlich geschafft haben. Uns fehlt Fokus und Priorisierung.

Zu diesem Punkt habe ich gerade etwas gelesen, was das ganz gut verdeutlicht: Bei heutigen Blockbustern, wie der neueste „Hobbit"-Film von Peter Jackson, kommt modernste Filmtechnik zum Einsatz. Bewegungsunschärfen sind damit eine Sache der Vergangenheit: Bis in die hinterste Ecke ist alles zu sehen, selbst bei großer Bewegung. Die Bildwechselfrequenz ist mit 48 fps (frames per second) doppelt so hoch wie die der meisten anderen Filme. James Cameron plant für seine neuen Filme sogar eine noch höhere Frequenz. Was zu einem neuen, aufregenden Seherlebnis führt, hat aber auch Nachteile.

Wenn Menschen überall alles scharf sehen können, nehmen sie Bewegung auch unwichtiger Dinge wahr. In einem Test wurde Zuschauern ein kurzer Film gezeigt, der in einem Haus spielte. Durch eine Fensterscheibe hindurch bemerkten sie einen Baum, dessen Blätter sich bewegten. Sie achteten gar nicht mehr auf die Haupthandlung, sondern ließen sich durch diese unwichtige Bewegung ablenken. An dem Überangebot an Details auf der Leinwand verloren sie ihren Fokus (Jüngling 2014). Information Overload!

Wir kennen das aus unserem Büroalltag: Unsere Mailboxen füllen sich so schnell mit E-Mails, dass wir ständig abgelenkt sind. Vielleicht ist zeitgleich sogar noch ein Chat-Tool geöffnet, oder es gibt andere intern genutzte Social-Media-Tools. Dann nehmen wir auch „Bewegungen" wahr. Irgendwo auf unserem Bildschirm wird angezeigt, wenn eine neue Message eintrifft (auch wenn hoffentlich die meisten Ihrer Mitarbeiter zumindest das begleitende Geräusch ausgeschaltet haben). Selbst wenn das „im Hintergrund" stattfindet, lassen wir uns leicht von der „Haupthandlung", unserem Fokus, ablenken.

Es kommt zu einer Überforderung: Es ist einfach zu viel auf einmal. Mitarbeiter kämpfen täglich gegen die Mail-Flut an, und es kommt ihnen nicht so vor, als ob sie etwas Sinnvolles mit ihrer Zeit angefangen hätten. Das trägt dann dazu bei, dass sie sich ausgelaugt und unzufrieden fühlen.

Aber es ist ja nicht nur so, dass sie ihren Fokus aus den Augen verlieren, weil sich überall etwas „bewegt", überall Probleme gelöst werden müssen. Es ist ja häufig eher so, dass sie gar nicht wissen, was der Fokus überhaupt sein soll. Wo auf dem Bildschirm findet die Haupthandlung statt? Wo soll ich denn gerade hinschauen? Hat das Blätterrascheln im Hintergrund vielleicht eine Bedeutung? Wollte der Regisseur, dass ich in diesem Moment dorthin schaue?

Für die Regisseure, die mit der neuesten Technologie arbeiten, die Schärfe bis in den hintersten Winkel des Bildes erlaubt, stellen sich neue Herausforderungen. Wie machen sie dem Zuschauer klar, wo im Moment seine Aufmerksamkeit hinwandern soll, wo ein Detail die Haupthandlung tatsächlich unterstützt? (Jüngling 2014).

Deshalb lautet die Frage an Sie:

▶ Kennen Sie Ihren Fokus?

Und wie lautet die Antwort für Ihre Mitarbeiter? Wo sollte der Fokus für sie liegen? Zu welcher „Haupthandlung" im Unternehmen können Sie und Ihr Team Ihre Stärken und Talente einbringen?

Für Menschen, die sich bisher nicht die Zeit genommen haben, über sich nachzudenken, ist das Entdecken der Leidenschaften also ein attraktiver Einstieg, sich selbst besser kennenzulernen. Denjenigen, die schon verschiedene Seminare und Coachings für ihre Persönlichkeitsentwicklung genutzt haben, bietet es einen frischen, noch nicht zigmal genutzten Ansatz, um weitere Seiten über sich zu entdecken.

Sobald sie Ihre Top-Leidenschaften kennen, können Sie aktiv werden und mehr davon in Ihr Leben integrieren. Sie fokussieren auf das, was Sie wollen, nicht auf das, was Sie nicht wollen. Das ist ein wichtiger Unterschied. Unsere Tendenz ist in der Regel, dass uns alles auffällt, was uns stört. Das nehmen wir immer und immer wieder wahr. Nach der Regel: „Das, worauf wir uns fokussieren, wird stärker in unserem Leben" vermehren wir so allerdings das Negative. Kein Wunder, dass wir uns schlecht fühlen!

In der Psychologie spricht man auch von Annäherungs- und Vermeidungszielen. Unsere Stärken und Leidenschaften machen es leichter, mit daraus abgeleiteten Annäherungszielen statt mit Vermeidungszielen zu arbeiten:

> Bei Annäherungszielen ist leicht erkennbar, ob man seinem Ziel näherkommt oder nicht. Die Annäherung an das Ziel ist üblicherweise mit positiven Emotionen verbunden [...] Der Weg zum Ziel ist planbar und lässt sich auch auf kleinere Unterziele herunterbrechen. [...] Durch das Erreichen der Zwischenziele gibt es spürbare Erfolgserlebnisse, und es werden weitere Ressourcen frei, so dass sich die Zielerreichung ein Stück verselbstständigt.
>
> [...] Bei Vermeidungszielen ist das anders. Hier ist nicht Annäherung das Ziel, sondern Nicht-Annäherung. Es bedarf also der konsequenten Kontrolle und eines hohen Maßes an verteilter Aufmerksamkeit, denn man kann ja nie sicher sein, dass die Gefahr tatsächlich dauerhaft abgewehrt wurde. Man [...] darf sich nie entspannen (Revers 2012, S. 71 f.).

Ein Fokus auf das, was wir wollen und nicht auf das, was wir nicht wollen, hat also direkten Einfluss auf unsere Entspannung, auf unsere Gesundheit.

13.6 Der Weg zu größerer Authentizität

Das Entdecken unserer Stärken, Leidenschaften und wahren Wünsche trägt dazu bei, dass wir uns selber besser verstehen und unser Inneres und Äußeres besser in Einklang bringen können. Es trägt zu größerer Authentizität bei.

Authentizität, das Wort, an dem sich so viele verhaspeln, wird jedoch nicht nur positiv gesehen. Auf der einen Seite wird es als wichtiger Wert anerkannt. Als Synonyme dienen besonders Echtheit, Glaubwürdigkeit, Zuverlässigkeit. Ein artverwandtes Wort, Integrität, wird auch im Business-Kontext als hohes Gut wahrgenommen.

Seit 2006 befragt die Wertekommission regelmäßig Führungskräfte, um die Entwicklung des Werteverständnisses in der deutschen Wirtschaft zu verfolgen. Aus sechs vorgegebenen Begriffen bewerten die Manager die für sie wichtigsten Werte: Vertrauen, Verantwortung, Respekt, Nachhaltigkeit, Mut und Integrität.

Dabei ist die Wichtigkeit von Integrität ständig gestiegen und hat 2014 zum ersten Mal den ersten Platz erreicht, sogar mit einigem Abstand. „Insgesamt identifizierten 40,7 Prozent der Führungskräfte Integrität als den wichtigsten Wert, gefolgt von Vertrauen mit 27,5 Prozent" (Hattendorf et al. 2014).

Auf der anderen Seite wird der Begriff Authentizität, gerade in der Politik, eher zynisch betrachtet. Auf Spiegel Online stand zu lesen: „Authentische Politiker sind vor allem jene, die das Handwerk der Inszenierung beherrschen" (Twitter 2014).

Und so mancher fragt sich: Wenn ich authentisch sein will, muss ich dann immer gleich sein? Passt das überhaupt, ist das professionell? Oder salopp gefragt: zu Hause ein Stinkstiefel, bei der Arbeit ein Stinkstiefel? Das ist mit Authentizität sicher nicht gemeint.

Vielleicht kennen Sie das: Sie erleben jemanden in einer Situation, in der er völlig aufbrausend reagiert, aggressiv ist. Sie sprechen ihn darauf an, und seine Antwort lautet: „So bin ich eben." Ist Ihnen schon mal aufgefallen, dass das gerade die Menschen zu sagen scheinen, die recht wenig darüber wissen, wer sie eigentlich wirklich sind und welches Potential in ihnen steckt?

Ja, wir dürfen in unterschiedlichen Situationen auch unterschiedlich reagieren. Sie sprechen mit Ihrer 2-jährigen Tochter ja auch anders als mit Ihrem Squash-Partner und sind trotzdem Sie selbst. Wie heißt es so schön: Ein Berg ist immer noch ein Berg, auch wenn er von allen Seiten anders aussieht.

> Wir Menschen sind vielseitige Wesen, es würde uns gar nicht gelingen, alle unsere Aspekte unserer Persönlichkeit auf einmal zu zeigen. Also nehmen wir die, die zur Situation und den Anforderungen passen. Ganz so wie Ruth Cohns goldene Regel der Authentizität lautet: „Nicht alles, was echt ist, will ich sagen, doch was ich sage, soll echt sein." […] Wer die eigene Persönlichkeit […] als ein Ganzes ansieht, so dass diese mit all ihren Rollen immer noch die Gleiche ist, der ist authentisch und sorgt für seine dauerhafte Gesundheit (Schnack 2015).

Das trifft übrigens nicht nur auf Sie als Einzelperson zu. So wie wir unsere Persönlichkeit entwickeln, unsere Stärken und Leidenschaften entdecken, das, was uns ausmacht, so können wir auch unser Unternehmen als Ganzes betrachten.

▶ Die Frage danach, wie sehr Sie im Einklang mit sich selbst stehen, mit dem was Sie wollen und was Ihnen wichtig ist, können wir also ausweiten:
Wer sind Sie wirklich als Unternehmen? Was wollen Sie? Wie authentisch handeln Sie? Wie sehr stehen Sie im Einklang mit dem, was Sie als das propagieren, was Sie als Unternehmen ausmacht?

Howard Schultz, Gründer von Starbucks, sagt: "In this ever-changing society, the most powerful and enduring brands are built from the heart. [...] The companies that are lasting are those that are authentic" (Garst 2015, S. 122). Sichern Sie sich dauerhaften Erfolg, indem Sie – auch als Unternehmen – authentisch sind.

13.7 Eine Investition, die sich lohnt

Zum Schluss noch zwei Aussagen aus der zu Beginn erwähnten Gallup-Umfrage:

> [...] nur 5 % der Mitarbeiter ohne emotionale Bindung [gaben] an, dass sich jemand bei der Arbeit für sie als Mensch interessiert [...] Nur ein Prozent der Mitarbeiter ohne emotionale Bindung erklärt, dass es jemanden im Unternehmen gibt, der die persönliche Entwicklung fördert (Berkemeyer 2015).

Ist das nicht erschreckend? Ich nehme an, dass die Zahlen in Ihrem Unternehmen wesentlich positiver aussehen. Aber vielleicht möchten Sie das Gallup-Ergebnis trotzdem als Anregung nehmen, nochmal genauer hinzuschauen. Zeigen Sie Interesse an Ihren Mitarbeitern. Entdecken Sie selbst bei Kollegen, mit denen Sie bisher nicht so gut zurechtgekommen sind, dass diese keine „Fehlkonstruktionen" sind.

In der Regel fällt Ihnen das leichter, wenn Sie sich zunächst selbst wohlwollendes Interesse entgegenbringen. Was sich für manche egoistisch anhört, stellt sich als das genaue Gegenteil heraus. Wer sich selbst in Gedanken immer wieder stark kritisiert, behandelt meist auch andere sehr streng. Im Umkehrschluss: *Je besser Sie sich selbst kennen und wertschätzen, desto offener und wertschätzender sind Sie auch anderen gegenüber.* Deshalb nutzen Sie die Fragen auf diesen Seiten, um näher an das heranzukommen, was Sie ausmacht. Und investieren Sie in sich selbst und Ihre Weiterentwicklung.

In den letzten Jahren hat in vielen Unternehmen ein Umdenken stattgefunden, und es ist nicht mehr ganz so schwer, Trainings oder Coachings bewilligt zu bekommen. Als Unternehmenslenker oder Führungskraft prüfen Sie doch trotzdem einmal nach: Ist es genauso einfach, einen Kurs zur Persönlichkeitsentwicklung genehmigt zu bekommen wie einen mit rein fachlichem Bezug? Geht es in den Trainings hauptsächlich um die neuesten Tools? Oder tatsächlich darum, etwas an der inneren Haltung zu ändern?

Ich hab es immer wieder erlebt, selbst in großen Konzernen und Unternehmensberatungen, dass Kurse zur Persönlichkeitsentwicklung abgelehnt wurden mit den Worten: „Da hat man nichts davon." Stattdessen wurden Trainings für Tools oder Techniken angeregt, die die Betreffenden im Rahmen ihrer Arbeit gar nicht hätten einsetzen können. Allerdings fühlten sich die Vorgesetzten wesentlich wohler damit.

Seien Sie offen für Ihre eigene Entwicklung und die Ihrer Mitarbeiter.

Der Lohn der Selbstfindungsarbeit, die schließlich zur Authentizität führt, ist reichlich: endlich können wir frei und unbeeinflusst unseren ureigenen Überzeugungen gemäß agieren. Die erlangte Kenntnis über uns selbst ermöglicht, dass wir Wünsche, Bedürfnisse und Ziele für uns klar formulieren und sie entsprechend auch nach außen hin klar artikulieren können. Wir handeln eindeutig und nachdrücklich. Authentizität ist innere Freiheit: es ist kein Versteckspiel mehr nötig, wenn wir uns einmal so angenommen haben, wie wir sind (Clavisio 2015).

> **7 Leitfragen**
> Je besser Sie sich selbst kennenlernen, ihre Stärken und Leidenschaften für sich entdecken und herausfinden, was Sie wirklich wollen, desto mehr stehen Sie also im Einklang mit sich selbst und können authentischer leben und führen.
>
> Nutzen Sie diese 7 Leitfragen, um größere Klarheit über sich selbst zu erhalten.
>
> 1. Was sind Ihre Stärken?
> 2. Wofür begeistern Sie sich?
> 3. Wie viel Spaß gönnen Sie sich bei der Arbeit?
> 4. Was sind Ihre Leidenschaften?
> 5. Haben Sie Klarheit darüber, was Ihnen wirklich wichtig ist?
> 6. Was ist Ihr Fokus?
> 7. Wie sehr stehen Sie im Einklang mit dem, was Sie wirklich wollen?

Freuen Sie sich auf das, was Sie für sich und über sich entdecken. Der Vorteil: Die größere Klarheit, wer Sie sind und was Sie wollen, beeinflusst Ihr Handeln – sie lässt Sie klarer kommunizieren und authentischer auftreten. Sie haben dadurch die Chance, Ihre Führungsqualitäten noch weiter zu verbessern. Durch Ihren authentischen Führungsstil steigern Sie nicht nur Ihr eigenes, sondern auch das Wohlbefinden Ihrer Mitarbeiter.

Und schließlich haben Sie in Ihrer Vorbildfunktion positiven Einfluss auf Ihr Business: „… der Krankenstand geht zurück, mehr Arbeit kann in weniger Zeit erledigt werden, die Produktivität nimmt zu. Gesund Führen wird damit zu einem Produktivitätsgaranten: Nicht nur die Motivation steigt, auch die Arbeitsfähigkeit wächst" (Matyssek 2015).

Trauen Sie sich also, Ihr Leben zu leben.

Ein in den Medien viel beachtetes Buch heißt: „5 Dinge, die Sterbende am meisten bereuen". Bronnie Ware nennt darin unter anderem diese oft unerfüllten Wünsche der Sterbenden (Ware 2013):

- Den Mut zu haben, sich selbst treu zu bleiben, statt so zu leben, wie andere es erwarten,
- Sich mehr Freude zu gönnen und
- Sich dagegen zu entscheiden, ein mittelmäßiges Leben zu führen – sondern zu dem zu werden, der man wirklich ist.

Sie müssen nicht warten, bis es zu spät ist. Sie können heute schon damit beginnen. Nutzen Sie diese Schritte auf Ihrem Weg:

- Erkennen Sie Ihre Stärken.
- Entdecken Sie, wofür Sie sich leidenschaftlich begeistern können.
- Verschaffen Sie sich Klarheit, was Sie wirklich wollen.

Wenn Sie das immer mehr umsetzen, werden Sie sehen: Ihr authentisches Auftreten strahlt aus und inspiriert dabei Sie selbst, Ihre Mitarbeiter, Kollegen und Kunden. Und wenn Ihnen plötzlich vieles leichter von der Hand geht, merken Sie: Das ist stimmig. Das bin ich. So fühle ich mich richtig wohl.

13.8 Über die Autorin

Elisabeth Pine ist Expertin für Klarheit & Passion. Sie arbeitet als Business Coach, Passion-Test- und Präsentations-Trainerin sowie als Kommunikationsexpertin. Was wollen Unternehmenslenker und Führungspersönlichkeiten wirklich sagen, tun und sein? Sie hilft ihren Klienten diese Klarheit zu gewinnen, so dass sie besser kommunizieren und mehr Enthusiasmus, Erfolg und Erfüllung in ihr (Arbeits-)Leben bringen können. Ihre internationalen Kunden coacht sie in deutscher oder englischer Sprache (auch über Skype) und hält inspirierende Vorträge, besonders zu den Themen Leidenschaft und Authentizität.

Ihre Karriere beginnt Elisabeth Pine zunächst als Trainerin und ist dann als Beraterin und Kommunikationsexpertin in internationalen IT- und Beratungsunternehmen tätig.

Sie ist jahrelang als Marketing- und Kommunikationsmanagerin erfolgreich und leitet als Führungskraft und Projektmanagerin internationale Teams.

Mit ihrem eigenen Coaching Business erreicht sie Klienten weltweit. Zu ihren Kunden der letzten 20 Jahre gehören Selbstständige, mittelständische und DAX-Unternehmen sowie internationale Konzerne.

Literatur

Berkemeyer Unternehmensbegeisterung (2015). *Studie des Gallup-Instituts*. http://www.download.ff-akademie.com/Gallup-Studie.pdf. Zugegriffen: 15.05.2015

Bray Attwood, J., & Atwood, C. (2007). *Passion Test: Entdecken Sie Ihre Leidenschaften*. Bielefeld: Kamphausen.

Clavisio (2015). *Authentizität*. http://www.clavisio.de/erfolgslexikon/a/authentizitaet.html. Zugegriffen: 06.07.2015

Felfe, J. (Hrsg.) (2014). Trends der psychologischen Führungsforschung: Neue Konzepte, Methoden und Erkenntnisse. S. 252 ff.

Garst, K. (2015). *Will the Real You Please Stand Up* (S. 122). Morgan James Publishing.

Hamburger Schule (2014). *Gesundheitsmodelle*. http://www.hamburger-schule.net/modelle/gesundheitsmodell/. Zugegriffen: 03.07.2015

Hattendorf, K., Heidbrink, L., Jung, C., Morner, M. (2014). Führungskräftebefragung 2014. Eine Studie der Wertekommission und des Reinhard-Mohn-Instituts der Universität Witten/Herdecke, PDF-Download, S. 11

Hirschhausen von, E. (2011). *Glück kommt selten allein*, zitiert aus dem Adventskalender 2014 von „Andere Zeiten e. V.", Hamburg

Huether, G. (2014a). *Begeisterung....* http://www.gerald-huether.de/populaer/veroeffentlichungen-von-gerald-huether/texte/begeisterung-gerald-huether/index.php. Zugegriffen: 06.07.2015

Huether, G. (2014b). *Lufthansa exclusive*. http://www.gerald-huether.de/populaer/veroeffentlichungen-von-gerald-huether/zeitschriften/lufthansa-exclusive/index.php. Zugegriffen: 06.07.2015

Janker, K. (2014). *84 Prozent leisten höchstens Dienst nach Vorschrift*. http://www.sueddeutsche.de/karriere/studie-zu-mitarbeiter-motivation-prozent-leisten-hoechstens-dienst-nach-vorschrift-1.1925684. Zugegriffen: 03.07.2015

Jüngling, T. (2014). „Fluch der Schärfe". *Welt am Sonntag/Wissen*. 07.12.2014. S. 59

Mai, J. (2013). *Authentizität: Die Kunst authentisch zu sein und zu bleiben*. http://karrierebibel.de/authentizitat-die-kunst-authentisch-zu-sein-und-zu-bleiben/. Zugegriffen: 06.07.2015

Matyssek, A. (2015). *Gesund Führen*. http://do-care.de/gesund-fuehren/. Zugegriffen: 06.07.2015

Revers, A. (2012). „Wie Menschen ticken" – Psychologie für Manager. *Windmühle*, *61*, 60.

Schnack, N. (2015). *Authentizität: Passen Sie Ihr Verhalten der Situation an*. http://www.experto.de/b2c/lebensberatung/persoenlichkeitsentwicklung/authentizitaet-passen-sie-ihr-verhalten-der-situation-an.html. Zugegriffen: 06.07.2015

Twitter (2014). *Warum Politiker niemals authentisch sein können*. https://twitter.com/derspiegel/status/510330001451806720. Zugegriffen: 12.09.2014

Universität Heidelberg (2015). *Work-Life Balance: Ausgangslage und Problemstellung.* http://www.psychologie.uni-heidelberg.de/ae/abo/wlb/ausgangslage.html

Universität Leipzig (2015). *Hinweise auf die positive Wirkung von Authentizität im Arbeitskontext geben Studien zu authentischer Führung.* http://www.authenticos.de/authentizit%C3%A4t-und-arbeit/. Zugegriffen: 03.07.2015

Ware, B. (2013). *5 Dinge, die Sterbende am meisten bereuen: Einsichten, die Ihr Leben verändern werden.* München: Arkana.

Wikipedia (2015a). *Authentizität.* http://de.wikipedia.org/wiki/Authentizit%C3%A4t. Zugegriffen: 06.07.2015

Wikipedia (2015b). *Work-Life-Balance.* http://de.wikipedia.org/wiki/Work-Life-Balance. Zugegriffen: 06.07.2015

Die Stufen zur Achtsamkeit im Unternehmen 14

Bettina Sabath

Inhaltsverzeichnis

14.1 Einleitung 259
14.2 Die Frage der Grundeinstellung 260
14.3 Lebensphasenorientierte Personalpolitik 262
14.4 Eine Glaubensgemeinschaft wird zu einer Unternehmensphilosophie . . . 269
14.5 Mentale Kraft in einer bewegten Welt 271
14.6 Der Affentanz in unserem Kopf 275
14.7 Gerichtete Achtsamkeit auf den Körper 276
14.8 Über die Autorin 279
Literatur 280

14.1 Einleitung

Betriebliches Gesundheitsmanagement wird für Unternehmen zunehmend wichtiger. Viele Personalverantwortliche, Führungskräfte und auch Trainer setzen immer mehr darauf. Es gibt dazu viel Literatur und viele Empfehlungen von Psychologen, von Vertretern aus der Wirtschaft und sogar der Bundesregierung. Die Geschäftsführer oder Vorstände in Unternehmen stellen sich die Frage: Warum? Was bringt das wirklich und ist es tatsächlich notwendig? Viele fragen sich auch, ob der Zeit- und Geldinvest im Verhältnis steht. Wertschätzen und nutzen die Mitarbeiter die Programme überhaupt?

Als Business-Coach und Trainerin in vielen Unternehmen habe ich immer wieder festgestellt, dass es Mitarbeiter gibt, die Gesundheits- oder Sportprogramme in den Unternehmen nicht nutzen, oft auch aus Zeitgründen. Es stellt sich dann die Frage: Was ist attraktiv für die Arbeitnehmer, was brauchen sie, damit es funktioniert? Auch in meinem

Bettina Sabath ✉
Bismarckstraße 19, 76870 Kandel, Deutschland
e-mail: sabath@junifeuer.de

© Springer Fachmedien Wiesbaden 2016
P. Buchenau (Hrsg.), *Chefsache Gesundheit II*, DOI 10.1007/978-3-658-06962-9_14

eigenen Unternehmen habe ich viel dazu geforscht. Die Erkenntnisse, die ich in meinem Geschäft und in anderen Firmen gewonnen habe, möchte ich in diesem Kapitel mit Ihnen teilen.

14.2 Die Frage der Grundeinstellung

Eine steigende Anzahl an Personalausfällen aufgrund psychologischer Erkrankungen macht die meisten Unternehmen hellhörig. Gleichzeitig sind auch die Auswirkungen des demografischen Wandels in Deutschland spürbar. In bestimmen Branchen sind Nachwuchskräfte kaum noch zu finden. Umso wertvoller und wichtiger ist die Gesundheit derer, die bereits erfolgreich im Unternehmen arbeiten. Deshalb haben sich viele Unternehmen und die Betriebsräte geeinigt, für Prävention zu sorgen. Es gibt Sport- sowie Entspannungsprogramme – und in einigen Unternehmen sogar interne Therapeuten. Längst ist es nicht so, dass die Programme installiert und alle zufrieden wären. So einfach ist es leider nicht. Immer wieder bestätigt sich, dass es mehr braucht als nur das Angebot für präventive Maßnahmen. Denn maßgeblich ist auch die Unternehmensphilosophie daran beteiligt, wie gesund die Mitarbeiter sind, wie sehr sich mit ihrer Arbeitsstelle identifizieren und dementsprechend engagieren. Was zählt, ist die Grundeinstellung im gesamten Unternehmen, jedes Mitarbeiters und sogar deren Familien. Wieso der Familien, werden Sie sich jetzt vielleicht fragen? Nun, wir verbringen mehr Zeit im Beruf und mit den Kollegen als mit unserer Familie und mit unseren Freunden. Die Mitarbeiter sind dann entweder ein eingeschworenes Team und dadurch motiviert und sehr kreativ – oder jeder arbeitet so vor sich hin, fühlt sich womöglich nicht wirklich wichtig oder anerkannt und viele werden dadurch krank. Meist ist eher Letzteres der Fall. Wir leben in einer immer schneller werdenden Welt mit ständig wachsenden Anforderungen. Mode-Krankheiten, wie Erschöpfungssyndrom, Burnout, Depressionen oder Ängste sind oft die Folge des ständig steigenden Stresslevels. Doch viele Mitarbeiter in Unternehmen möchten und können keine Sklaven dieses Tempos und Gehetztseins durch die neuesten Technologien mehr sein. Die betroffenen Mitarbeiter suchen deshalb immer öfter auch selbst nach Auszeiten und Ruhepolen, um aufzutanken und den größten Stress zu verarbeiten. Es strömt täglich einfach sehr viel Information auf uns ein. Viele aus älteren Generationen sagen, ja früher haben wir auch sehr viel und vor allem hart arbeiten müssen, das hat uns auch nichts geschadet. Ja, das stimmt. Unsere Vorfahren haben körperlich sehr viel härter als wir heute arbeiten müssen. Warum sind heutzutage viele von der Arbeit so erschöpft? Reizüberflutung ist ein unterschätzter Stressauslöser. Es gibt heute so viele Informationen auf einmal wie nie zuvor. Egal, ob wir gerade im Internet surfen, das Radio anhaben oder den Fernseher einschalten. Wir wissen stets, was auf der ganzen Welt und um uns herum passiert. Und seien wir doch mal ehrlich. Welche Nachrichten hören wir da? Normalerweise nur die negativen Schlagzeilen. Diese sind dann in unserem Kopf. Ab und zu kommt vielleicht einmal eine erfreuliche Nachricht, wenn zum Beispiel gerade eine Königstochter ein Kind bekommt oder zwei liebende Promis heiraten (wobei das auch nicht immer erfreulich endet). Hinzu kommt die Werbung, die ebenfalls aufdringlicher und subtiler wird. Wenn sie googeln oder in Facebook stöbern, erhalten Sie immer Ihre passende Werbung am Rand der Seite. Wie auf Sie zugeschnitten und von Zauberhand. Ich habe mich schon gefragt, ob die heimlich in meinen Schuhschrank schauen können, weil ich so viel Schuhwerbung bekomme. Natürlich ist es toll, in unserem Leben auf so viel Wissen zugreifen zu können, jederzeit, immer und überall. Doch es gibt Wissenschaftler, die überzeugt sind, dass die Menschen dadurch immer vergesslicher und gestresster werden.

Daniel J. Levitin, Professor für Psychologie und Neurowissenschaft, sagt: Unsere Gehirne sind beschäftigter als jemals zuvor (Eichinger 2015). Unser Gehirn gleicht einer Kiste mit vielen Löchern und je mehr wir hineinstopfen, umso mehr fällt wieder heraus. Wenn zu viele Informationen auf uns hereinprasseln, funktioniert die Verarbeitung einfach nicht mehr so gut. Das Gehirn ist dann wie das Fließband an einer Kasse: Je mehr Sachen wir auf das Band laden und es überfüllen, desto stärker purzeln die ganzen Sachen dann wieder herunter.

Mit Kindern wurde eine Studie durchgeführt, demnach vergessen diese Kinder Gelerntes wieder schneller, wenn sie nach dem Lernen fernsehen (Behrens und Rathgeb 2015). Doch in den Köpfen von uns Erwachsenen schaut es auch nicht besser aus, im Gegenteil.

„Es ist nicht nur so, dass wir die Dinge falsch erinnern, dass wäre schlimm genug, aber wir wissen noch nicht einmal, dass wir sie falsch erinnern, und bestehen hartnäckig darauf, dass die Ungenauigkeiten tatsächlich wahr sind", schreibt der Neurowissenschaftler Daniel J. Levitin in seinem Buch „The Organized Mind" (Levitin 2014).

Das bedeutet, wir werden in diesem ganzen Informationsüberfluss alle ein bisschen dümmer und merken es vielleicht noch nicht einmal. Doch wie schon beschrieben, macht uns diese Reizüberflutung nicht nur vergesslich, sondern auch noch gereizt, nervös und krank.

Was wir brauchen ist mehr Ruhe. Aber meistens reagieren wir entgegengesetzt. Denn wenn die Gedanken schon verwirrt sind, dann sagt unser Verstand: So jetzt machen wir uns mal einen Plan, damit wir Herr der Sache werden. Unser Verstand will uns immer weismachen, dass wir aus allem sinnvolle Schlüsse ziehen sollen. Wenn die negativen Schlagzeilen in Funk und Fernsehen kommen, was passiert dann? Wir schauen noch mehr Nachrichten, um zu sehen, was noch alles passiert oder wann es wieder vorbei ist. Das ist ein Teufelskreis. Unser Gehirn muss ja auch den ganzen Tag sondieren: Was ist wichtig und was ist nicht wichtig? Ist das jetzt eine Spam-Mail oder doch eine Mahnung der Bank? Muss ich das sofort erledigen oder hat das noch Zeit? So geht das den ganzen Tag und am Abend fühlen wir uns völlig erschöpft, ausgelaugt und fragen uns, was wir heute eigentlich den ganzen Tag gemacht haben.

> **Die Mini-Auszeit für gestresste Manager, Unternehmer und deren Mitarbeiter: Digital Detox**
>
> Was ist Digital Detox? Bei Digital Detox werden alle Außenreize abgeschaltet, alles, was Sie stören könnte. Werden Sie selbst kreativ. Nehmen Sie sich eine Auszeit, gehen Sie raus in die Natur (ohne Handy natürlich), legen Sie sich aufs Sofa (keine Musik). Anstatt etwas in Ihren Kopf zu lassen, geben Sie die Gedanken in Ihrem Kopf einmal auf.
>
> Schalten Sie alles ab: den Fernseher, das Radio, das Telefon, den Computer. Gehen Sie in sich und überlegen Sie sich, was Sie gerne machen oder was Sie ausdrücken möchten. Nehmen Sie sich Zeit für sich. Statt aus der Außenwelt etwas aufzunehmen, ist es an der Zeit in die Innenwelt zu gehen und zu spüren, was Sie brauchen und sich wünschen. Vielleicht können Sie dann verschiedene Herzensthemen angehen und kreativ umsetzen.
>
> Fangen Sie erst mal mit einer Stunde an und spüren am Ende nach, wie Sie sich danach fühlen. Haben Sie entspannt? Haben Sie etwas vermisst? Je öfter Sie diese Mini-Auszeit anwenden, umso leichter fällt es Ihnen.
>
> Mein Tipp: Integrieren Sie Digital Detox mindestens einmal die Woche in Ihre Mittagspause.

Unser Gehirn hat sich in der Steinzeit entwickelt, da ging alles noch etwas gemütlicher zu. Wir haben im Kopf auch heute noch die Ausstattung wie vor 40.000 Jahren – müssen heute aber ganz andere Dinge verarbeiten. Der Neurowissenschaftler Torkel Klingberg erklärt in seinem Buch *Multitasking,* dass sich in unserem Gehirn eine eingebaute Beschränkung befindet, die sich nicht mehr als sieben Sachen auf einmal merken kann. Dies würde bedeuten, dass unser Gehirn zwischen sieben und acht in die Reizüberflutung kommt. Wenn wir das berühmte Multitasking betreiben, in dem wir Frauen ja ganz gut sein sollen, muss sich unser Gehirn aufteilen. Das ist schon möglich, dennoch muss sich dann auch unsere Aufmerksamkeit aufteilen und wir sind nicht ganz bei der Sache. Fakt ist, unser Gehirn arbeitet gerne – und nach diversen Studien fühlen wir uns dabei auch sehr wohl. Es kommt nur auf das richtige Maß an. In die Steinzeit zurückbeamen wollen wir uns ja auch nicht. Jedoch darf es schon ein bisschen weniger Stress und Überforderung sein (Eichinger 2015).

14.3 Lebensphasenorientierte Personalpolitik

Hier fügt sich die Lebensphasenorientierte Personalpolitik sehr gut ein. Unter dem Aspekt der Lebensphasenorientierung wird der ganze Mitarbeiter betrachtet, sein ganzes Leben, seine Familie, seine Hobbys, seine Ehrenämter und natürlich die Arbeit. Der Aspekt Arbeitsbetrachtung steht an erster Stelle, dabei geht es darum, ganz genau zu beleuchten, ob der Mitarbeiter auf dem richtigen Platz sitzt oder ob noch andere Talente in ihm schlummern. In der Lebensphasenorientierten Personalpolitik werden die kompletten Phasen – vom beruflichen Einstieg bis zum beruflichen Ausstieg erfasst. Die bisherige Personalpolitik hat sich in den meisten Unternehmen bisher oft nur auf den Einstieg bis zum 45. Lebensjahr beschränkt. Mit der Lebensphasenorientierung setzen die Unternehmen den Fokus auf die gesamte Lebensarbeitszeit, mit dem Ziel der individuellen Förderung, der Berücksichtigung der verschiedenen Lebensphasen und Lebenssituationen, sowie der Förderung einer langen Beschäftigungsfähigkeit (Rump 2010).

Zu den Lebensphasen, die es zu berücksichtigen gilt, gehören:

- Partnerschaft/Ehe/Lebensgemeinschaft,
- Familie und Kinderbetreuung,
- Familie und Pflege,
- Um- und Neuorientierung,
- Krankheiten,
- Vorbereitung auf den Rentenbeginn.

Für die Unternehmen gilt es dabei auch, die unternehmerischen Belange unter die Lupe zu nehmen:

- Arbeitsalltag und Arbeitsprozesse,
- Personalentwicklung und Karrieren,
- Veränderung am/im Arbeitsplatz oder im Bereich,
- Ausland,
- Beruflicher Rückzug.

Die Zusammenführung der Lebens- und Berufsphasen wird als „Matching" bezeichnet und dient dazu, den Mitarbeitern Lösungsansätze für ihre individuelle Bedarfssituation anbieten zu können. Ausgewählte Maßnahmen für ein Matching von Berufs- und Lebensphasen zeigt die Tab. 14.1.

In der lebensphasenorientierten Personalpolitik werden viele mögliche Maßnahmen gezeigt, die zum Einsatz kommen können. Dabei gilt es nicht, so viele Maßnahmen wie möglich durchzuführen, sondern es ist notwendig, die Handlungsfelder und Maßnahmen aufeinander abzustimmen. Im Maßnahmenplan sollte auch darauf geachtet werden, Synergien aufzudecken und zu nutzen oder auch Wechselwirkungen zu identifizieren.

Ein Beispiel aus eigener Praxis

Die Grafikerin Katja ist alleinerziehend und arbeitet schon lange in der Werbeagentur. Sie ist in der Katalogproduktion tätig und die Arbeit macht ihr Spaß. Sie arbeitet Teilzeit, so kann sie mittags für ihren Sohn zu Hause sein, für ihn kochen und ihm bei den Hausaufgaben helfen. Im Mitarbeitergespräch stellt sich dennoch heraus, dass sie gerne etwas kreativer arbeiten möchte, da die Kreativität in der Katalogproduktion

Tab. 14.1 Ausgewählte Maßnahmen für ein „Matching" von Berufs- und Lebensphasen

Lebensphasen	Berufsphasen				
	Einstieg/Orientierung	Reife	Führung	Ausland	Ausstieg (temporär/endgültig)
Elternschaft	Informationen; Beratung; Services für die Familie, Flexible Arbeitszeitmodelle (Zeit/Ort); Kontakthalteprogramme während der Elternzeit; Wiedereinstiegsprogramme	Flexible Arbeitszeitmodelle (Zeit/Ort); Informationen; Beratung; Services für die Familie; Sensibilisierung von Führungskräften; Freistellung; Kontakthalteprogramm während der Elternzeit; Wiedereinstiegsprogramme	Kontakthalteprogramme während der Elternzeit; Wiedereinstiegsprogramme; Führungspositionen in Teilzeit; e-/blended Learning; Durchlässigkeit von Werdegängen	Unterstützung bei der Kinderbetreuung im Auslandseinsatz	Elternzeit; Kontakthalteprogramme
Pflege	Informationen; Beratung; Erfahrungsaustausch; flexible Arbeitszeitmodelle (Zeit/Ort); Kontakthalteprogramme während der Elternzeit; Wiedereinstiegsprogramme	Flexible Arbeitszeitmodelle (Zeit/Ort); Informationen; Beratung; Services für die Familie; Sensibilisierung von Führungskräften; Freistellung; Kontakthalteprogramm während der Pflegezeit; Wiedereinstiegsprogramme	Kontakthalteprogramme während der Pflegezeit; Wiedereinstiegsprogramme; Führungspositionen in Teilzeit; e-/blended Learning	Unterstützung bei der Organisation der Pflege von Angehörigen	Pflegezeit; Kontakthalteprogramme

Tab. 14.1 (Fortsetzung)

Lebensphasen	Berufsphasen				
	Lebens- und Arbeitssituation des Partners	Tag der offenen Tür; bei gesuchten Fach- und Führungskräften bei der Suche nach einem Job für den Partner bzw. der Partnerin	Einladungen zu Veranstaltungen auch für den Partner; Dual Career Thematik; Umgang mit der Ablehnung von Arbeitseinsätzen (Beförderung, Ausland etc.) aufgrund des Partners bzw. der Partnerin	Dual Career Thematik; Integration der Situation des Partners in Qualifizierungs- und Beförderungsgesprächen; Informationen für Partner und Partnerinnen bei größeren PE-Maßnahmen	Sprach- und interkulturelles Training auch für den Partner und die Partnerin	Austrittsgespräch
	Soziales Netzwerk	Werben mit Öffnung für Netzwerke	Flexible Arbeitszeitmodelle (Zeit/Ort) Freistellung	Förderung von berufs- und tätigkeitsbezogenen Netzwerken; Akzeptanz des Engagements von Führungskräften in Netzwerken	Soziale Netzwerke als Hilfestellung für die Integration im Ausland	Soziale Netzwerke als Hilfestellung im Übergang in den Ruhestand; Soziale Netzwerke als Unterstützung bei temporären Ausstiegen (Information, Beratung, Austausch)
	Ehrenamt	Mitarbeitergespräch; Freistellung; Flexible Arbeitszeiten	Flexible Arbeitszeitmodelle (Zeit/Ort) Freistellung	Anerkennung der im Ehrenamt erworbenen Fähigkeiten bei der Personal- und Kompetenzentwicklung	Vermittlung von Ehrenamtsbörsen im Ausland	Gleitender Übergang zwischen Erwerbsarbeit und Ausstieg (schrittweise Altersteilzeit)

Tab. 14.1 (Fortsetzung)

Lebensphasen	Berufsphasen				
	Hobby	Mitarbeitergespräch; Freistellung; Flexible Arbeitszeiten, externe Rekrutierung, z. B. über die Platzierung von Stellenanzeigen in Hobbyzeitschriften und auf entsprechenden Websites	Flexible Arbeitszeitmodelle (Zeit/Ort) Freistellung	Anerkennung der im Hobby erworbenen Fähigkeiten bei der Personal- und Kompetenzentwicklung	Informationen über Möglichkeiten zur Ausübung des Hobbies am Bestimmungsort	Gleitender Übergang zwischen Erwerbsarbeit und Ausstieg (schrittweise Altersteilzeit)
	Krankheit	Krankenrückkehrgespräch; Unterstützung beim Umgang mit der Krankheit; flexible Arbeitsmodelle; finden eines neuen Ausbildungsberufs; Behindertengerechte Ausbildung	Krankenrückkehrgespräch; Unterstützung beim Umgang mit der Krankheit; flexible Arbeitsmodelle (Zeit/Ort); neue Arbeitsplatzgestaltung; Tätigkeitswechsel, Freihalten der Stelle bei kurz- und mittelfristiger Abwesenheit	Krankenrückkehrgespräch; Verschiebung von Karriereschritten; Verschiebung von Qualifizierungen; Teilzeit-Qualifizierung; Freistellungen; Arbeitsplatzwechsel	Vorzeitige Rückkehr bei Bedarf	Krankenzeit; Kontakthalten während der Krankenzeit; kleine Aufmerksamkeiten (Blumen, etc.)

Tab. 14.1 (Fortsetzung)

Lebensphasen	Berufsphasen				
	Nebentätigkeit	Flexible Arbeitsmodelle (Zeit/Ort)	Flexible Arbeitszeitmodelle (Zeit/Ort) Freistellung	Anerkennung der in der Nebentätigkeit erworbenen Fähigkeiten bei der Personal- und Kompetenzentwicklung	Aufstockung des Tätigkeitsumfangs	Gleitender Übergang zwischen Erwerbsarbeit und Ausstieg
	Privat initiierte Weiterbildung	Flexible Arbeitsmodelle (Zeit/Ort); ggf. finanzielle Unterstützung	Flexible Arbeitszeitmodelle (Zeit/Ort) Freistellung für Prüfungen bzw. Prüfungsvorbereitung	Anerkennung der in der Weiterbildung erworbenen Fähigkeiten bei der Personal- und Kompetenzentwicklung	Heimreise zur Teilnahme an Prüfungen bei Fernkursen	Kontakthalten während länger andauernder Freistellung zur Weiterbildung
	Traumatisches bzw. kritisches Ereignis	Mitarbeitergespräch; Beratung; Coaching	Mitarbeitergespräch, Coaching; Mentoring; Erstellen von Ausstiegsszenarien; Durchlässigkeit von Werdegängen und Karrieren	Coaching; Mentoring; Persönlichkeitsentwicklungsseminare; Sabbatical	Vorzeitige Rückkehr bei Bedarf	Sabbatical; Outplacement
	Verschuldung	Mitarbeitergespräch; Beratung;	Mitarbeitergespräch; Beratung;	Mitarbeitergespräch; Beratung;	Vorzeitige Rückkehr bei Bedarf	Mitarbeitergespräch; Beratung;

doch etwas zu kurz kommt. In ihrer Freizeit kocht sie sehr gerne, fotografiert und geht ins Yoga. Ein Neukunde in der Agentur kommt aus der Foodbranche. Es werden die Verpackungen in der Agentur konzeptioniert, auch die Food-Fotografie soll zukünftig in der Agentur gemacht werden. Dazu wurde eigens ein Fotostudio mit zwei angestellten Fotografen errichtet. Die Führungskraft fragt Katja in dem Mitarbeitergespräch, ob sie nicht Lust hätte, Foodstylistin zu werden. Foodstylisten kochen und dekorieren das Essen, welches später fotografiert wird. Ihr Gesicht strahlt und sie sagt: „Oh ja, das würde mir Spaß machen." Die Mitarbeiterin besuchte in Köln eine angesagte Foodstylistin und absolvierte verschiedene Kurse. Heute arbeitet Katja immer noch in der Katalogproduktion, jedoch ist sie auch noch als Foodstylistin tätig. Beides zu vereinen, macht ihr riesigen Spaß. Aus der Foodstylistin hat sich dann auch noch eine leidenschaftliche Foodbloggerin entpuppt, die mittlerweile schon in einigen Zeitschriften vorgestellt wurde.

Natürlich kann nicht jedes Unternehmen so individuell auf die Belange der Mitarbeiter eingehen. Dieses Beispiel zeigt jedoch, dass nicht nur die Belange des Mitarbeiters im Mittelpunkt stehen, sondern auch wirtschaftliche Ziele berücksichtigt werden. Das Beste ist, wenn sich die Punkte gegenseitig ergänzen. In der Praxis hat sich gezeigt, dass es bestimmte Handlungsfelder gibt, welche als Dauerbrenner gelten. Unabhängig von der Lebens- und Berufsphase, sowie von der Unternehmensgröße oder Branche, bestimmte Bereiche müssen im Fokus stehen. Dazu gehören die Unternehmenskultur oder Unternehmensphilosophie sowie die Führung und die Organisation. Zur lebensphasenorientierten Personalpolitik wird eine Philosophie benötigt, die sich durch Wertschätzung, Anerkennung, Akzeptanz für außerberufliche Belange, Respekt, Fairness sowie Eigenverantwortung auszeichnet.

Diese Kultur und Philosophie muss sich auch auf die Führungskräfte jeder Ebene übertragen. In der Praxis und im Arbeitsalltag bedeutet das für die Führungskräfte oft, einen Spagat zu machen und leistungsorientiert zu agieren, aber andererseits auch die verschiedenen Lebens- und Berufsphasen der Mitarbeiter im Blick zu haben. Für die Führungskräfte ist das ein sehr sensibles Thema, die Zusammenhänge herzustellen. Denn diese sollten die bestmöglichen Lösungen suchen, wenn es erforderlich ist. Die Führungskräfte sind durch den engen Kontakt zu den Mitarbeitern die erste Schnittstelle. In einem starren Umfeld bleiben die Mitarbeiter meist auch starr, was bedeutet, sie sind in der Tätigkeit gebunden. In einem flexiblen Unternehmen sind Offenheit, Veränderungen und Mobilität normal. So wird auch dazu beigetragen, dass Mitarbeiter in die Spezialisierungsfalle geraten können, wenn sie zu lange in einem einzigen Einsatzgebiet oder einer bestimmten Tätigkeit arbeiten. Die flexible Organisation und auch die Arbeitsplatzgestaltung spielen eine wichtige Rolle bei der Umsetzung der lebensphasenorientierten Personalpolitik. Dennoch sollte das Unternehmen den ersten Fokus auf die Unternehmenskultur und -philosophie legen (Rump 2010). Dies prägt dann die ganze fortlaufende Umsetzung des Konzepts von der Vereinbarkeit von Beruf und Familie, der Beschäftigungsfähigkeit und der Gesunderhaltung der Mitarbeiter. Denn jedes Unternehmen ist auch eine Glaubensgemeinschaft. Wenn die Mitarbeiter an das Unternehmen, an die Werte und an die Führung glauben, wird jedes Unternehmen eine starke Gemeinschaft werden.

14.4 Eine Glaubensgemeinschaft wird zu einer Unternehmensphilosophie

Als ich vor ein paar Jahren meine Ausbildung zur Yogalehrerin machte, studierten wir unter anderem auch Yoga Sutra und die Philosophie des Yogas. In vielen alten Geschichten und Überlieferungen stellte ich dann fest, dass alle Werte, Philosophien und Gesetze des Yogas übersetzt heute eine perfekte Unternehmensphilosophie wären.

Eine tibetische Weissagung lautet: „Wenn der Eisenvogel fliegt, kommt das Dharma in den Westen."

In unserer Zeit schaffte eine Handvoll Meister das Unglaubliche: Sie brachten das Dharma – die jahrtausendealten Lehren der Veden, der Yogis, Rishis und Gurus – in die westliche Welt. Unter den Blumenkindern der 1960er- und 1970er-Jahre waren viele offen dafür. Das zentralste Werk ist Yoga-Sutra von Patanjali unter den Philosophien. Es ist gegliedert in vier Kapitel, wobei darin auch der achtfache Pfad enthalten ist. Die Philosophie des Yoga greift auf eine Tausende Jahre alte Forschung und Erfahrung zurück. Im Yoga glaubt man an das im Menschen innewohnenden Potenzial, allerdings gehen die Meinungen, wie dieser Schatz gehoben wird, auseinander. Womit wir die Brücke zu den Führungskräften und ihren Mitarbeitern schlagen.

Der achtfache Pfad des Yoga Sutra beschreibt eine Philosophie, die wir uns – heute übersetzt – gut als Unternehmensphilosophie vorstellen können. Laut dem Yoga Sutra soll Yoga alle vorherigen Aktivitäten stoppen. Die Idee dahinter ist, dass alle weltlichen Eindrücke – zum Beispiel durch Meditation – wieder gelöscht werden, damit ein maximaler Zustand von Konzentration erreicht wird. Ich möchte im Folgenden einen zeitgemäßen Blick auf den achtfachen Pfad anschauen werfen und darauf, wie die Unternehmensphilosophie dazu lauten könnte. So können wir den bestmöglichen Nutzen aus dem Yoga Sutra ziehen. Im Grunde könnten die acht Pfade auch eine Art Checkliste sein. Sozusagen Meilensteine in der Entwicklung des Menschen. Die acht Stufen können uns befähigen, die Balance im Leben zu erreichen, nach der wir uns so oft sehnen.

▶ Die Philosophie des Yoga basiert auf der positiven Sicht auf den Menschen, mit der zugrunde liegenden Vorstellung, dass unser wahres Selbst aus Glückseligkeit besteht.

Yama: Haltung nach außen (Behutsamkeit, Aufrichtigkeit, Mäßigung, Bescheidenheit)
Der erste Schritt, also die Haltung nach außen, gibt uns Anweisung darüber, wie wir uns gegenüber unseren Mitmenschen verhalten sollen. Yama bedeutet auch Aufrichtigkeit und besteht aus fünf Prinzipien:

Ahimsa: Die Gewaltlosigkeit, Vermeidung von körperlicher oder seelischer Gewalt gegenüber anderen und auch sich selbst.

Satya: Wahrhaftigkeit bedeutet, ehrlich zu sich selbst und zu anderen zu sein und die eigene Authentizität zu leben.

Asteya: Nicht stehlen, bedeutet jedoch auch, dass wir nicht mehr nehmen sollen als wir brauchen oder etwas behalten, was einem anderen gehört.

Bramacharya: Mäßigung, es bedeutet, dass wir weder unseren Körper und Geist noch den anderen missbrauchen sollen.

Aparigraha: Keinen Besitz begehren, wertschätzen, was schon da ist im Leben und sich nicht mit anderen vergleichen.

Ghandis Befreiungskampf in Indien begann mit den ersten beiden Prinzipien der Yamas, der Gewaltlosigkeit und Wahrhaftigkeit.

Niyama: Haltung nach innen (Reinheit, Dankbarkeit, Disziplin, Respekt, Achtung vor dem Höheren)

Es bedeutet die Disziplin oder die Selbsterkenntnis, wie ich mich gegenüber mir selbst verhalte, ich richte meinen Blick nach innen. Auch hier haben wir fünf Prinzipien:

Saucha: Reinheit, bedeutet unseren Körper und Geist reinzuhalten, das heißt, wir sollten bestrebt sein, unsere Gedanken und unsere Sprache reinzuhalten.

Santosa: Zufriedenheit, es erinnert uns daran, nicht Dingen nachzulaufen, die wir nicht haben können. Sei dankbar für das, was du hast, und sei einfach glücklich mit dir selbst.

Tapas: Selbstdisziplin, sei diszipliniert dir gegenüber, halte deine Übungen ein.

Svadhyaya: Selbststudium, es kann uns sagen, wenn du dich kennst, dann verstehst du andere auch besser. Hierzu zählen noch die Untersuchung der eigenen Gedanken, der Worte und das Verhalten anderen gegenüber.

Isavara Pranidhana: Hingabe an Gott, für unseren westlichen Geist bedeutet dies, das Gewahrsein des Göttlichen ist in und um uns.

Asana, Körperübungen

Haben wir das soziale Verhalten geschult und uns um unsere innere Haltung gekümmert, wird es Zeit, sich um den Körper zu kümmern. Die dritte Stufe sind die Asanas, die Körperübungen. Daran denken wir alle als erstes, wenn wir an Yoga denken. Es ist Ziel, alle Teile des Körpers zusammenzubringen und den Geist still werden zu lassen. In unserer heutigen Vorstellung sollten wir uns bewusst machen, dass man in so mancher schwieriger Position an nichts mehr anderes denken kann als gerade diese Position.

Im Yoga Sutra werden jedoch interessanterweise keine Asanas beschrieben. Das Einzige, das erwähnt wird, ist, dass die Asanas komfortabel und stabil sein sollen. Heute sieht man in den meisten Yoga-Magazinen akrobatische Verrenkungen. Das wurde im Yoga Sutra wohl nicht beschrieben, sondern eher die Meditationspose gemeint.

Pranayama, der Atem
Patanjali sagt, durch das Beobachten und Kontrollieren des Atems zerreißen wir den Vorhang, der unser inneres Licht zurückhält. Wenn wir den Fokus auf unserem Atem haben, dann sind wir immer im gegenwärtigen Moment.

Pratyahara, Nach-innen-Richten der Sinne
Es beschreibt unser heutiges Digital Detox. Ziehe dich zurück aus dem normalen Leben und gehe deinen zerstreuten Gedanken nach, reinige sie. Danach wirst du ruhiger.

Dharana, Konzentration
Wir konzentrieren uns auf eine Sache, ein Geräusch, ein Objekt oder einen Punkt in uns selbst. Es ist die Art tiefer Konzentration, welche wir jeden Tag in uns haben können. Wir kennen das auch als Flow, wenn wir tiefen Frieden und Präsenz erleben, bei dem was wir tun.

Dhyana, Meditation
Hier sind wir in der Lage, uns auf einen bestimmten Punkt zu konzentrieren. Unser Geist wird klar. In der Zen-Meditation wird der Fokus auf das Nichts gelegt und es geht darum, vollkommen im gegenwärtigen Moment zu ruhen.

Samadhi, Freisein
Hier haben wir die Möglichkeit, unser höchstes Selbst zu erreichen. Die Erkenntnis hieraus ist, dass unser Glück nicht im Außen zu suchen ist, sondern dass wir in uns selbst nach dem Glück suchen müssen. Wir haben die Einsicht, was das Leben bedeutet und was seine wahre Essenz darstellt (vgl. Selander 2015).

Der achtfache Pfad und die Philosophie dahinter können ein Weg sein, anders mit Stress umzugehen. Für Menschen, die mehr Bewusstsein für das bekommen wollen, was sich zwischen den Ohren abspielt. So entstand die Idee, für die Mitarbeiter 90 Minuten in der Woche Mentales Stressmanagement oder Achtsamkeitstraining anzubieten.

14.5 Mentale Kraft in einer bewegten Welt

Im Coaching mit meinen Klienten und auch bei mir selbst erlebe ich immer, dass Stress nur in unserem Kopf entsteht. Also was tun? Unsere Gedanken willentlich zu beeinflussen oder negative zu unterdrücken, funktioniert nicht. Vielleicht sollten wir einfach unsere Gedanken ignorieren. Sie kennen das ja vermutlich: Bitte denken Sie jetzt *nicht* an einen rosa Elefanten. Schwupps und schon zu spät.

Unser Gehirn tickt so, dass es das Wort „nicht" *nicht* versteht. Zuerst müssen wir noch mal das, was wir nicht denken wollen, hervorholen. Also hat es erst recht Aufmerksamkeit, viel Energie. Wenn es so nicht klappt, wie geht es dann? Mit Verständnis, indem man den eigenen Gedanken begegnet und sie auf ihren Wahrheitsgehalt hinterfragt. Es sollte dazu führen, dass wir die Gedanken loslassen können. Es ist also ein mentales Training gefragt, um in einen Zustand zu kommen, in dem uns Stress nichts mehr anhaben kann (Madsen 2012).

Was tun wir den ganzen Tag? Wir analysieren, bewerten, schätzen ab. So haben wir das schon in der Steinzeit gelernt. Die Herausforderung ist, die Mitarbeiter zu trainieren, um die rationalen Fähigkeiten abzuschalten und das innere Radio auf Achtsamkeit umzuschalten. Es gilt, bei Stress und hohen Anforderungen im Alltag gelassen zu bleiben. Damit können wir jeden Augenblick als ein Geschenk betrachten, wenn wir Gedanken, Emotionen und Körperempfindungen wertfrei beobachten: „Wir praktizieren Religion seit Tausenden von Jahren, aber wir haben niemals die Wirklichkeit praktiziert. Die Wirklichkeit ist: Wir sind Spirit. Wir sind immer Spirit gewesen. Wenn wir kein Spirit sind, sind wir tot. Wenn wir aber leben, und nicht bemerken, dass wir Spirit sind, sind wir supertot. Wir sind aber nicht Menschen, die eine spirituelle Erfahrung machen. Wir sind spirituelle Wesen, die eine menschliche Erfahrung machen" (Yogi Bhajan). Achtsamkeit oder auch Achtsamkeitsmeditation ist eine Form der Aufmerksamkeit, die auf den gegenwärtigen Moment gerichtet ist. Es ist eine Art, auch offen für die Erfahrung zu sein, wie sie sich von Augenblick zu Augenblick präsentiert. Dies können wir auf unser gesamtes Leben übertragen, in dem wir es mit all seinen Facetten annehmen und auch den nötigen Raum finden, um an Kraft und Weisheit wachsen zu können. Es bietet uns die Möglichkeit, Schritt für Schritt mit der Aufmerksamkeit vertraut zu machen und uns mit unseren Sinnen zu verbinden. Der Anfang besteht darin, zu lernen innezuhalten. Wir sind das heutzutage kaum gewohnt, da wir ständig mit Aktivitäten beschäftigt sind und von automatischen Gedanken überflutet sind.

> **Übung**
> Höre auf zu lesen und beobachte dich selbst. Was tust du? Wie ist das Papier des Buches? Wie dick ist es? Wie biegsam? Betrachte die Umrisse des Buches, seine Form, seine Farbe [...] Wie riecht das Buch? Welche Gedanken hast du gerade im Kopf? Wie fühlst du dich? (vgl. Kotsou 2013)

Im Unternehmen Achtsamkeit zu installieren ist wohl eines der schwersten Vorhaben an sich. Wir haben es alle mit verschiedenen Menschen zu tun, verschiedene Charaktere, verschiedene Kulturen und Denkweisen. Dennoch halte ich dieses Thema für eines der wertvollsten, das die Führung und die Organisation den Mitarbeitern mitgeben kann. Auf den ersten Blick ist Achtsamkeit ja erstmal etwas total Unspektakuläres. Und vor allen Dingen: Wie bringe ich so etwas in Unternehmen hinein? Nun kommen wir wieder zurück zur Philosophie des Unternehmens. Zum einen sollte wirklich ein Interesse der Geschäftsführung zu diesen Themen vorhanden sein. Was nicht glaubhaft vorgelebt wird, kann auch nicht verstanden werden. Dieses bewusste Wahrnehmen der Menschen und Dinge im Gegensatz zu unserem Autopiloten, der blinde Routine und Multitasking fährt. Dies bedeutet jedoch nicht, dass wir alle ab sofort jegliche mentale Abschweifung unbedingt vermeiden sollen. „Der gegenwärtige Augenblick, das Jetzt, ist der einzige Augenblick, in dem wir wirklich leben." Jon Kabat-Zinn[1] Denn unsere menschliche Fähigkeit mit dem Verstand zu reisen, bringt uns natürlich auch einen evolutionären Vorteil. Diese Gedanken, die umherwandern, ermöglichen es ja auch, ungewöhnliche Dinge zu erschaffen, neue Pläne zu schmieden und unsere Ziele umzusetzen. Sie ermöglichen uns, Probleme und Herausforderungen anzugehen und zu lösen und sie sind eine Quelle der Fantasie und Kreativität. Ohne unsere Gedankenreisen hätte Steve Jobs niemals Apple geschaffen, es wäre kein Buch und kein Film entstanden. Es geht um eine Balance zwischen den Tagträumen und dem kreativen Erschaffen mithilfe unserer Gedanken. Prüfen Sie gerade mal, ob es auch für Sie zutrifft, dass Ihr Verstand gerade von den Dingen abschweift, die Sie gerade tun. Was tun Sie gerade? Lesen, werden Sie jetzt wahrscheinlich denken. Doch sind Sie tatsächlich gerade wirklich mit Ihren ganzen vollen Gedanken auf das Lesen dieser Zeilen fokussiert? Oder schweifen Ihre Gedanken zwischendurch mal ab? Ah ja, ich sollte noch die Spülmaschine ausräumen. Dann kommt kurz mal einer ins Zimmer und fragt etwas nach. Mmh, ich glaube, ich bekomme so langsam Hunger. So geht das die ganze Zeit, obwohl wir lesen. Bei dem einen mehr, dem anderen weniger. Gehen wir nochmal zurück zur Spülmaschine. Wenn Sie das nächste Mal die Spülmaschine ausräumen (ich gehe mal davon aus, dass sich jetzt auch die männlichen Leser angesprochen fühlen), dann fühlen Sie doch einfach mal das Geschirr in Ihren Händen. Ist es noch warm? Sind die Teller sauber? Nehmen Sie jeden Teller einzeln aus der Spülmaschine und betrachten Sie diesen. Ist er glatt oder spüren Sie irgendwelche Erhebungen? Widmen Sie sich in diesem Augenblick ganz dem Teller, den Sie in den Händen halten und denken nicht darüber nach, was Sie anschließend tun wollen. Übrigens, falls jemand in die Küche kommt und verwundert fragt, was Sie da gerade machen, dann antworten Sie einfach: Ich übe mich im Beobachten und im gegenwärtigen Moment zu sein. Das werden vielleicht einige komisch finden, die gewöhnen sich aber schon daran. Das kann ich aus eigener Erfahrung berichten. Ich habe mich auch schon ertappt, dass ich selbst als Yogalehrerin nach einer Stunde mit meinen Yogis, die gerade in der Entspannung lagen, darüber nachdachte, was ich nachher noch alles einkaufen muss. Vor allen Dingen noch dieses Wort „muss". Das was Sie gerade lesen ist sehr, sehr wichtig für ihr mentales Denken und die Gesundheit:

▶ Streichen Sie ab sofort das Wort "muss".

Wenn Sie feststellen, dass Ihre Gedanken beim Lesen dieser Zeilen viel umherschweifen, dann gibt es nur folgende Strategien, um das Thema Lebenszufriedenheit zu erreichen:

---

[1] Jon Kabat-Zinn ist emeritierter Professor der Medizinischen Fakultät von Massachusetts. Er ist der Verfasser jener Studien, welche die Achtsamkeit in der medizinischen und wissenschaftlichen Welt systematisiert und bekannt gemacht haben.

1. Entweder Sie haben häufiger Sex.
2. Sie üben sich in Achtsamkeit mit dem Fokus auf das Hier und Jetzt.
3. Sie versenken sich in eine mentale Tätigkeit.
4. Sie planen oder kreieren etwas.
5. Oder Sie nageln einen Ihrer 80.000 Gedanken fest und meditieren darüber.

Was ist also der Unterschied zu dem alltäglichen Bewusstsein? Wir können unser Bewusstsein fokussieren und geben uns nicht dem blinden Denken hin. Die achtsame Haltung ermöglicht es Ihnen im Alltag, Ihren Gedanken erst einmal wahrzunehmen und sich nicht gleich in eine Geschichte verstricken zu lassen, sondern Beobachter dieser Gedanken zu bleiben. Dazu passt wunderbar die Geschichte von Paul Watzlawick aus seinem Buch *Anleitung zum Unglücklichsein* (2009).

Die Geschichte mit dem Hammer

Eines der bekanntesten Beispiele aus dem Buch ist *Die Geschichte mit dem Hammer*. Es läuft folgendermaßen ab:

Ein Mann will ein Bild aufhängen. Den Nagel hat er, nicht aber den Hammer. Der Nachbar hat einen. Also beschließt unser Mann, hinüberzugehen und ihn auszuborgen. Doch da kommt ihm ein Zweifel: Was, wenn der Nachbar mir den Hammer nicht leihen will? Gestern schon grüßte er ihn nur so flüchtig. Vielleicht war er in Eile. Aber vielleicht war die Eile nur vorgeschützt, und er hat etwas gegen ihn. Und was? Er hat ihm nichts angetan; der bildet sich da etwas ein. Wenn jemand von ihm ein Werkzeug borgen wollte, er gäbe es ihm sofort. Und warum sein Nachbar nicht? Wie kann man einem Mitmenschen einen so einfachen Gefallen ausschlagen? Leute wie der Kerl vergiften einem das Leben. Und dann bildet der Nachbar sich noch ein, er sei auf ihn angewiesen. Bloß weil er einen Hammer hat. Jetzt reicht's ihm aber wirklich. Und so stürmt er hinüber, läutet, der Nachbar öffnet, doch noch bevor er „Guten Morgen" sagen kann, schreit ihn unser Mann an: „Behalten Sie Ihren Hammer, Sie Rüpel!" (Watzlawick 2009).

Je regelmäßiger diese Achtsamkeitspraxis angewendet wird, umso mehr führt dies zu Schmerzlinderung, Verbesserung der Immunfunktionen, Stressabbau und zu mehr Wohlbefinden generell (Siegel 2010). Es braucht jedoch eine regelmäßige Praxis um die Wirkung wirklich zu erfahren. Probieren Sie es aus (vgl. Madsen 2012).

Übung

Erstellen Sie eine Liste aller Aktivitäten, die Sie seit heute Morgen durchgeführt hast. Bei welchen Aktivitäten können Sie ganz bewusst sagen, Sie waren mit den Gedanken voll und ganz bei der Sache? Können Sie einschätzen, wie aufmerksam Sie waren und was Sie gleichzeitig getan oder gedacht haben?

Aktivität	Der Grad der Aufmerksamkeit darauf in Prozent	Was hast du gleichzeitig noch gemacht?
Ich bin aufgestanden	5 Prozent	Meinen Tag durchgeplant
Gefrühstückt	15 Prozent	Zeitung gelesen
Schulbrote für die Kinder gemacht	50 Prozent	Auf die Uhr geschaut, angetrieben

(Quelle: Kotsou 2013)

14.6 Der Affentanz in unserem Kopf

Im Kum Nye spricht man vom Affengeist. Kum Nye ist tibetisches Heilyoga und befasst sich ganz konkret mit unserem Geist und unseren Beobachtungen. Es dient der Entspannung und zur Lösung von Blockaden in unserem Energiesystem. Kum Nye verbindet auf eine einzigartige Weise traditionelles buddhistisches Wissen um den Weg der Geistesentwicklung und Meditation mit den wesentlichen Erkenntnissen aus der westlichen Welt mit ihren Körpertherapien und Energiearbeit. Es ist stilles Sitzen mit weicher Konzentration auf den natürlich fließenden Atem und sehr langsam und bewusst ausgeführte Bewegungen, so wie wir das vom Tai Chi oder QiGong kennen. Beim tibetischen Heilyoga führen wir Selbstmassage mit Druckpunkten sowie die Rezitation von Mantras aus und regen die subtilen Energien von Körper und Geist an. Dadurch lösen sich sanft Blockaden im Energiefluss und führen zu einer gelassenen, in sich ruhenden Wachheit und Achtsamkeit. Die in der wachen Ruhe gesteigerte Bewusstheit ist die Grundlage für umfassende Erkenntnis der eigenen Situation. Dadurch ergeben sich neue Perspektiven, so dass das eigene Leben authentischer gestaltet werden kann (vgl. Steurich 2015).

Unser Geist neigt dazu, dauernd abzuschweifen, so wie ein Affe sich von Baum zu Baum schwingt. Deshalb spricht man auch vom Affengeist (vgl. Abb. 14.1). Unsere Denkmaschine ist unersättlich und klammert sich an jeden Reiz. Doch wenn Ihr Geist nicht zur Ruhe kommt, dann ist es unmöglich sich zu konzentrieren.

Abb. 14.1 Affengeist

> **Übung**
>
> Betrachten Sie die Zeichnung (Abb. 14.1) vier Minuten und 30 Sekunden lang, ohne dabei wirklich an etwas anderes zu denken. Schreiben Sie anschließend auf, wie oft Sie gedanklich abgeschweift sind.

14.7 Gerichtete Achtsamkeit auf den Körper

Unser nützlichstes Element, uns mit dem gegenwärtigen Moment zu verbinden ist ganz klar unser Körper. Unseren Körper haben wir ständig bei uns und ist daher für die Praxis sehr geeignet. Um noch eine buddhistische Weisheit aufzugreifen: Unser Körper ist das Fahrzeug auf der Reise unseres Lebens. Im Allgemeinen treten wir meist nur mit dem Körper in Verbindung, wenn er uns Schmerzen bereitet. Wir dürfen lernen, uns mit dem Körper zu verbinden. Also wirklich in unserem Körper zu wohnen und das in jedem Moment. Für unsere Lebensqualität ist es enorm wichtig, dass wir lernen, in Verbindung zu unserem Körper zu kommen.

> **Übung aus dem Kum Nye Sitzen wie ein Berg mit den sieben Gesten**
>
> 1. Setzen Sie sich mit gekreuzten Beinen oder im Halblotus oder Lotus so auf ein Kissen, dass Ihr Becken höher ist als Ihre Beine.
> 2. Ihre Hände ruhen auf den Knien, Handflächen nach unten. Lösen Sie alle Verspannungen in Armen und Schultern, entspannen Sie die Hände, so dass sie bequem auf den Knien liegen.
> 3. Ziehen Sie den Nacken etwas nach hinten, Ihr Kopf wird sich leicht nach vorne bewegen.
> 4. Die Wirbelsäule sollte aufrecht, aber nicht zu steif sein. Das ermöglicht der Energie, von selbst vom Unter- zum Oberkörper zu fließen.
> 5. Halten Sie die Augen halb offen, richten Sie Ihren Blick leicht nach unten auf den Boden in Verlängerung Ihres Nasenrückens. Ihre Augen sollten sanft und mitfühlend sein. Blinzeln Sie möglichst wenig, indem Sie die Augenzone entspannen und Ihre Aufmerksamkeit nach innen richten.
> 6. Der Mund ist ein klein wenig geöffnet, der Unterkiefer ist entspannt.
> 7. Die Zungenspitze berührt gleich hinter den oberen Schneidezähnen leicht den Gaumen. Die Zunge ist leicht gewölbt.
>
> Spüren Sie jetzt bewusst Ihre Haltung. Ändern Sie sie nicht und bewegen Sie sich möglichst nicht. Wenn Sie sitzen, nehmen Sie jene Teile Ihres Körpers bewusst wahr, die den Boden berühren. Gibt es angespannte Stellen? Tut gerade etwas weh? Lassen Sie es einfach zu. Ein Zen-Meister hatte zu mir mal gesagt, als ich ihm berichtete, dass mein Bein oft einschlafe, lass es einfach schlafen. Beobachten Sie mehrmals täglich Ihre Haltung während Sie sitzen (am Tisch, auf dem Bürostuhl etc.) und nehmen Sie dies bewusst wahr.

Wie wirken sich diese Dinge im Unternehmen aus? Immer wieder treffe ich auf Unternehmer, die sich scheuen, solche Workshops oder Trainings anzubieten. Sie haben Angst. Angst, dass sie als esoterisch abgestempelt werden. Doch tief in ihrem Innersten sehnen auch sie sich danach. Nach der Ruhe, der Harmonie und der Gemeinschaft im Unternehmen. Jedes Unternehmen ist ein Glaubensgemeinschaft. Sie besteht aus dem Spirit des Gründers. Was hatte der Mensch damals für eine Idee, als er das Unternehmen gründete? Die wenigsten beginnen ein Unternehmen, um damit reich zu werden. Die meisten haben einen Traum, eine Vision wie sie für sich selbst, ihre Familie oder für die Gesellschaft etwas beitragen können. Alle Menschen, auch ihre Mitarbeiter suchen nach einem Ort, wo wir uns wertvoll fühlen können, wo wir so angenommen werden, wie wir sind. Dazu brauchen wir Organisationen, die ihre Mitarbeiter akzeptiert, respektiert und nicht verurteilt. Nur so können alle ihre Scham ablegen und gemeinsam mit den anderen an und mit dem Unternehmen wachsen und es aufbauen. Wenn wir Selbstvertrauen entwickelt haben, sind wir unabhängig von der Meinung anderer Menschen. Yoga hält viele Techniken bereit, um unser Selbstvertrauen zu entwickeln. Das Unternehmen wird nur dann real und wachsen, wenn es die freie Entscheidung ist, diesem Unternehmen beizutreten. Wenn der Druck oder die Motivation des zukünftigen Mitarbeiters das Geld ist, ist es keine freie Entscheidung. Es sollte so sein, dass er ein Teil des Unternehmens ist, dass ihm ermöglicht, einen Platz in einer menschlichen Organisation einzunehmen. Die Arbeit, die er tut, sollte jedem Einzelnen ein Gefühl der Zugehörigkeit zu dem Unternehmen vermitteln. Unsere Mit-Menschlichkeit ist eine nach innen gerichtete Entdeckung mit der Würde der eigenen Seele. Innerhalb jedes Unternehmens reflektieren und bearbeiten wir ständig unsere Zweifel über die anderen und unser Anders-Sein. In diesem inneren Erkenntnisprozess entsteht dann der Wunsch, an diesen Dingen zu arbeiten. „Was wir alleine nicht schaffen, das schaffen wir dann zusammen." (Xavier Naidoo)

In vielen Experimenten in anderen Unternehmen und mit Mitarbeitern habe ich festgestellt, dass die meisten auf der Suche nach Heilung, Geborgenheit, Anerkennung, Partnerschaft und Wertschätzung sind. Wir sind alle miteinander vernetzt über WhatsApp, E-Mail, Twitter, Facebook und trotzdem fühlen wir uns manchmal isoliert.

Wir sind auf der Suche nach den wirklichen Unternehmen, in denen die Mitarbeiter die Chance haben, die Gruppenprozesse zu verstehen und zu überschauen. Wir möchten Unternehmen, denen wir trauen und in denen wir unsere Persönlichkeit entfalten können (vgl. Singh 2013).

Sie sind nun am Ende meines Kapitels angekommen. Ich hoffe, Sie hatten Freude beim Lesen und Sie konnten einige Erkenntnisse oder Übungen für Ihren Alltag mitnehmen. Wenn Sie tiefer in die Praxis einsteigen möchten, ist es empfehlenswert, dass ein Lehrer, Trainer oder Coach (natürlich auch Lehrerinnen, Trainerinnen und Coachinnen) die Mitarbeiter oder das Unternehmen begleitet. Ich wünsche Ihnen auf Ihrem weiteren Weg alles erdenklich Gute.

14.8 Über die Autorin

Bettina Sabath ist einer der gefragtesten Business Speaker, wenn es um Menschen in den Unternehmen geht. Ihre Stärke ist nicht nur die Energie, den Spirit und die Leidenschaft für das Thema, sondern auch ihre eigenen, gelebten Erfahrungen als Unternehmerin, Trainerin und Coach. Sie fokussiert sich nicht nur auf einen einzelnen Punkt, sondern auf das was Unternehmen Leben einhaucht. Genau auf das was Unternehmen ausmacht. Denn die Menschen im Unternehmen brauchen ein Feuer, ein Licht, ein Energie und Spirit. Sie hat das, was Menschen aufwecken lässt, erwecken lässt, relighten lässt um Großartiges zu bewegen. Bettina Sabath ist die Frau, die es versteht genau den Spirit in Unternehmen hinein zu hauchen, von denen diese vorher noch nicht einmal wussten das es ihn gibt.

Ihr Motto: „Wenn du willst, schaffst du alles."

Nach ihrer Ausbildung zur Grafikerin gründete sie 1995 eine Werbeagentur. Schon im ersten Jahr schrieb Bettina Sabath schwarze Zahlen. Im dritten Jahr stellte sie einen Auszubildenden ein, im fünften zog sie in größere Räume. Inzwischen hatte sie sechs feste Mitarbeiter.

Derzeit beschäftigt die Sabath Media Designagentur rund 40 Mitarbeiter und ist damit eine der größten Werbeagenturen in der Südpfalz. Erfolg drückt sich für die Powerfrau aber nicht nur in steigendem Umsatz oder Gewinn aus. „Wirklich erfolgreich fühle ich mich, wenn ich Mitarbeiter voranbringe", sagt Bettina Sabath. Es macht ihr Spaß, mit Menschen zu arbeiten und ihre Begeisterung zu wecken. Im Jahr 2011 gründete sie die Marke Junifeuer Consulting. Seitdem berät sie Firmen zur lebensphasenorientierten Personalpolitik und unterstützt Menschen in ihrer beruflichen und persönlichen Weiterentwicklung.

Heute konzentriert sich Bettina Sabath auf das, was ihr wirklich wichtig ist. Sie gab die Geschäftsführung ihrer Werbeagentur ab und fokussiert ihr Interesse seitdem auf deren Personalmanagement. Bewusst ermöglicht sie ihren Mitarbeitern durch flexible Arbeitszeiten und Arbeitsplatzgestaltung, Kinder zu erziehen und Eltern zu pflegen. Als Business-Coach für Junifeuer, als Mediatorin, MBA und Lehrbeauftrage an Hochschulen gibt sie ihre Erfahrungen weiter. Ihre Grundsätze wendet sie auch immer häufiger auf sich an und nimmt sich wieder mehr Zeit für sich und die Familie.

Weitere Infos unter www.junifeuer.de und www.sabath-media.de

Literatur

Behrens, P., & Rathgeb, T. (2015). *KIM-Studie 2012 Kinder + Medien Computer + Internet*. Stuttgart.

Eichinger, N. (2015). Weniger ist mehr. *Herzstück*, 76.

Kotsou, I. (2013). *Das kleine Übungsheft Achtsamkeit*. München: Trinity.

Levitin, D. (2014). *The organized mind*. USA: Dutton Adult.

Madsen, T. (2012). *Mentales Stressmanagement*. Paderborn: Junfermansche Verlagsbuchhandlung.

Rump, J. (2010). www.wirtschaftundfamilie.de. Abgerufen am 30.01.2015 von www.wirtschaftundfamilie.de: www.wirtschaftundfamilie.de/.../Lebensphasenorientierte%20Personalpol...

Rump, J., Eilers, S., & Wilms, G. (2011). *Strategie für die Zukunft; Lebensphasenorientierte Personalpolitik 2.0*. Mainz: Ministerium für Wirtschaft, Klimaschutz, Energie und Landesplanung Rheinland-Pfalz.

Selander, J. (2015). *Die Philosophie des Yoga*. http://www.tattva.de/die-philosophie-des-yoga/. Zugegriffen: 07.07.2015

Siegel, D. J. (2010). *Das achtsame Gehirn*. Freiburg: Arbor.

Singh, S. H. (2013). *Das Herz des Yoga*. Berlin: Allegria.

Steurich, M. (2015). http://www.kum-nye.de. Abgerufen am 2015 von http://www.kum-nye.de: http://www.kum-nye.de/index.php/was-ist-kum-nye.html

Watzlawick, P. (2009). *Anleitung zum Unglücklichsein*. München: Piper.

15 Pflegebedürftigkeit und Beruf mit der Gesundheit vereinbaren – Mitarbeiter mit pflegebedürftigen Angehörigen in häuslichen Pflegesituationen

Eine Herausforderung für Führungskräfte in Unternehmen

Birgit Vosseler

Inhaltsverzeichnis

15.1	Einleitung	281
15.2	Gesetzliche Entwicklungen zur Vereinbarkeit von Beruf und Pflege	282
15.3	Demographischer Wandel	284
15.4	Pflegende Angehörige	285
15.5	Zukunft häusliche Pflege	288
15.6	Vereinbarkeit von Beruf und Pflege	290
15.7	Empfehlungen zur Vereinbarkeit von Beruf und Pflege für Unternehmen – Handlungsfelder	296
15.8	Fazit	302
15.9	Über die Autorin	303
Literatur		304

15.1 Einleitung

Das Bundesgesundheitsministerium fördert seit einigen Jahren deutschlandweit Projekte, die sich mit Fragen auseinandersetzen, inwiefern das Zukunftsthema Pflege Ansatzpunkte für unternehmerisches Engagement bietet oder wie es gelingen kann, Fachkräfte im Hinblick auf Vereinbarkeit von Beruf und Pflege zu halten. Die Suche nach Interventionen, von denen sowohl die Mitarbeiter als auch die Pflegebedürftigen und das Unternehmen profitieren, steht hierbei im Vordergrund. Und dennoch ist die Wirkung gering. Best-Practice-Beispiele zur Vereinbarkeit von Familie und Beruf beziehen sich vorwiegen auf die Kinderbetreuung. Zukünftig wird es für Unternehmen immer wichtiger werden, Mitarbeitern Zeit für die Pflege neben dem Beruf zu geben. Denn die Pflege eines Angehörigen

---

Prof. Dr. rer medic Birgit Vosseler ✉
Hochschule Ravensburg-Weingarten, Fakultät Soziale Arbeit, Gesundheit und Pflege,
Leibnizstrasse 10, 88250 Weingarten, Deutschland
e-mail: birgit.vosseler@hs-weingarten.de

© Springer Fachmedien Wiesbaden 2016
P. Buchenau (Hrsg.), *Chefsache Gesundheit II*, DOI 10.1007/978-3-658-06962-9_15

stellt in mehrfacher Hinsicht andere Anforderungen an Mitarbeiter als die Betreuung von Kindern. Während Kinderbetreuung durch die Schwangerschaft planbar ist, können Pflegebedarfe sehr plötzlich auftreten. Kinderbetreuung ist aufgrund der vorhersehbaren Entwicklung in Richtung Eigenständigkeit der Kinder planbar, die Dauer der Pflege ist hingegen ungewiss. Aufgrund der steigenden Selbstständigkeit der Kinder sinkt im Verlauf der Betreuungsbedarf, während sich die Situation Pflegebedürftiger meist verschlechtert. Aufgrund der positiven Einstellung gegenüber Kindern kann die Betreuung leichter auch mal von Bekannten übernommen werden, während die Pflegetätigkeit mit Scham besetzt ist und nicht einfach auf andere Personen übertragbar ist.

Die Vereinbarkeit von Beruf und Pflege steckt in Unternehmen noch in den Anfängen. Anders als bei den Themen Familie, Kinder, Elternzeit ist die Tatsache, dass Mitarbeiter zukünftig auch in der Pflege ihrer Eltern, Lebenspartner und Angehörigen immer mehr gefordert werden, noch längst nicht in das Bewusstsein der Mitarbeiter und der Führungskräfte vorgedrungen. Da Menschen, vor allem Frauen im erwerbsfähigen Alter, vermehrt erwerbstätig sind, ist für jedes Unternehmen die Vereinbarkeit von Beruf und Pflege auch aus betriebswirtschaftlicher Sicht von Bedeutung. Studien wie beispielsweise „Carers@Work – Zwischen Beruf und Pflege: Konflikte oder Chance?" zeigen betriebswirtschaftliche Folgekosten auf, wenn die Vereinbarkeit von Beruf und Pflege in einem Unternehmen nicht gewährleistet ist. Ursächlich für Folgekosten sind vor allem vermehrte Fehlzeiten, temporäre Fluktuation und Arbeitszeitunterbrechung, Wechsel von Voll- in Teilzeit, erhöhter Krankenstand, akute Notfälle und Produktivitätseinbußen durch Präsentismus[1] (vgl. Böttcher und Buchwald 2011, S. 12 f.). Weil eine mangelnde Vereinbarkeit mit negativen betrieblichen Auswirkungen verbunden ist, stellt sich für Unternehmen die Frage nach den Merkmalen pflegender Mitarbeiter sowie nach Interventionen zur besseren Vereinbarkeit von Beruf und Pflege.

15.2 Gesetzliche Entwicklungen zur Vereinbarkeit von Beruf und Pflege

Pflegezeit gilt mittlerweile als ein Wettbewerbsvorteil. Die Familienpflegezeit ist nicht nur für Mitarbeiter, sondern besonders für Unternehmen ein immer wichtigeres Thema. Pflegende Mitarbeiter sind damit überfordert, die Familie und die berufliche Tätigkeit im Sinne der Zufriedenheit und in einer ausgewogenen Life-Balance zu vereinen. Gesundheitliche Probleme und Folgekosten, insbesondere dann, wenn betroffene Mitarbeiter alleine gelassen werden, verursachen einen Schaden, der schwerer wiegt als die Investition in präventives Miteinander. Unternehmen sind gefordert, effektive Lösungen für den

---

[1] Das Erscheinen am Arbeitsplatz trotz Krankheit, hier: die Reduktion der Arbeitsproduktivität durch Leistungseinschränkung von Mitarbeitern, die auf gesundheitliche oder belastende Belange zurückzuführen sind.

Umgang mit Pflegezeiten zu entwickeln, vor allem mit Blick auf den prognostizierten Fachkräftemangel, welcher sich aus der doppelten Überalterung ergibt.

Im Oktober 2014 hat das Bundeskabinett den Gesetzentwurf zur besseren Vereinbarkeit von Familie, Pflege und Beruf beschlossen, welcher am 1. Januar 2015 in Kraft getreten ist. Mit der Familienpflegezeit soll der Herausforderung des demografischen Wandels begegnet und die Vereinbarkeit von Beruf und Pflege von pflegenden Erwerbstätigen erleichtert werden. Mit dem neuen Gesetz „FamilienpflegeZeit"[2] werden die seit 2008 bestehenden gesetzlichen Regelungen für die Vereinbarkeit von Beruf und Pflege weiter entwickelt und festgeschrieben. Das neue Gesetz zur besseren Vereinbarkeit von Familie, Pflege und Beruf ist zum Erhalt der Arbeitsfähigkeit und Gesundheit von pflegenden Erwerbstätigen ein wichtiger Wegweiser zur Enttabuisierung und Anerkennung. Pflegende Mitarbeiter brauchen in der Phase, in der sie Familie, Pflege und Beruf vereinbaren müssen, vor allem mehr zeitliche Flexibilität. Das neue Familienpflegezeitgesetz berücksichtigt die Individualität jeder Pflegesituation. Die Familienpflegezeit, welche pflegenden Mitarbeitern einen Rechtsanspruch auf eine Auszeit von bis zu 24 Monaten bei einer verbleibenden Mindestarbeitszeit von 15 Wochenstunden garantiert (wenn sie einen pflegebedürftigen Angehörigen in häuslicher Umgebung pflegen), hat zum Ziel, Mitarbeitern die Vereinbarkeit von Berufstätigkeit und der Pflege des Angehörigen zu erleichtern und ihnen finanzielle Sicherheit für die Dauer der Pflege zu garantieren. Zieht sich die Pflege länger als 24 Monate hin, können mehrere Angehörige die Familienpflegezeit in Anspruch nehmen, nacheinander oder parallel. Neu ist zudem der Anspruch auf Pflegeunterstützungsgeld[3] bei einer neu auftretenden kurzfristigen Pflegesituation und die Förderung durch ein zinsloses Darlehen zur Absicherung des Lebensunterhalts bei bis zu sechs Monaten Pflegezeit. Neben der Pflege eines pflegebedürftigen Angehörigen in häuslicher Umgebung wird auch die außerhäusliche Betreuung eines pflegebedürftigen minderjährigen Kindes einbezogen. Dies gilt auch für die Begleitung von Angehörigen in der letzten Lebensphase. Während der Pflegezeit oder Familienpflegezeit besteht für den pflegenden Mitarbeiter ein Kündigungsschutz. Durch die Neuregelungen werden pflegende Mitarbeiter, die mehr zeitliche Flexibilität für die Pflege von Angehörigen benötigen, stärker unterstützt. Insbesondere die Möglichkeit, ihre Arbeitszeit bis zu zwei Jahre zu reduzieren, soll dazu beitragen, dass pflegende Erwerbstätige ihre Berufstätigkeit nicht aufgeben müssen. Die Neuregelungen sollen auch dazu beitragen, dem Fachkräftemangel entgegenzuwirken. Pflegende Mitarbeiter bleiben den Unternehmen als erfahrende Fachkräfte erhalten. Die Umsetzung der Pflegezeit und Familienpflegezeit soll zukünftig ein Wettbewerbsfaktor darstellen.

---

[2] Für weiterführende Informationen BMFSFJ (2015)
[3] bis zu 10 Arbeitstage Lohnersatzleistungen.

15.3 Demographischer Wandel

Dass die Bevölkerung in Deutschland veraltet, ist nicht neu. Aufgrund des Geburtenrückgangs und der stetig wachsenden Lebenserwartung wird es zukünftig immer mehr ältere und alte Menschen geben. Und somit auch ältere Berufstätige, welche pflegebedürftige Angehörige betreuen. Da sich das Renteneintrittsalter gesetzlich und gesellschaftlich auch über das 65. bzw. 67. Lebensjahr nach hinten verschiebt, müssen Aufgaben in der häuslichen Pflege zunehmend in einer Lebensphase übernommen werden, in der die Pflegenden selbst noch berufstätig sind. Aufgrund der physischen und psychischen Belastung und des hohen Zeitaufwands stoßen gerade Mitarbeiter in Vollzeit an ihre Grenzen.

Deutschland wird sich durch die Babyboomer-Generation der Mitte der 1960er-Jahre Geborenen in den nächsten Jahrzehnten demografisch verändern. Heute sind 20 % der Bevölkerung 65 Jahre oder älter. Bereits in den kommenden Jahrzehnten wird der Anteil älterer Menschen deutlich steigen. Bevölkerungsprognosen gehen davon aus, dass der Anteil der über 65-Jährigen in den nächsten 20 Jahren auf 23 % steigt. Gleichzeitig schrumpft die Bevölkerung von rund 81,8 Mio. (2011) bis zum Jahr 2060 auf etwa 70 Mio. Besonders auffällig gestaltet sich die Abnahme der Bevölkerung im erwerbsfähigen Alter (15–65 Jahre). Hier beläuft sich der Rückgang auf ca. 35 %. Umfasste diese Altersgruppe im Jahr 2011 noch 54,1 Mio. Menschen, so werden es im Jahr 2060 nur noch rund 35 Mio. Menschen im erwerbsfähigen Alter sein (vgl. Statistisches Bundesamt 2009a).

Derzeit sind in Deutschland rund 2,63 Millionen Menschen pflegebedürftig. Ihre Anzahl wird im Jahr 2020 auf ca. 3,64 Mio. steigen. Die genauere Betrachtung der höheren Alterskategorien zeigt, dass die Zahl der 60- bis unter 70-jährigen Personen sowie der 70- bis unter 80-Jährigen von 2009 bis 2030 zunehmen und danach vermutlich wieder abnehmen wird. Die Zahl der 80- bis unter 90-Jährigen wird ebenfalls zunehmen, wobei der Anstieg vor allem ab 2030 rasant verläuft. In der höchsten Altersgruppe ab 90 Jahre wird ein kontinuierlicher Anstieg der Personenzahl bis zum Jahr 2050 prognostiziert (vgl. Statistische Ämter des Bundes und der Länder 2010).

Für die Versorgung älterer Menschen durch Jüngere ist insbesondere der Altenquotient ein entscheidender Indikator. Dieser beschreibt die Zahl der Personen ab 65 Jahre in der Bevölkerung pro 100 Personen im erwerbsfähigen Alter von 15 bis 64 Jahren. Für das Jahr 2010 zeigt der Altenquotient für Deutschland einen Wert von 34,0 Personen an. Er wird weiter steigen und im Jahr 2030 bei 51,0 Personen liegen. Während heutzutage im Durchschnitt auf eine ältere Person etwa drei jüngere Personen kommen, wird das Verhältnis im Jahr 2030 bei 1:2 liegen. Deutschland weist im internationalen Vergleich ausgewählter Industriestaaten sowohl im Jahr 2010 als auch voraussichtlich im Jahr 2030 den zweithöchsten Altenquotienten auf. Erwerbsfähige Menschen in Deutschland müssen demnach vergleichsweise viele ältere Personen versorgen. Der Belastungsunterschied zu anderen Ländern wird tendenziell sogar noch zunehmen (vgl. Statistische Ämter des Bundes und der Länder 2011).

In der gesetzlichen Pflegeversicherung gilt das Prinzip ambulant vor stationär. Daneben setzt sich immer mehr die Erkenntnis durch, dass dort, wo der Allgemeinzustand es zulässt, ein möglichst langes Verweilen in der eigenen Häuslichkeit mit entsprechender Betreuung präventiv gegenüber Mobilitäts- und Demenzerkrankungen wirkt. In diesem Bereich der häuslichen Pflege sind vor allem Angehörige (mit oder ohne Unterstützung ambulanter Pflegedienste) gefordert. Für die Familien bedeutet das oft eine große Herausforderung. Wenn zur Kindererziehung und zum Beruf die Pflege eines Angehörigen hinzukommt, dann brauchen pflegende Mitarbeiter Unterstützung. Von Bedeutung ist, dass im Zuge der Alterung der Bevölkerung das Durchschnittsalter der Menschen im erwerbsfähigen Alter und damit das Durchschnittsalter der Mitarbeiter in einem Unternehmen deutlich ansteigt. Diese doppelte Überalterung stellt Unternehmen, vor allem kleinere und mittelständige Unternehmen, vor erhebliche Herausforderungen: Die Gesunderhaltung älterer Mitarbeiter, die Rekrutierung von Auszubildenden, die Bildung qualifizierter Fach- und Führungskräfte und die gleichzeitige Gewinnung von qualifizierten Nachwuchskräften sind wesentliche Herausforderungen. Unternehmen müssen angesichts dieser Entwicklung ein grundsätzliches Interesse daran haben, ihre Mitarbeiter zu halten, so das Fazit einer McKinsey-Studie aus dem Jahr 2011, die eine Lücke von 2 Mio. Arbeitskräften im Jahr 2020 prognostiziert (McKinsey 2011). Deshalb ist es eine wichtige unternehmenspolitische Aufgabe, die Rahmenbedingungen zur Vereinbarkeit von Beruf und Pflege zu verbessern und mehr Raum und Verständnis für pflegende Mitarbeiter zu schaffen.

15.4 Pflegende Angehörige

Zweidrittel der ca. 2,1 Mio. pflegebedürftigen Menschen werden in der eigenen Häuslichkeit gepflegt. Etwa sechs von zehn der pflegenden Angehörigen sind Frauen, wobei mehr als 40 % der pflegenden Frauen erwerbstätig sind. Studien zeigen, dass die Existenz einer zu pflegenden Person im Haushalt die Erwerbswahrscheinlichkeit von Frauen einschränkt (vgl. Boll et al. 2013, S. 12).

Ein gutes Drittel der Pflegenden verwendet durchschnittlich eine bis sechs Stunden pro Woche für die Pflege eines Angehörigen. Weitere 28 % pflegen wöchentlich zwischen sieben und zwölf Stunden, und knapp 16 % zwischen 13 und 19 Stunden. Ein gutes Fünftel ist mindestens 20 Stunden pro Woche mit der Pflege eines Angehörigen beschäftigt (vgl. Statistisches Bundesamt 2013). Der Frauenanteil steigt dabei mit dem Umfang der Pflegestunden an. Von den erwerbstätigen Pflegenden mit durchschnittlich mehr als 20 Wochenstunden Pflege sind gut drei Viertel Frauen. 6,1 % der Erwerbstätigen pflegen einen Angehörigen. Bei Nichterwerbstätigen ist der Anteil der Pflegenden mit 5,7 % etwas geringer. Erwerbstätige, die pflegen, arbeiten häufiger in Teilzeit oder in geringfügigen Beschäftigungsverhältnissen und damit seltener in Vollzeit im Vergleich mit nichtpflegenden Erwerbstätigen. Auffallend ist auch, dass pflegende Erwerbstätige mit einem Durchschnittsalter von 48,4 Jahren älter sind als nichtpflegende Erwerbstätige mit einem durchschnittlichen Lebensalter von 42,9 Jahren. Dabei ist das Durchschnittsalter aller Pflegenden mit mittlerem oder höherem Pflegeumfang höher als das von Personen, die nur zwischen 1 und 6 Stunden pro Woche pflegen (vgl. Boll et al. 2013, S. 24 f.). Lediglich 11 % der Hauptpflegepersonen sind jünger als 40 Jahre (vgl. Gensicke et al. 2012; IAW 2006, S. 2; DGB 2006, S. 2; BerufundFamilie 2007, S. 3). Während Frauen stärker in die personenbezogene Pflege einbezogen sind, kümmern sich Männer eher um das Alltagsmanagement und um die Organisation.

Das Bildungsniveau der pflegenden und nichtpflegenden Erwerbstätigen ist vergleichbar, allerdings deutlich höher als jenes der nichterwerbstätigen Pflegenden. In allen drei Gruppen verfügt etwa die Hälfte der Personen über einen mittleren Bildungsabschluss. Unter den Erwerbstätigen, ob pflegend oder nicht, sind allerdings rund 40 % hochqualifiziert, weniger als jeder Zehnte ist gering qualifiziert. Unter nichterwerbstätigen Pflegenden weist hingegen jede fünfte Person ein geringes Bildungsniveau auf (vgl. Boll et al. 2013, S. 28). Partner von pflegenden Erwerbstätigen sind häufiger erwerbstätig, sie haben zudem ein höheres Bildungsniveau als Partner von nichterwerbstätigen Pflegenden. Die Analyse nach dem Pflegeumfang zeigt, dass bei den pflegenden Erwerbstätigen der Anteil der Hochqualifizierten bei einem wöchentlichen Pflegeumfang zwischen einer und sechs Stunden mit 50,4 % am höchsten ist und mit Zunahme der Pflegestunden abnimmt. Unter den pflegenden Erwerbstätigen, die mindestens 20 Stunden pro Woche pflegen, beträgt der Anteil an Akademikern nur noch 27,7 % (vgl. Boll et al. 2013, S. 28).

Der Anteil Pflegender unter den Erwerbstätigen unterscheidet sich auch nach der Stellung im Beruf. Der Anteil der Pflegenden schwankt zwischen 5,1 % unter Freiberuflern und 7,2 % unter Angestellten mit qualifizierter Tätigkeit sowie mit Ausbildung. Nur eine verschwindend geringe Zahl an Freiberuflern pflegt mindestens 20 Stunden pro Woche. Pflegende mit einem geringen wöchentlichen Pflegeumfang finden sich besonders häufig unter Führungskräften. In der Tendenz sinkt der Pflegeaufwand mit steigender beruflicher Stellung. Eine hohe wöchentliche Pflegezeit weisen vor allem Angestellte mit einfachen Tätigkeiten auf (vgl. Boll et al. 2013, S. 31).

Da Pflegende überwiegend weiblich sind, sollte bei Lösungen zur Vereinbarkeit von Beruf und Pflege die Arbeitsmarkterfahrung der 40- bis 49-jährigen Frauen berücksichtigt werden. Die Hamburger Studie (Boll et al. 2013) zur Situation von erwerbstätigen Pflegenden von Boll, Hensel-Börner, Hoffmann und Reich zeigt bei den Deutschlanddaten deutlich, dass nichterwerbstätige pflegende Frauen eine Biografie mit der vergleichsweise größten Arbeitsmarktentfernung haben, denn sie haben nicht nur die höchste Zahl an Auszeit- und Arbeitslosigkeitsjahren, sondern auch die geringsten Erfahrungen in der Erwerbstätigkeit. Aufgrund der bereits in der Biografie vorhandenen Erwerbsunterbrechungen ist hier der Verzicht auf Erwerbstätigkeit beim Eintreten eines Pflegefalles naheliegend und mit den vergleichsweise geringsten Kosten und dem geringsten Verlust an Erwerbseinkommen verbunden. Ein vergleichbares Bild zeigt sich bei nichterwerbstätigen Männern in Relation zu erwerbstätigen Männern. Erwerbstätige pflegende Frauen wie Männer haben zwar eine etwas geringere Auszeiterfahrung als erwerbstätige Nichtpflegende, dafür aber eine höhere Teilzeit- und geringere Vollzeiterfahrung. Auch hier ist die Vermutung, dass das frühere Erwerbsverhalten das Verhalten beim Eintreten eines Pflegefalls prägt. Wer in früheren Jahren die Vereinbarkeit von Beruf und Kinderbetreuung über eine Anpassung der Wochenarbeitszeit sichergestellt hat, wird möglicherweise nach ähnlichem Muster in der Pflegebedürftigkeit, dem Eintreten eines Pflegefalls, reagieren (vgl. Boll et al. 2013, S. 30).

15.4.1 Lebenssituation pflegender Erwerbstätiger

Die neue Lebenssituation muss von pflegenden Erwerbstätigen erst realisiert werden, ehe der Unterstützungsbedarf formuliert werden kann. Die Studie Lanceo (2011) der Landeshauptstadt München identifizierte hier das Schlüsselerlebnis, durch das den befragten pflegenden Mitarbeitern klar geworden ist, dass ihr Leben eine Wendung genommen hat: Es sind Situationen wie die Diagnose oder die frühere Krankenhausentlassung bei einer neuen Pflegebedürftigkeit ebenso wie die Folgeprobleme, die sich an das Auftreten des Pflegebedarfs anschließen. Im Zentrum stehen weder die Pflegearbeit zu Hause noch die Berufstätigkeit, sondern die Probleme der Vereinbarkeit von beidem. Die Organisation des Alltags selbst und das eigene Leben zu ändern fordern pflegende Mitarbeiter aufs Höchste. Das neue Vereinen von Arbeit und Leben weist trotz unterschiedlicher Lebensentwürfe und Lebensstile sowie unterschiedlichen zu pflegenden Angehörigen gemeinsame Probleme auf. Hierzu gehören die strikte Alltagsorganisation, der Verzicht auf die Befriedigung individueller Bedürfnisse, vor allem auf das, was Spaß gemacht hat, das Problem der knappen Zeit, die dann folgende Reduktion der Arbeitszeit oder der Wechsel des Arbeitsplatzes, verbunden mit finanziellen Einbußen, nur um durch den Zeitgewinn die Situation in der häuslichen Pflegesituation zu entspannen oder auch das Funktionierenmüssen und die Lebensführung einzig daran auszurichten, den Anforderungen in der Pflege gerecht zu werden (vgl. Dunkel und Augustin 2011, S. 7 f.).

Soziale Netzwerke sind die wichtigste Ressource, vor allem wenn der Pflegebedürftige im eigenen Haushalt lebt und die eigenen Erholungsphasen sich dadurch, und besonders nachts, erheblich verringern. Pflegedienste sind ein unverzichtbarer Teil in häuslichen Pflegesituationen, wenn eine Vereinbarkeit von Beruf und Pflege realisiert werden soll. Dabei kann allerdings die Verletzung der Privatsphäre als besonders belastend empfunden werden (vgl. Dunkel und Augustin 2011, S. 9).

15.4.2 Gesundheit von pflegenden Erwerbstätigen

Die Herausforderung, den Pflegealltag zu bewältigen, zwingt pflegende Mitarbeiter zu körperlichen und emotionalen Höchstleistungen sowie zum Verzicht. Das Gefühl immer zu wenig zu geben, auch wenn gemessen an der Lebenssituation zu viel geleistet wird, führt dazu, das eigene Wohlergehen zu vernachlässigen. Gesundheitliche Folgen resultieren aus der Ausbeutung sowie einem Leben ohne Eigenleben, die sich als manifeste Erkrankungen wie Schlafstörungen mit psychomotorischen Folgen, Burnout oder Depression zeigen. Hinzu kommen gesellschaftliche Erwartungen, denen Betroffene vermeintlich gerecht werden müssen. Somit tragen pflegende Erwerbstätige mit der Entscheidung, die Pflegeverantwortung selber übernehmen zu müssen und diese möglichst perfekt zu gestalten, zu ihrer Lebenssituation bei. Pflegenden Erwerbstätigen ist dabei trotzdem bewusst, dass sie Erholung brauchen und diese nur schwer herauszuwirtschaften ist (Dunkel und Augustin 2011, S. 10).

Traditionelle Lebensmodelle oder private Unterstützungsnetzwerke sind bedeutender als die Unterstützung durch einen Pflegedienst, da sie keine emotionale und alltagsorganisatorische Ressource darstellen. Ebenso ist die Unterstützung im beruflichen Umfeld von positiver Bedeutung für die neue Lebenssituation. Eine offene Kommunikation und der Austausch sind für die Wertschätzung und das Verständnis ebenso notwendig wie das Verhalten der Führungskräfte, welche den pflegenden Mitarbeiter als Arbeitskraft und Menschen gleichermaßen sehen und dementsprechend die höchst mögliche Flexibilität gewähren.

15.5 Zukunft häusliche Pflege

Die Aussagen über das künftige Ausmaß der häuslichen Pflege sind widersprüchlich. Pflegewissenschaftlich gesehen kann davon ausgegangen werden, dass die Branche der professionellen Pflege nicht in dem Maße wächst, wie der steigenden Anteil von alten Menschen, die krank und hilfs- bzw. pflegebedürftig sind. Daraus resultiert, dass die Bedeutung der häuslichen Pflege durch Angehörige zunimmt.

Die eingeschränkte Entwicklung der professionellen Pflege wird mit mehreren Effekten begründet.

> Größte Auswirkungen hat die doppelte Überalterung, das meint, dass das Durchschnittsalter der Pflegebedürftigen und der Anteil des älteren Pflegepersonals gleichermaßen ansteigen. Grundsätzlich ist damit zu rechnen, dass der Anteil der über 50-jährigen Erwerbstätigen auf 32 % im Jahr 2030 ansteigen wird. Gleichzeitig sinkt der Anteil der 30- bis 50-Jährigen von heute 57 auf 48 % im Jahr 2030. Darüber hinaus wird die demografische Entwicklung mittel- bis langfristig zu einem schrumpfenden Erwerbspersonenpotenzial und damit zu einer geringeren Anzahl potenzieller Pflegekräfte führen (vgl. INQA 2007a, S. 3; Schneider et al. 2006, S. 3). Aktuelle Prognosen bestätigen diese seit Jahren absehbaren Entwicklungen.

> Das Phänomen der doppelten Überalterung wirkt sich direkt auf die Arbeitsfähigkeit älterer Mitarbeiter aus. Professionelle Pflege im häuslichen Umfeld des Pflegebedürftigen ist mit physischen, emotionalen und psychischen Belastungen verbunden. Körperliche Belastungen resultieren aus schwerem Heben und Tragen, fehlender Ergonomie in den Wohnungen der zu Pflegenden, Fachkräftemangel, zahlreichen Überstunden sowie der schlechten Ausgestaltung von Schichtarbeit. Psychische Belastungen gehen einher mit der dauerhaften Begegnung mit Leid und Tod, mit Zeitdruck und Zeitknappheit und mit dem Gefühl, den eigenen ethischen Grundsätzen aufgrund von strukturel-

len Vorgaben nicht genügen zu können. Zahlreiche personalwirtschaftliche Indikatoren zeigen das enorme Risiko von Leistungsminderungen in den Pflegeberufen auf. Der Krankenstand und die damit einhergehenden Fehlzeiten in der Gesundheits- und Kranken- sowie Altenpflege in ambulanten Diensten liegen um ein Drittel höher als in der Wirtschaft. Muskel-Skelett-Erkrankungen und psychische Erkrankungen belegen seit Jahren die Spitzenplätze im Ranking der Berufserkrankungen und spiegeln somit die Belastungssituation wieder.

Die Attraktivität der Berufe in der Pflege kann als eher gering bezeichnet werden. Arbeitsbedingungen, Arbeitsumfeld, Entlohnung, Arbeitsverdichtung, Arbeitszeiten sowie physische und psychische Belastungen werden nicht selten als Faktoren für die mangelnde Attraktivität der Pflegeberufe angeführt. Belastungen durch eine mangelnde interdisziplinäre Zusammenarbeit tragen ebenso dazu bei wie das erhöhte Mobbing-Risiko. Laut der NEXT-Study (next 2005) denken vor allem junge, gut aus- und weitergebildete Pflegefachkräfte daran, aus dem Beruf auszusteigen. Trotzdem ist das Bedürfnis, anderen helfen zu wollen sowie kranken und alten Menschen Zuwendung entgegenzubringen, ungebrochen in der Gesellschaft vorhanden. Die Pflegeberufe haben weiterhin eine große Anziehungskraft, was insbesondere an dem Zuwachs an Bewerbern gerade in den Altenpflegeschulen zu beobachten ist.

Gleichzeitig zeichnet sich ab, dass die Zahl an pflegenden Angehörigen sinkt. Faktoren, die diesen Zukunftstrend bedingen, sind u. a. eine seit Jahren niedrige Geburtenrate von 1,3 Kindern pro Frau, wodurch die Zahl der Pflegenden aus dem familiären Umfeld abnimmt. Zudem wird durch die steigende Zahl an älteren Alleinstehenden das pflegende Umfeld entfallen. Die steigende Lebenserwartung führt dazu, dass der Anteil der altersbedingt chronisch Erkrankten und schwerstpflegebedürftigen Menschen zunehmen wird. Sie können innerhalb moderner Familienkonstellationen, Lebens- und Arbeitsbedingungen kaum noch gepflegt werden. Zudem wird das Durchschnittsalter der pflegenden Angehörigen steigen. Dies geht einher mit einer Einschränkung der Pflegemöglichkeiten. Beides impliziert, dass die Nachfrage nach professionellen ambulanten und stationären Pflegemodellen außerhalb der Familie steigen wird. Darüber hinaus leben Familien immer seltener an einem Ort, so dass die Pflege in der Zukunft immer weniger in der Familie stattfinden kann.

Mit der steigenden Frauenerwerbsbeteiligung stehen weibliche Angehörige künftig in der Pflege in geringerem Maße zur Verfügung, insbesondere dann, wenn Unternehmen sich nicht auf die zukünftige Gesellschaftsentwicklungen einstellen und Lösungen zur Vereinbarkeit von Beruf und Pflege sowie Kooperations- und Koordinationsleistungen für häusliche Pflegesituationen ihrer Mitarbeiter anbieten.

Durch die aufgezeigten Effekte entsteht ein erhebliches Spannungsfeld, welches sich in Unternehmen nur durch Interventionen zur Vereinbarkeit von Beruf und Pflege abschwächen lässt.

15.6 Vereinbarkeit von Beruf und Pflege

Aufgrund der demografischen Entwicklung wird die Vereinbarkeit von Beruf und Pflege in den nächsten Jahren für Unternehmen und ihre Mitarbeiter an Bedeutung gewinnen. Der Fachkräftemangel und das höhere Renteneintrittsalter tragen maßgeblich dazu bei, dass sich Unternehmen vermehrt mit der Frage der Vereinbarkeit von Beruf und Pflege auseinander setzen müssen. Während die Vereinbarkeit von Betreuungsverpflichtungen gegenüber Kindern in Relation zum Beruf vor allem in den letzten Jahren vermehrt als wichtiges Thema zur Fachkräftesicherung von Unternehmen erkannt wurde, spielt (auch im Sinne des beruflichen Gesundheitsmanagements) die Vereinbarkeit von Beruf und Pflege bislang hingegen eine untergeordnete Rolle. Dabei kann eine gute Vereinbarkeit von Beruf und Pflege zur Vermeidung betrieblicher Folgekosten beitragen. Anders als bei der Kinderbetreuung verläuft der Prozess der pflegerischen Betreuung von Angehörigen schleichend. Er kann sich bis zur extremen Belastung steigern und ist in der Notfallsituationen gar nicht planbar. Die Betreuung eines älteren Angehörigen vollzieht sich in mehreren Stufen. Nach und nach müssen immer mehr Aufgaben wie Einkäufe, Begleitung zu Arztbesuchen usw., kurz: das Alltagsmanagement übernommen werden. Angehörige wachsen im Idealfall in die Rolle des Pflegenden hinein. Nicht hingegen Erwerbstätige, die von einer Notfallsituation wie beispielsweise einem Schlafanfall eines Angehörigen überrascht und zu schnellen Entscheidungen gezwungen werden, die dann noch in Einklang mit der Berufstätigkeit gebracht werden muss. Die neuen pflegenden Mitarbeiter stehen nicht nur vor der Herausforderung, zu einem guten Arrangement von Beruf und Privatleben zu kommen, sie müssen zudem die Anforderungen, die mit der häuslichen Pflegesituation verbunden sind, in dieses Arrangement integrieren. Sie führen nun nicht mehr nur ihr eigenes Leben, sondern auch das des Pflegebedürftigen. Pflegende Mitarbeiter sind oft mit der Situation überfordert und fühlen sich alleine gelassen. Dies führt zu massiven Folgen wie einer verminderten Leistungsfähigkeit durch die Belastung sowie psychischen und physischen Beeinträchtigungen bei diesen Mitarbeitern, wenn keine Entlastung vorhanden ist. Für Unternehmen kann diese Situation bis zum Verlust von qualifizierten Mitarbeitern führen, wodurch beruflich intuitives Expertenwissen ebenfalls verloren geht.

Vor allem in kleineren Betrieben ist das Thema Vereinbarkeit von Beruf und Pflege noch nicht angekommen oder kann auch vor dem Hintergrund der gesetzlichen Regeln nur erschwert beachtet werden. Informelle Regelungen, auf die sich keine Seite berufen kann, regeln unstrukturiert und für beide Seite nicht zufriedenstellend die Situation. Pflegende Mitarbeiter müssten meist eigenständig Lösungen für ihre privaten Pflegeprobleme finden. Große Unternehmen bieten in geringer Zahl eine Spannbreite von Beratungsangeboten in Fragen der häuslichen Pflege an. Das neue Familienzeitenpflegegesetz greift hier eine bestehende Lücke auf. Unternehmen sind zudem gefordert, eine familienbewusste Personalpolitik zu betreiben. Schneider et al. beschreiben schon 2006 die Ebenen einer strategisch ausgerichteten familienbewussten Personalpolitik mit den Handlungsfeldern Leistung, Dialog und Kultur. Nicht nur die Anzahl von angebotenen Unterstützungen, sondern auch deren Qualität ist von Bedeutung, welche an der Bedarfslage der pflegenden Mitarbeiter gemessen wird. Auch sind die kommunikative Kompetenz, Offenheit bei familiären belastenden Lebensumständen und das Interesse der Führungskräfte an pflegenden Mitarbeitern von hoher Bedeutung. Führungskräfte sollen gemeinsam mit pflegenden Mitarbeitern Lösungen finden und Verständnis aufbringen. Eine Kultur des Nehmens und Gebens, in der Fragen nach der Akzeptanz der Pflegesituation zu Hause und deren Auswirkungen auf die betrieblichen Abläufe entscheidend sind, sowohl durch die Führungskraft als auch durch den betroffenen Mitarbeiter und das Team, gilt als Wert der Unternehmensführung. Die Bandbreite der familienorientierten Personalpolitik reicht hier von der Hilfe zur Selbsthilfe bis zum Angebot eines Servicearrangements in der Vereinbarkeit von Beruf und Pflege. Im Sinne der Arbeitgeberattraktivität sollten Unternehmen flexibel genug sein, um auf die im Alltag und im Lebenslauf wechselnden Bedürfnisse von Familien reagieren zu können. Flexible Arbeitszeitgestaltung und Zeitsouveränität in Abhängigkeit von den betrieblichen Rahmenbedingungen sind wesentliche Leistungsaspekte einer familienbewussten Personalpolitik.

15.6.1 Angebote zur Vereinbarkeit von Beruf und Pflege und deren Nutzung

Aktuelle Studien aus 2012 wie „PARI – Vereinbarkeit von Pflege und Beruf international" (esf 2012), das IHK-Unternehmensbarometer 2012 oder auch regionale Erhebungen aus Hamburg (2013), Brandenburg (2009) (zsh 2009) oder dem Ennepe-Ruhr-Kreis (2011) zeigen, dass Unternehmen bereits zahlreiche Interventionen zur Vereinbarkeit von Beruf und Pflege eingeführt haben. Allerdings wird hier auch sichtbar, dass die angebotenen Interventionen in weit weniger als der Hälfte der Unternehmen auch von pflegenden Mitarbeitern genutzt werden. Der Flexibilisierung und der Reduktion der Arbeitszeiten kommt hierbei eine zentrale Bedeutung zu. Ein zusammenfassendes Bild zeigt, dass über 80 % der Unternehmen diese beiden Interventionen anbieten. Von pflegenden Mitarbeitern genutzt werden flexible Arbeitszeiten bereits in 33 % und reduzierte Arbeitszeiten in 36 % der Unternehmen. Sonderurlaube, befristete Freistellungen und flexible Arbeitsorte können in weit mehr als der Hälfte (in 60 %) der Unternehmen in Anspruch genommen werden. Insgesamt geben 36 % der Unternehmen an, dass Führungspositionen auch von Teilzeitkräften übernommen werden können. Allerdings ist nur eine sehr geringe Anzahl pflegender Mitarbeiter auch wirklich in Führungspositionen tätig. In allen Studien zeigt sich, dass in der Summe die Angebote zur Vereinbarkeit von Beruf und Pflege nur von 7 % der pflegenden Mitarbeiter genutzt werden. Hier werden die Brisanz des Verdrängens deutlich und die zentralen Herausforderungen, denen Unternehmen sich in den nächsten Jahren stellen müssen.

Eine Umfrage der Industrie- und Handelskammer im Jahr 2012 zeigt, dass Weiterbildungsangebote zur Vereinbarkeit von Beruf und Pflege das einzige Instrument sind, zu dem die befragten Mitarbeiter einen konkreten Pflegebezug herstellen konnten. Immerhin 22 % der Unternehmen gaben an, dass bereits entsprechende Weiterbildungsangebote vorhanden sind. Angenommen wird dieses Angebot mit 9 % aber nur in einem sehr geringen Umfang. Auch dieses Ergebnis deckt sich mit der noch eher gering eingeschätzten Relevanz der Thematik insgesamt. Die zweite zentrale Erkenntnis aus der Umfrage lautet daher, dass noch ein erhebliches Steigerungspotential in der Inanspruchnahme der seitens der Unternehmen bereitgestellten Vereinbarkeitsangebote durch pflegende Mitarbeiter besteht. Befragt nach der ihrer Meinung nach wichtigsten Vereinbarkeitsmaßnahme für pflegende Mitarbeiter, ordnen Unternehmen der Möglichkeit flexibler Arbeitszeiten mit zwei Fünftel die größte Bedeutung zu. Diese Prioritätensetzung ist konsistent mit Ergebnissen anderer Arbeitgeberbefragungen, wonach flexible Arbeitszeitmodelle die Maßnahme darstellen, bei der sich Unternehmen am meisten engagieren (vgl. Böttcher und Buchwald 2009; Deutscher Industrie- und Handelskammertag 2012). Auch im internationalen Vergleich mit England, Frankreich, Italien oder Schweden ist dieses Angebot in Deutschland besonders ausgeprägt. In Deutschland gaben 70,2 % der Unternehmen an, flexible Tages- oder Wochenarbeitszeit anzubieten. Damit belegt Deutschland Rang 2 nach England (vgl. Bundesministerium für Familie, Senioren, Frauen und Jugend 2010). Danach folgen reduzierte Arbeitszeiten beziehungsweise Teilzeit mit 28 %, flexible Arbeitsorte mit 13 %, Weiterbildungsangebote zum Thema Vereinbarkeit von Beruf und Pflege mit 8 %, Sonderurlaub oder befristete Freistellung mit 6 % und Führung in Teilzeit sowie andere Maßnahmen mit je 2 % (vgl. Bundesministerium für Familie, Senioren, Frauen und Jugend 2010). Hervorzuheben ist, dass das Angebot von Weiterbildungsmöglichkeiten zur Vereinbarkeit von Beruf und Pflege an vierter Stelle in der Wichtigkeit bei den Arbeitgebern steht. Auch Befragungen von pflegenden Mitarbeitern weisen auf die Bedeutung von Informationsangeboten rund um dieses Thema hin. Aufgrund der steigenden Bedeutung der Vereinbarkeitsproblematik speziell in Bezug auf die Pflege eines Angehörigen wird die Bedeutung von Informations- und Kommunikationsinterventionen, die explizit auf diese Herausforderung abstellen, in Zukunft vermutlich weiter steigen.

15.6.2 Konzepte zur Vereinbarkeit von Beruf und Pflege

In häuslichen Pflegesituationen ist die Herausforderung, Berufstätigkeit mit der Pflegeaufgabe vereinbaren zu können, erheblich, auch in Bezug auf die eigene Gesundheit und den Lebensunterhalt. Dabei ist zu berücksichtigen, dass der Eintritt, die Dauer und die Entwicklung der Pflegebedürftigkeit eines Angehörigen nur bedingt vorhersehbar sind. Hinzu kommt, dass die psychischen Belastungen häufig erheblich sind und starke Einschränkung im Alltag in Kauf genommen werden müssen. Erwerbstätige in häuslichen Pflegesituationen sind damit konfrontiert, inhaltlich, zeitlich und räumlich grundlegend unterschiedlich strukturierte Lebensbereiche miteinander zu kombinieren. Dies setzt einen aktiven Umgang mit den Möglichkeiten und Begrenzungen ihrer Lebenssituation voraus. Diese Aushandlungsarbeit der Betroffenen, die zur Herstellung eine Life-Balance elementar ist, und für Unternehmen einen Ansatz für Interventionen darstellt, ist im wissenschaftlichen Diskurs zur Vereinbarkeit von Beruf und Pflege unterrepräsentiert. Wenig berücksichtigt wird, dass sich hinter den wechselseitigen Auswirkungen mehr oder minder strategisch eingesetzte Umgangsformen mit den Anforderungen verbergen, die eine Vereinbarung von Beruf und Pflege erst ermöglichen. Pflegende Mitarbeiter sind nicht nur strukturellen Bedingungen im Arbeitsumfeld ausgesetzt und auf Grund ihrer Lebenssituation dadurch mit negativen Folgen konfrontiert. Sie haben vor allem ein Handlungspotential mit den Möglichkeiten und Begrenzungen in ihren häuslichen Pflegesituationen im Alltag umzugehen und eine Vereinbarkeit zwischen Beruf und Pflege aktiv herzustellen. Die Handlungspotentiale der Aushandlungsarbeit sollten Unternehmen positiv nutzen, indem sie ihre Mitarbeiter unterstützen, für deren individuelle Situation abgestimmte Hilfen und Interventionen zu etablieren, die auf der alltäglichen Handlungsebene ansetzen. Um die betroffenen Mitarbeiter in der Vereinbarkeit zu stärken, bedarf es das Wissen darüber, wie pflegende Mitarbeiter ihren Alltag planen, um die Pflege und Betreuung ihres Angehörigen und den Beruf zu vereinbaren. Unternehmen sollten sich für die komplexe Wirklichkeit und die Bewältigungsressourcen ihrer Mitarbeiter interessieren, indem sie im betrieblichen Gesundheitsmanagement die Alltagsabläufe der Betroffenen, die sich stellenden Anforderungen, die verfügbaren Ressourcen und die Strategien, die zur Verbindung von Beruf und Pflege notwendig sind, erfassen. Zentral hierfür ist die Entwicklung eines praxistauglichen Assessment-Instruments[4] zur Struktur- und Bedarfserhebung von Beschäftigten mit Pflegeverantwortung, mithilfe dessen die Belastungsfaktoren, die Ressourcenverfügbarkeit und Strategien, nicht nur als strukturelle Dimensionen der jeweiligen Lebenssituation, sondern auch Einstellungen, die sich für die drei Aspekte als bedeutsam erwiesen haben, im Beratungskontext erhoben werden können. Auch eine Handlungsanleitung für familienfreundliche Personalpolitik[5], welche neben den Wünschen pflegender Mitarbeiter bereits vorhandene Dienstleistungen in einem Unternehmen und die Einstellung zum Thema Beruf und Pflege abfragt, begünstigt zudem eine Hilfeplanung, die stärker auf die Bedarfs- und Bedürfnissituation pflegender Mitarbeiter zugeschnitten ist. Grundsätzliches Ziel muss dabei sein, eine möglichst breite Ressourcenbasis zu schaffen, auf die im Hinblick auf die Anforderungsbewältigungen zurückgegriffen werden kann.

Es ist davon auszugehen, dass ohne tragfähige Lösungen zur Vereinbarkeit von Beruf und Pflege Unternehmen Gefahr laufen, qualifizierte Mitarbeiter zu verlieren. Darüber hinaus bestehen die Gefahren von Motivationsverlust und Unzufriedenheit. Unternehmen,

---

[4] Ein gutes Beispiel ist die Checkliste 1: Fragebogen zur Struktur- und Bedarfserhebung von Beschäftigten mit Pflegeverantwortung von Böttcher und Buchwald, Zentrum für Sozialforschung Halle e. V. an der Martin-Luther-Universität Halle-Wittenberg, Leitfaden für Unternehmen zur Förderung der Vereinbarkeit von Erwerbsarbeit und Pflege (Böttcher und Buchwald 2011, S. 22). Ziel des Fragebogens ist die Erfassung des Anteils und der Struktur sowie der Hilfebedarfe der Beschäftigten mit Pflegeverantwortung im Unternehmen. Neben Fragen zu pflegenden Angehörigen und der Organisation der Pflegearbeit umfasst der Fragebogen Fragen zu Wünschen über Entlastung im Zusammenhang mit der beruflichen Tätigkeit und zur Gesamtfamiliensituation.
[5] Siehe hierzu beispielhaft: Checkliste/Handlungsanleitung familienfreundliche Personalpolitik der Hans-Böckler-Stiftung (2011).

die ihren Mitarbeitern Interventionen zur Vereinbarkeit von Beruf und Pflege anbieten, erzielen Vorteile, vor allem in der Arbeitgeberattraktivität:

> Wenn Stressbelastungen durch eine Vereinbarkeit von Beruf und Pflege reduziert oder vermieden werden, bleiben Leistungsbereitschaft und -fähigkeit erhalten.
> Beratung und Informationen bei einem plötzlichen Beginn oder einer Veränderung der Pflegebedürftigkeit tragen dazu bei, dass die betroffenen Mitarbeiter schnell tragfähige Lösungen finden und sich weniger belastet neben der Pflege auf die Berufstätigkeit konzentrieren können.
> Qualifizierte Mitarbeiter verlassen das Unternehmen nicht. Ihre Loyalität und Arbeitszufriedenheit steigen.

Die Individualisierung stellt neben der demografischen Entwicklung einen gleichbedeutenden gesellschaftlichen Effekt dar, der sich auf die Vereinbarkeit von Beruf und Pflege auswirkt. Unter Berücksichtigung dieser spezifischen Bedingungen bietet sich an mehr Aspekte familien- und lebensphasenorientierter Personalpolitik in die betriebliche Praxis zu integrieren. Um die Berufsphasen mit den Familien- und Lebensphasen in Einklang zu bringen, ist es notwendig, dass Führungskräfte die Lebensstile und Lebensentwürfe, also wie Mitarbeiter ihren Alltag gestalten und organisieren, kennen. Dabei geht es nicht um einzelne Handlungen, sondern um Muster der Alltagsorganisation, die einen Zusammenhang bilden (vgl. Rössel und Otte 2011, S. 13). Lebensstile sind u. a. an der Schnittstelle von Beruf- und Familienarrangements zu verorten. Ob diese inhaltlich, räumlich oder sozial getrennt werden oder vereint sind, ist Ausdruck des Lebensstils (vgl. Rössel und Otte 2011, S. 14). Damit wird deutlich, dass die lebensphasen- und lebensstilorientierte Personalpolitik einen Lösungsweg für die Vereinbarkeit von Beruf und Pflege sowie für die Gestaltung der Arbeitsbedingungen der professionellen Pflege darstellt. Für eine personalpolitische Perspektive zur Vereinbarkeit von Beruf und Pflege ist bei der Entscheidung, Lebensstile zu berücksichtigen, der Blick auf die Verteilung der Milieus interessant. Im Fokus steht dabei, Präferenzen in der Gestaltung des jeweiligen Lebensentwurfs aus den Lebensstilen abzuleiten. Die aus den Lebensstilen abgeleiteten Lebensentwürfe können als Weichenstellungen bei der Gestaltung von Berufs- und Familienphasen gesehen werden. Sie steuern Verhaltensweisen und Entscheidungsprozesse, wodurch sie einen wichtigen Schlüssel für eine bedarfs- und bedürfnisorientierte Personalplanung sind. Eine lebensphasen- und lebensstilorientierte Personalpolitik erfordert von Führungskräften Sensibilität dahingehend, die Lebensentwürfe der pflegenden Mitarbeiter wertungsfrei im Hinblick auf arbeitsplatzbezogene Fragen zu unterstützen. Unterschiedliche Lebensentwürfe und -stile stimmen mit ihren spezifischen Erwartungshaltungen an die Vereinbarkeit von Beruf, Pflege und eigenes Leben überein, was Interventionen hinsichtlich Information und Kommunikation sowie einer enttabuisierten Unternehmenskultur verlangt. So kann das Angebot der Koordination von pflege- und haushaltsnahen Unterstützungsangeboten von einem Mitarbeiter als hilfreich und entgegenkommend, vom anderen als Einmischung in Familienaufgaben gesehen werden (vgl. Weinmann et al. 2014, S. 158 f.).

Daraus ergeben sich unterschiedliche Handlungsfelder einer lebensphasen- und lebensstilorientierten Personalpolitik im Kontext der Vereinbarkeit von Beruf und Pflege. Eine Unternehmenskultur, welche die Vereinbarkeit von Beruf und Pflege als Wert und Norm verankert hat, zeichnet sich durch ein großes Verständnis für die familiären Verpflichtungen des Mitarbeiters aus. Dort, wo es möglich ist, wird auf die besondere Situation eingegangen und werden Lösungen gesucht. Eine Unternehmenskultur, in der die Pflege von Angehörigen Anerkennung findet, kann durch eine systematische und kontinuierliche Kommunikation gefördert werden (vgl. Schneider et al. 2006, S. 9; BerufundFamilie 2007, S. 15).

Handlungsbedarf besteht nicht nur strategisch in der Unternehmenspolitik, sondern vor allem auch operativ auf der Ebene der Führungskräfte. Diese sind die ersten Ansprechpartner, die häufig sehr kurzfristig mit der Situation konfrontiert werden. Ihre Aufgabe ist es, geeignete Lösungen sowohl im Interesse der betroffenen Mitarbeiter als auch im Sinne des Unternehmens zu finden. Ein Handeln allein aus einer gesetzlichen Verpflichtung des Unternehmens resultierend greift hier zu kurz, da es mit einem Risiko für das Unternehmen einhergeht. Durch die außergewöhnliche Belastung der pflegenden Mitarbeiter außerhalb der Arbeitszeiten steigt die Gefahr der Überlastung, die häufig mit gesundheitlichen Einschränkungen verbunden ist. Führungskräfte sollten somit für die Probleme der Vereinbarkeit von Beruf und Pflege sensibilisiert werden. Nicht selten ist die Vereinbarkeit von Beruf und Pflege stigmatisiert und tabuisiert. Neben der Sensibilisierung sollten auch praktische und soziale Kompetenzen bezogen auf die Führung von Mitarbeitern, die Beruf und Pflege vereinbaren müssen, vermittelt werden (vgl. BerufundFamilie 2007, S. 18 f.; DGB 2006, S. 8). Hierzu gehört eine Arbeitsorganisation, die pflegenden Mitarbeitern die Vereinbarkeit von Beruf und Pflege ermöglicht. Klarheit sollte darüber bestehen, dass Probleme einer möglicherweise notwendigen Umverteilung der Arbeit oder der Urlaubsplanung nur kollegial gelöst werden können. Die Sensibilisierung und die Solidarisierung der Kollegen ist somit eine Grundvoraussetzung für eine erfolgreiche Regelung. Die Berücksichtigung und konsequente Umsetzung des am 1.1.2015 in Kraft getreten Familienpflegezeitengesetzes ist ein Schritt in Richtung Vereinbarkeit von Beruf und Pflege im Sinne der Gestaltung von Arbeitsorganisationen.

15.6.3 Nutzen für Unternehmen

In der Diskussion über die Vereinbarkeit von Beruf und Pflege bleibt die Frage nach dem konkreten Nutzen für Unternehmen. Familienbewusstsein und Effizienz erscheinen auf den ersten Blick als Widerspruch. Doch auch Unternehmen profitieren von familienfreundlichen Interventionen, insbesondere vor dem Hintergrund des ansteigenden Fachkräftemangels und dem steigenden Durchschnittsalter der Mitarbeiter. Damit sich Unternehmen auch in Zukunft erfolgreich auf den Märkten behaupten können, müssen besonders die jungen Fachkräfte im Wettbewerb mit der Konkurrenz durch attraktive Bedingungen geworben und langfristig an das Unternehmen gebunden werden. Dabei ist die Vereinbarkeit von Familie und Beruf ein entscheidender Erfolgsfaktor. Jungen Mitarbeitern mit Kindern ist dies genauso wichtig wie das Gehalt. Dies bestätigen 92 % der Mitarbeiter zwischen 25 und 39 Jahren mit Kindern unter 18 Jahren in einer Befragung durch die Gesellschaft für Konsumforschung (GFK) im Auftrag des Bundesfamilienministeriums. Auch in der Zahl der Bewerbungen auf ausgeschriebene Stellen schlägt sich das deutlich nieder. Erhebungen des Forschungszentrums familienbewusste Personalpolitik der Universität Münster zeigen, dass der Bewerberpool um 26 % größer ist als bei nicht familienbewussten Unternehmen. Sind die neuen Mitarbeiter erst einmal im Betrieb, dann bleiben sie auch länger. Außerdem haben zwei Drittel der befragten Unternehmen eine höhere Mitarbeitermotivation durch familienfreundliche Interventionen festgestellt. Darüber hinaus steigern familienbewusste Angebote nachweislich die Produktivität und senken zugleich die Fehlzeiten im Betrieb.

15.7 Empfehlungen zur Vereinbarkeit von Beruf und Pflege für Unternehmen – Handlungsfelder

Noch bestehen besondere Erfordernisse und Problemlagen im Bereich Pflege in Unternehmen, die bei familiären Sozialleistungen kaum zwischen Kinderbetreuung und häuslicher Pflege unterscheiden. Die Erfahrungen mit pflegenden Angehörigen als Mitarbeiter sind noch zu gering. Ein Unternehmen muss sich deshalb mit den spezifischen Belastungen der häuslichen Pflegebedürftigkeit auseinandersetzen, denen pflegende Mitarbeiter ausgesetzt sind, wie z. B. die umfassende Strukturierung des Tagesablaufes, die eingeschränkte berufliche Flexibilität, die Strategien, die zur Verbindung von Beruf und Pflege eingesetzt werden und den Mangel an privater Erholung.

Soll ein Angebot zur Vereinbarkeit von Beruf und Pflege in einem Unternehmen etabliert werden, dann sind verschiedene Sachverhalte zu bedenken. Anders als bei dem Thema Vereinbarkeit von Beruf und Familie und der Herausforderung der Kinderbetreuung ist die Auseinandersetzung mit dem Thema familiäre Pflegebedürftigkeit deutlich sensibler und ein Erfolg möglicherweise erst langfristig sichtbar. Pflegende Mitarbeiter sind eher zurückhaltend im Umgang mit dem Thema familiäre Pflege und geben sich dem Unternehmen gegenüber nur ungern als pflegender Angehöriger zu erkennen, so dass die Nachfrage nach betrieblichen Angeboten nicht mit dem tatsächlichen Bedarf identisch ist. Die Sorge um den Arbeitsplatz, wenn die familiäre Belastung bekannt wird, ist groß, da die Angst im Vordergrund steht, nicht mehr voll einsetzbar und flexibel zu sein, so wie es in der Arbeitswelt erforderlich ist. Hinzu kommt das Dilemma, dass Mitarbeiter gern über ihre Kinder aber nicht über die Pflegebedürftigkeit daheim sprechen. Im Hinblick auf den demografischen Wandel ist eine Auseinandersetzung mit dem Thema Pflegebedürftigkeit allerdings unabdingbar. Entsprechende Lösungen sollten angeboten werden. Eine Unternehmenskultur, in der die familiäre Pflegebedürftigkeit ernst genommen wird und Anerkennung findet, kann nur nach und nach wachsen. Eine kontinuierliche Kommunikation des Themas Vereinbarkeit von Beruf und Pflege trägt zum Verständnis bei.

Information und Kommunikation
Umfangreiche und leicht zugängliche Information sowie eine offene Kommunikation ist bei der Vereinbarkeit von Beruf und Pflege zentral. Von Seiten des Unternehmens ist wichtig, die Mitarbeiter aktiv und präventiv zu unterstützen. Das Thema Pflege muss in den betrieblichen Alltag integriert werden. Es ist wichtig, dass Probleme der Pflegebedürftigkeit im Unternehmen offen angesprochen werden, um Stigmatisierung sowie plötzlich auftretende Probleme und ihre Folgekosten zu vermeiden. Eine kontinuierliche und präventive Auseinandersetzung mit der Aufgabe Pflege ermöglicht, dass bei Bedarf besser im Interesse aller Beteiligten gehandelt werden kann. Ein notwendiger Schritt ist daher die generelle Endtabuisierung des Themas Pflege innerhalb der Unternehmenskultur. Dies kann durch eine gezielte Thematisierung im Rahmen von Mitarbeitergesprächen, Infoveranstaltungen, Seminaren oder durch eine entsprechende Berücksichtigung im Intranet erreicht werden. Ein besonderes Augenmerk muss darauf gerichtet werden, Mitarbeiter ohne Kinder zu sensibilisieren, da diese noch nicht durch familiäre Verpflichtungen bei der Ausübung ihrer Berufstätigkeit eingeschränkt sind. Die Akzeptanz der häuslichen Pflegesituation und Anzeichen von Überlastung oder das frühzeitige Erkennen von vermehrten Fehlzeiten trägt zur Verständigung bei.

Personal- und Organisationsentwicklung
Optionen zur Vereinbarkeit von Pflege und Beruf bedürfen zudem einer strukturellen Verankerung in der Gestaltung von Personaleinsatz und Personalentwicklung. Zur Gestaltung von Arbeitszeit und Arbeitsort gehören Möglichkeiten der Freistellung, Sonderurlaub, flexible Arbeitszeiten (wie Gleitzeit), Vertrauensarbeitszeit, ergebnis- statt zeitorientiertes Arbeiten, flexible Schichtanfangs- und -endzeiten oder Arbeitszeitkonten, welche einen Spielraum bieten für kurz- und langfristige, akute oder geplante Abwesenheit von der Arbeit in familiären Notfällen oder bei Ausfall einer Betreuungskraft in der häuslichen Pflegesituation. Teilzeit auf Zeit während der Pflegephase und kurzfristige Wechsel zwischen Teil- und Vollzeit entsprechend der Pflegesituation, Heimarbeit, Jobsharing, die Rücksicht auf die Pflegesituation bei der Planung von Dienstreisen, das Ermöglichen von längeren Mittagspausen sowie eine komprimierte Arbeitswoche mit der Verteilung der Stundenzahl auf weniger Wochentage sind nur eine Auswahl an Möglichkeiten, die Unternehmen pflegenden Mitarbeitern anbieten können zur Vereinbarkeit von Beruf und Pflege (vgl. BerufundFamilie 2007, S. 7 ff.; DGB 2006, S. 5). Bezüglich der Arbeitsorganisation kann pflegenden Mitarbeitern zudem durch Teamarbeit geholfen werden. Hierzu zählt die Rücksichtnahme auf die individuelle Pflegesituation bei der Dienstplangestaltung und Urlaubsplanung oder individuelle Schichtdienstpläne und Schichttauschbörsen zur Beachtung von Familienkonstellationen, so dass Familienangehörige nicht in einer Schichtzeit gleichzeitig arbeiten. Gespräche zwischen pflegenden Mitarbeitern und Führungskräften über die weitere berufliche Entwicklung der pflegenden Person, die Aufrechterhaltung der erreichten betrieblichen Funktion auch bei eingeschränkten Arbeitszeiten bzw. geringeren Anwesenheitszeiten, die Unterstützung beruflicher Fort- und Weiterbildung auch in Zei-

ten der Pflege sowie Pläne zur Wiedereingliederungsinterventionen nach abgeschlossener Pflegetätigkeit gehören ebenfalls dazu.

Von der strukturellen Verankerung der Pflege in Personaleinsatz und Personalentwicklung wird auch die Personalgewinnung profitieren, weil qualifizierten Fachkräften als potentiellen neuen Mitarbeitern Karriereperspektiven im Unternehmen auch bei privater Pflegeeinbindung aufgezeigt werden.

Pool-Lösungen sind eine attraktive Möglichkeit zur Förderung der Vereinbarkeit von Beruf und Pflege auch in Kooperation mit branchenähnlichen Unternehmen. Sie sind deshalb von hoher Bedeutung, weil einerseits oft schnelles, flexibles Handeln erforderlich ist und andererseits der Eintritt eines Pflegefalles in einem Unternehmen immer noch ein seltenes Ereignis darstellt. Vergleichbar zur Leiharbeitsfirmen können dann Arbeitskräfte von mehreren Unternehmen gemeinsam genutzt werden. Bei Eintritt eines Pflegefalls erfolgt der Austausch von Arbeitskräften, um den plötzlichen Personalausfall zu kompensieren.

Mitarbeitergesundheit als Führungsaufgabe
Pflegende Mitarbeiter haben ein doppeltes Anerkennungsproblem. Privat engagieren sie sich über ihre Belastungsgrenze in der Pflegesituation und vernachlässigen dadurch häufige ihr soziales Umfeld. Am Arbeitsplatz können sie sich aufgrund der Belastungen zu Hause nicht mehr wie gewohnt engagieren. Umso wichtiger ist es für diese Mitarbeiter, dass die Führungskraft Verständnis zeigt und den Mitarbeiter als Menschen wahrnimmt. Pflegende Mitarbeiter haben ein Interesse daran, Arbeitszeiten und -leistung geringer zu halten, um den Herausforderungen in der Pflegesituation begegnen zu können. Führungskräfte hingegen müssen das Arbeitspensum des pflegenden Mitarbeiters im Blick haben und bei der Neuverteilung der Arbeit darauf achten, dass das Team nicht stärker belastet wird, wodurch es u. a. zu strukturellen Interessenskonflikten kommen kann. Wertschätzung und eine lösungsorientierte Kommunikation durch die Führungskraft reduzieren hierbei die psychische Belastung und wirken damit präventiv gegen Burnout. Um die Gesundheit pflegender Mitarbeiter langfristig zu sichern sollte das Thema Pflege Bestandteil des betrieblichen Gesundheitsmanagements werden. Physiotherapeutische Angebote, Schulungen zu Stress- und Konfliktbewältigung, Zeitmanagement und Entspannungstechniken bieten dem Mitarbeiter Möglichkeiten, sich Zeit für sich zu nehmen (ohne schlechtes Gewissen). Achtsamkeit zu lernen ist einer der zentralen Aspekte, die ein Gesundheitsmanagement vermitteln sollte, zum Wohle des pflegenden Mitarbeiters und zur Förderung des Problembewusstseins im Unternehmen.

Führungskräfte sind in einer Schlüsselposition. Sie sollten idealerweise die ersten Ansprechpartner für betroffene Mitarbeiter sein. Dies setzt eine Sensibilisierung der Führungskräfte für das Thema Beruf und Pflege voraus. Speziell für Führungskräfte sollten Schulungen und Trainings zum Umgang mit der Vereinbarkeit von Beruf und Pflege angeboten werden, damit ein besseres Verständnis entwickelt wird und adäquat reagiert werden kann.

Beratungsleistungen

Für den Fall des Eintritts einer Pflegesituation können im Unternehmen feste Ansprechpartner bestimmt werden. Weitere Möglichkeiten sind die Bereitstellung von Informationsmappen und die Durchführung von Informationsveranstaltungen. Wenn ein Angehöriger plötzlich pflegebedürftig wird, wissen viele Mitarbeiter nicht, wo und wie sie Unterstützung innerhalb und außerhalb des Unternehmens erhalten können. Ist ein Mitarbeiter mit der Pflegebedürftigkeit von Angehörigen konfrontiert, muss ihm das Unternehmen volle Unterstützungsbereitschaft, Offenheit für seine Probleme und die Entschlossenheit zu einer gemeinsamen Problemlösung signalisieren. Informationen im Intranet, in Printform, als Tagesordnungspunkt auf Betriebsversammlungen sowie Beratungen können eine Hilfestellung sein. Ein Ansprechpartner im Unternehmen, der die Informationen gebündelt weitergeben und im konkreten Fall individuell auf die Situation des pflegenden Mitarbeiters eingehen kann und der bei psychischen und emotionalen Belastungen Gesprächsbereitschaft signalisiert, ist ebenfalls hilfreich (vgl. BerufundFamilie 2007, S. 14, 16, 23 ff.).

Kooperationen und Vermittlungsservice

Das Handlungsfeld der Kooperation zielt auf die Zusammenarbeit von Unternehmen mit regionalen Dienstleistern, Informationsstellen und Unterstützungsnetzwerken. Bestandteil einer solchen Kooperation können die Hilfe bei der Vermittlung externer Pflegedienste oder Betreuungsangebote, die Finanzierung von Seminaren und Schulungen zur häuslichen Pflege, Bewegungs- und Entspannungskurse oder die Einrichtung eines Gesprächskreises für pflegende Mitarbeiter sein. Ein kooperierendes regionales Netzwerk bietet die Chance konkrete Handlungsmöglichkeiten herauszuarbeiten. Diese könnten darin bestehen, die Vielfalt an Informationen zur Pflege für Unternehmen zu bündeln, sie in Betriebsversammlungen der Belegschaft zugänglich zu machen, Sprechstunden in Unternehmen anzubieten, Beratungsangebote oder auch Service-Hotlines vorzuhalten. Unternehmensserviceangebote der freien Wohlfahrtspflege (vgl. Wolf 2011) können als Beispiel dafür dienen, wie Dienstleistungsangebote ausgestaltet werden können. Gerade für kleine und mittelständige Unternehmen, denen hierfür das Personal und die zeitlichen Ressourcen nicht zur Verfügung stehen, stellen das Bekanntmachen und die Vermittlung externer Dienstleister, die das Unternehmen unterstützen und entlasten können, ein wichtiges Handlungsfeld dar.

Probleme, die der demografische Wandel mit sich bringt, können kleine Unternehmen regional nur gemeinsam lösen. Im Rahmen von Firmenkooperationen können Gesprächswerkstätten initiiert werden, um gemeinsam darüber nachzudenken, wie die Vereinbarkeit von Beruf und Pflege gestaltet und die Weitergabe des Know-hows pflegender Mitarbeiter an die Kollegen sichergestellt werden. Neben einem innerbetrieblichen Austausch für pflegende Mitarbeiter können gemeinsame Informationsveranstaltungen zu pflegespezifischen Themen oder auch Pflegekurse angeboten werden. Das wechselseitige Lernen und die entstehende Offenheit, damit das Thema Pflege ohne Hemmungen auch in einem kleinen Unternehmen kommuniziert werden kann, stehen bei diesen Kooperationen im

Vordergrund. Die Gesprächswerkstatt ist eine Plattform, wo sich Führungskräfte unkompliziert über Arbeitszeitmodelle, gesetzliche Regelungen oder Erfahrungen im Umgang mit pflegenden Mitarbeitern austauschen können.

Case- und Care-Management
Ein wichtiger Aspekt ist die Nutzung des Informations-, Beratungs- und Vermittlungsservice der freien und gemeinnützigen Wohlfahrtspflege durch Unternehmen, welche ihre regionalen Angebote bündeln und im Sinne des Case- und Care-Managements Kooperations- und Koordinationsstrukturen zur Sicherstellung der häuslichen Pflegesituation aufbauen. Durch die Partnerschaft mit der Wohlfahrtspflege[6] kann das Unternehmen pflegenden Mitarbeitern einen Service und eine Flexibilität anbieten, welche die Unternehmen selber nicht haben. Ziel ist ein Angebot, welches passgenau auf das Unternehmen und die Bedürfnisse der pflegenden Mitarbeiter abgestimmt ist. Der Grundgedanke entspricht dem der Pflegestützpunkte. Hier können die vielfältigen und für den Laien nicht mehr überschaubaren Angebote vernetzt und koordiniert werden. Voraussetzung ist eine einheitliche Service-Telefonnummer, welche als Hotline im Unternehmen bekannt ist und unbürokratisch von betroffenen Mitarbeitern genutzt werden kann. Nach einer telefonischen Erstberatung erfolgt dann bei Bedarf eine intensivere Auseinandersetzung mit der familiären Fragestellung im Sinne des Case-Managements. Ein im Unternehmen integrierter Pflegestützpunkt, in dem alle relevanten Informationen zusammen geführt werden, um kompetent die richtigen Entscheidungen (auch unter Zeitdruck) zu treffen, ist besonders hilfreich. Vorteile bietet der Pflegestützpunkt im Unternehmen auch für beruflich mobile Familien. Alleinlebende Senioren und weit verstreute beruflich gebundene Familienangehörige sind heute die Normalität. Mit einer am unternehmenseigenen Pflegestützpunkt angebundenen Internet-Pflegesprechstunde können haushaltsnahe Dienst-, Betreuungs- und Pflegeleistungen unkompliziert, auch aus der Ferne organisiert werden. Dieser Lösungsansatz dient dem Interesse aller Beteiligten: Sowohl pflegenden Mitarbeitern, die Fehl- und Ausfallzeiten vermeiden oder verringern müssen, als auch Unternehmen, die interessante und familienbewusste Arbeitsbedingungen schaffen möchten. Durch das Angebot eines Case- und Care-Management-Service können Fehl- und Ausfallzeiten verringert und interessante Arbeitsbedingungen geschaffen werden. Unternehmen, die soziale Sonderleistungen anbieten, werden in einer älter werdenden Gesellschaft zunehmend attraktiver. Eine lebensstil- und lebensphasenorientierte Personalpolitik könnte sich zukünftig als Wettbewerbsvorteil erweisen.

---

[6] Hier bietet sich die Orientierung am Vorbild des „SeniorenService AWO" an. Dieser Service wurde im Sinne der Vereinbarkeit von Beruf und Pflege gemeinsam von den Verbänden der Arbeiterwohlfahrt (eine bundesweit tätige Beratungs- und Vermittlungsagentur) gegründet. Er bündelt schon seit Mitte 2007 die regionalen Angebote der AWO und sucht die Partnerschaft mit Unternehmen (Wolf 2011, S. 214 ff). Eine derartige Netzwerkstruktur bietet die Chance der Etablierung von pflege- und gesundheitsbezogenen Dienstleistungen der freien Wohlfahrtspflege und bietet für Unternehmen ein verlässliches und breites Angebot.

Serviceleistungen und Notfallplan
Im Sinne einer lebensphasenorientierten Personalpolitik sollten Unternehmen nicht nur niederschwellige Serviceleistungen für pflegende Mitarbeiter anbieten, verbunden mit einer offenen, wertschätzenden Kommunikation, sondern auch einen Notfallkoffer mit schnell verfügbaren Dienstleistungen vorhalten. Ein Pool aus ehemaligen Mitarbeitern, die im Notfall (z. B. bei Ausfall der Tagesbetreuung) die Betreuung übernehmen können, Vertretungsstrukturen für den Fall einer plötzlichen Zunahme der Pflegebedürftigkeit oder Akuterkrankung des Pflegebedürftigen und Regelungen dahingehend, dass in akuten Notfällen die Arbeit unterbrochen und der Arbeitsplatz verlassen werden kann, erleichtern die Vereinbarkeit von Beruf und Pflege.

Kleinere und mittelständige Unternehmen können mit Pflegeeinrichtungen Betreuungs- und Pflegeplätze als Belegplätze für die Kurzzeitpflege und Verhinderungspflege vereinbaren. Für größere Unternehmen wäre es denkbar eine unternehmenseigene Tagesbetreuung einzurichten oder einen Pflegedienst als Tochterfirma zu gründen. Eine Seniorentagesstätte, welche den Schwerpunkt der Betreuung auf zu pflegende Angehörige mit dementiellen Erkrankungen oder kognitiven Einschränkungen legt, ist im Sinne einer lebensstil- und lebensphasenorientierten Personalpolitik ein Zukunftsmodell.

Damit bei einem zunehmenden Fachkräftemangel Unternehmen als attraktive Arbeitgeber bestehen können, gilt für die heutige Arbeitswelt, dass „… personalwirtschaftliche Instrumente zu entwickeln [sind], die geeignet sind, die veränderte Lebenswelt so zu gestalten, dass die Mitarbeiter ihren Lebensstil praktizieren können und trotzdem motiviert und engagiert arbeiten" (Becker und Beck 2012, S. 1). Ins Blickfeld rücken sollten die betriebswirtschaftlichen positiven Auswirkungen einer lebensstil- und lebensphasenorientierten Personalpolitik, im Sinne von bedürfnisorientierten Angeboten zur häuslichen Pflege. Eine Studie des Forschungszentrums „Familienbewusste Personalpolitik" aus dem Jahr 2008 zeigt, dass in Unternehmen, in welchen eine familiäre, bedürfnisorientierte Kultur vorherrscht, die Mitarbeiterproduktivität 17 % höher ist. Dieser Mehrwert lässt sich auf eine 17 % höhere Motivation der Mitarbeiter, 13 % geringere Fehlzeiten und eine 17 % höhere Bindung der Fachkräfte zurückzuführen. Gesteigerte Motivation und Loyalität zum Unternehmen sind zwei relevante betriebswirtschaftliche Kennzahlen. Eine weitere Studie von Becker und Beck (2013) zeigt, dass eine familienbewusste Personalpolitik zur Reduktion von Anspannungen und Orientierungslosigkeit sowie zur Steigerung der beruflichen Selbstwirksamkeitserwartung, Eigeninitiative und innovativem Verhalten führen (vgl. Becker und Beck 2012, S. 118). Attraktive Arbeitsplätze, im Sinne von individuellen Arbeitsbedingungen und bedürfnisorientierten Angeboten zur Life-Balance, sind zudem wichtige Aspekte zum Erhalt der Gesundheit und Leistungsfähigkeit von allen Mitarbeitern.

Betriebliche Strategien zur Vereinbarkeit von Beruf und Pflege sind als eine zunehmend bedeutende Säule nachhaltiger Unternehmenspolitik anzusehen, um auch in Zeiten des demografischen Wandels die benötigten Fachkräfte zu sichern und die Innovations- und Wettbewerbsfähigkeit aufrechtzuerhalten (vgl. Bundesministerium für Familie, Senioren, Frauen und Jugend 2012).

15.8 Fazit

Die Gesellschaft entwickelt sich in Richtung einer zunehmenden Vergreisung, was u. a. zur Folge hat, dass Menschen im erwerbsfähigen Alter, auch im höheren Lebensalter, vermehrt erwerbstätig sein werden. Die Zunahme der Bedeutung der Vereinbarkeit von Beruf und Pflege ist nicht mehr weg zu diskutieren. Weil eine diesbezüglich mangelnde Vereinbarkeit mit negativen betrieblichen Auswirkungen und gesundheitlichen Folgen verbunden ist, stellt sich für Unternehmen die Frage nach den Herausforderungen und Anforderungen, denen pflegende Mitarbeiter ausgesetzt sind sowie nach Interventionen zur besseren Vereinbarkeit von Beruf und Pflege. Studien zufolge pflegen derzeit rund 6 % der Erwerbstätigen einen oder mehrere Angehörige. Der Pflegeumfang reicht von einer bis sieben Stunden pro Woche (35 %) bis hin zu 20 oder mehr Stunden pro Woche (21 %). Sechs von zehn pflegenden Mitarbeitern sind Frauen. Das Durchschnittsalter der Frauen ist mit rund 48 Jahren höher als das der anderen Mitarbeiter. Pflegende Erwerbstätige verfügen über ein vergleichsweise hohes Bildungsniveau. Ein Blick auf den aktuellen Erwerbsstatus sowie die Arbeitsmarkterfahrungen zeigen, dass pflegende Mitarbeiter besonders häufig in Teilzeit arbeiten und auch auf eine vergleichsweise hohe Teilzeiterfahrung zurückblicken.

Pflegende Mitarbeiter sind mehrfach belastet und in besonderem Maße auf gemeinsam mit der Führungskraft erarbeitete Vereinbarkeitsstrategien angewiesen. Aufgrund negativer betriebswirtschaftlicher Auswirkungen einer mangelnden Vereinbarkeit von Beruf und Pflege profitieren auch Unternehmen von den von ihnen bereitgestellten Angeboten und Interventionen für pflegende Mitarbeiter. Das Thema Vereinbarkeit von Beruf und Pflege hat in vielen Unternehmen noch keine hohe Bedeutung und ist auch noch nicht im Bewusstsein der Unternehmen im Sinne der Arbeitgeberattraktivität angekommen. Es bleibt abzuwarten inwieweit die Angebote des Familienzeitgesetzes 2015 umgesetzt und angenommen werden.

Gerade in größeren Unternehmen reicht schon heute die Spanne der Angebote von Beratungsleistungen in Fragen der häuslichen Pflege, über Angebote zur Flexibilisierung sowie zur Reduktion von Arbeitszeiten oder Sonderurlauben bzw. befristeten Freistellungen bis hin zur Vermittlung von Angeboten von Gesundheitsdienstleistern bei plötzlich eintretender Pflegebedürftigkeit eines Angehörigen. Daneben existieren verschiedene Pausenmodelle, die unbezahlten Urlaub oder Auszeiten mit Wiedereinstellungsgarantie vorsehen. Die Reduzierung der Arbeitszeit für einen bestimmten Zeitraum ohne Lohn- bzw. Gehaltskürzungen und die Einführung von Pflegetagen ohne Urlaubsanrechnung spielt in verschiedenen Studien eine zentrale Rolle. Während die Pflegetage auf die Möglichkeit abzielen, spontan auf außergewöhnliche Ereignisse reagieren zu können, ist bei der Reduzierung der Arbeitszeit ohne finanzielle Einbuße die Sicherheit das zentrale Merkmal.

Weiterbildungsangebote zur Vereinbarkeit von Beruf und Pflege rücken zunehmend in den Fokus. Allerdings werden die Angebote seitens pflegender Mitarbeiter nur in geringem Umfang in Anspruch genommen. Hier besteht ein deutliches Steigerungspotential, das auf die Notwendigkeit einer besseren Kommunikation der Unternehmen über vorgehaltene Angebote hinweist. Angesichts der demografischen Herausforderungen ist es jedoch zunehmend wichtig, dass Unternehmen nicht nur defensiv auf geäußerte Bedürfnisse ihrer Mitarbeiter reagieren, sondern proaktiv eine umfassende Strategie zum Umgang mit dem Thema Pflegebedürftigkeit entwickeln, um das Thema strukturell im Sinne eines Personalentwicklungskonzeptes für pflegende Mitarbeiter in den betrieblichen Abläufen zu etablieren.

Eine lebensstil- und -phasenbewusste Personalpolitik, die sowohl die Bereiche Kinderbetreuung als auch den Bereich Pflege von Angehörigen umfasst, wird auf Grund der demografischen Entwicklung zukünftig vorrangig sein, wenn ein Unternehmen im Wettbewerb um die besten Fachkräfte bestehen möchte. Das Thema Vereinbarkeit von Beruf und Pflege betrifft alle Unternehmen, unabhängig von deren Größe und der spezifischen Branche. Wichtig ist die Individualität der jeweiligen Unternehmen. Es kommt nicht darauf an, möglichst viele Angebote zu implementieren, wichtiger ist es, über bedürfnisorientierte Angebote und ein stimmiges Gesamtkonzept bezogen auf die Bedarfe der pflegenden Mitarbeiter nachzudenken. Mitarbeitern sollte die Möglichkeit gegeben werden, mit ihrem Arbeitgeber viele Wahlmöglichkeiten durchdenken zu können, um den optimalen Weg in der Pflegesituation zu finden.

15.9 Über die Autorin

Birgit Vosseler Nach der Ausbildung zur Krankenschwester und der Weiterbildung zur OP-Fachkrankenschwester studierte **Prof. Dr. Birgit Vosseler** nach einigen Jahren in der Praxis Pflegemanagement an der Fachhochschule Münster und Pflegewissenschaft an der San Jose State University in Kalifornien/USA. Es folgten fünf Jahre als Pflegekoordinatorin im Referat für Gesundheit und Umwelt der Landeshauptstadt München und eine Assistentenzeit am Lehrstuhl für Sport und Gesundheitsförderung an der TU München. Nach der Promotion an der Martin-Luther-Universität in Halle-Wittenberg zum Themenbereich

Patienteducation übernahm sie 2005 an der Hochschule Ravensburg-Weingarten die Professur für Pflegewissenschaft und ist seitdem Studiendekanin des Bachelorstudiengangs „Pflegepädagogik". Die Lehrschwerpunkte sind qualitative Pflegeforschung, pflegerische Handlungskonzepte, Wissenschaftstheorie, Case-Management und Projektmanagement. In der Forschung beschäftigt sich Prof. Dr. Birgit Vosseler vorwiegend mit den Themen betriebliches Gesundheitsmanagement, ländliche Gesundheitsversorgung und Lernortkooperation.

Literatur

Becker, M. (2009). *Personalentwicklung. Bildung, Förderung und Organisationsentwicklung in Theorie und Praxis.* Stuttgart: Schäffer-Poeschel.

Becker, M., & Beck, A. (2012). *Die Quadriga der Postmoderne und ihre Folgen: eine empirische Studie zur Entwicklung und Steuerung von Individualisierung, Fragmentierung, Temporalisierung und Ästhetisierung.* Mainz: eo ispo.

Benko, C., & Weisberg, A. (2008). *Individualisierte Karriereplanung.* Frankfurt a.M.: Campus.

berufundfamilie gGmbH (Hrsg.). (2009). *Eltern pflegen, So können Arbeitgeber Mitarbeiter mit zu pflegenden Angehörigen unterstützen – Vorteile einer familienbewussten Personalpolitik.* Für die Praxis, Bd. 1. Frankfurt: Brosch.

Boll, C., Hensel-Börner, S., Hoffmann, M., & Reich, N. (2013). *Wachsender Pflegebedarf in Hamburg: Situation erwerbstätiger Pflegender und Herausforderungen für Hamburger Unternehmen,* HWWI Policy Paper, No. 78. http://hdl.handle.net/10419/74475. Zugegriffen: 09.01.2015

Böttcher, S., & Buchwald, C. (2011). *Leitfaden für Unternehmen zur Förderung der Vereinbarkeit von Erwerbstätigkeit und Pflege. Teil 2: Informationen für Unternehmen (gesetzliche Grundlagen, Kosten, Finanzierung).* Halle-Wittenberg: Zentrum für Sozialforschung Halle e. V. an der Martin-Luther-Universität.

Bundesministerium für Familie, Senioren, Frauen und Jugend (BMFSFJ) (Hrsg.). (2010). *Erfolgsfaktor Familie. Familienfreundlichkeit als Erfolgsfaktor für Arbeitgeberattraktivität.* Berlin: Publikationsversand der Bundesregierung.

Bundesministerium für Familie, Senioren, Frauen und Jugend (BMFSFJ) (Hrsg.). (2012). *Nachhaltige Familienzeitpolitik gestalten – Wege für eine bessere Vereinbarkeit von Beruf und Pflegeaufgaben finden.* Berlin: Publikationsversand der Bundesregierung.

Bundesministerium für Familie, Senioren, Frauen und Jugend (BMFSFJ), & Deutscher Industrie- und Handelskammertag e. V. (Hrsg.). (2012). *Vereinbarkeit von Beruf und Pflege. Wie Unternehmen Mitarbeiter mit Pflegeaufgaben unterstützen können.* Berlin: Publikationsversand der Bundesregierung.

Deutscher Gewerkschaftsbund (DGB) (Hrsg.). (2006). *Vereinbarkeit von Beruf und Pflege.* Berlin: DGB.

Deutscher Industrie- und Handelskammertag (DIHK) (Hrsg.). (2012). *Vereinbarkeit von Familie und Beruf: Vom „Gedöns" zum Schlüssel gegen den Fachkräftemangel, Ergebnisse des IHK-Unternehmensbarometers 2012.* Berlin: DIHK.

Dunkel, W., & Augustin, B. (2011). *Lanceo – Balanceorientierte Leistungspolitik. Die Lebens- und Arbeitssituation pflegender Angehöriger – Ergebnisse einer explorativen Befragung von Beschäftigten der Landeshauptstadt München*. München: ISF.

Ennepe-Ruhr-Kreis (Hrsg.). (2011). *Zwischen Pflegebett und Büro: So können Mitarbeiter/innen unterstützt werden, Leitfaden zur Vereinbarkeit von Beruf und Pflege für Unternehmen im Ennepe-Ruhr-Kreis*. Schwelm: Kreisverwaltung Ennepe-Ruhr.

Forschungszentrum Familienbewusste Personalpolitik, Westfälische Wilhelms Universität Münster, Steinbeis Hochschule Berlin (2008). Betriebswirtschaftliche Effekte einer familienbewussten Personalpolitik – Ergebnisse einer repräsentativen Unternehmensbefragung, 5. November 2008.

Franke, A., & Reichert, M. (2012). *Carers@Work. Zwischen Beruf und Pflege: Konflikt oder Chance? Ein europäischer Vergleich. Analyse der internationalen Forschungsliteratur*. http://www.carersatwork.tu-dortmund.de/download/Literature_review.pdf. Zugegriffen: 02.07.2014

Gensicke, M., Tschersich, N., & Hartmann, J. (2012). BIBB/BAuA – Erwerbstätigenbefragung 2011/2012. Feldbericht-Los 1. München: TNS Infratest Sozialforschung.

Gerlach, I., & Las, I. (2012). Gesamtgesellschaftliche Effekte betrieblicher Familienpolitik. In I. Gerlach (Hrsg.), *Betriebliche Familienpolitik: Kontexte, Messungen und Effekte*. Wiesbaden: Springer Verlag.

Hans-Böckler-Stiftung (2011). *Checkliste/Handlungsanleitung familienfreundliche Personalpolitik. Hans-Böckler-Stiftung Netzwerk Mitbestimmte Personalarbeit, Abt. MBF – Ref. Betriebliches Personal- und Sozialwesen*, 2. Überarbeitet Fassung, Dezember 2011. mbf_nmp_famfr_perspol_2011_12_cl.pdf. Zugegriffen: 16.01.2015

Hasselhorn, H. M., Müller, B. H., Tackenberg, P., Kümmerling, A., & Simon, M. (2005). *Berufsausstieg bei Pflegepersonal*. Schriftenreihe der Bundesanstalt für Arbeitsschutz und Arbeitsmedizin, Bd. Ü15

Initiative Neue Qualität der Arbeit (INQA) (Hrsg.). (2007). *Fels in der Brandung, Ältere Mitarbeiter im Pflegeberuf*. Dortmund: INQA.

Initiative Neue Qualität der Arbeit (INQA) (Hrsg.). (2007). *Für eine neue Qualität der Arbeit in der Pflege*. Dortmund: INQA.

Institut für Arbeit und Wirtschaft (IAW) (Hrsg.). (2006). *Zur Vereinbarkeitsproblematik von Beruf und Angehörigenpflege in Deutschland*. Bremen: IAW.

Keck, W. (2012). *Die Vereinbarkeit von häuslicher Pflege und Beruf*. Bern: Huber.

Kopp, M. L., & van der Wall, H. (2012). *Innovative Modelle der Vereinbarkeit von Erwerbsarbeit und Pflege. Gute Praxis aus fünf europäischen Ländern. PARI – Vereinbarkeit von Pflege und Beruf – International*. www.tamen.de. Zugegriffen: 09.01.2015

Kümmerling, A., & Backer, G. (2012). *Carers@Work – Zwischen Beruf und Pflege: Betriebliche Interventionen zur Verbesserung der Vereinbarkeit von Erwerbstätigkeit und Pflegeverpflichtung*, Studie an der Universität Duisburg-Essen

McKinsey (Hrsg.). (2011). *Wettbewerbsfaktor Fachkräfte. Strategien für Deutschlands Unternehmen*. Berlin: INQA.

Preuß, M. (2014). Vermittlungshandlungen erwerbstätiger pflegender Frauen und der Einfluss struktureller und kultureller Rahmenbedingungen. *Zeitschrift für Gerontologie und Geriatrie*, 48(5): 434–439. doi:10.1007/s00391-014-0667-0.

Rössel, J., & Otte, G. (Hrsg.). (2011). *Lebensstilforschung. Sonderheft 51/2011 der Kölner Zeitschrift für Soziologie und Sozialpsychologie*. Wiesbaden: VS-Verlag für Sozialwissenschaften.

Rothgang, H., Muller, R., & Unger, R. (2012). *Themenreport Pflege 2030. Was ist zu erwarten – was ist zu tun? Vorabdruck.* Stiftung, Gütersloh: Bertelsmann.

Schneider, N. F., Häuser, J. C., Ruppenthal, S. M., & Stengel, S. (2006). *Familienpflege und Erwerbstätigkeit. Eine explorative Studie zur betrieblichen Unterstützung von Beschäftigten mit pflegebedürftigen Angehörigen.* Johannes Gutenberg-Universität Mainz.

Schneider, H., Heinze, J., & Hering, D. (2011). *Zusammenfassung der Expertise „Betriebliche Folgekosten mangelnder Vereinbarkeit von Beruf und Pflege" im Rahmen des Projektes Carers@Work – Zwischen Beruf und Pflege: Konflikt oder Chance?* Studie an der Universität Duisburg-Essen.

Seyda, S., & Stettes, O. (2010). *Europäischer Unternehmensmonitor Familienfreundlichkeit. Wie familienfreundlich sind Unternehmen in Europa?* IW Analysen, Forschungsberichte aus dem Institut der deutschen Wirtschaft Köln, Bd. 67

Statistische Ämter des Bundes und der Länder (2010). *Auswirkungen auf Krankenhausbehandlungen und Pflegebedürftigkeit im Bund und in den Ländern.* Demografischer Wandel in Deutschland, Bd. 2. Wiesbaden: Statistisches Bundesamt.

Statistische Ämter des Bundes und der Länder (2011). *Bevölkerungs- und Haushaltsentwicklung im Bund und in den Ländern.* Demografischer Wandel in Deutschland, Bd. 1. Wiesbaden: Statistisches Bundesamt.

Statistisches Bundesamt (2009). *Bevölkerung Deutschlands bis 2060.* Wiesbaden: Statistisches Bundesamt.

Statistisches Bundesamt (2009). *Bericht: Ländervergleich Pflegebedürftige* (2. Aufl.). Pflegestatistik 2007, Pflege im Rahmen der Pflegeversicherung. Wiesbaden: Statistisches Bundesamt.

Statistisches Bundesamt (2009). *Pflegestatistik 2009, Pflege im Rahmen der Pflegeversicherung, Deutschlandergebnisse.* Wiesbaden: Statistisches Bundesamt.

Statistisches Bundesamt (2010). *Bevölkerung und Erwerbstätigkeit, Bevölkerung in den Bundesländern, dem früheren Bundesgebiet und den neuen Ländern bis 2060, Ergebnisse der 12. koordinierten Bevölkerungsvorausberechnung.* Wiesbaden: Statistisches Bundesamt. Excel-Datei

Statistisches Bundesamt (2011). *Bericht: Ländervergleich – Pflegebedürftige.* Pflegestatistik 2009, Pflege im Rahmen der Pflegeversicherung, Bd. 2. Wiesbaden: Statistisches Bundesamt.

Statistisches Bundesamt (2013). *Pflegestatistik 2011, Pflege im Rahmen der Pflegeversicherung Ländervergleich – Pflegebedürftige.* Wiesbaden: Statistisches Bundesamt.

Weinmann, B., Leist, A., & Boeckel, J. (2014). Lebensstile. Die „dritte Dimension" einer modernen Personalpolitik?. In *Lebensphasenorientierte Personalpolitik* IBE-Reihe, (Bd. 2014, S. 149–162). Wiesbaden: Springer.

Wirtschaftszentrum für Sozialforschung Berlin (WZB)/Statistisches Bundesamt (2011). Datenreport 2011: 45.

Wolf, K. (2011). Vereinbarkeit von Beruf und Pflege. In G. Hunke (Hrsg.), *Best Practice. Modelle im 55plus Marketing.* Springer Fachmedien Wiesbaden: Gabler Verlag.

Verwendete Internetquellen

BMFSFJ. 2015. www.familien-pflege-zeit.de. Zugegriffen: 11.01.2015

www.esf.brandenburg.de/media_fast/667/Projektdokumentation_ggod_practise.pdf. Zugegriffen: 10.01.2015

www.next.uni-wuppertal.de. Zugegriffen: 11.01.2015

zshDownload_FB11 Vereinbarkeit von Erwerbsarbeit und Pflege im Land Brandenburg 2009. Zugegriffen: 10.01.2015

springer.com

Topaktuelles Wissen für die Praxis

2013. XII, 258 S. 48 Abb. Brosch.
€ (D) 29,99 | € (A) 30,83 | * sFr 37,50
ISBN 978-3-658-01417-9 (Print)
€ (D) 22,99 | * sFr 30,00
ISBN 978-3-658-01418-6 (eBook)

2014. XIX, 167 S. 34 Abb. in Farbe. Geb.
€ (D) 19,99 | € (A) 20,55 | * sFr 25,00
ISBN 978-3-658-03589-1 (Print)
€ (D) 14,99 | * sFr 20,00
ISBN 978-3-658-03590-7 (eBook)

2014. XIV, 325 S. 48 Abb. Brosch.
€ (D) 29,99 | € (A) 30,83 | * sFr 37,50
ISBN 978-3-658-03611-9 (Print)
€ (D) 22,99 | * sFr 30,00
ISBN 978-3-658-03612-6 (eBook)

2015. X, 261 S. 7 Abb. Brosch.
€ (D) 29,99 | € (A) 30,83 | * sFr 37,50
ISBN 978-3-658-03613-3 (Print)
€ (D) 22,99 | * sFr 30,00
ISBN 978-3-658-03614-0 (eBook)

2015. XVIII, 207 S. 47 Abb. Brosch.
€ (D) 29,99 | € (A) 30,83 | * sFr 37,50
ISBN 978-3-658-05774-9 (Print)
€ (D) 22,99 | * sFr 30,00
ISBN 978-3-658-05775-6 (eBook)

2015. XIV, 115 S. Geb.
€ (D) 29,99 | € (A) 30,83 | * sFr 32,00
ISBN 978-3-658-07507-1 (Print)
€ (D) 22,99 | * sFr 25,50
ISBN 978-3-658-07508-8 (eBook)

2016. Etwa 300 S. Geb.
€ (D) 29,99 | € (A) 30,83 | * sFr 37,50
ISBN 978-3-658-07497-5 (Print)
€ (D) 22,99 | * sFr 25,50
ISBN 978-3-658-07498-2 (eBook)

2016. Etwa 300 S. Geb.
€ (D) 29,99 | € (A) 30,83 | * sFr 37,50
ISBN 978-3-658-07509-5 (Print)
€ (D) 22,99 | € * sFr 25,50
ISBN 978-3-658-07510-1 (eBook)

2015. Etwa 70 S. Geb.
€ (D) 19,99 | € (A) 20,55 | * sFr 21,50
ISBN 978-3-658-05782-4 (Print)
€ (D) 14,99 | * sFr 17,00
ISBN 978-3-658-05783-1 (eBook)

€ (D) sind gebundene Ladenpreise in Deutschland und enthalten 7 % MwSt. € (A) sind gebundene Ladenpreise in Österreich und enthalten 10 % MwSt. Die mit * gekennzeichneten Preise sind unverbindliche Preisempfehlungen und enthalten die landesübliche MwSt. Preisänderungen und Irrtümer vorbehalten.

Jetzt bestellen: springer.com/shop

If you have any concerns about our products,
you can contact us on
ProductSafety@springernature.com

In case Publisher is established outside the EU,
the EU authorized representative is:
**Springer Nature Customer Service Center GmbH
Europaplatz 3, 69115 Heidelberg, Germany**

Printed by Libri Plureos GmbH
in Hamburg, Germany